Springer-Verlag Berlin Heidelberg GmbH

Michael S. Malone

Der
Mikroprozessor

Eine
ungewöhnliche
Biographie

Springer

Michael S. Malone
990 Lundy Lane
Los Altos, CA 94024
USA

Originally published in English under the title »The Microprocessor« by Michael S. Malone
Copyright © 1995 Springer-Verlag New York, Inc. Published by TELOS, The Electronic Library
of Science, Santa Clara, California. All Rights Reserved.

Die Deutsche Bibliothek – CIP-Einheitsaufnahme

Malone, Michael S.: Der Mikroprozessor: eine ungewöhnliche Biographie; (übersetzt aus dem Amerikani-
schen) / Michael S. Malone.
Engl. Ausg. u. d. T.: Malone, Michael S.: The microprocessor.
ISBN 978-3-662-06528-0   ISBN 978-3-662-06527-3 (eBook)
DOI 10.1007/978-3-662-06527-3

Umschlaggestaltung: Künkel + Lopka Werbeagentur, Ilvesheim
Lektorat, Datenkonvertierung, Layout und Umbruch: Springer-Verlag

SPIN 10520997   33/3142 – 5 4 3 2 1 0 – Gedruckt auf säurefreiem Papier

Vorwort

Dieses Buch ist nicht, was es zu sein scheint. Zunächst erweckt es den Eindruck, ein Buch über Technik zu sein, in Wirklichkeit ist es ein Buch über Menschen. Es sieht aus wie ein Geschichtsbuch, entpuppt sich aber bei näherer Betrachtung als eine Abenteuergeschichte. Sogar der Titel ist in sich widersprüchlich.

Diese Mehrdeutigkeiten sind gewollt, die Widersprüche geplant. Der Mikroprozessor stellt nicht nur eine extrem wichtige Erfindung dar, sondern er ist vielmehr ein Stein von Rosette unserer Kultur. (Im 18. Jahrhundert wurde dieser Stein in der ägyptischen Hafenstadt Rosette gefunden. Er gab denselben Text in griechisch, demotisch und in Hieroglyphen wieder, was 1822 dem Franzosen Jean F. Champollion die Entzifferung altägyptischer Texte ermöglichte. – Anm. des Übersetzers.) Wenn man sieht, wie ein Mikroprozessor entsteht, begreift man die momentanen Grenzen unserer Technologie. Wenn man versteht, wie er funktioniert, würdigt man die gegenwärtige fortgeschrittene Ingenieurkunst; und wenn man weiß, wie er eingesetzt werden kann, erkennt man klar die zugrundeliegenden sozialen Kräfte, die unsere Welt verändern. Sogar die Geschehnisse rund um die Mikroprozessorindustrie – die neuen Marketingtechniken, die Rechtsstreitigkeiten und Prozesse, die Geschäftspartnerschaften – setzen Maßstäbe, die auch für andere Bereiche gelten. Mehr als jedes andere Produkt offenbart und definiert der Mikroprozessor unser modernes Leben. Darum ist es für uns lebensnotwendig, den Mikroprozessor in allen seinen Aspekten zu verstehen. Und das ist auch der Grund, warum »Der Mikroprozessor – Eine ungewöhnliche Biographie« nicht für einen ausgewählten Leserkreis geschrieben wurde, sondern für das breite Publikum – und ganz besonders für den »interessierten« Leser. Wenn, wie ich glaube, der Mikroprozessor unser Leben zumindest für die nächste Generation prägt, wenn er ein Potential an großem Nut-

V ■

zen, aber auch an großem Schaden birgt, dann müssen wir auf jeden Fall möglichst viel über ihn wissen, um nicht die Kontrolle über ihn zu verlieren.

Diese Überlegungen prägten das vorliegende Buch. Der Leser, der wenig oder keine Erfahrung mit Computern hat, wird einen vollständigen Überblick über den Mikroprozessor gewinnen. Der verwendete Stil ist bewußt nicht zu technisch gehalten und unternimmt große Anstrengungen, komplizierte Themen einfach zu erklären. Der Leser wird außerdem, wie ich hoffe, eine unterhaltsame Geschichte über menschliche Ambitionen finden, über Gier, Teamarbeit, Streit und Ruhm. Für den Schüler, sowohl an allgemeinbildenden als auch an berufsbildenden Schulen, soll das Buch »Der Mikroprozessor – Eine ungewöhnliche Biographie« einerseits die erste vollständige Einführung – sowohl technisch als auch historisch – in dieses Thema sein und andererseits zu einem Nachschlagewerk für künftige Jahre werden.

Für graduierte Wirtschaftsstudenten soll dieses Buch einen brauchbaren Überblick über alles das geben, was in den Berufen, in denen sie tätig werden könnten, von Bedeutung ist. Die geschichtlichen Abschnitte können hingegen eine Offenbarung dessen sein, wie das High-Tech Geschäft wirklich funktioniert. Maschinenbaustudenten wären dann in diesem Bereich ebenfalls up to date, während für sie die technische Seite eher zu einfach gehalten sein dürfte. Das letzte Kapitel gibt schließlich Anhaltspunkte, wohin unsere Studien in Zukunft führen sollten. Wichtiger sind jedoch die historischen Kapitel, die als stetige Mahner darauf hinweisen, daß sich selbst die ausgeklügeltsten Pläne sehr oft nicht so triumphal wie erhofft durchsetzen lassen und daß ein wesentlich besseres Erfolgsbarometer im Ehrgeiz der Angestellten liegt, in der Geschicklichkeit der Unternehmensführung, im richtigen Gespür bei Werbekampagnen und in der Fähigkeit der Organisation, sich auf unerwartete Situationen einzulassen.

Die größte Leserschaft, für die dieses Buch geschrieben wurde, besteht aus Neueinsteigern in High-Tech Berufe und bereits etablierten Angestellten anderer Sparten, die sich durch die moderne Elektronik verändern. Für diese Gruppe, zu der auch ich einmal gehört habe, sei das Buch die lang benötigte »Gebrauchs«-Anleitung, ein Baedeker zu der kleinen Maschine im Herzen der elektronischen Revolution. Ich hoffe, es erhält einen festen Platz auf dem Bücherregal in ihrem Büro und bekommt Eselsohren vom ständigen Gebrauch.

■ VI

Wie der Mikroprozessor stellt auch dieses Buch einen Zusammenschluß aus Logik und Speicher dar. Die logische Komponente wird aus den beiden Anfangskapiteln gebildet, und aus Kapitel 3 und 4, die erklären, wie der Mikroprozessor aufgebaut ist und wie er arbeitet, sowie aus dem letzten Kapitel, Kapitel 8, das sich mit der Zukunft des Mikroprozessors auseinandersetzt. Die »Speicher«-Komponente wird im einleitenden Kapitel und in den mittleren Kapiteln besprochen, wo es sich um die historische Entwicklung der Mikroprozessorindustrie handelt.

Genauso wie die logischen und speichernden Komponenten auf der Oberfläche des Mikroprozessors unterschiedliche Strukturen aufweisen, unterscheiden sich auch die beiden Sektionen dieses Buchs in Struktur und Berichtsstil.

Wie schon der Name erkennen läßt, ist der »logische« Abschnitt als objektiv, praxisnah und lehrreich entworfen. Meines Wissens nach hat noch nie jemand versucht, eine gleichermaßen gründliche wie leicht verständliche Beschreibung, wie Mikroprozessoren hergestellt werden und wie sie als fertiges Produkt funktionieren, zu verfassen.

Ich weiß jetzt auch warum: die Erfahrungen, die man dabei macht, sind sowohl entmutigend als auch ein wenig unangenehm. Entmutigend deshalb, weil es nirgendwo die fehlenden Puzzleteile gibt, welche die Geschichte zu einem Gesamtbild fügen und eine Grundlage für einen in sich konsistenten Erzählfluß liefern. Ganz im Gegenteil, Bücher zur Herstellung von Mikroprozessoren (oder besser gesagt zur Herstellung von Halbleitern) gibt es in zwei grundlegenden Ausführungen: 1) Lehrbroschüren und Bücher, die den Herstellungsprozeß bis zur Absurdität vereinfachen und sich dann interessanteren Dingen, wie Computern, zuwenden und 2) nüchterne Texte über Maschinenbau und Ingenieurwesen, die vier Seiten Einführung liefern, um dann so richtig in 250 Seiten Gleichungen zu versinken. Als Schlußfolgerung daraus (wie auch die Fußnoten bestätigen) mußte ich das Kapitel, das sich mit der Herstellung der Mikroprozessoren beschäftigt, aus vielen unterschiedlichen Quellen zusammentragen, aus Kinderbüchern, akademischen Lehrbüchern, Firmenbroschüren, Handelskatalogen und selbst aus Elektronikbüchern der vorsintflutlichen 70er Jahre. Meine Arbeit wurde dank sehr vieler erklärender Artikel in Computerzeitschriften wie *MacWorld* erheblich vereinfacht.

Das bringt uns nun nahtlos zum unangenehmen Teil. Ich schreibe fast zwanzig Jahre über die Elektronikindustrie und glaube, mir ein recht gutes Verständnis für Arbeitsvorgänge angeeignet zu haben und zu wissen, wie Prozessoren hergestellt werden und funktionieren. Ich könnte Produktnamen aufzählen und bei Führungen durch Halbleiterlabors wissend nicken. Einmal, als ich gerade an einem Bericht über einen Giftskandal im Silicon Valley arbeitete, entwarf ich sogar einen Übersichtsplan über die einzelnen Herstellungsstufen einer integrierten Schaltung.

In Wirklichkeit aber, wenn ich nach dem Unterschied zwischen der Dampfaufbringung und der Epitaxie oder nach den Elementen eines Booleschen Addierers auf der Stufe der Transistoren gefragt wurde, entpuppte sich das alles nur als Hochglanzschwindel eines Zeitungsmenschen, ich schwamm sozusagen total. Ich tendiere oft dazu zu glauben, daß ich der einzige Unwissende bin und meine anderen Pressekollegen wesentlich belesener an dieses Thema herangehen als ich, aber ihre Artikel lassen mich doch eher genau das Gegenteil vermuten.

Ich denke noch immer, daß gerade diese Unwissenheit für alle von Vorteil war, da ich durch meine Neugier gewissermaßen Stellvertreter des Durchschnittslesers war. Jede Erklärung und Definition mußte mir klar sein, bevor sie in Druck ging. Weil mir nur wenige Dinge wirklich selbstverständlich waren, rutschten auch nur wenige komplexe Bezeichnungen an mir vorbei in die Druckerpresse. Überdies versuchte ich, weil ich mir vieles selbst erarbeiten mußte, meine Texte mit einfachen Beispielen und aus dem Leben gegriffenen Anspielungen aufzulockern, was sich letztlich hoffentlich nicht nur in einer leichteren Verständlichkeit niederschlägt, sondern sich auch auf den Lesespaß positiv auswirkt.

Das Beste an der Unwissenheit, die ich mir selber attestierte, war jedoch, daß es mir eben diese Unwissenheit ermöglichte, auf die Schultern von »Giganten« zu klettern. Jedes Wort, das ich schrieb, wurde von Leuten überprüft wie dem Miterfinder des Mikroprozessors, Dr. Federico Faggin, Harold Stone (damals IBM, heute NEC Forschung) oder dem Intel-Veteranen John Crawford. Auch der Guru unter den Motorola-Entwicklern, R. Gary Daniels und der an der California State University in Long Beach als Professor tätige Lehrbuchautor Stanley Wolf halfen mir bei der Durchsicht der Entwürfe. Diese Herrschaften brüteten viele Stunden über meinen Manuskripten. Sie fanden meine Fehler, klärten die konfus geratenen Passagen und brachten mich technologisch auf Vordermann. Mehr noch, Wolf und sein Kollege, Professor Christopher Druzgalski, der ebenfalls in Long Beach tätig ist, halfen mir, die technischen Illustrationen dieses Buchs zu entwerfen, neu zu gestalten und auszubessern. Jedem von ihnen gilt meine tiefempfundene Dankbarkeit, da sie mich davor bewahrten, öffentlich als Dummkopf dazustehen.

Das Ergebnis sind, wie ich finde, drei Kapitel, die einen breiten Überblick über Herstellung, Arbeitsweise und Zukunft des Mikroprozessors geben. Ich hoffe, den mir nachfolgenden Autoren damit für die Zukunft jene Basis gegeben zu haben, die ich so mühsam suchen mußte.

Ich muß sagen, daß mir die Arbeit an diesen Kapiteln auch eine Lektion in Bescheidenheit erteilte. Ich als »Pressefritze« habe immer geglaubt, man könne alles mit Worten beschreiben. Das mag wahr sein, andererseits glaube ich nicht, daß Sie das alles lesen wollten. Egal wie dynamisch der Ausdruck ist, egal wie viele Metaphern sich ein Autor einfallen läßt – wenn man beschreiben soll, wie eine integrierte Schaltung hergestellt wird, gibt es Momente, in denen dieser Versuch eher an einen Gewaltmarsch erinnert, der an endlosen Reihen komplizierter Kästchen entlang führt. An dieser Stelle nun haben sich die von Dan Clark per Computer generierten Illustrationen als sehr hilfreich erwiesen. Indem er die verschiedenen Herstellungsstadien eines Siliziumwafers oder die Funktionsweise eines Transistors durch eine Illustration zeigte, machte Clark diese Vorgänge wesentlich klarer und einfacher verständlich, als ich es je gekonnt hätte. Da wir gerade beim Thema sind – der Entwickler und Herausgeber Nick Baran half mir (auf seiner Veranda in Idaho sitzend) auf zwei Arten. Erstens las er den Text Zeile für Zeile und bewahrte mich vor meinen üblichen Grammatikfehlern und sprachlichen Ungeschicklichkeiten. Zweitens erstellte er das Glossar, und das ist eines der besten und verständlichsten, die ich je in einem Technikbuch gesehen habe.

Die »Speicher«-Kapitel, die von der Geschichte des Mikroprozessors erzählen, werden ihrer Aufgabenstellung ebenfalls gerecht. Ganz dem Entwurf und meiner Intention entsprechend ist der Sprachstil subjektiv, kontrovers und literarisch. Nicht, daß der Text von den Tatsachen abweicht – ganz im Gegenteil – aber er unterscheidet sich sehr von der Art, in der Geschäftsbroschüren und »offizielle« Rückblicke gehalten sind. In der high technology blickt man nur selten zurück; tut man es dennoch einmal, hat für gewöhnlich jeder sein eigenes selektives Gedächtnis. Ein eingefleischter Ingenieur würde die Geschichte wahrscheinlich als durch brilliante Köpfe stetig vorangetriebenen Fortschritt sehen.

Aber so funktioniert die Welt nun einmal nicht. Sie ist viel unsauberer als eine Blaupause. Genie ist oft gleichermaßen Hindernis wie Vorteil. Den Sanftmütigen gehört nur selten die Welt. Der falschen Hülle beraubt, mit der sich die Industrie gerne umgibt, ist die Geschichte des Mikroprozessors prima Seemannsgarn, voll von bedeutenden Taten und unvergeßlichen Charakteren. Nur wenige von uns werden je für eine Gesellschaft arbeiten, die in nicht einmal zehn Jahren zur Milliarden-Dollar-Firma heranwächst. Sie werden auch keine Zeit mit so außergewöhnlichen Menschen wie Robert Noyce oder Bob Galvin verbringen – anhand der Geschichte des Mikroprozessors können wir dies jedoch nachempfinden, und das ohne die 80 Wochenarbeitsstunden, ohne die zerbrochenen Ehen und auch ohne die Magengeschwüre. Natürlich auch ohne die Reichtümer.

Die geschichtlich ausgerichteten Kapitel bieten auch die Möglichkeit, einige Dinge ein wenig zurechtzurücken. Da ich während der Mikroprozessor-Ära selbst im Silicon Valley lebte und mich mit dem Stoff eingehend befaßt habe, war es u. a. eine besondere Freude, Dr. Federico Faggin für sein Verdienst um die Erfindung des ersten Mikroprozessors zu würdigen (einen Überblick darüber verewigte ich in meinem ersten Buch, »The Big Score«), die Überlegenheit des Zilog Z80 anzuerkennen und Motorolas stets exzellenten Entwürfen Beifall zu zollen. Die Freiheit, mich zeitweise vom Streit ein wenig zurückzuziehen, ermöglichte es mir erstmals, größere Trends und Charakteristika zu erkennen und persönliche Querelen als Teil eines größeren anhaltenden Kampfs zu sehen. Zum Beispiel war es mir nur durch die Arbeit an diesem Buch möglich, den wahren Grund für Intels Größe abzuschätzen, die nicht daher kommt, daß Intel niemals über Probleme ins Stolpern gerät – in Wirklichkeit stolpert Intel sogar öfter als seine Konkurrenten – sondern daher, daß übermenschliche Anstrengung und ein unschätzbares Gespür für Marketing Intel nicht stürzen ließen.

Nicht jeder Industrieveteran wird mit meiner Auswahl der Ereignisse für die historisch orientierten Kapitel übereinstimmen, noch weniger mit den

Schlüssen, die ich daraus ziehe. Meine Hoffnung aber ist es, daß sie wenigstens meinen Versuch schätzen, vom Märchen zum Tatsachenbericht über Männer und Frauen zu kommen, die darum kämpfen, eines der großen Wunder unserer Zeit aufzubauen. Mit diesem Buch habe ich meinen eigenen kleinen Beitrag zu diesen Bemühungen geleistet.

Als letzten Punkt der Einleitung will ich erläutern, warum wir genau diesen Titel wählten. Die einfachste Antwort ist: wir dachten, er wäre clever. Rob Wolff, der brilliante Wissenschaftler der Apple Advanced Technology Group, der anfangs half, dieses Projekt auf die Beine zu stellen, und dann tragischerweise wegen Krankheit ausschied, kam als Erster auf diesen Titel. Er erwähnte ihn während eines italienischen Abendessens, und Allan Wylde, mein Verleger, und ich stimmten sofort zu.

Aber das weicht der Frage nur aus. Warum klingt ein Ausdruck wie »Biographie« passend? Wir vermenschlichen eine Menge nicht-menschlicher Dinge unserer Welt – die Sonne, Haustiere, unsere Lieblingsautos – aber einen Siliziumchip?!

Doch, das ist eine Tatsache. In der Elektronikindustrie haben die Leute aufgrund der verschiedenen Betriebssysteme und der Klons ihre Computer lange Zeit nach deren Zentralprozessor bezeichnet – »Ich habe noch eine alte Z80-Maschine«, »Ja? Ich habe mir einen 286er-Klon aus Südkorea gekauft« – anstatt ihre Marke zu nennen. Die einzige Ausnahme war Apple, obwohl man heutzutage schon öfter hört:
– »Ich habe mir jetzt endlich einen Macintosh gekauft.«
– »Im Ernst? 68000 oder PowerPC?«

In den frühen 90er Jahren kam der Mikroprozessor dank der Allgegenwart der Personalcomputer, dem Aufstieg von Microsoft Windows und der »Intel Inside«-Werbekampagne auch in den Köpfen der Konsumenten wieder zum Vorschein. Von der Vorstellung der neuesten Chipgeneration wurde früher nur in den *Electronic News* berichtet. Danach eroberte eine solche Nachricht die Wirtschaftsseiten der Lokalblätter, um schließlich, mit Pentium und PowerPC, auf der Titelseite zu landen. Nun wird von neuen Mikroprozessorgenerationen genauso berichtet wie von königlichen Geburten, mit der Pressekonferenz als öffentlicher Taufe vor Millionen gespannter Zuschauer.

Heutzutage beurteilen sich schon Schulkinder danach, ob sie einen 386- oder 486-Computer besitzen, und der Apotheker vor Ort spart sein Geld für

einen PowerPC. Während ich diese Zeilen tippe, geht man in einer Radio-
übertragung eines Baseball-Spiels mit der Meldung auf Kundenfang, daß es
das erste Videospiel mit »64-bit-processing power« gibt. Wer wird da noch
abstreiten können, daß diese kleine Komponente begonnen hat, ihr eigenes
Leben zu führen? Oder wer wird bestreiten, daß die Zeit gekommen ist, ihre
Geschichte zu erzählen?

Sunnyvale, California   *Michael S. Malone*

Inhalt

1

- Busicom und Intel
- Hoff schlägt zu
- Der Aufstieg Faggins
- Die 4000er Familie
- Erschließung des Markts
- Der 8080er Prozessor
- Ehre, wem Ehre gebührt

Ein berechnetes Risiko

»The microprocessor in 1969–70 was an idea whose time had come.«
Federico Faggin

Niemand nimmt sich vor, eine technologische Revolution auszulösen. Im Gegenteil, gewöhnlich werden die Erfinder von der Schockwelle, die ihre Entdeckung verursacht, ebenso überrascht wie jeder andere.[1]

Viele großartige Erfindungen sind einfach Zufallsergebnisse. Irgendjemand stößt auf ein technisches Problem, denkt sich dafür eine kluge Lösung aus, und typischerweise hat dieses Problem irgendetwas mit Geld zu tun.

Busicom und Intel

Dies war Ende 1969 sicher bei einer jungen und aggresiven japanischen Firma namens Busicom der Fall. Busicom hatte bis dahin während ihrer kurzen und wechselhaften Karriere schon viele Namen, z. B. ETI und ›Nippon Rechenmaschinen‹, was als Zeichen für den sich schnell verändernden, unvorhersagbaren und extrem unternehmerischen Charakter dieser Firma gelten kann. Und Busicom war nicht allein. Sie war eine von hunderten Firmen, die sich erst seit wenigen Jahren dem zuwandten, was sich als erster riesiger, durch integrierte Schaltungen ermöglichter Markt erweisen sollte: Rechenmaschinen.

Diese Rechenmaschine eines japanischen Herstellers war die erste Anwendung für einen Mikroprozessor. *Mit freundlicher Genehmigung von Intel*

Gesellschaften wie Hewlett-Packard hatten bewiesen, daß es einen Markt für die elektronischen Ausgaben der alten und eingeführten elektromechanischen Rechner gab, ganz besonders dann, wenn diese neuen digitalen Geräte komplexe Berechnungen wie Wurzelziehen bis zur zwölften

3 ∎

Stelle nach dem Komma ohne sichtbare Anstrengung lösen konnten. Diese Tischrechner waren ein Knüller; sie erwiesen sich bald als Statussymbol auf dem Tisch jedes Ingenieurs, Wissenschaftlers, Buchhalters und Geschäftsführers.

Dank der zuletzt gelungenen Verkleinerung der Halbleiterelemente würde es bald möglich sein, alle diese Funktionen in ein kleines Plastikgehäuse zu packen, klein genug, um in jedermanns Hand Platz zu finden. Dem Taschenrechner, wie die Leute ihn nannten, wurde ein durchschlagender Verkaufserfolg von hundert Millionen und mehr Dollar vorhergesagt. Zahlen wie diese waren ein mächtiger Anreiz, für alteingesessene Betriebe ebenso wie für die »Neueinsteiger«. Bald mehrten sich die Berichte von Forschungsprogrammen in allen führenden Betrieben Europas, Japans und der USA. Abseits der großen Konzerne, aber deshalb nicht minder bedeutend, gab es Scharen von Unternehmerteams, die sich zusammenfanden, um dasselbe Ziel zu erreichen.

Unter all diesen war Busicom weder Hauptdarsteller noch Statist, sondern schlicht eine Firma unter vielen. Was Busicom so hervorhob, waren Ausdauer, Mut, mehr technologisches Risiko als die jeweiligen Gegner auf sich zu nehmen, und ein technologischer Visionär namens Masatoshi Shima. 1969 galt es in der Elektronikindustrie als erwiesen, daß es theoretisch möglich ist, das neue MOS (metal-on-silicon) Halbleiterherstellungsverfahren dazu zu verwenden, alle Funktionen einer Rechenmaschine auf einem einzigen Chip unterzubringen. Doch wer sollte das tun?

Die Kluft zwischen Theorie und Praxis erscheint hier, rückblickend gesehen, nicht besonders groß. Damals jedoch, als man riskierte, das gesamte Unternehmen und die Arbeitsplätze aufs Spiel zu setzen, war diese kleine »Lücke« ein beängstigender Abgrund. In der MOS-Welt war das Risiko auch deshalb so hoch, weil

Masatoshi Shima

die Technologie so neu war, daß sich noch nicht einmal ein Marktführer herauskristallisiert hatte. Sicher, ein vorsichtiger Tip wäre einer der Halbleitergiganten wie Fairchild oder Motorola gewesen, aber bestimmt nicht ein in Santa Clara (Kalifornien) beheimateter, neugegründeter »Zwerg« namens Intel.

Bei Busicom entschied man sich für den Sprung ins Ungewisse. Dieser Entschluß sollte die Welt verändern.

Das Timing war perfekt. Gerade als die Idee, alle Bausteine eines Rechners auf einem einzigen Chip unterzubringen, die Aufmerksamkeit der Rechnerindustrie erregte, wurde die Halbleiterbranche von ähnlichen Gedanken bewegt. Die Chipindustrie hatte in den vergangenen zehn Jahren gewaltige Sprünge in Richtung Miniaturisierung gemacht, so daß Analysten bereits einen Unterschied zwischen der SSI (small scale integration) der frühen 60er Jahre, der nunmehr geläufigen MSI (medium scale integration) und der in Zukunft kommenden LSI (large scale integration) machten. Es gab auch bereits Ausblicke auf VLSI (very large scale integration), dem Verfahren unserer Zeit. Das Tempo der Veränderungen schien bald gewissen Regeln zu folgen, die Jahre später in dem »Mooreschen Gesetz« zusammengefaßt wurden.

2000 bit Chip,1973.
Mit freundlicher Genehmigung
von IBM

Die Forscher in der Halbleiterindustrie – auch die, die für Gordon Moore arbeiteten – wußten 1969 noch nichts von Dr. Moores Gesetz. Sie und Forscher aus anderen Labors in aller Welt gewannen jedoch aus ihrer eigenen Arbeit Erfahrungen, die in diese Richtung gingen. Diese Schätzung dessen, was geschehen würde, regte eine lebhafte Debatte in Branchenmagazinen und auf Fachkonferenzen an. Das neue Produkt, die Rechenmaschine, stand im Brennpunkt der Aufmerksamkeit. Zwei gegensätzliche Meinungen entwickelten sich. Die eine Seite dachte, der beste Weg, das Potential der Halbleitertechnologie nutzbar zu machen, wäre es, spe ziell für jedes Rechnermodell eine kundenspezifische Schaltung zu entwickeln. Die andere, weniger einflußreiche Seite hielt es für das Beste, die Architektur von Computern auf der Chipstufe nachzuahmen, also Mehrzweckchips zu bauen, die man danach für spezifische Aufgaben programmieren konnte.

Im Rückblick ist es klar, daß die zweite Position besser war, und sei es nur deshalb, weil sie die Aussicht auf langfristige Entwicklungsstrategien bot, die diese Technologie auch für andere Anwendungen außer Rechenmaschinen und Uhren nutzbar machen würde. Wir müssen uns jedoch wiederum vor Augen führen: Zu dieser Zeit gab es für Chips keine anderen Einsatzbereiche als Rechenmaschinen. Unter dieser Voraussetzung erschien das Argument der ersten Gruppe, daß es nicht ökonomisch wäre, Mehrzweckchips für spezifische Anwendungen zu bauen, einigermaßen überzeugend. Auch Busicom war mit Sicherheit dieser Meinung. Schließlich veröffentlichten sie eine Ausschreibung über zehn kundenspezifische Schaltungen für ihren neuen Rechner.

Aber es gab noch immer Abtrünnige, die die allgemeine Ansicht nicht akzeptieren wollten und weiter an Mehrzweckchips arbeiteten. Einige taten es, weil sie aus der Computerindustrie kamen, andere taten es, weil es eine reizvollere Aufgabe zu sein schien, und wieder an-

Die Intel-Gründer Gordon Moore (rechts) und Bob Noyce (links) Anfang der 70er Jahre zur Zeit des 4004-Prozessors.
Mit freundlicher Genehmigung von Intel

dere vermuteten hinter dieser Technik das größere Potential. Diese Abtrünnigen hatten nur ein Ziel: eine »CPU auf einem Chip« zu bauen, ein Ausdruck, der seit einigen Jahren durch die Branche geisterte.

Es gab sogar einige Versuche, einen solchen Chip zu bauen. Bei Rockwell hatte ein Team unter Michael Ebertin einen primitiven Prozessor konstruiert. Auch bei Fairchild (der Gesellschaft, die Noyce und Moore verließen, um Intel zu gründen) hatte Federico Faggin, ein brillianter Halbleiterforscher, einen neuen MOS-Vorgang erfunden, den er Silizium-Gate-Technologie nannte. Dieser neue Prozeß würde die Bipolartechnologie als die dominierende Technologie der modernen Schaltkreise ablösen. Intel übernahm diese neue Technologie schnell und perfektionierte sie. Eine Fertigkeit, die in der Erfolgsgeschichte des Unternehmens noch eine entscheidende Rolle spielen sollte.

Hoff schlägt zu

In der Zwischenzeit arbeitete Ted Hoff an Busicoms Chipsatzangebot. Ted Hoff war ein ausgezeichneter junger ehemaliger Forschungsmitarbeiter in Stanford, der als zwölfter Mitarbeiter zu Intel kam. Er ignorierte im wesentlichen die Spezifikationen, die von Busicom vorgegeben worden waren, und arbeitete darauf hin, den Vertrag mit der von ihm entwickelten Mehrzweck-Architektur für Rechnerchips zu bekommen. Es war ein mutiger Plan, aber Hoff und Intel hatten eigentlich keine andere Wahl: Die Firma hatte wenig Erfahrung mit dem Entwurf kundenspezifischer Chips.

»Sie hatten ein interessantes Design«, erinnerte sich Hoff später an das Busicom-Modell, »aber dafür wären zu viele Chips gebraucht worden, die Chips wieder wurden immer komplizierter und dichter gepackt, und die Firma hatte ganz schön aggressive Kostenziele.«[2]

Ted Hoff – damals bei Intel – erfand den ersten Mehrzweck-Mikroprozessor. *Mit freundlicher Genehmigung von Intel*

Hoff sah in dieser Situation die Gelegenheit für die Mehrzweckchips, an Boden zu gewinnen. Er hatte mit einem DEC-Computer Schaltkreise entworfen und war fasziniert davon, wie der Computer, der mit einem sehr einfachen eingebauten Befehlssatz und hochentwickelter Software ausgestattet war, diese komplexen Probleme bewältigte. Dieses Beispiel könnte, so dachte er, sein Modell für eine neue Art von Schaltkreisen sein.

»So machte ich den japanischen Ingenieuren einige Vorschläge, wie sie mit diesen Anregungen weiterarbeiten könnten – aber die waren nicht im mindesten interessiert. Sie sagten, sie hätten schon erkannt, daß ihr Design zu komplex sei, daß sie jedoch bereits an einer Vereinfachung arbeiteten und nur mit der Entwicklung von Rechenmaschinen beschäftigt seien und mit sonst nichts. Sie hatten ganz einfach kein Interesse.«[3]

Frustriert wandte sich Hoff an Noyce und Moore, Gründer beziehungsweise Geschäftsführer und stellvertretender Geschäftsführer von Intel. Nach der schwerwiegenden Entscheidung für das immer noch ums Überleben kämpfende Unternehmen, Busicom zu ignorieren und an der Idee allgemein einsetzbarer Chips festzuhalten, begann Hoff zu erkennen, daß er etwas Weitreichendes und Wichtiges in Händen hielt. Dann geschah etwas Unerwartetes. Busicom änderte seine Meinung um 180 Grad.

»Im Oktober 1969 wurde es schließlich spruchreif. Bei einem Meeting, zu dem die japanischen Manager zu uns kamen, um einer Präsentation ihrer und unserer Ingenieure beizuwohnen, stellten wir unsere Ideen vor, deren Ansatz nicht nur auf Rechenmaschinen, sondern auch auf andere mögliche Anwendungen Auswirkungen zeigte. Es gefiel ihnen, und sie gingen an die Realisierung.«[4]

Innerhalb weniger Monate hatten Hoff, Stan Mazor (der für den Ausspruch »Trau niemals einem Computer, den du nicht hochheben kannst« einen gewissen Grad an Unsterblich-

Stan Mazor
Mit freundlicher Genehmigung von Stan Mazor

keit erlangte) und ihr Busicom-Kontaktmann Shima eine neue 4-Chip Rechnerarchitektur entwickelt. Diese bestand aus einer 4 bit CPU, einem ROM (um Programmanweisungen zu speichern), einem RAM (um Daten und fertig verarbeitete Ergebnisse bereitzuhalten) sowie einem Schieberegister zur Bereitstellung von Verbindungen (Ports) zu einer Tastatur, einem Drucker, Schaltern und LED-Displays. Hoff entwickelte den größten Teil des Logikchips und der gesamten Architektur des Chipsatzes. Shima entwarf den Controllerchip und dessen Logik.

Zusätzlich zur allgemeinen Vision bestand Hoffs Hauptbeitrag zum Projekt in der Idee eines vierten Logik-Chips, der 4004 genannt werden sollte.[5] Es war Shima, dessen Bedeutung in der Geschichte des Mikroprozessors meist unterschätzt wird – nach Noyce und Hoff »wahrscheinlich der einflußreichste Prozessorentwickler«[6] –, der die Schaltungsanordnung für den 4004 entworfen hat. Aufgrund seiner durch die Einwanderungsgesetze beschränkten finanziellen Lage wohnte Shima in einer kleinen Wohnung in Santa Clara und ging fast immer in einem nahegelegenen, preiswerten Steakhaus abendessen.

Wie bei Mazor lag seine Stärke nicht nur im Ausgleich zwischen verschiedenen Firmen und Gruppen, sondern er brachte die Dinge auch direkt voran. Wenn es notwendig war, programmierte er und arbeitete am Entwurf, außerdem vermittelte er zwischen Einzelkämpfern.

So weit, so gut. Hoff, Mazor und Shima wußten jedoch nicht genau, wie sie diese Entwürfe in einen funktionierenden Chip verwandeln sollten. Und ohne den Chip wußten sie nicht, ob, welche und wieviele Fehler in der von ihnen entwickelten Architektur auftraten. Shima kehrte nach Japan zurück. Das Projekt geriet ins Stocken.

Der Aufstieg Faggins

Wahrscheinlich wußte nur eine Person auf der Welt, welcher Schritt als nächstes zu tun war: Federico Faggin. Dieser war jedoch bei Fairchild beschäftigt. Es folgte ein weiteres bedeutsames Ereignis, das die Geschichte nachhaltig prägen sollte: Faggin kam zur Überzeugung, daß er bei Intel aufregendere Dinge mit seinem Silizium-Gate-MOS tun könnte als bei Fairchild und wechselte zur jüngeren Firma über. Das war im April 1970 – gerade zur rechten Zeit. Faggin wurde sofort dazu abkommandiert, den von Busicom verlangten Chipsatz aufbauend auf der Hoff-Architektur zu entwickeln. Faggin, nach zwanzig Jahren wieder darauf angesprochen:

»Ich hatte angenommen, daß Hoff und Mazor die Architektur und das Design der Chipsatzlogik schon beendet hatten und nur noch ein paar Schaltungsentwürfe und Chiplayouts zu machen wären. Wie auch immer, so war es jedenfalls nicht, als ich bei Intel begann. Und es war auch nicht das, was Shima zu sehen bekam, als er aus Japan eintraf.

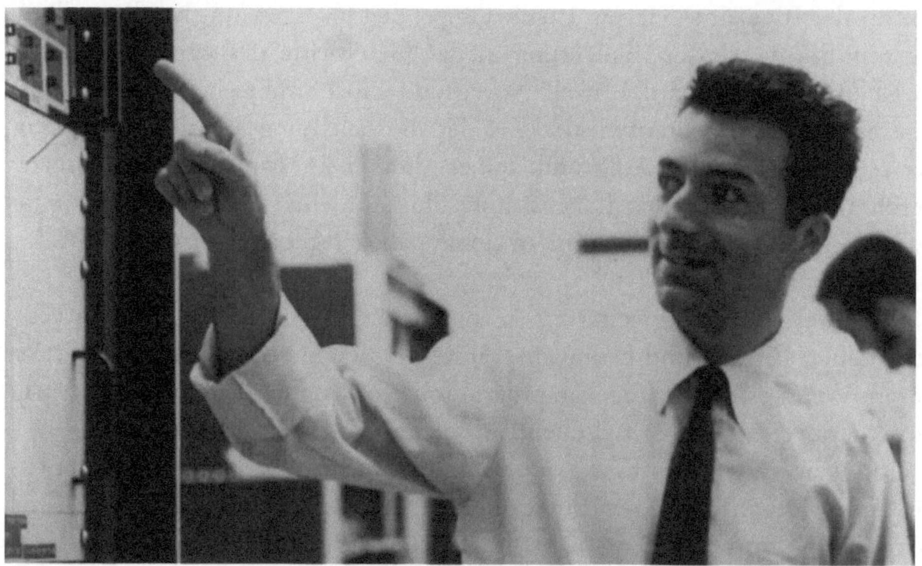

Federico Faggin in den späten 60er Jahren.
Mit freundlicher Genehmigung von F. Faggin

Shima kam eigentlich, um das logische Design noch einmal zu überprüfen, sich die Bestätigung zu holen, daß Busicom seinen Rechner bauen könne, und dann nach Japan zurückzufliegen. Er war sehr wütend, als er herausfand, daß in den annähernd sechs Monaten seit dem letzten Treffen so gut wie nichts geschehen war. Er sagte immer wieder in seinem gebrochenen Englisch: ›Ich kam her, um zu prüfen. Da ist nichts zu prüfen. Das ist nicht mehr als eine Idee.‹ *Der Zeitplan, auf den man sich für seinen Rechner geeinigt hatte, war jetzt schon ernsthaft gefährdet.«*[7]

Hoff war zu dieser Zeit gerade auf Geschäftsreise, und Mazor hatte kaum eine Idee zur Lösung dieses Problems beizutragen. »Nun stand ich da,« erinnert sich Faggin, »im Rückstand, noch bevor ich überhaupt begonnen hatte. Ich arbeitete wie besessen 12 bis 16 Stunden am Tag.«

»Zuerst analysierte ich die Probleme der Architektur, dann legte ich den Grundstein zum Entwurfsstil, den ich für den Chipsatz verwenden wollte. Zuletzt begann ich mit dem logischen Entwurf und dem Design der Schaltungen sowie dem Layout der vier Chips. Es galt, eine neue Methode des Speicherlogik-Designs mittels Silizium-Gate-Technologie zu entwerfen; etwas, das vorher noch nie jemand versucht hatte.«[8]

Nach ein paar Wochen im neuen Job hatte Faggin bereits eine komplett neue Technologie entwickelt, und das war erst der Anfang. Das Ziel der Bemühungen war es, sehr kleine und sehr schnelle Schaltungen zu entwerfen, die dennoch stark genug sein sollten, um ein brauchbares Signal für die Speisung weiterer Schaltungen zu erzeugen. Faggin, Erfinder des Silizium-Gate-MOS, wußte auch, wie er diesem Zwiespalt beikommen konnte: Mittels ›bootstrapping‹ des Gates am Transistor, etwas, das noch niemand vorher für möglich gehalten hat. Diese Erfindung würde, nicht nur bei der Miniaturisierung der Mikroprozessorchips, in den kommenden Jahren noch eine große Rolle spielen.

Die 4000er Familie

Innerhalb von drei Monaten hatte Faggin den kompletten Entwurf für den 4-Chip-Satz in Händen. Das Konzept wurde die ›4000er Familie‹ genannt und bestand aus dem 4001 (2,048 bit ROM), dem 4002 (320 bit RAM), dem 4003 (10 bit Ein-Ausgabeschieberegister) und dem bemerkenswerten 4004, einer 4 bit CPU.

Faggin hatte brilliante Entwicklungsarbeit geleistet. Im Oktober 1970 begann die erste Versuchsreihe mit den Prototypen. Der 4001 kam als erster Chip auf den Prüfstand, er funktionierte ohne Fehler. Einen Monat später erwiesen sich die ersten 4002er und 4003er als ebenso einwandfrei. Bis jetzt hatte Faggin einen der erfolgreichsten Erstlingsentwürfe abgeliefert, den man in der Elektronikindustrie je gesehen hat.

Der Intel
4004er-Mikro-
prozessor, der Welt erster »Computer auf
einem Chip« läutete ein neues Zeitalter der
integrierten elektronischen Schaltungen ein.
Mit freundlicher Genehmigung von Intel

Dann, ein paar Tage vor Neujahr schlug das Unheil zu. Der erste 4004, ein Eckpfeiler des Chipsatzes, fiel durch. Er fiel nicht nur als ganzer Chip durch, es schien, als würde jeder Bauteil des Chips versagen. Nach einigen schlimmen Stunden der Ungewißheit entdeckte Faggin, daß eine ganze Schicht auf der Oberfläche des Chips versehentlich bei der Fabrikation vergessen wurde. Sie würden es noch einmal versuchen müssen. Faggin:

»Drei Wochen nach dieser Enttäuschung versuchten wir einen neuen Durchlauf. Meine Hände zitterten, als ich den 5 cm großen Wafer in die Teststation einlegte. Es war spät in der Nacht, ich war allein im Labor. Ich betete, der Chip möge so weit funktionieren, daß, nach einem weiteren Testlauf, wenigstens einige Bauteile nach Japan verschifft werden konnten. Meine Aufregung wuchs, als ich erkannte, daß verschiedenste Schaltkreise auf dem Chip funktionierten. Um drei Uhr morgens ging ich schließlich in einem seltsamen Zustand von Aufregung und Ermattung nach Hause ... Die ganze Arbeit hatte sich plötzlich, in einem Moment absoluter Befriedigung, bezahlt gemacht.«[9]

Überprüfende Tests in den nächsten Wochen zeigten, daß der 4004, sieht man von ein paar kleinen Fehlern ab, gut arbeitete. Im Februar 1971 waren alle Fehler behoben, und der 4004 war produktionsreif. In der Zwischenzeit erhielt das Team die ROM-Codes für den 4001, die letzte Komponente, die man für die Fabrikation brauchte.

Mitte März verschiffte Intel die ersten Chipsätze der 4000er Familie an Busicom. Die Revolution des Mikroprozessors hatte begonnen.

Der 4004 hätte ein Meilenstein in der Geschichte der Elektronik sein können. Für den Moment war er jedoch eine ausschließlich Busicom in Japan gehörende Technologie. Busicom interessierte sich nicht länger dafür. Die »Rechnerkriege« waren gerade ausgebrochen, und die Preise fielen schnell. Plötzlich schien Busicom der jahrealte überholte Vertrag mit Intel zu teuer. Busicom forderte eine Neuverhandlung der Preise. Hoff:

»Und das war genau der Moment, in dem Mazor, Faggin und ich zu unseren Marketingleuten gingen und sagten: ›Holt euch das Recht, an andere Leute verkaufen zu dürfen!‹. Von Seiten des Marketings gab es einigen Widerstand gegen diese Vorgangsweise. Intel war eine Gesellschaft, die Speicherchips herstellte. Hier jedoch handelte es sich um kundenspezifische Chips. Die Marketingleute hatten große Angst vor dem Computergeschäft und überschütteten uns mit Argumenten, warum wir das nicht tun sollten.«[10]

Wenn man Regis McKenna, dem damaligen Intel-Werbeagenten, Glauben schenkt, war Intel anfänglich nicht von den »inneren Werten« des Mikroprozessors überzeugt, sondern nur davon, daß eine Weiterführung des Projekts helfen würde, »jede Menge Speicherchips zu verkaufen«...[11]

Faggin, der die 4000er Familie bereits in einem Testgerät verwendet hatte, konnte nunmehr beweisen, daß der Chipsatz Anwendungen hatte, die über die einer bloßen Rechenmaschine weit hinausgingen. Sie trugen ihr Anliegen Robert Noyce vor, jenem Noyce, Miterfinder der integrierten Schaltung, der bereits gesehen hatte, wie schnell ein Durchbruch in einem kleinen Gebiet zu einer alles erschütternden technologischen Revolution werden kann. Er erklärte sich bereit, mit Busicom zu sprechen.

Die Exklusivrechte an der 4000er Familie, außer für Rechenmaschinen, hatte Busicom bereits im Mai 1971 abgegeben. Im ursprünglichen Vertrag ließ man Intel den Entwurf des Chipsatzes und forderte nur Exklusivrechte beim Einbau. Die erste Entscheidung war eine der größten geschäftlichen Fehltritte des Jahrhunderts, die zweite eine der größten des Jahrzehnts. Hätte Busicom die Kontrolle über das Geschäft behalten, würde ihnen heute der Mikroprozessor gehören. Hätten sie die 4000er Familie behalten, hätten sie Millionen Dollar als Gewinn eingefahren. Intel hätte einen neuen Chipsatz entwerfen müssen, und das wäre wahrscheinlich über die Möglichkeiten des überarbeiteten und finanziell schlecht gestellten neuen Unternehmens gegangen. Busicom hätte alles haben können. So aber wurden sie Opfer der »Rechnerkriege«. Ende 1971 hatten sie sogar ihre Exklusivrechte an Mikroprozessoren in Rechenmaschinen verkauft. Japanische Gesellschaften würden während der nächsten 20 Jahre erfolglos versuchen, wieder in den Mikroprozessormarkt einzudringen... während Intel zu einer der größten Gesellschaften der Welt aufstieg.

Innerhalb zweier Monate nach dem neuen Vertrag mit Busicom entschied Intel, die 4000er Familie als eine eigene Produktlinie zu vermarkten. Obwohl sie dieses Recht von Busicom gekauft hatten, war es für Intel keine einfache Entscheidung. Hoff zum Beispiel war dagegen, weil er befürchtete, daß die 4000er Familie zu spezifisch für Rechneranwendungen wäre, um allgemein eingesetzt werden zu können. Da waren aber noch andere, mindestens ebenso gute Gründe: Ein Chipsatz wie dieser würde Software benötigen, um die Probleme des Kunden zu lösen – und die meisten Kunden wußten nicht einmal, wie man Software schreibt. Außerdem würde es wie bei jedem komplizierten, neuen technischen Produkt Wochen benötigen, die Verkäufer zu schulen, und zusätzlich Monate intensiver Kundenbetreuung bedeuten. Berge von unterstützender Dokumentation wären erforderlich, bevor man auch nur die geringste Chance hätte, sich gegen die vielleicht billigere, aber sicherlich bekanntere Konkurrenz durchzusetzen.

Faggin setzte sich für die 4000er-Serie ein und demonstrierte im Test als Beispiel die vielseitige Verwendbarkeit dieser Bauelemente. Dadurch ließ sich Intel schließlich überzeugen und sprang ins kalte Wasser.

Drei Wochen später versetzte eine Anzeige im populären Handelsmagazin *Electronics* die Firma Intel in helle Aufregung. Die Werbung stammte von Texas Instruments, jener Gesellschaft, die lange als Nemesis der Chipfirmen in Silicon Valley galt und eine Hauptrolle in den »Rechnerkriegen« spielte. Darin kündigte Texas Instruments die Möglichkeit der Produktion von MOS-LSI an. Das war keine große Überraschung. Der wirkliche Schock war das Foto eines riesigen Chips in dieser Anzeige mit der geheimnisvollen Überschrift: »CPU auf einem Chip«.

Intel war wie versteinert. Das Schlimmste an der Sache war, daß man in dieser Werbung lesen konnte, daß Texas Instruments diesen Chip für Computer Terminal Corporation (CTC, heute bekannt als Data Point) entwickelt hatte und produzieren würde. Dies traf die Firmenleitung von Intel ins Herz: Intel war ebenfalls gerade dabei, einen Spezialchip für CTC zu entwickeln. Nun mußte man feststellen, daß es nicht nur einen anderen Mitbewerber gab, sondern daß dieser Mitbewerber Intel sogar aus dem Rennen geworfen hatte.

CTC nahm Intel ungefähr zur selben Zeit unter Vertrag, wie Busicom Intel für ein ähnliches Projekt gewann. Für CTC sollte man MOS-Technologie einsetzen, um die an die hundert logischen Bipolarchips im CTC 2200

Computerterminal auf eine Handvoll MOS-Chips zu reduzieren und damit sowohl Größe als auch Produktionskosten zu senken.

Ted Hoff beschäftigte sich mit dem CTC-Entwurf und sah, daß man mit Faggins Silizium-Gate-MOS alle hundert logischen Bipolarchips auf einer einzigen MOS-Schaltung unterbringen konnte. Es war eine außergewöhnliche Herausforderung, und Hoff überzeugte CTC, es zu versuchen. Intel nannte diesen neuen Prozessorchip 1201. Die Arbeiten daran begannen gleichzeitig mit den Arbeiten zur 4000er Familie unter der Leitung von Hal Feeney. Nach ein paar Monaten Arbeit jedoch wurde ein neuer Speicherchip als wichtiger eingestuft, und Intels Management zog Feeney vom 1201 ab. Für die nächsten Monate ruhte das Projekt.

Dann, Anfang 1971, als sich die 4000er Serie bereits im Prototypstadium befand, wurde Faggin beauftragt, das Projekt 1201 wieder aufzunehmen. Feeney wurde ihm zur Seite gestellt. Sie verbrachten den Winter und den Frühling damit, alles, was sie bei der 4000er Familie gelernt hatten, für die 8 bit Architektur des 1201 umzusetzen. Alles ging bis zu einer Anzeige von Texas Instruments im Juni glatt. Plötzlich erkannte das Intel-Team, das ein Jahr lang von sich geglaubt hatte, Vorreiter zu sein und das Tor zu einer brandneuen technologischen Welt aufzustoßen, daß es versagt hatte.

Doch das war nur der erste Schock. Einen Monat später verlautbarte CTC, daß als Auswirkung der um sich greifenden Rezession der Erlös aus dem Verkauf logischer Chips die Kosten der Entwicklung eines neuen Prozessorchips nicht mehr decke. CTC wollte aus dem Vertrag aussteigen. Intel hatte gerade erfahren, daß der japanische Uhrenhersteller Seiko sich für das 1201-Projekt interessierte und so entschied man sich, das Projekt auf jeden Fall fortzusetzen und CTC ohne Bußgeld für die Arbeit bis dato aus dem Vertrag zu entlassen. CTC überschrieb im Gegenzug die Rechte an der kommerziellen Vermarktung an Intel.

Dieser Sommer war ein Tiefpunkt in Intels Geschichte. Man hatte jetzt zwei revolutionäre Produkte, jedoch keine Kunden mehr dafür und die große Befürchtung, daß diese Produkte nie gebraucht werden würden. In der Zwischenzeit produzierte man ununterbrochen die Chips der 4000er Familie, während Faggin und sein Team sich beeilten, den 1201 fertigzustellen (der nun Intel 8008 genannt wurde). Ted Hoff reiste von technischer Konferenz zu technischer Konferenz, von Industriemesse zu Industriemesse und versuchte,

Interesse für die neuen Prozessoren zu wecken oder vielleicht sogar einen Kunden dafür zu gewinnen.

Es war ein hartes Geschäft. Hoff erinnert sich:

»Damals glaubten die Leute noch, Computer wären diese großen, teuren Maschinen, die man schützen, bewachen und verhätscheln müsse und die effizient gebraucht werden müßten, um sie ihrem Wert entsprechend kosteneffektiv einzusetzen. Ich erinnere mich an ein Treffen, bei dem das Gespräch darauf kam, wie man Mikroprozessoren repariere. Und ich erinnere mich gesagt zu haben: ›Eine Glühbirne brennt aus, sie schrauben sie heraus, werfen sie weg und schrauben eine andere hinein – und das ist genau das, was sie mit Mikroprozessoren machen werden.‹ Doch sie konnten nicht akzeptieren, so etwas mit einem Computer zu tun.«[12]

Computersnobs waren allgegenwärtig. Hoff erinnert sich an ein Bewerbungsgespräch, in dem sich herausstellte, daß der Kandidat den Job letztendlich nicht annahm, weil der IBM-Mainframe der Firma für seinen Geschmack nicht groß genug war. Dasselbe passierte Hoff bei Präsentationen für Chip-Interessenten. Entwicklungsingenieure blickten auf die Siliziumscheibe und konnten den Gedankensprung vom »raumfüllenden« Computer zum modernen Mikroprozessor nicht nachvollziehen.

Eine der eisernen Regeln der elektronischen Revolution ist, daß die großen Durchbrüche fast immer vor dem tatsächlichen Bedarf stattfinden.

Das traf auf den Mikroprozessor voll zu. Die Marketingabteilung und das Management von Intel zerbrachen sich die Köpfe über mögliche Anwendungen für die neuen Mikroprozessoren. Man kam auf insgesamt zwölf Vorschläge. Es ist mittlerweile schon Legende, was Ted Hoff von einem Intel Marketingexperten zu hören bekam:

»Schauen Sie, die (Unternehmen in der Computerbranche) verkaufen 20 000 Minicomputer im Jahr. Wir sind Späteinsteiger und wenn wir Glück haben, erreichen wir einen Marktanteil von 10%. Für 2000 Chips im Jahr zahlt sich der ganze Ärger doch nicht aus.«[13]

Im Rückblick wird offensichtlich, daß Intel damals noch nicht wußte, was es an den Mikroprozessoren hatte – vielleicht konnten sie das zur dieser Zeit auch gar nicht. Man bräuchte tausende Entwickler aus unterschiedlichsten Branchen, um die Möglichkeiten des Mikroprozessors auszureizen. Ständig werden neue

Anwendungen entdeckt. Das einzige, was Intel damals tun konnte, war, das Wort Mikroprozessor möglichst vielen Menschen geläufig zu machen. Und, ganz im Ernst, das war es auch, was Hoff und sein Team – und von Zeit zu Zeit auch die

Ende 1972 eroberten diese neuen Erfindungen die Titelseiten der Elektronikpresse.

Intel-Führung – taten. Es dauerte mehr als ein Jahr, aber Ende 1972 entdeckte die Elektronikpresse den Mikroprozessor und widmete dieser neuen Erfindung zahlreiche Titelstories. Der Mikroprozessor war in aller Munde.

Erschließung des Markts

Im Sommer 1971 lag das alles noch in weiter Ferne. Intels Aussichten waren düster. Das Geschäft mit den Speicherchips lief prächtig, besonders wenn man die Zeiten industrieller Rezession bedenkt, in denen sich dies alles abgespielt hat. Man konnte jedoch nicht riskieren, beide Projekte, die 4000er Familie und den 8008, weiterzuführen, wenn diese nicht bald Gewinne erzielten.

Dann wendete sich das Blatt, das Unternehmen bekam wieder Oberwasser. Die Wende kam ironischerweise mit dem Eintritt von Ed Gelbach, dem neuen Marketingleiter, den man von Texas Instruments abgeworben hatte. Gelbach, der vorher mit logischen Chips zu tun hatte, nicht mit Computern, hatte keine Bedenken, den eingeschlagenen Weg weiterzugehen. Er überzeugte Intels Führung von der Notwendigkeit, die neuen Produkte auf den Markt zu werfen, wie es Hewlett und Packard vor einem Jahrzehnt gemacht hatten. Weitere zehn Jahre nach Intel sollten Jobs und Wozniak genauso vorgehen. Gelbach glaubte an die neue Technologie. Wie die Geschichte der Elektronik schon so oft gezeigt hatte, braucht jede neue Erfindung einen »Missionar«, der mit seiner Begeisterung für das neue Produkt den ganzen Markt mitreißt und jeden Zweifel verstummen läßt. T. R. Reid, der Technikhistoriker und Berichterstatter der *Washington Post*, drückte es so aus:

»Gelbach fing bei Texas Instruments im Halbleiterbereich an. Wie jeder andere bei Texas Instruments auch, wurde er Patrick Haggertys (Texas Instruments-Vorstandsvorsitzender) Weltanschauung schnell überdrüssig. Er erkannte, daß die Leute von Intel einen völlig neuen Weg eingeschlagen hatten, anders als der Rest der Branche, indem sie einen Mehrzweckchip entworfen und hergestellt hatten.

Ed Gelbach, der die bei Texas Instruments gemachten Erfahrungen zum Aufbau des Intel-Markenprogramms für Mikroprozessoren nutzte.
Mit freundlicher Genehmigung von Intel

Gelbach erkannte schnell, daß ›Mehrzweck‹ einfach ein anderes Wort für ›beherrschend‹ war. Der wahre Markt für diese neue Entwicklung würde ein Markt in der Zukunft sein, ein komplett neuer Markt. Mit dieser Ein-Chip-CPU (heute Mikroprozessor genannt) konnte man zum allerersten Mal vielen Produkten Intelligenz einhauchen.«[14] Gelbach war gerade zur richtigen Zeit am richtigen Ort – unterstützt von Hoff, Noyce und anderen, die Vorträge hielten und Präsentationen organisierten. Mit einem Wort, er war genau dieser »Missionar«, den der Mikroprozessor dringend gebraucht hatte. Zur Zeit der Präsentation der 4000er Familie (nun MCS-4 = Microcomputer System 4 bit genannt) im November 1971 waren Gelbach und sein Team bereit, eine großangelegte Werbekampagne zu starten. Die Schlagzeile der Anzeige ging in die Geschichte ein:

»Ankündigung eines neuen Zeitalters in der integrierten Elektronik«

Die Marketingabteilung hatte auch eine große Anzahl von Broschüren, Handbüchern und Datenblättern vorbereitet, die den MCS-4 beschrieben, und erwähnte in einer urheberrechtlich geschützten Publikation namens *»Die Alternative«* das 1201-Projekt, was sich noch als schlimmer Fehler herausstellen sollte.

Im Herbst kamen die guten Nachrichten en gros, unter anderem die Meldung, daß Texas Instruments »CPU auf einem Chip« eine ›Totgeburt‹ gewesen sei und niemals in Produktion gehen würde. Nun hatte Intel den Markt für sich... wenn man damals schon von einem Markt sprechen konnte.

In der Zwischenzeit wurde das 1201-Projekt von Faggin, Feeney und deren Team abgeschlossen. Sobald CTC von der Bildfläche verschwunden war, wurde das Projekt 1201 in 8008 umbenannt, um konsistent zum 4004 zu bleiben.

Alles ging klar bis knapp vor der Präsentation des neuen Produkts. Dann entdeckte Faggin einige vereinzelt auftretende Fehler der 8008er Prototypen. »Ich brauchte eine Woche zur Lösung des Problems,« erinnert er sich. »Es war ein sehr unangenehmes Problem, irgendwo im Grenzbereich zwischen Layout, Schaltungsentwurf und der Physik des Bauteils angesiedelt.«[15] Es schien als ließe der 8008 elektrische Ladungen aus einigen seiner Speicherschaltkreise entweichen. Ein schlafloser Faggin überprüfte unermüdlich den Entwurf des Chips.

Die 8008er Familie wurde offiziell im April 1972 vorgestellt. Sie wurde enthusiastisch gefeiert, aber nur spärlich verkauft. Hätte Intel darauf geachtet, hätte es die drohenden Schatten bemerkt, die um die Ecke lauerten. Irgendetwas stimmte nicht. Während nur einige wenige 4004er- und 8008er-Chipsätze verkauft werden konnten, gingen die Testgeräte und Entwicklungstools weg wie warme Semmeln. *Irgendjemand* da draußen interessierte sich auffällig für Mikroprozessoren.

Ein anderes Zeichen kam von den Informationsveranstaltungen, die Intel noch immer durchführte. Irgendwann Mitte 1972 schien die gesamte Elektronikindustrie plötzlich aus einer Trance zu erwachen. Intels Anstrengungen zeigten Wirkung. Beinahe über Nacht begannen Entwickler, die die Reden gehört und die Artikel gelesen hatten, sich für Mikroprozessoren zu interessieren, erkannten die Bedeutung der Innovation, sprachen mit ihren Vorgesetzten und sprangen alle zugleich auf den Siliziumzug auf.

Es war ein wenig verwirrend. Während die Zuhörerschaft ein paar Monate zuvor Hoff und Noyce nur ungläubig angestarrt hatte, schien sie nun schon zuviel zu erwarten. Der Zweifel hatte abrupt in zu hoch gesteckte Erwartungen umgeschlagen. Nun fragten die potentiellen Kunden bereits, warum ein Chip zu 400 Dollar nicht all das könne, was man von einem 50 000 Dollar teuren Minicomputer erwartete.

Faggin wiederum mußte sich ein Jahr zuvor während einer Reihe technischer Seminare in ganz Europa immer wieder Beschwerden über Fehler anhören. Dort überschütteten die wenigen Entwickler, die seine Arbeit zu schätzen wußten, Faggin mit Kritik. Einige der Fehlermeldungen, so würde er später feststellen müssen, waren berechtigt.

»Als ich nach Hause zurückkehrte, hatte ich eine Vorstellung davon, wie man einen 8 bit Prozessor besser als den 8008 machen konnte. Ich wollte einige der Vorschläge verwirklichen, die man mir gemacht hatte. Am allerwichtigsten erschien mir dabei die Erhöhung der Geschwindigkeit und die Vereinfachung der Realisierung von Schnittstellen.«[16]

Der 8080er Prozessor

Faggin hatte noch eine Reihe anderer Ideen zur Verbesserung des 8008. Eine davon war, die Anzahl der Beinchen (Pins) an den Chips zu erhöhen, um die Ein-/Ausgabegeschwindigkeit zu steigern. Er wollte zusätzliche Befehle hinzufügen und eine brandneue Technologie anwenden, die für Speicherchips entwickelt wurde und n-leitender Kanal genannt wurde (im Gegensatz zu p-leitenden Kanälen). Anfang 1972 brachte er sein Anliegen dem Management vor und rannte damit prompt gegen eine Wand. Intels Topleute fürchteten verständlicherweise noch immer das Schlimmste und wollten erst das Echo der Markteinführung der 4004er und 8008er Familie abwarten.

Das wiederum frustrierte Faggin, der unbedingt mit dem neuen Design beginnen wollte. Er hatte sogar schon Shima, Hoff, Mazor und Hal Feeney zur Mitarbeit in seinem neuen Designerteam aufgefordert, doch Faggin sollte noch bis zum Sommer warten müssen. Drei Monate nach der Ankündigung des 8008, als die Verkäufe endlich angelaufen waren, bekam er schließlich die Erlaubnis, das Projekt zu starten. Die Verzögerung sollte sich als vorteilhaft herausstellen, da Faggin in der Zwischenzeit Verbesserungen zum 8008 voranbringen konnte, die auch in den neuen Entwurf einflossen. Als

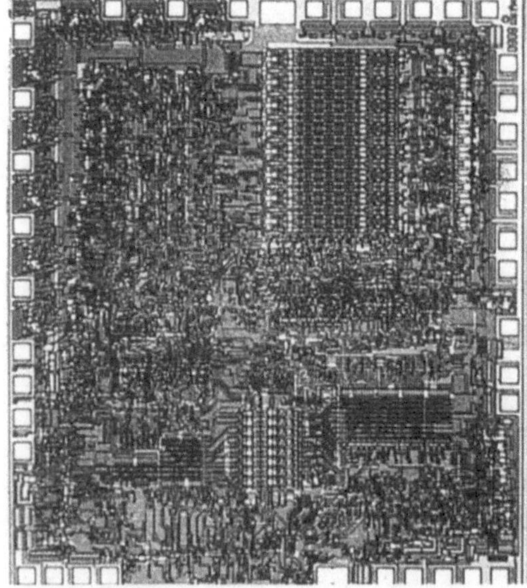

Großaufnahme eines Intel 8080, eine der bedeutendsten Erfindungen des 20. Jahrhunderts.
Mit freundlicher Genehmigung von Intel

das Projekt zu laufen begonnen hatte, steuerte auch Stan Mazor Verbesserungsvorschläge bei.

Die Entwurfsarbeit war wieder einmal zum großen Teil von Shima gemacht worden. Er war damals weltweit der einzige wirkliche Experte für den Mikroprozessorentwurf. Einmal mehr war Stan Mazor beteiligt, der half, das Projekt abzuschließen.

Der erste Test dieses neuen Mikroprozessors fand im Dezember 1973 statt. Nachdem Faggin und sein Team noch einige Fehler ausgebessert hatten, wurde der Prozessor im März 1974 offiziell vorgestellt.

Er wurde Intel 8080 genannt und die Geschichte wird ihn wahrscheinlich als das bedeutendste Einzelprodukt des 20. Jahrhunderts feiern. Wie Faggin später erklären würde: »Erst mit dem 8080 entstand ein Mikroprozessormarkt. 4004 und 8008 legten den Grundstein dazu, doch erst der 8080 machte ihn möglich.«[17]

Man kann ruhig sagen, der 8080 hat die Menschheit verändert. Anders als bei anderen Meilensteinen in der Geschichte der Technologie erkannte man den 8080 beinahe umgehend als den Durchbruch, auf den tausende Ingenieure in aller Welt gewartet hatten. Innerhalb eines Jahres wurde er in hunderten verschiedenen Geräten eingesetzt. Nichts würde mehr so sein wie bisher.

Ehre, wem Ehre gebührt

Wem gebührt nun die Ehre für die Erfindung des Mikroprozessors?

Man kann auf diese Frage zwei Arten von Antworten geben: erstens eine rechtliche und zweitens eine realistische Antwort. Von Rechts wegen, wie wir später sehen werden, ist der Titel des Erfinders noch nicht vergeben. Dieser rechtliche Schwebezustand hängt zusammen mit einem nun schon jahrzehntelang schwelenden Streit zwischen Texas Instruments (wo man glaubt, mit der Totgeburt der »CPU auf einem Chip« Rechte an der Erfindung zu haben), Intel (mit ihrer eher unbeabsichtigten Erwähnung des 8008 in *»Die Alternative«*) und dem Anspruch eines einzelnen südkalifornischen Ingenieurs, der einige Bemerkungen in einem Journal machte und sich mit einer unausgereiften Simulation Beachtung verschaffen wollte. Die Klärung dieser

Ansprüche wird noch einige Jahre dauern. Daß diese Ansprüche existieren, unterstreicht nicht nur die Verworrenheit, die bei der Erfindung eines neuen Produkts herrscht, sondern auch die Schwierigkeit zu bestimmen, ab wann eine Erfindung eigentlich existiert – wenn sie in jemandes Kopf Formen annimmt oder wenn man sie wirklich gebaut vor sich liegen hat.

Die realistische Antwort ist leider nur wenig klarer, obwohl man sich auf einige fixe Angaben stützen kann. Historiker unserer Zeit schreiben die Erfindung für gewöhnlich Ted Hoff zu, was plausibel ist, weil er die Architektur vorgeschlagen hat, dann Intel davon überzeugte, es Busicom schmackhaft zu machen, und schließlich Busicom dazu brachte, den Vorschlag anzunehmen. Faggin war jedoch, als Hoffs Vorgesetzter bei Intel, Leiter des Entwicklungsteams, das den 4004, den 8008 und auch den 8080 gebaut hatte. Und üblicherweise erhält der Leiter eines Teams die Ehre für die Arbeit des Teams. Das war so bei Edison, und auch heutzutage wird der Nobelpreis nach diesen Richtlinien vergeben.

Ohne Faggin wären die ersten drei Intel-Mikroprozessoren wohl nie gebaut worden. Es war Faggin, damals noch bei Fairchild, der die MOS-Technologie entwickelt hat, auf der alle Bauelemente basierten, die Intel anschließend entwickelte. Dann, als Neueinsteiger bei Intel, besserte er die Fehler des abwesenden Hoff aus und machte aus den Entwürfen der 4000er-Familie einen echten Chipsatz. Anschließend leitete er die Entwicklung des 8008 und, was am wichtigsten erscheint, war dann der leitende Architekt des 8080. Wie die endlose Reihe der rechtlichen Abhandlungen zeigt, erheben viele Leute neben Hoff Anspruch auf die *Idee* des Mikroprozessors. Aber eben nur Faggin konnte ihn bauen und so die Ideen *wahr* machen.

Unglücklicherweise wird die Geschichte meist nur von den Gewinnern oder deren Public-Relations-Abteilungen geschrieben. Faggin verließ Intel Ende 1974, um eine Konkurrenzfirma zu Intel aufzubauen: Zilog. Hoff blieb bei Intel. Nicht lange danach war Faggins Name aus Intels offizieller Geschichte der Erfindung des Mikroprozessors verschwunden. Es war fast ein Jahrzehnt später, Hoff hatte Intel in der Zwischenzeit ebenfalls verlassen, als Elvia, Faggins Ehefrau, zu ihrem persönlichen »Kreuzzug« aufbrach. Sie schrieb Briefe an Zeitungen und an Wirtschaftsmagazine, um das, was sie als Ungerechtigkeit gegenüber ihrem Mann ansah, wieder zu tilgen. Als Ergebnis davon entstand eine lebhafte Diskussion, die in den späten 80er Jahren die

Seiten der *San Jose Mercury-News* füllte und letztlich mit einer Art Waffenstillstand endete.

So gebührt allen die Ehre. Hoff als Erfinder, Faggin als Schöpfer, Shima als Entwickler und Mazor als Macher. Im Lauf der Zeit sollte eine Reihe von Ereignissen Hoff, Shima und Faggin von Intel vertreiben, den einen sogar für immer aus der Halbleiterindustrie, die anderen beiden zu einem der aggresivsten Rivalen Intels.

Und zwischenzeitlich taucht noch ein weiterer Anwärter auf den Titel auf, ein südkalifornischer Erfinder namens Gilbert Hyatt, der plötzlich mit einem (heute noch kontroversen) Patent auf der Bildfläche erscheint und seinen umstrittenen Anspruch geltend machen will.

Wie auch immer, damals kümmerte sich der Rest der Halbleiterindustrie noch nicht darum, wem die Ehre zustünde. Stattdessen beeilten sich die restlichen Unternehmen, ihre eigenen Mikroprozessoren zu entwickeln, und in einigen Monaten würden schon viele ihre eigenen Modelle vorstellen. Andere wieder würden, verzweifelt darum bemüht, im Rennen zu bleiben, Hirngespinste ankündigen, Produkte, die noch nicht einmal am Reißbrett existierten. Zu dem Zeitpunkt, als Intel den 8080 in Massenproduktion herstellen und verschicken konnte, hatte sich der größte Konkurrent des 8080 bereits angekündigt, und die anderen Verfolger standen schon in den Startlöchern.

Das Rennen konnte beginnen.

2 Eine Revolution im Kleinen

Eine Revolution im Kleinen

»The microprocessor is one of the most revolutionary products
in the history of mankind.«
Dr. Gordon Moore

Der Mikroprozessor ist die wichtigste Erfindung des 20. Jahrhunderts.

Das sind große Worte, und noch vor zehn Jahren hätte diese Aussage absurd geklungen. Doch der nun bereits altbewährte Mikroprozessor wird immer mehr zum Mittelpunkt unseres Lebens, und die Rolle als Herz einer Maschine ist ihm wie auf den Leib geschnitten. Er verändert die Art, wie wir die Welt um uns herum (und sogar uns selbst) wahrnehmen, und es wird für uns immer schwerer zu behaupten, daß der »Computer auf einem Chip« nur eine von vielen raffinierten Entwicklungen der Elektronikindustrie der letzten Jahre darstellt.

Selbstverständlich ist der Mikroprozessor eine dieser Entwicklungen, aber er ist darüber hinaus noch viel mehr. Speicherchips, Flüssigkristallanzeigen und Mikrowellenschaltungen sind für sich schon bemerkenswert und von vergleichbarer Komplexität – trotzdem nimmt der Mikroprozessor in dieser Liste eine Sonderstellung ein. So wie der Mensch ein Tier ist, aber gleichzeitig darüber hinausgeht, ist der Mikroprozessor nur ein Siliziumscheibchen, zugleich aber noch viel mehr. Der Mikroprozessor hat sich sein eigenes Umfeld geschaffen; in der unendlichen Weite seiner abertausenden, auf Anweisungen wartenden Transistoren liegt eine schier ungeheuere Vielfalt möglicher Anwendungsgebiete, vom Toaster in der Küche bis zum Spaceshuttle, das die Erde umkreist.

Alle großen Erfindungen verändern die Welt, indem sie neue Institutionen aufbauen, neue Industriezweige gründen und Arbeit, Spiel und Lebensart revolutionieren. Man denke nur an das Automobil und wie es das Leben verwandelt hat, von der Entstehung der Vororte bis zur Veränderung unserer Wahrnehmung von Geschwindigkeit und Zeit. Die Atombombe hatte, auf erschreckende Art und Weise, ebenfalls diese Auswirkung, wie auch Radio, Fernsehen, Telefon und Flugzeug.

Ist der Mikroprozessor von vergleichbarer Bedeutung? Ja, obwohl das Ergebnis seiner Einwirkung subtiler, oft auch nicht sichtbar ist. So wie das Auto im 19. Jahrhundert erfunden wurde, seinen Siegeszug aber erst zu unserer Zeit antrat, kommt der Mikroprozessor auch erst am Ende unseres Jahrhunderts zu seinen Ehren. Seine Auswirkungen werden erst im nächsten Jahrtausend spürbar werden.

Francis Bacon bezeichnete 1620 den Kompaß, die Druckerpresse und das Schießpulver als jene drei Erfindungen, »die das Erscheinungsbild und den Zustand der Welt verändert haben.«[1] Lebte er in der heutigen Zeit, hätte er sicher den Mikroprozessor auch dazu gezählt. Veränderte der Kompaß unser Weltbild, veränderte das Schießpulver das Verhältnis der Nationen zueinander, so kann man guten Gewissens sagen, daß uns der Mikroprozessor ein erstes, neues Bild aus der Welt der Informationen vermittelte. Stellt man fest, daß Gutenbergs Druckerpresse den Zugang zum Wissen für alle öffnete, so muß man dem Mikroprozessor attestieren, daß er alles Wissen der Welt (und Wissen ist Macht, wie Bacon schon sagte) direkt in unsere Hände gibt und damit leicht nutzbar macht.

Der Mikroprozessor ist, anders als das Automobil oder das Flugzeug, deshalb von größter Bedeutung, weil er unserer Umwelt neues Leben einhaucht. Aufgrund seiner geringen Größe (nicht größer als ein Fingernagel, wie Wirtschaftsjournalisten es oft ausdrücken) und seinem niedrigen Energiebedarf könnte man ihn in beinahe alles, vom Lichtschalter bis (in ferner Zukunft) zum menschlichen Körper, einbauen. Integriert man den Mikroprozessor in einen beliebigen Gebrauchsgegenstand – z.B. einen Automotor oder einen Kühlschrank – dann kann diese Maschine zum ersten Mal lernen. Sie kann sich der Umwelt anpassen, sich auf wechselnde Bedingungen einstellen, effizienter werden und besser auf die Bedürfnisse des Benutzers reagieren. Der Mikroprozessor ist nicht mehr nur ein Bestandteil der Evolution, er entwickelt sich vielmehr als solcher weiter – er trägt die Evolution in sich.

Das ist etwas radikal Neues in der Menschheitsgeschichte. Bis jetzt mußte eine Maschine, sollte sie verbessert werden, neu gebaut oder durch eine andere ersetzt werden. Selbst mit dem Aufkommen des Fließbands hat man nur die Wahl zwischen einzigartig, kundenspezifisch und teuer oder aber Dutzendware, aus Massenproduktion und billig. Mit dem Auftauchen der ersten Computer und danach der ersten Mikroprozessoren wurde dem Produktionsprozeß eine vollkommen neue Dimension hinzugefügt: Software. Ab jetzt konnte man die Hardware unverändert lassen, die Anwendungen vervielfältigten und entwickelten sich unabhängig von der Hardware weiter. Nicht nur der Hardwarehersteller, sondern auch der Software-Entwickler, der Systemdesigner, der Großhandel, der Vertrieb, der Einzelhandel und – last but not least – der Verbraucher, sie alle bestimmen von nun an darüber, welche Funktion ein Chip im Endprodukt übernimmt. Man kann die Mikrowelle so einstellen, daß sie das Popcorn sechs Minuten lang erhitzt; man kann den Videorecorder so programmieren, daß er um 21 Uhr das Programm von Kanal 4 aufnimmt oder einen Bildschirmschoner (der fliegende Toaster oder ähnliches zeigt) am PC installieren.

Bereits 1975 berichtete das Magazin *Fortune*:

»Der Mikroprozessor ist eine dieser seltenen Innovationen, die das Produkt verbessern und zugleich die Kosten senken, mit dem Ergebnis, daß der Mikroprozessor bereits existierende Produkte weiterentwickelt und neue Produkte erst möglich gemacht hat.«[2]

Konfigurierbarkeit, Flexibilität und Kontrollierbarkeit sind für den Kunden von elementarer Bedeutung. Einfach ausgedrückt: Man kann damit viel Geld machen. Wir sind bereit, für Produkte mehr zu bezahlen, die genau unseren Vorstellungen und Bedürfnissen entsprechen. Das ist aber nur die eine Seite. Hat man im Auto die Möglichkeit, Umweltdaten zu erfassen, zu verarbeiten, und reagiert der Wagen dann auch noch dementsprechend, kommen wir selbst bei schlechten äußeren Bedingungen sicher nach Hause, anstatt nachts irgendwo im Graben einer menschenleeren Autobahn zu landen. Außerdem haben wir wesentlich mehr Chancen, eine lebensbedrohende Krankheit zu überstehen, wenn sich die Geräte im Operationssaal auf unsere spezifischen physischen Gegebenheiten einstellen lassen, oder der Monitor zur Überwachung unserer Lebenszeichen umgehend jede Veränderung anzeigt. Auch wird unsere Welt lebenswerter, wenn viele kleine »Siliziumgehirne« dafür sorgen, daß all unsere Geräte mit größtmöglicher Effizienz arbeiten – so können Umweltverschmutzung und Energieverschwendung auf ein Mindestmaß reduziert werden.

> *Der Mikroprozessor kann Vorgänge unter Bedingungen steuern, unter denen wir erschlagen, bei lebendigem Leibe verbrannt oder langsam durch Strahlung hinweggerafft würden – und er wird uns noch um Generationen überleben.*

Der Mikroprozessor ist für uns von großer Bedeutung. Der Grund für seine große Verbreitung liegt genau hier: der Mikroprozessor gibt uns durch seine universelle Einsatzfähigkeit die Kontrolle über beinahe jeden Lebensbereich. Mehr noch: er gibt uns Macht. Er ermöglicht es uns, Dinge zu tun, die wir ohne seine Hilfe nicht könnten: er hält instabile Flugzeuge (wie den Stealth-Bomber) in der Luft; er garantiert die Ganggenauigkeit unserer Uhren, indem er jede Sekunde in Tausende kleiner Abschnitte zerlegt; er stellt den Vergaser viele dutzendmal pro Sekunde neu ein und funktioniert jahrelang, ohne sich abzunutzen; er arbeitet im luftleeren Raum ebenso wie unter den extremen Druckbedingungen am Meeresboden. Der Mikroprozessor kann für uns auch dort noch wichtige Kontroll- und Steuerungsaufgaben übernehmen, wo wir erschlagen, bei lebendigem Leibe verbrannt oder langsam von Strahlung hinweggerafft würden - und er wird uns um Generationen überleben.

Das ist jedoch nur ein kleiner Teil der Macht, die wir durch den Mikroprozessor erhalten. Der Mikroprozessor ermöglicht uns noch viel fantastischere Dinge. Wir können von unserem Schreibtisch aus auf Wissen zugreifen, das dem mächtigsten Mann des letzten Jahrhunderts mit all seinen Reichtümern versagt geblieben wäre. Wir können Dinge lernen, von denen unsere Eltern noch nicht die geringste Ahnung hatten – der Mikroprozessor ermöglicht uns eine Ausbildung, die wir uns früher nicht hätten leisten können. Durch ihn können wir leben und arbeiten, wo wir wollen. Wir können unser Leben frei bestimmen. Man braucht nur die Leute zu fragen, die sich mittels PC, Kopierer und Fax eines totalitären Regimes entledigten: Der Mikroprozessor ist der universellste Schlüssel zur Freiheit, der je erfunden wurde.

Konfigurierbarkeit. Kontrolle. Macht. Freiheit. Darum hat sich der Mikroprozessor so schnell zum Mittelpunkt unseres modernen Lebens entwickelt.

Konfigurierbarkeit. Kontrolle. Macht. Freiheit. Darum hat sich der Mikroprozessor so schnell zum Mittelpunkt unseres modernen Lebens entwickelt. Seine Einsatzmöglichkeiten übersteigen selbst das Vorstellungsvermögen der Leute, die in der Elektronikindustrie Karriere gemacht haben. Laut SIA (Vereinigung der Halbleiterindustrie) verkauften alleine 1993 Mikroprozessorhersteller wie Intel oder Motorola 166 Millionen Mikroprozessoren. Und diese atemberaubende Zahl ist sogar noch verschwindent klein im Vergleich zu den Verkaufszahlen für

Mikrocontroller. Mikrocontroller sind veränderte (und meist vereinfachte) Mikroprozessoren, die für den Einbau in alle möglichen Geräte außer Computern hergestellt werden. 1993 wurden mehr als zwei Milliarden Mikrocontroller verkauft.[3]

Das waren die Zahlen eines einzigen Jahres. Doug Andrey, der für die SIA den Mikroprozessormarkt beobachtet, schätzt, daß in etwa 25 Jahren die Anzahl der in Umlauf befindlichen Mikroprozessoren und Mikrocontroller die 10 Milliarden-Grenze überschreitet. Das wären zwei »Computer auf einem Chip« pro Erdenbürger heutzutage oder einer für jeden Menschen, der je auf Erden gelebt hat.

Die größten Mikroprozessorhersteller der Welt

Nordamerika
Advanced Micro Devices
AT & T
California Micro Devices
Chips & Technologies
Cypress Semiconductor
Cyrix
Harris
Hewlett-Packard
Hughes
IBM
Integrated Device Technology
Intel
LSI Logic
Motorola
NCR
National Semiconductor
Rockwell
Texas Instruments
VLSI Technology
Weitek
Zilog

Japan
Fujitsu
Hitachi
Matsushita
Mitsubishi
NEC
Oki
Ricoh
Sharp
Toshiba

Europa
GEC Plessey
Philips
SGS-Thomson
Siemens
TCS
TMS

Asien/Pazifischer Raum
Goldstar
Silicon Integrated Systems
United Electronics

Quelle: Dataquest Inc.

Die führenden Mikrocontrollerhersteller	
Atmel	NEC
Dallas Semiconductor	Philips
Hitachi	Texas Instruments
Intel	Toshiba
Microchip (Tochterfirma	Zilog
von General Instrument Corp.)	
Motorola	
National Semiconductor	*Quelle: Electronic Business Buyer-Magazin*

Um Mikroprozessor und Mikrocontroller herum ist längst ein Universum an unterstützenden Chips entstanden, jeder selbst mit Millionen von Transistorschaltungen vollgepfropft. Die Summe aller Schaltungen auf allen diesen Chips zusammengenommen übersteigt zehn Billiarden (10^{16}) und ist damit buchstäblich jenseits unserer Vorstellungskraft.

Die Allgegenwart des Mikroprozessors

Wo sind nun all diese hunderttausend Mikroprozessoren, von denen hier die Rede war? Überall. Betrachtet man zum Beispiel ein Foto aus unseren Tagen genauer, entdeckt man eine Digitaluhr am Handgelenk eines afrikanischen Hirten in Zaire oder ein Nintendo-Videospielgerät auf einem Fernseher in Neu Delhi. Diese beiden Beispiele stellen nur eine kleine Facette der Möglichkeiten dar, die uns der Mikroprozessor eröffnet hat. In unserer industrialisierten Welt sind die Mikroprozessoren bereits so sehr in den Alltag eingegangen, daß wir sie nicht einmal mehr wahrnehmen. Könnten wir alle Mikroprozessoren in unserer gewohnten Umgebung auf einmal zum Leuchten bringen, wären wir nicht nur von Licht geblendet, nein, wir würden in einem Lichtermeer versinken.

Wenn Sie sich das nicht vorstellen können, dann betrachten sie einmal den nächsten Abschnitt, der einen »ganz normalen Tagesablauf« beschreiben soll. Alle Gegenstände, in denen Sie wahrscheinlich einen Mikroprozessor oder einen Mikrocontroller finden, sind *kursiv gedruckt:*

Sie wachen am Morgen mit Musik oder Nachrichten aus dem *Radiowecker* auf und schlurfen ins Bad. Sie tasten nach dem *Lichtschalter* und schließen schnell die Augen, weil das *Licht* an der Decke blendet. Zum Glück versorgt Sie Ihr neuer *Boiler* mit genügend heißem Wasser für Ihre Dusche. Gedankenverloren nehmen Sie Ihren *Elektrorasierer*, putzen sich anschließend mit Ihrem nagelneuen Anti-Plaque *Zahnpflegecenter* die Zähne

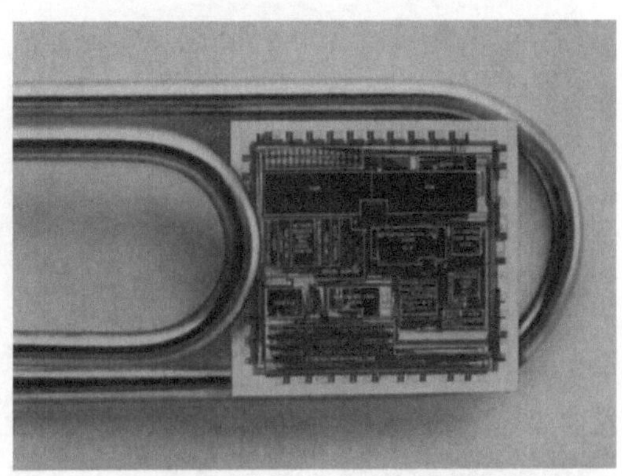

Ein Mikrochip im Vergleich zu einer kleinen Büroklammer.
Mit freundlicher Genehmigung der AT & T Bell Labors

und trocknen Ihre noch etwas feuchten Haare mit dem *Fön*. In der Küche hat die *Kaffeemaschine* gerade zwei Tassen Ihres Muntermachers gebraut, und ein frisch duftender Laib Brot wartet im automatischen *Brotbackofen*. Sie schneiden sich ein paar Scheiben davon ab, bestreichen sie mit Butter, die Sie zuvor aus dem *Kühlschrank* genommen haben, und stecken sie in den Toaster. In der Zwischenzeit wird in der *Mikrowelle* bereits die Milch für Ihr Müsli warm.

Ein Blick auf Ihre *Armbanduhr* läßt Sie die morgendliche Idylle schnell vergessen – Sie sind schon spät dran. Rein ins *Auto*, das *Radio* an, um die Verkehrsmeldungen zu hören, her mit dem *Garagentoröffner* und dann ab durch die Mitte. Die Verkehrsmeldungen sind schlechter als erwartet, also weg von den Hauptverkehrsstraßen, selbst wenn auf den Nebenstraßen mehr *Ampeln* auf Sie warten sollten. Ihr *Europiepser* meldet sich, es ist das Büro. Sie nehmen das *Handy* aus dem Sakko und rufen zurück, während die *Straßenbeleuchtung* über Ihnen gerade abgeschaltet wird.

In der Firma endlich angekommen, nehmen Sie Ihre *Berechtigungskarte* und öffnen die *Sicherheitsschleuse*. Sie nehmen den *Aufzug*, um in Ihr Büro zu gelangen. Für heute ist wieder ein heißer Tag vorausgesagt worden – gut, daß die *Klimaanlage* bereits ihren Dienst aufgenommen hat. Sie winken Doris zu, die am *Kopierer* arbeitet, und holen sich eine weitere Tasse Muntermacher vom *Kaffeeautomaten* – jetzt kann der Tag beginnen.

Sie betreten Ihr Büro, schalten das *Licht* ein und beginnen die »Aufwärmphase« – was heißen soll, daß Sie den *PC* samt *Monitor, Modem* und *Drucker* einschalten, während Sie die ersten *Telefon*ate führen. Sie entleeren Ihren

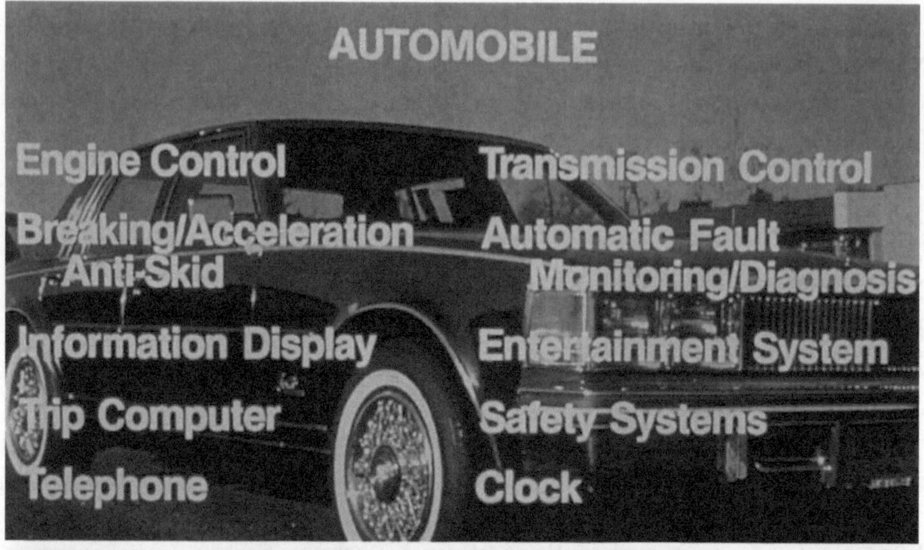

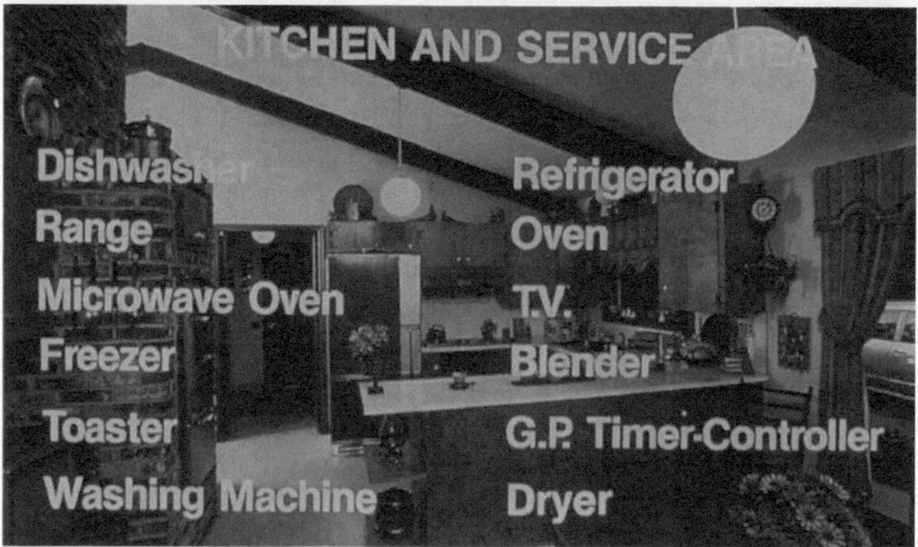

Einige Beispiele für die alltägliche Verwendung von Mikroprozessoren
Mitte der 80er Jahre, hier anhand von Auto und Küche.
Mit freundlicher Genehmigung von Intel

elektronischen Briefkasten und nehmen die Mitteilungen, die über Nacht eingetrudelt sind, aus dem *Faxgerät*. Die *Uhr* auf Ihrem Schreibtisch zeigt mittlerweile 7.00 Uhr morgens, Sie sind mit Ihren Vorbereitungen für den Tag fertig.

Um 17.00 Uhr, nach einem langen Arbeitstag, sind Sie froh, endlich wieder nach Hause fahren zu können. Sie laden gerade Ihren *CD-Player* mit entspannender Musik, als Ihnen einfällt, das Sie noch etwas besorgen wollten. Zuerst also noch in den Supermarkt. Dort gehen Sie durch die *automatische Tür*, die *Laufschriftanzeige* über Ihnen zeigt die letzten Sonderangebote. Vergessen Sie's, Sie wissen genau, was Sie wollen: ein schnelles, fertiges Menü aus der *Tiefkühltruhe* und etwas Kühles zu trinken. An der Kasse ziehen Sie Ihre Bankomatkarte durch die *Bankomatkasse* und tippen Ihren Code ein, während der Angestellte Ihre Einkäufe über den *Laserscanner* zieht und in einer Tragetasche verstaut. Sie verlangen noch nach einer Rechnung, die der Angestellte auf der *Registrierkasse* für Sie ausdruckt. Weiter zur Videothek. Sie holen sich einen Videofilm für heute abend und ziehen Ihre Karte erneut durch eine *Bankomatkasse*, damit der große *Computer* in der Bankzentrale Ihre Kreditwürdigkeit feststellen kann. Währenddessen betrachten Sie die Vorführung eines neuen *Laser-Disk-Players*. Der Angestellte druckt Ihre Empfangsbestätigung auf einem *Tintenstrahldrucker* aus, Sie unterzeichnen sie und machen sich damit endgültig auf den Heimweg.

Der Mikroprozessor im täglichen Leben – ein Geldautomat.
Mit freundlicher Genehmigung von Intel

Endlich daheim, wärmen Sie das Tiefkühlfertiggericht auf, schalten den *Fernseher* ein und zappen mit Ihrer *Fernbedienung* ein wenig. Auf Ihrem *Kabeltuner* durchrasen Sie die verschiedensten Kanäle. Nichts Ansprechendes; Sie spielen lieber ein *Videospiel*, bis Sie bemerken, daß darüber Ihr Essen kalt wird, und schalten Ihre *Stereoanlage* ein. Nach dem Essen legen Sie die ausgeborgte Videokassette in den *Videorecorder* ein. Nach dem Film bereiten Sie auf Ihrem *Laptop* noch einiges für den nächsten Tag vor, surfen ein wenig im Internet und sagen sich anschließend gute Nacht. Sie aktivieren aus Sicherheitsgründen draußen die *Bewegungsmelder*, drehen den *Thermostat* der Heizung zurück und steigen ins Bett. Der *Radiowecker* zeigt 23.00 Uhr.

Diese Geschichte soll Ihnen eine Vorstellung von der Allgegenwart des Mikroprozessors vermitteln, und doch wird in ihr nur unsere unmittelbare Umwelt beschrieben. Das oben beschriebene Szenario vernachlässigt die große Anzahl an Mikroprozessoren, die bei der Herstellung, der Auslieferung und dem Verkauf der beschriebenen Produkte verwendet wurden. Hinter jeder Videokassette, jedem Fernseher, ja sogar hinter jedem Tiefkühlmenü stehen Industrieroboter, automatisierte Fabriken, Flugzeuge und Züge, Lastwagen, Computer, Textverarbeitungssysteme und Lasersysteme mit tausenden von Mikroprozessoren.

Doch diese Aufzählung ist nur ein kleiner Teil der »ganzen Wahrheit«. Der größte Pluspunkt des

Einer von vielen hundert Mikroprozessoren in einem BMW (unten links) – dieser regelt das Stoßdämpfersystem.
Mit freundlicher Genehmigung von BMW

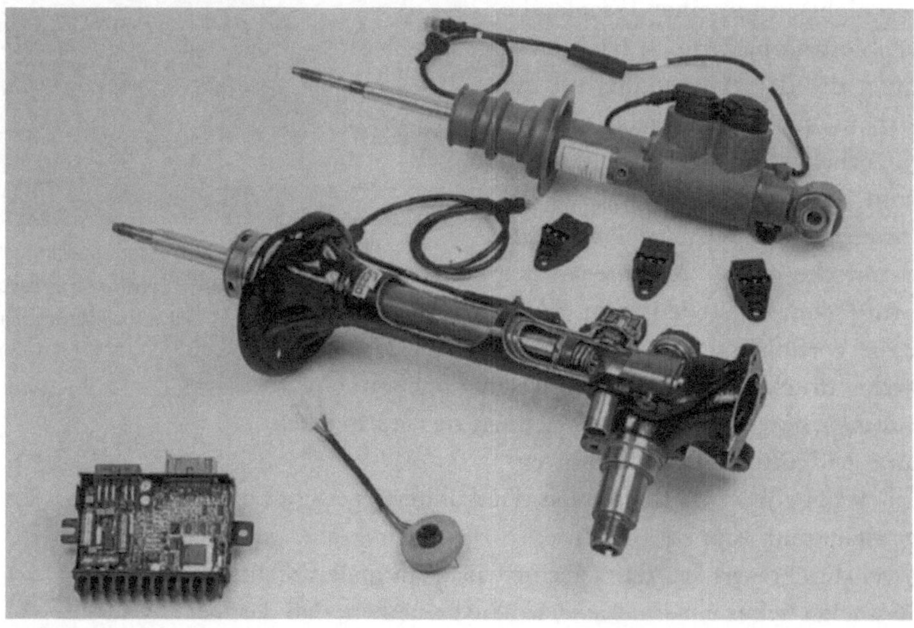

Mikroprozessors (oder Mikrocontrollers) ist die Vielfalt seiner Einsatzmöglichkeiten. Selbst wenn wir wissen, daß der Motor unseres Autos durch einen Mikroprozessor gesteuert wird, bemerken wir nicht, daß (wie im BMW 325) das ganze Auto mit *einhundert* Mikroprozessoren und Mikrocontrollern gespickt ist. Das Home-Entertainment-System bei uns zu Hause könnte mehrere Dutzend davon enthalten und das Beleuchtungs- und Alarmsystem im Büro noch hunderte mehr. Unser PC, den wir auch nach dem Mikroprozessor in seinem Inneren benennen (486, Pentium, PowerPC etc.), beinhaltet eine Vielzahl weiterer Mikroprozessoren und Mikrocontroller, um z. B. die Ein-/Ausgabe, das Arbeiten im Netz, die Faxmodem-Karte, die Tastatur, den Bildschirm, die Diskettenlaufwerke, die Maus und neben einigem anderen auch die Stromversorgung zu verwalten. Nicht mitgezählt wurden hier wiederum die vielen Mikroprozessoren und Mikrocontroller, die im Diskettenlaufwerk selbst stecken oder die Dutzende, die einen Laserdrucker steuern und ein CD-ROM-Laufwerk verwalten. Und genau hier stecken die Milliarden.

Die Allgegenwart des Mikroprozessors nimmt noch erstaunlichere Formen an, wenn man dem Szenario nur einen weiteren Faktor hinzufügt: den technischen Fortschritt. Im gleichen Maß, wie der Mikroprozessor unaufhörlich in Bereiche des täglichen Lebens eindrang, selbst die kleinsten Winkel unserer Welt in Beschlag nahm und wandelte, veränderte er sich auch selbst. Mehr noch: er durchlief eine schnellere Entwicklung als jede andere zuvor gemachte Erfindung; eine Entwicklung in Riesenschritten, die sich mit nichts bisher Dagewesenem vergleichen läßt. Die industrielle Revolution, die die Welt unbestrittenermaßen neu gestaltete, erhöhte die Produktivität bis heute lediglich um das Fünfzigfache, was jedoch schon genügte, um unsere Gesellschaft in ihren Grundfesten zu erschüttern.

Ein einzelner Mikroprozessor der jüngsten Generation ist hundertmal leistungsfähiger als ein ganzer Computer, der gerade vor einem Jahrzehnt gebaut worden ist.

Zum Vergleich: Der Mikroprozessor erhöhte seine Leistung um das *Tausendfache* – und das in den letzten 25 Jahren. Mit anderen Worten: der Mikroprozessor ermöglichte alle zweieinhalb Jahre einen der industriellen Revolution vergleichbaren Entwicklungsschritt. Ein einzelner Mikroprozessor der jüngsten Generation ist hundertmal leistungsfähiger als ein ganzer Computer, der gerade vor einem Jahrzehnt gebaut worden ist.[4] Deshalb verändert

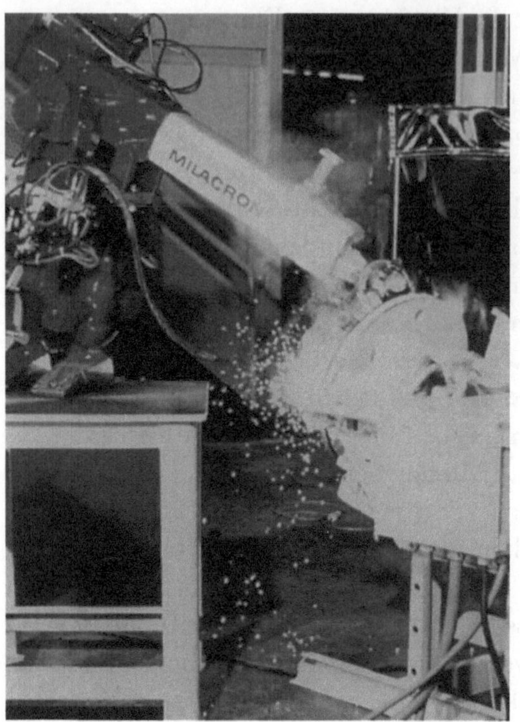

Anwendungsmöglichkeiten des Mikroprozessors: Schweißroboter.
Mit freundlicher Genehmigung von Intel

sich die Welt um uns herum so schnell. Darin liegt auch die Bedeutung des Mikroprozessors: er treibt die Menschheit in ein Zeitalter des Wandels und der Modernisierung, wie wir es noch nicht erlebt haben. Diese Entwicklung wird, wie wir im letzten Kapitel dieses Buchs erörtern werden, noch mindestens bis zum Ende unserer Generation andauern.

Angesichts der ehrfurchtgebietenden Schatten, die der Mikroprozessor vorauswirft, könnte man beinahe in mythische Schwärmerei verfallen. Der Mikroprozessor ist, mit all seinen Auswirkungen, eine unterhaltsame Mischung aus »Sakralem und Profanem«: Der Klarheit der technischen Gleichungen auf der einen Seite stehen Schweiß und verbissener Wettkampf auf der anderen Seite gegenüber. Es geht – wieder einmal – ums Geld, und zwar nach letzten Schätzungen um Einkünfte von neun Milliarden Dollar pro Jahr. Das allein erklärt aber noch nicht die extreme Rivalität, die in der Mikroprozessorindustrie von Anfang an herrschte. Nein, will man diese Vorgänge verstehen, darf man Stolz, Loyalität und – letztlich – Streben nach Macht nicht außer acht lassen.

Der Bau des Mikroprozessors steht im Mittelpunkt unserer heutigen technologischen Revolution. Er ist das komplizierteste Massenprodukt aller Zeiten. Während es im ersten Kapitel so aussah, als wäre die Erfindung des Mikroprozessors eine klare Sache, ist die Realität wesentlich komplizierter; näher am Apollo-Mondflugprogramm als an der Garagenbastelei eines Henry Ford. Mehrere Millionen mikroskopische Transistoren beinhaltend, konstruiert in Milliarden-Dollar-Fabriken, keimfreier als ein Operationssaal, ist jeder Mikroprozessor in sich ein würdiges Gegenstück zum Manhattan

Projekt und zur ersten Atombombe. Wären die Leiterbahnen auf der Oberfläche eines PowerPC oder Pentiumprozessors von der Größe eines Bürokorridors, würde der ganze Chip eine Fläche von 260 Quadratkilometern bedecken, was ungefähr dem Areal von Washington, D.C. entspräche.

Zugleich wohnt dem Mikroprozessor in seiner Einfachheit eine gewisse Poesie inne. Gordon Moore, der Präsident von Intel und eine der Schlüsselfiguren der modernen Elektronik war es, der anmerkte, daß der Mikroprozessor im wesentlichen aus Sand und Sauerstoff bestehe, zwei der häufigsten Elemente auf der Welt: Erde und Luft. Fügt man das Feuer der Kristallschmelze und das reinigende klare Wasser hinzu, das bei der Fabrikation Verwendung findet, wird Moores Andeutung verständlich: die Verbindung zu den altgriechischen Philosophen, wie Anaximenes, und deren Glaube, das Universum bestünde nur aus Feuer, Wasser, Erde und Luft.

Wenn nun die griechische Philosophie die Essenz der Mikroprozessortechnologie widerspiegelt, dann ist es die griechische Tragödie mit ihren Erzählungen von gefallenen Helden, rachsüchtigen Gottheiten und den Gefahren von Arroganz und Überheblichkeit, die der wahren Geschichte über die Geschicke der Mikroprozessorindustrie am nächsten kommt. Gigantische Persönlichkeiten geraten darin in Konflikt miteinander, Gesellschaften werden zerstört und der Leumund vieler vernichtet. Wen wundert's – der Mikroprozessor ist die menschlichste aller Erfindungen.

Dieser Dualismus, der sich schon in der Geschichte der Erfindung des Mikroprozessors abzeichnet, wird auf den folgenden Seiten noch viel klarer erkennbar werden. Doch richten wir unsere Aufmerksamkeit zunächst darauf, wie ein Mikroprozessor hergestellt wird und arbeitet und erst danach auf seine Genese - genauer gesagt auf seine Biographie, da der Mikroprozessor seine eigene Kindheit, seine eigene unbe-

Gordon Moore, 1995.
Mit freundlicher Genehmigung von Intel

schwerte Jugend hatte und, nunmehr gereift, auf seine Vervollkommnung blicken kann.

Die Geschichte des Mikroprozessors ist, wie jede Lebensgeschichte, voll von Ironie. Die größte Ironie liegt aber darin begründet, daß er, obwohl er die wichtigste Erfindung unserer Geschichte darstellt, obwohl er als ein vertrauter Teil unseres Lebens ist und obwohl er als der Schrittmacher für die Veränderungen in unserer Welt gelten kann, dennoch von den wenigsten von uns in seiner wahren Bedeutung erkannt wird. Viele von uns wissen mehr über Kernfusion als über Festkörperphysik – wiewohl wir, mit ein wenig Glück, das eine nie real kennenlernen werden, während wir uns jedoch am anderen jeden Tag tausendfach erfreuen. Als Ergebnis davon treffen wir kritische geschäftliche, politische und persönliche Entscheidungen, während wir uns in einem intellektuellen Dämmerzustand befinden. Unsere Ignoranz ist auch deshalb so gefährlich, weil wir schon dabei sind, auf atomaren Straßen – den Leiterbahnen auf der Oberfläche eines Chips – der Zukunft entgegenzurasen. Das Bevorstehende wirft seine Schatten schon voraus, wir können es erkennen, wenn wir nur wissen, wohin wir zu schauen haben.

Zuerst müssen wir etwas über den Mikroprozessor lernen. Indem wir verstehen, wie der Mikroprozessor entstanden ist, was er heute für uns bedeutet und wo seine Chancen in Zukunft liegen, erfahren wir auch viel darüber, wer und wo wir sind und wohin uns die Zukunft führen wird. Und das ist das Mindeste, was wir uns selbst und unseren Nachkommen schuldig sind.

Feuer, Wasser, Erde, Luft

»The entire adventure of [the microprocessor] represents a remarkable application of the scientific knowledge to the requirements of technology.«
Stanley Wolf

Eine der krassesten Fehleinschätzungen der Mikroprozessorindustrie ist, daß es dabei in erster Linie um Elektronik gehe. Dieses Gerücht entstand ohne Zweifel aus der bestimmenden Rolle, die der Mikroprozessor in der hoch entwickelten Technologie spielt.

Weit gefehlt, in Wahrheit – und das wird jeder bestätigen, der schon einmal einen Reinstraum zur Mikrochipherstellung besichtigt oder auch nur die vielen Schornsteine bemerkt hat, die aus dem Dach solcher Fabriken sprießen – hat die Herstellung von Mikroprozessoren und aller anderen Halbleiterbauteile vor allem mit Chemie zu tun. Die Herstellung eines Mikroprozessors hat mehr mit Druckverfahren und Plattierung als mit der Konstruktion von Computern zu tun. Genau diese Divergenz zwischen Vorstellung und Wirklichkeit verwirrte Generationen von Juristen, habgierigen Gesellschaftern, Börsengurus und Politikern.

Sicherlich ist der moderne Mikroprozessor ein ehrgebietender Beweis für die Fähigkeiten eines Computers (vom CAD über die digital kontrollierte Produktion bis zum computerunterstützten Testen des fertigen Prozessors). Doch im wesentlichen hängt alles ab vom Ätzen der Siliziumdioxidschichten mit den Schemas zahlloser Schaltungen – einem Verfahren, das sich seit der Entwicklung des ersten flachen Transistors durch Robert Noyce und sein Team im Jahr 1958 nur durch verfeinerte Herstellungstechniken verändert hat.

Am besten stellt man sich die Herstellung (oder noch besser: die Fabrikation) eines Mikroprozessors in Form von zwei separaten Vorgängen vor, die im Reinstraum einer Fertigungshalle zusammentreffen.

Kristalle

Der erste Vorgang ist die Herstellung des Siliziumwafers. Dazu gehört der Dotiervorgang, der eine Veränderung der elektrischen Eigenschaften des Siliziums durch das *gezielte* Anbringen von »Verunreinigungen« bewirkt. Man braucht also zunächst absolut reines Silizium.

Es reicht nicht aus, einfach Sand zu Wafern einzuschmelzen. Ganz im Gegenteil, das Silizium durchläuft einen komplizierten chemischen und thermischen Reinigungsvorgang. Je weniger Verunreinigungen vor diesem Reinigungsprozeß im Silizium vorhanden sind, desto weniger Kosten und Mühen muß man investieren, um es verarbeitungsfähig zu machen – das erklärt auch, warum die Halbleiterindustrie nicht Hundertschaften ihrer Angestellten mit Schäufelchen bewaffnet zum Buddeln an den nächsten Strand schickt. Große Siliziumvorkommen werden in aller Welt gefunden, selbst in China entdeckt man neue Vorkommen. Aus diesem Grund ist das in einem Mikroprozessor verwendete Rohsilizium (Polysilizium) nur an die 45–50 Dollar pro Kilogramm wert und damit die billigste Komponente.

Das gereinigte Silizium (Ingot) ist wesentlich teurer, es wird um die 200–250 Dollar pro Kilogramm gehandelt.[1] Dieser vergleichsweise hohe Preis wird deshalb erzielt, weil in den mikroskopisch kleinen Halbleiterbauteilen (speziell in denen von Mikroprozessoren) einzelne, verstreut vorkommende Kohlenstoff-, Eisen- oder Zinkatome verheerende Kurzschlüsse hervorrufen können, darum die kostenintensive Verfeinerung. Das heutzutage für den Bau von Halbleiterelementen verfeinerte Rohsilizium hat eine Reinheit erreicht, die »sechs Neunen« genannt wird, was einem Reinheitsgrad von 99,9999 % oder einer Verunreinigungsquote von 1 ppm (parts per million) entspricht. Bemerkenswert ist auch die Tatsache, daß dieses gereinigte Silizium einen höheren Reinheitsgrad als jeder Diamant – oder jedes andere natürlich im Universum vorkommende Material – aufweist. Zur Zeit wird daran gearbeitet, einen Reinheitsgrad von »neun Neunen« oder 99,9999999 % zu erreichen, das heißt, der Grad der Verunreinigung muß auf 1 ppb (parts per billion) herabgesenkt werden.[2]

Doch der Herstellungsprozeß ist damit noch lange nicht zu Ende. Silizium besteht nach der Reinigung aus vielen chaotisch angeordneten, sich überlappenden Kristallen und amorphen (ungeordneten) Bereichen. Um die elektrische Leitfähigkeit des Materials zu erhöhen und ihr eine gewisse Berechenbarkeit zu geben, muß man dem Material seine (von der Natur vorgezeichnete) Ordnung zurückgeben. Der einzige Weg, das Silizium effektiv zu reorganisieren, besteht darin, wieder einen einzigen großen Kristall daraus zu machen. Die vom Wissenschaftler G. K. Teal erstmals entwickelte Methode, den gesamten Wafer (aus dem der Chip und die tausenden »Klone« geschnitten werden) aus einem einzigen Kristall zu fertigen, ist hierfür die beste Produktionstechnik.[3]

Das gesamte Herstellungsverfahren wird von physikalischen Prozessen begleitet. Keiner, der je den Vorgang der Kristallzüchtung beobachtet und diese donnernden, heißen und glühenden Schmelzöfen erlebt hat, sieht die

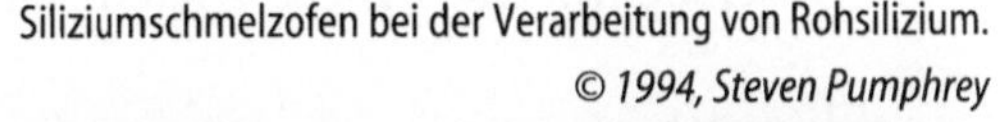

Siliziumschmelzofen bei der Verarbeitung von Rohsilizium.
© 1994, Steven Pumphrey

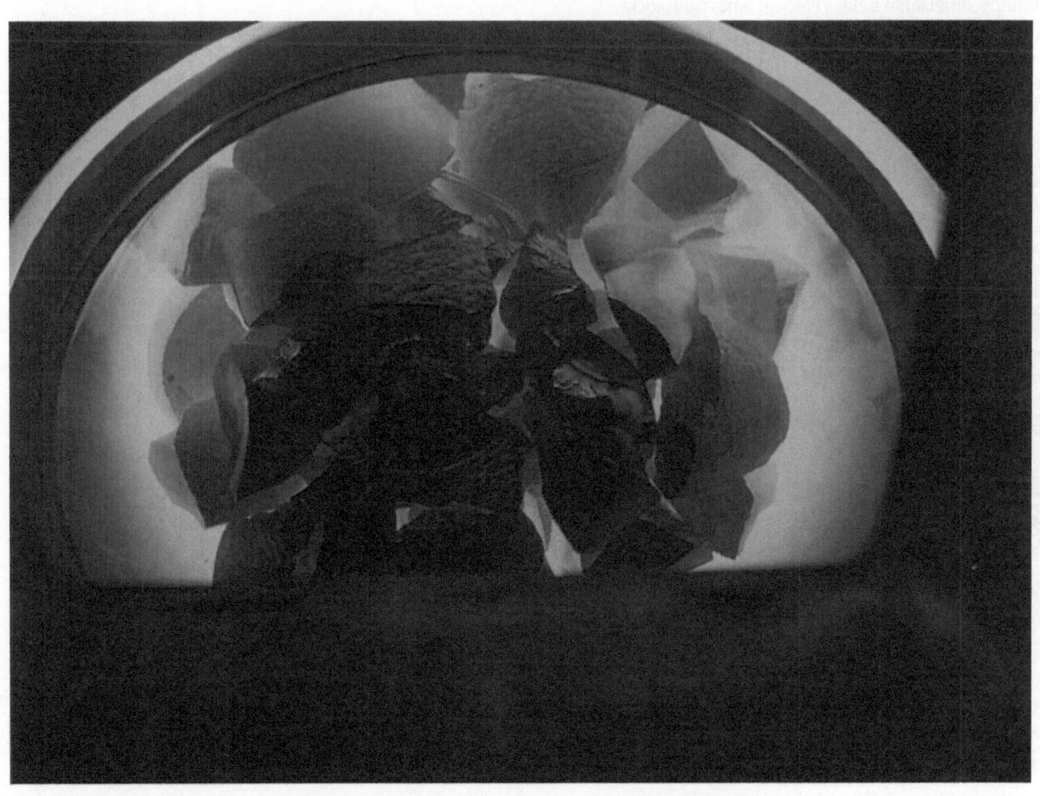

Herstellung des Mikroprozessors noch als ätherischen Schöpfungsvorgang. Der gleiche physikalische Vorgang, der das Silizium zu Kristallen formt, wird dazu verwendet, eine konsistente Form für höchste Ausbeute zu erzeugen. In der Natur kommt das Silizium in komplexen (diamantartigen und kubischen) Gittern vor. Das bedeutet, daß jede noch so dünne Scheibe von unterschiedlicher Größe ist, was eine automatisierte Produktion nicht nur unrentabel sondern nahezu unmöglich machen würde. Darum werden die Kristalle in einer standardisierten, zylindrischen Form »gezogen«, deren Durchmesser mit den steigenden technischen Möglichkeiten und den Fortschritten in der Chipfertigung wuchs. Dieser Prozeß sieht in der Theorie recht einfach aus, die Wirklichkeit erweist sich, wie so oft, als viel komplexer.

Bei dem in der Theorie am weitesten entwickelten Prozeß, dem »Czochralski«-Prozeß[4] (nach seinem Erfinder auch »CZ« genannt), wird das

Siliziumschmelzofen beim Veredeln eines Gußblocks.
© 1994, Steven Pumphrey

Rohsilizium in einem Quarzschmelztiegel bei 1420° C geschmolzen, wobei es sich Atom für Atom an einen Kristallisationskeim »anhängt«. Dieser Kristallisationskeim wird aus einem fertigen, den gewünschten physikalischen Eigenschaften entsprechenden Kristall geschnitten.[5] Während des Wachstums wird der Kristall gleichzeitig gezogen und gedreht. Der wachsende Kristall nimmt die zylindrische Form des Modells an und wächst in einen Zylinder hinein. Nach ungefähr 24 Stunden erhält man einen Siliziumeinkristall von 1,5 m Länge und annähernd 11 Kilogramm Gewicht. Den Erwartungen entsprechend hat der Einkristall eine glasartige Oberflächenstruktur, ist undurchsichtig und schimmert leicht silbrigblau.

Vor 20 Jahren hatte ein solcher Kristall normalerweise einen Durchmesser von 2,5 cm. Heute werden durch die Computer-Automation, Spezialöfen und Kristallzüchtungsverfahren Einkristalle mit einem Durchmesser von 20 cm erreicht. Für das Jahr 2000 werden bereits Einkristalle mit einem Durchmesser von 30 cm vorhergesagt. Die Größe des Durchmessers ist deshalb so bedeutend, weil er die Größe der Siliziumscheibe bestimmt, wovon die Anzahl der Chips auf dem Wafer abhängt, und das hat großen Einfluß auf die Kostenstruktur der gesamten Elektronikindustrie.

Um Reinheit zu gewährleisten, wird der neue Einkristall langsam durch eine Heizspule geschoben – in einem Prozeß, der »Three Zone Refining« (Drei-Zonen-Veredelung) genannt wird. Dies führt dazu, daß das Silizium im Inneren schmilzt und sich so die Verunreinigungen langsam durch den ganzen Kristall zum Ende hin bewegen.[6]

Weil für die meisten Anwendungen der gesamte Chip aus positiv oder negativ vorgeladenem Silizium gefertigt werden muß (er muß elektrisch neutral sein, jedoch bewegliche elektrische Ladungsteilchen besitzen), dotiert man den Kristall in der Wachstumsphase. Um negativ vorgeladene Siliziumscheiben zu erhalten (n-Typ-Silizium), gibt man der Siliziumschmelze typischerweise Phosphor bei, für positive Vorladung (p-Typ-Silizium) fügt man Bor hinzu. Diese Zugabe findet in einer Argon-Atmosphäre statt, da der Luftsauerstoff aufgrund seiner Reaktionsfreudigkeit das Silizium sofort oxidieren würde (Kontamination des Reinsiliziums). Trotz dieser Vorsichtsmaßnahme kommen immer etwas Sauerstoff und Kohlenstoff (aus den Wänden des Schmelztiegels) in den Kristall.[7] Ist der Einkristall »ausgewachsen« und erkaltet, muß er einige Testreihen durchlaufen, um seine Eigenschaften im

Hinblick auf viele verschiedene Kriterien zu erproben. Es werden Scheiben von beiden Enden des Kristalls geschnitten, um die Leitfähigkeit zu messen. Weitere Proben werden mittels Photospektrometer auf ihren Kohlenstoff- und/oder Sauerstoffgehalt hin genau untersucht. Die zuvor abgeschnittenen Scheiben werden mit Ätznatron behandelt, um die Symmetrie der Kristallstruktur zu den Achsen des Einkristalls zu gewährleisten.[8]

Sind alle Tests zufriedenstellend verlaufen, wird eine Seite des Einkristalls abgefräst, um sie in der weiteren Verarbeitung besser handhaben zu können. Danach wird der Kristall mit einer Diamantsäge entlang der Kristallgitterebene hauchdünn (etwa so wie Salami) in Wafers geschnitten. So eine Scheibe ist, im Vergleich zu den filigranen Details, die später auf dem Chip sein werden, noch immer relativ dick (ca. 0,5 mm), das entspricht ungefähr der Dicke einer Kreditkarte. Warum ist diese Scheibe im Zeitalter der Miniaturisierung so großzügig dimensioniert? Nun, es ist für den Chip nicht unmittelbar notwendig, daß der Wafer dick ist. Ist die Scheibe jedoch nur einen Hauch dünner, könnte sich der Wafer während der Verarbeitung verbiegen und damit die Schaltungen verformen und beschädigen.

Als nächstes wird ein Grobschliff durchgeführt und danach der Wafer in Säure getaucht, wodurch die Schleifspuren abgerundet werden und die Wahrscheinlichkeit sinkt, daß die Scheibe bei der Weiterverarbeitung splittert. Danach wird der Wafer mit Silikatlösung poliert. Zum Abschluß dieses Prozesses wird geprüft, ob die verschiedenen Abmessungen des Wafers in Ordnung sind.

Wir haben damit einen von ungefähr 100 Wafern, die man aus einem Einkristall erhält. Leer und »schmucklos« ist dieser Wafer an die 50 Dollar wert. Voll ausgebaut und mit einem Netz aus hunderten modernen Schaltungen bedeckt, getestet und verpackt erzielt er einen Wert von 20 000 Dollar.[9] Man könnte dies als die bis dato größte wertsteigernde Transformation der Wirtschaftsgeschichte bezeichnen.

Entwurf einer Revolution

Um verstehen zu können, wie diese Metamorphose vor sich geht, müssen wir nun von der Chemie in die Physik und in die Technik der Photolithographie

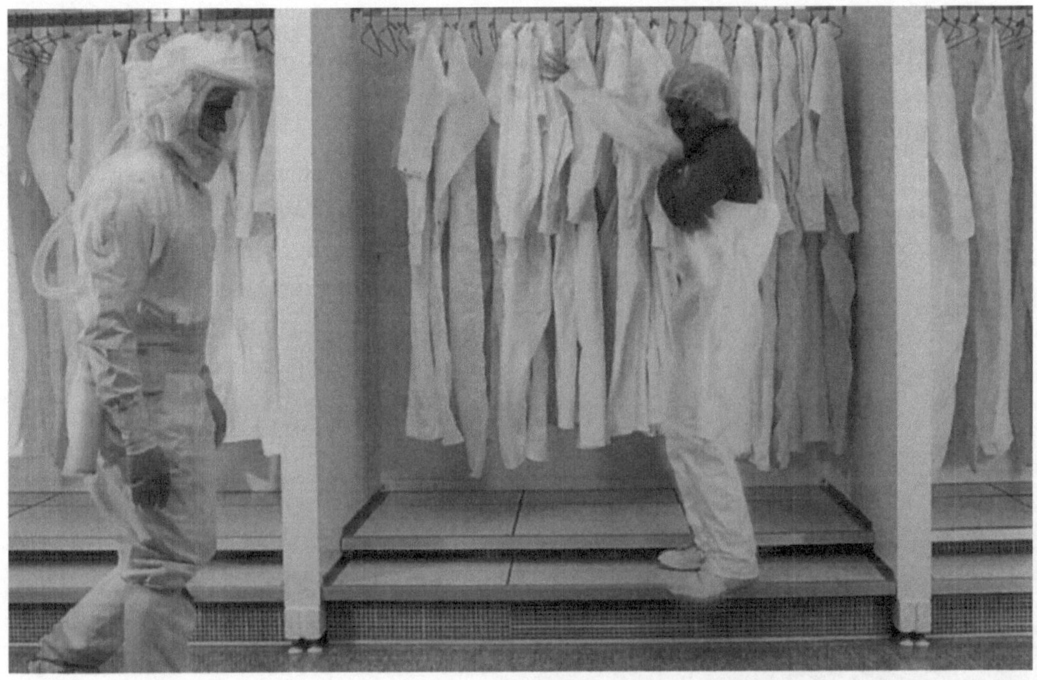

Arbeiter bereiten sich darauf vor, einen sterilen Raum zu betreten.
Mit freundlicher Genehmigung von Intel

wechseln. Von hier an findet die Herstellung der integrierten Mikroprozessorschaltung in den Räumen einer Halbleiterfabrik statt. Und beinahe alle der noch ausstehenden Herstellungsschritte finden in einer kontrollierten Umgebung, dem Reinstraum – mit gereinigter Luft und sauberem Wasser, flüchtigen Chemikalien, millionenschwerem Veredelungsequipment – statt. Durchgeführt von schutzbebrillten Menschen, die von Kopf bis Fuß in sterilisierten, fusselfreien Baumwolloveralls stecken.

Auch wenn es auf den ersten Blick so aussehen mag, ist dies mit Sicherheit keine übertriebene Maßnahme. Doch bevor all dies passieren kann, muß erst noch der zweite, parallele Vorgang abgeschlossen werden: der Entwurf der Schaltungen, die im Verlauf des Fabrikationsprozesses auf die Siliziumoberfläche geätzt werden sollen.

Heutzutage, bei drei Millionen oder mehr Transistoren auf einem einzigen Chip, ist der Entwurf der Schaltungen eines typischen Mikroprozessors gleichbedeutend mit der Erstellung des detailgetreuen Plans einer Kleinstadt (bis hin zu der Verkabelung und Verrohrung jedes einzelnen Gebäudes). Mehr noch, einige dieser Entwürfe müssen über mehrere Stockwerke geplant werden, um mit den verschiedenen Schichten, die die Schaltung braucht, arbeiten zu können.

Bis in die 80er Jahre hinein wurden diese Entwürfe in manchen Firmen noch mit der Hand gezeichnet. Ganze Abteilungen von Schaltungsentwicklern, bewaffnet mit Zeichenstift und Röthel, übertrugen immer wieder kleinste Details des fertigen Mikroprozessors auf zeichentischgroße Papierfahnen. Ein langandauernder und arbeitsreicher Prozeß, ständig wurden die gleichen Details wiederholt. Außerdem war es nahezu unmöglich, diese Schaltkreisentwürfe auf etwaige Fehler zu prüfen.[10]

Durch die wachsende Komplexität der Mikroprozessoren stieg der Zeitbedarf, den man beim manuellen Entwurf eines Mikroprozessors brauchte, exponentiell an. Chiphersteller mußten lediglich die Laborkosten und die benötigte Zeit extrapolieren, um zu erkennen, daß die gesamte Branche spätestens in ein paar Jahren von der Kostenexplosion aufgefressen werden würde.

Warum es heute noch immer eine prosperierende Elektronikindustrie gibt, läßt sich mit drei Buchstaben erklären: CAD – Computer Aided Design. Das Paradoxe dabei ist, daß bei der Entwicklung dieser CAD-Arbeitsplätze die Mikroprozessoren selbst mitgeholfen haben. Die mit CAD ausgestatteten Workstations versetzten die Entwickler in die Lage, das Mikroprozessormodell direkt auf dem Bildschirm zu entwerfen. Sie konnten den Computer alle Verbindungen berechnen, nach Fehlern suchen und die Arbeit für die zukünftige Verwendung abspeichern lassen. Verschiedene Teams konnten

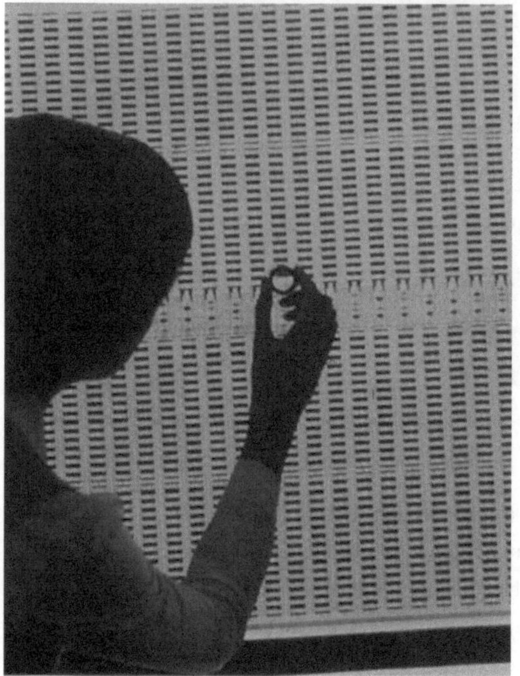
Entwurf von Mikroprozessoren in den 70er Jahren.
Mit freundlicher Genehmigung von Intel

gleichzeitig an unterschiedlichen Bereichen der Schaltungen arbeiten (»concurrent engineering«) und dann alles mit Hilfe des Computers zusammenfügen.[11]

So beeindruckend das Ganze auch war, der stark erhöhte Zeitaufwand, den Millionen individuelle Schaltungen brauchen, konnte dadurch nicht wesentlich gesenkt werden. Die Antwort auf diese Frage kam aus der sich ständig weiterentwickelnden Computertechnologie. Teilansätze einer Lösung waren schon in den 60er Jahren vorhanden, wenn auch nur in der Theorie. Die erste Programmtheorie, genannt »Silicon compilers«, verfaßte 1979 Prof. Carver Mead gemeinsam mit einem seiner Assistenten, David Johannson.

Im wesentlichen ist ein Silizium-Compiler ein Mittler zwischen der gewohnten Programmiersprache eines Designers und der komplexen Anordnung von Transistoren und Verbindungen im gerade zu entwickelnden Teil der Schaltung. Je ausgereifter der Compiler ist, desto einfacher ist die Sprache und desto weitreichender ist die daraus folgende Aktion. Der Entwickler kann auf der mit diesen Softwarewerkzeugen ausgestatteten Workstation ganze Funktionen (die aus tausenden Schaltungen bestehen) anordnen, und der Computer erledigt die Verbindungen, prüft auf etwaige Inkompatibilität und andere Fehler und fügt alles zu einem großen Entwurf zusammen.

Um die Möglichkeiten des Compilers zu beschreiben, kehrt der Schriftsteller George Gilder zur Metapher vom Mikroprozessor als Stadt en miniature zurück:

Die Crux beim Design von Compilern ist, daß die gesamte Arbeit in Problemgruppen verarbeitbarer Größe geteilt werden muß, von denen jeder Teil aus einer zähl- und begreifbaren Anzahl von Untereinheiten bestehen soll. Die Herstellung eines Ziegels oder eines Ziegelbrennofens, der Bauplan eines Raums oder Hauses oder der Entwurf eines Straßenplans ... das alles sind überschaubare Probleme. Genau wie der Entwurf eines Transistors, eines logischen Gatters, eines funktionalen Blocks oder einer Computerarchitektur...

Silizium-Compiler erfüllen nun die entscheidende Funktion des Entwicklers ... die komplexe Vielfalt der Implementation auf niedrigerem Level vorzunehmen... Befreit von den zeitraubenden Details kann sich der Designer nun den speziellen Anforderungen des Benutzers widmen.[12]

Silizium-Compiler, in Kombination mit weitreichenden »Schaltungs-Libraries«, CAD-Software und schnellen Workstations haben den Designer aus den Niederungen der allzu irdischen Details gehoben, die das traditionelle, manuelle Design mit sich brachte. Im Sog dieser weitreichenden Entwicklung entstanden bereits neue Arbeitsbereiche für die Halbleiterindustrie, wie zum Beispiel die »gate arrays«, speziell für das schnelle halbautomatisierte CAD-System entwickelte Schaltungen.

Wie auch immer, es wäre ein Fehler, anzunehmen, daß die Computerautomatisation in der Welt der Mikroprozessoren schon so weit gediegen ist,

Der 1989 von Motorola vorgestellte 68040, ein 32 bit Prozessor der dritten Genereation.
Mit freundlicher Genehmigung des Motorola-Elektronikmuseums, © 1995

daß die Designer einfach nur noch die gewünschten Eigenschaften eines neuen Bauteils eintippen und die Workstation umgehend ein komplettes Diagramm der Schaltungen ausspuckt. Letztendlich bestimmen die Änderungen und Verbesserungen (im Vergleich zu seinen Vorgängern und Konkurrenten) den Marktwert eines neuen Mikroprozessormodells. Außerdem passiert es selten genug, daß eine »Standardzelle« aus der Library genau zu den Vorgaben paßt, vielmehr muß man ständig Neuland betreten, neue Entwürfe entwickeln und austesten, was viele Stunden Arbeit vor dem Bildschirm bedeutet.

Doch selbst hier hat sich der Computer als unersetzlich erwiesen. Man kann mit dem CAD-System nicht nur schnell neue Layouts ausgeben, es ermöglicht dem Entwickler, nunmehr befreit von mühsamen Details, seine Kreativität spielen zu lassen. Am wichtigsten scheint jedoch die Tatsache, daß man mit dem Computer neue Ideen testen kann, ohne den Entwurf gleich bauen zu müssen.

Diese Neuerung macht den Bau eines Prototyps jedoch noch lange nicht überflüssig. Hardwaresimulation ist nach wie vor ein effizienter Weg, um Probleme aufzuzeigen, die während und mit der Integration vieler Bauteile auftreten. Intel benutzte eine solche Hardwaresimulation, um den Pentium auszuarbeiten.[13] Trotzdem werden immer größere Teile des Designprozesses – speziell bei der Entwicklung großer Komponenten – dank der

Letzter Testlauf des Motorola 68040, 1989.
*Mit freundlicher Genehmigung
des Motorola-Elektronikmuseums, © 1995*

steigenden Verarbeitungsgeschwindigkeiten und der rasanten Weiterentwicklung elektronisch erarbeitet. Die modernsten Workstations, mit Spitzengeschwindigkeiten von bis zu 400 Millionen Befehlen pro Sekunde (400 MIPs) erlauben die Aussicht auf vollständig elektronisch modellierte Mikroprozessoren, deren Fehler und Pannen schon während der Entwicklung ausgeräumt werden.

Durch die Anwendung von CAD auf die Entwicklung von Mikroprozessoren machten sich enorme Produktivitätsschübe bemerkbar. Während sich etwa die Komplexität der Intel-Prozessoren verhundertfachte, blieb die gesamte benötigte Entwicklungsdauer durch die Elimination vieler zeitraubender Abschnitte im Prototypstadium konstant.

Doch selbst Intel, ausgestattet mit dem modernsten Entwicklungsequipment und mehreren Teams, die gleichzeitig verschiedene Bereiche des Chips entwerfen, brauchte ein Jahr dazu, um festzulegen, wo jeder der drei Millionen Transistoren – von denen jeder so klein ist, daß man 500 von ihnen zusammenhängen müßte, um ein einziges menschliches Haar zu umgeben – im Pentium-Chip plaziert werden sollte. Obwohl diesem Vorgang so viel »High-Tech« innewohnt, hatte das Design des Pentiums, wie auch das aller seiner Vorgänger, große Auswirkungen auf die Persönlichkeit, die Wünsche und Vorstellungen der damit beschäftigten Menschen. Wie *Business Week* berichtete:

»Im Laufe des Jahres 1991 entwickelte man bei Intel das ›Erdgeschoß‹, man teilte das Silizium in verschiedene Segmente, ›rev zero‹ (im Deutschen etwa: Umschlagplatz Null) genannt, ein. Im Frühjahr teilte man auch die Entwickler in Teams ein, die verschiedene Schaltungstypen – wie zum Beispiel das Speichermodul, die mathematische Einheit usw. – erarbeiten sollten.

Plötzlich fingen alle an, sich wie Immobilienhaie aufzuführen. Die Ingenieure waren wie besessen von dem Streben nach ›ihrem‹ Anteil an den 3,1 Millionen Transistoren, die der Arm von Intels Produktionsroboter auf den Chip pfropfen sollte. Immer öfter stürmten Entwickler, um ein paar Transistoren bettelnd, in die Büros ihrer Kollegen, damit ›ihre‹ Schaltungen mit ›ihren‹ zusätzlichen Transistoren das tun könnten, was von ihnen erwartet würde. Die Tage vergingen, die Spannungen nahmen zu. Einmal ›ertappte‹ der Projektleiter Vinod K. Dham einige seiner Ingenieure, die gerade ergründeten, ob man in gewissen Schaltungen nicht ein paar Transistoren einsparen könnte – und riet ihnen daraufhin ein wenig Urlaub zu nehmen. Sie waren damit einverstanden, nächsten Sonntag zu Hause zu bleiben.

Noch schlimmer wurde es, als es daran ging, verschiedene Schaltungen zusammenzuhängen. Fielen einige Operationen auf dem Simulator durch, begannen die einzelnen Teams oft, der Arbeit einer anderen Gruppe dafür die Schuld zu geben. Ein von Dham bestelltes Team hatte von nun an die Aufgabe zu vermitteln und

die Verschuldensfrage genau zu klären. Um das Betriebsklima ein wenig zu ent-
spannen, wurde jeder erreichte Entwicklungsschritt mit einer Pizzaparty, einem
Faßanstich und abendlichen Firmenessen gefeiert...«[14]

So viel zum Gerücht der emotionslosen Ingenieure, die auf blitzblanken Siliziumplättchen cool die Zukunft gestalten.

Die Schwingtüre

Das Ergebnis dieser Monate, in denen entworfen, gestritten und verhandelt wurde, sind ein Dutzend Schaltungslagen, die in extrem genaue Masken aus chrombeschichteten polierten Glas- oder Quarzscheiben umgesetzt worden sind. Noch vor einigen Jahren wurden diese Masken mittels Photoreduktion hergestellt. Wie auch immer, als die Größe der Features auf dem Mikroprozessor unter die »1 Mikron«-Grenze fiel (ein Millionstel Meter) war die Körnung dieser Technik zu groß, die Konturen zu verschwommen. Mittlerweile wird das Muster von einem computergesteuerten Elektronenstrahl gezeichnet. Der Prozeß ist kompliziert und die dazu notwendige Ausrüstung extrem teuer, so daß das Zeichnen der Masken heute (außer von den größten Chipherstellern) vielfach über Outsourcing speziellen Firmen übergeben wird. Die Durchlaufzeit ist mittlerweile, dank der harten Konkurrenz, nur mehr eine Sache von Wochen.

Mittels der fertiggestellten Masken werden die Millionen Schaltungen auf die Oberfläche des Siliziumwafers übertragen.

Um zu verstehen, wie das vor sich geht, müssen wir einen kurzen und (nicht zu) wissenschaftlichen Abstecher in die Halbleiterphysik machen.

Sie könnten vielleicht überrascht sein, hier zu lesen, daß der Mikroprozessor aus Transistoren besteht. »Moment!« könnten Sie sagen, »haben nicht der Mikroprozessor und andere Halbleiterbauteile den Transistor ersetzt?«

Die Antwort darauf lautet: Ja und Nein. Lassen Sie uns noch weiter zurückgehen, bis ins 19. Jahrhundert. Schon in den ersten Arbeiten über die Elektrizität von Franklin und Faraday wurde klar, daß das Kritische an der neuen Entdeckung der richtige Umgang mit ihr ist. Es erschien wichtig, den Strom lenken zu können und vor allem zu wissen, wie man ihn ein- und wieder ausschalten kann.

Die einfachste Lösung, eine, die wir alle aus Horrorfilmen kennen, ist der manuelle Schalter. Man legt den langen Hebel um, und die Funken fliegen; Hebel zurück und der Stromkreis ist wieder unterbrochen. Mechanische Schalter findet man in der industrialisierten Welt heutzutage beinahe überall.

Mechanische Schalter sind sicher gut genug, um das Küchenlicht oder das Radio einzuschalten, haben aber einen großen Nachteil: Irgendjemand muß dortstehen und den Schalter betätigen. Darum sind sie auch sehr, sehr langsam.

Eine erste Verbesserung zeichnete sich in der zweiten Hälfte des vorigen Jahrhunderts in Form des elektromechanischen Schalters ab. In diesem Schalter benutzt man einen zweiten Schaltkreis, der eine Spule aktiviert. Diese Spule induziert ein Magnetfeld, und das legt dann den Schalter um. Strom ein, der Schalter schließt den Stromkreis – Strom aus, und der Schalter unterbricht den Stromkreis wieder. Man fand unzählige Anwendungen für den elektromechanischen Schalter, vor allem aber in Relais (man verwendete sie sogar in den ersten Computern), trotzdem findet man sie heute nur noch im (analogen) Telefonsystem. Meistens hört man in ländlichen Gegenden heute noch das charakteristische »Klack-klack« der sich öffnenden und schließenden elektromagnetischen Schalter beim Wählen der Rufnummer.

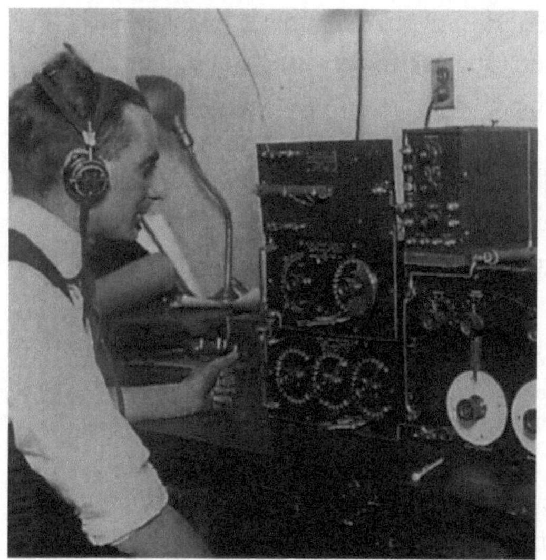

Früher Betreiber einer Funkamateuranlage.
Mit freundlicher Genehmigung von Stock Montage, Inc.

Elektromechanische Schalter stellten gegenüber den manuellen Schaltern eine erhebliche Verbesserung dar. Die immer schneller steigenden Anforderungen ließen sie jedoch bald veraltet wirken. Die elektromechanischen Schalter ermöglichten den Siegeszug der Elektrizität, und der Erfindungsgeist der Ingenieure brachte sie in unsere Häuser und Büros.

Eine dieser aufregenden neuen Entwicklungen war der Funk. Eine ganze Generation zukünftiger »Legenden der Elektronik«, von Fred Terman über David Packard bis William Shockley, wuchs am Anfang des zwanzigsten

Jahrhunderts auf, man baute Amateurfunkgeräte und lauschte in die Welt hinaus. Interessanterweise mußte der Amateurfunker bei den ersten Geräten noch einen dünnen Draht – »cat's whisker« (Schnurrhaar einer Katze) genannt – um einen vorbereiteten Kristall wickeln, um das Funkgerät abzugleichen… man könnte es als den ersten Halbleiter bezeichnen.

Bevor der Funk weiten Bevölkerungsschichten zugänglich gemacht werden konnte, mußte man noch viele Probleme beherrschen lernen, wie zum Beispiel Frequenz, Bandbreite, Rauschen, Signalverstärkung oder Kapazität. Die Antwort auf all diese neuen Fragen entwickelte Lee De Forest 1906 mit der »Audion«-Triode, der ersten Vakuumröhre. Die ersten Vakuumröhren waren im wesentlichen nichts anderes als eine neue Art von Schalter. Man konnte die Elektronen, die sich in einer evakuierten Glasröhre befanden, steuern.

Die Vakuumröhre war nicht nur eine brilliante Erfindung, sie veränderte auch die Welt. Sechs Jahre später arbeitete De Forest mit zwei seiner Assistenten fieberhaft an neuen Entwicklungen, wie zum Beispiel der Verwendung der Audionröhre zur Erhöhung der Übertragungsraten in der Telegraphie (zum Teil auch, um die immer höheren Prozeßkosten bezahlen zu können, die er sich mit seinem wilden, streitbaren Wesen einhandelte). Zu ihrem großen Erstaunen erreichten sie durch einen Umbau der Elektroden keine Erhöhung der Übertragungsgeschwindigkeit, sondern sie hatten einen Verstärker produziert.

De Forest verband die Audionröhre und das Mikrophon eines Telefons mit einem Paar Kopfhörer und hielt seine Armbanduhr zum Telefon. Das Ticken der Uhr wurde so sehr verstärkt, daß er und seine Assistenten davon beinahe taub wurden.[15]

Das Elektronikzeitalter hatte begonnen. Mit dem Verstärker hatte De Forest bewiesen, daß man die neue Vakuumröhre nicht nur zum Ein- und Ausschalten des elektrischen Stroms benutzen konnte, sondern auch zu seiner Steuerung. Man konnte ihn mit ihrer Hilfe erhöhen, verringern, ja sogar seine Frequenz konnte man modulieren.

Die Vakuumröhre veränderte die Welt. Durch die Massenproduktion fiel der Preis, und bald eroberte sich das Radio einen festen Platz in unserem täglichen Leben. Der Grundstein für die modernen Massenmedien war gelegt. Doch die Entwicklung steckte noch in den Kinderschuhen. Zwei Generatio-

> *Die Vakuumröhre war nicht nur eine brilliante Erfindung, sie veränderte auch die Welt.*

nen brillianter Ingenieure spielten mit der Röhre, bauten die Elektroden um und erzielten dadurch immer wieder neue, erstaunliche Resultate. In den späten 30er Jahren entwickelten die Gebrüder Varian in Stanford die Klystron-Röhre. Diese Röhre fand ihre Anwendung in Radargeräten und den modernen Teilchenbeschleunigern. Ein paar Meilen von Stanford entfernt, in San Francisco, verwendete Philo Farnsworth eine spezielle, von ihm entwickelte Vakuumröhre dazu, ein Muster aus elektrisch übertragenen Bildern auf einer ummantelten Glasscheibe sichtbar zu machen, und erfand damit das Fernse-

Hochleistungsklystrons, die gerade im Linearbeschleuniger von Stanford eingebaut werden.
Diese Geräte generieren Mikrowellenstrahlung, die die Elektronen und Positronen durch den 3 km langen
Linearbeschleuniger treiben. Matthew Allen (links) und Gerhard Konrad (rechts).
Mit freundlicher Genehmigung von Stanford

hen. Auch heute, im Siliziumzeitalter hat die Vakuumröhre in Form der Kathodenstrahlröhre (Braunsche Röhre) noch ihre Anwendung, mit deren Hilfe Sie vielleicht gerade dieses Buch lesen.

Als der zweite Weltkrieg ausbrach, war die Vakuumröhre allgegenwärtig. Bis in die 60er Jahre hinein glühten in einem typischen Fernseher 30 oder 40 Vakuumröhren mit einer Länge von 7,6 cm. Riesige Gesellschaften wie RCA oder Sylvania erlangten durch die Produktion von Vakuumröhren eine Vormachtstellung. In den Entwicklungslabors konnte die Leistungsfähigkeit der Vakuumröhren nur mehr schwer mit den neuen Erfindungen Schritt halten, und der Ruf nach einem neuen, leistungsfähigeren System wurde immer lauter.

Die neue Technologie, die diese Vorgaben erfüllen sollte, war die Datenverarbeitung mittels Computer. Die ersten modernen Computer, der amerikanische Mark I und der britische COLOSSUS, wurden zu Beginn des Kriegs gebaut und hatten nur zwei Aufgaben zu erfüllen: ballistische Berechnungen und Knacken feindlicher Codes. Für diese beiden Anwendungen brauchten sie enervierend viel Zeit und brachen, da sie elektromechanische Schalter für ihre Berechnungen verwendeten, meistens schon nach einigen wenigen Berechnungen zusammen.

Die Antwort auf alle diese neuen Probleme lag auf der Hand, zurück zu den Vakuumröhren und ihrem ursprünglichen Verwendungszweck: dem Schalten. Einer der ersten und vielleicht der bekannteste dieser frühen Röhrencomputer war der ENIAC.[16] Er wurde 1945 an der Universität von Pennsylvania entwickelt. Obwohl er nicht so leistungsfähig war wie ein moderner Rechner, war er doch seiner Zeit einen gewaltigen Schritt voraus. Allerdings war er aber auch ein »gewaltiger« Einrichtungsgegenstand. Er füllte eine Halle von der Größe eines Kaufhauses, beinhaltete 18 000 Vakuumröhren und lief bei einer konstanten Betriebstemperatur von 120° C. Jederzeit konnten eine oder gar mehrere Röhren brennen, deshalb brauchte man das SWAT-Team. Eine Gruppe schwitzender, nur mit Badehosen bekleideter Ingenieure, deren Aufgabe es war, bei kontinuierlichen »Rundgängen« durch den ENIAC die defekten Röhren zu finden und auszutauschen, um den Betrieb zu gewährleisten.

Diese Röhren schluckten außerdem jede Menge Strom. Es kursierte damals der Witz, daß es, jedesmal wenn man den ENIAC einschaltete, in der ganzen Stadt Philadelphia dunkler wurde. Dieser Scherz kam der Wahrheit über den Stromverbrauch des ENIAC sehr nahe.

Selbstverständlich konnte man diesen Zustand nicht so belassen, und wie so oft, wenn ein Problem unter den Nägeln brennt, wurde schnell eine Lösung dafür gefunden. Eine Lösung, die einen weiteren Meilenstein in der Elektronikgeschichte darstellt. In den Bell-Laboratorien in New Jersey suchten die drei Wissenschaftler Walter Brattain, John Bardeen und William Shockley einen Weg aus der Sackgasse, die sich aus Stromverbrauch, Hitzeentwicklung und Anfälligkeit der Röhren ergab. Sie schlugen einen Schalter aus festem Material vor. 1947 stellten sie den von ihnen entwickelten *Transistor* vor, der auf dem Prinzip der Veränderung der Leitfähigkeit von dotiertem Material unter dem Einfluß von Elektrizität beruht.

1947 stellten drei Wissenschaftler den von ihnen entwickelten Transistor vor, der auf dem Prinzip der Veränderung der Leitfähigkeit von dotiertem Material unter dem Einfluß von Elektrizität beruht.

Das Herzstück des Transistors war eine Struktur namens »junction« (Schichtenübergang). Brattain sah eine dieser Schaltungen erstmals 1940, als Russell S. Ohl, ein Forscherkollege Brattains, dem staunenden Publikum ein Stück Silizium vorführte, das an jedem Ende eine elektrische Leitung hatte – und dann den Stromkreis schloß, indem er mit einer Blitzlampe die nichtleitenden Bereiche zwischen den Leitungen beleuchtete.[17] Ohl führte diese kleine Demonstration mit einem einzigen Stückchen Silizium durch. Er beobachtete anhand wachsender Siliziumkristalle, daß einige von ihnen am besten leiteten, wenn ihre Ladungsträger negativ (n-leitendes Silizium), und andere, wenn ihre Ladungsträger positiv (p-leitendes Silizium) waren. Er fand heraus, daß der entscheidende Unterschied zwischen den beiden Siliziumarten einzig und allein in der Ladung der im Kristall eingeschlossenen Verunreinigungen lag. Die Kristalle mit Verunreinigungen aus der fünften Gruppe des Periodensystems (Phosphor, Arsen, Antimon) gaben überschüssige Elektronen ans Silizium ab und machten es dadurch zum n-leitenden Silizium, während jene mit Verunreinigungen aus der dritten Gruppe (Bor) Löcher in die Elektronenhülle rissen, wobei p-leitendes Silizium entstand.[18]

Shockley, Brattain und Bardeen entdeckten nach vielen Experimenten und Fehlschlägen (und einer Verspätung durch den zweiten Weltkrieg), daß Ohls Halbleiter in einen Verstärker eingebaut werden konnte, indem man

■ 60

zwei sehr nahe beieinanderliegende Metallpunktkontakte in einen Germaniumkristall einbrachte. Legte man eine elektrische Spannung an, produzierte der Kristall einen »Schottky-Effekt«, ein Feld, das durch den Halbleiter zu einem der Kontaktpunkte hinunter»rannte« und wie ein kontrollierbares »Ventil« auf den Strom zwischen den zwei Originalleitungen wirkte. Der erste vom Team getestete Transistor sah aus wie ein kleines, auf dem Kopf stehendes Quarzdreieck, mit zwei Kabeln auf jeder Seite und einem in eine Germaniumplatte verlaufenden Kontakt. Wie Silizium und Kohlenstoff steht auch Germanium in der

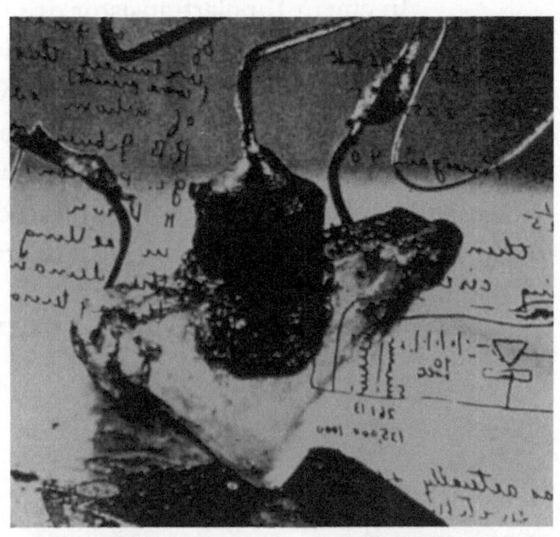

Der erste Transistor, 1948.
Mit freundlicher Genehmigung von IBM

vierten Gruppe der Periodentafel. Am 23. Dezember 1947 funktionierte dieses Modell erstmals... und brachte seinen drei Schöpfern den Nobelpreis ein.

Der Transistor war klein, beinahe unverwüstlich und brauchte wesentlich weniger Strom als die Röhren[19]. Außerdem war er zur automatisierten Fertigung geeignet, die bekanntlich in dem Maß rentabler wird, in dem die Erfahrung des Produktionsteams und die Anzahl der gefertigten Stücke zunehmen. Anfang der 50er Jahre hatte das Team des Bell-Labors bereits zwei Arten von Transistoren entwickelt: jene mit Punktkontakt, die ihre Verwendung in den frühen Computern finden würden, und jene mit »junction«, die sich als Vorläufer der modernen integrierten Schaltungen erweisen sollten.

Der typische Transistor sah aus wie ein auf drei Beinen stehendes Edelstahlkäppchen. Die Spannung an der Mittelelektrode (Basis) steuert den Strom zwischen den äußeren Elektroden (Kollektor, hier fließt der Strom in den Transistor, und Emitter, hier tritt der Strom wieder aus) praktisch stromlos. Lüftete man das Käppchen, fände man ein Stückchen p-dotiertes Silizium (die Basis), das zwischen zwei Schichten n-dotiertem Silizium eingebracht wurde, eine mit dem Kollektor, die andere mit dem Emitter verbunden.

In einem Bipolartransistor dringt der Strom beim Emitter ein, fließt hinunter zum n-dotierten Silizium, durchquert dort die zweite n-Schicht und verläßt den Transistor durch den Kollektor. Wird an der Basis wenig Strom angelegt, fließt ein wesentlich höherer Strom vom Emitter zum Kollektor. Schaltet man den Basisstrom aus, wird auch der Stromfluß zwischen Emitter und Kollektor unterbrochen, und das Gate kann keinen Strom mehr transportieren. (Der moderne Feldeffekttransistor, FET genannt, arbeitet einfacher und wesentlich eleganter.[20])

Der Transistor veränderte die Welt, ja er verändert sie auch heute noch. Am auffälligsten erkennt man dies an den immer kleiner, immer verläßlicher und immer leistungsfähiger werdenden Produkten, die industriell hergestellt werden. Als Japan nach dem Krieg wieder auf den Welthandelsmarkt drängte (wer in Amerika erinnert sich nicht an die japanischen Radios?), beeinflußten sie damit auch den internationalen Handel für das restliche Jahrhundert, wahrscheinlich noch länger. Aber vielleicht ist die Tatsache, daß dadurch die gesamte Elektronikindustrie aufgeschreckt wurde, am wichtigsten. Man schaffte infolgedessen den geistigen Sprung von den beweglichen mechanischen Bauteilen über die fragilen Vakuumröhren bis hin zu den energiearmen kristallinen Strukturen und der Kontrolle der Leitereigenschaften durch »Festkörper«-Bauteile.

»Verpackte« IBM-Transistoren, 1958.
Mit freundlicher Genehmigung von IBM

Einer der Ersten, der diesen Wandel zu schätzen wußte, war Shockley selbst. Er verließ die Bell-Laboratorien Mitte der 50er Jahre, kehrte nach Kalifornien zurück und kam dort mit seiner neuen Erfindung zu Reichtum. Trotz seiner Unerfahrenheit in geschäftlichen und fertigungstechnischen Dingen lockte Shockleys Name die klügsten Köpfe aus Elektronik und Festkörperphysik in die neuen Shockley-Laboratorien. Unter ihnen waren zwei Schlüsselfiguren der weiteren Mikroprozessorgeschichte, Robert Noyce und Gordon Moore.

Shockley, der später mit seinen Bemerkungen über die Korrelation zwischen Rasse und Intelligenz noch einige Kontroversen auslösen sollte, erwies sich als äußerst unangenehmer Chef: niederträchtig, paranoid und unberechenbar.[21] 1957 meuterten acht der besten Jungwissenschaftler unter der Anführung von Noyce, verließen Shockley und gründeten ihre eigene Firma: Fairchild Semiconductor. Von da an nannte man diese Gruppe (bestehend aus Noyce, Moore, Sheldon Roberts, Eugene Kliner, Victor Grinich, Julius Blank, Jean Hoerni und Jay Last) nur noch »die acht Verräter«, was sie jedoch nicht daran hinderte, den Aufbau der modernen Halbleiterindustrie zu entwerfen.

Zur Zeit der Fairchild-Gründung kamen neue Ansichten auf. So nützlich Transistoren auch waren, sie waren Bauteile für eine einzige Funktion. Sie waren *diskrete* Bauteile, wie auch Widerstände, Kondensatoren und Dioden, die nur der Erfüllung einer Aufgabe dienten. Sie verstärkten elektrische Signale oder schalteten sie auf Kommando ein und aus, immer nur in einer

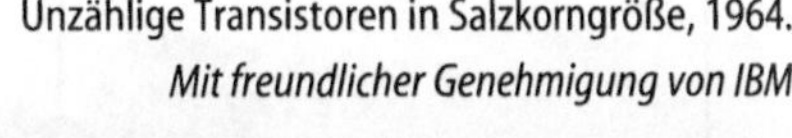

Unzählige Transistoren in Salzkorngröße, 1964.
Mit freundlicher Genehmigung von IBM

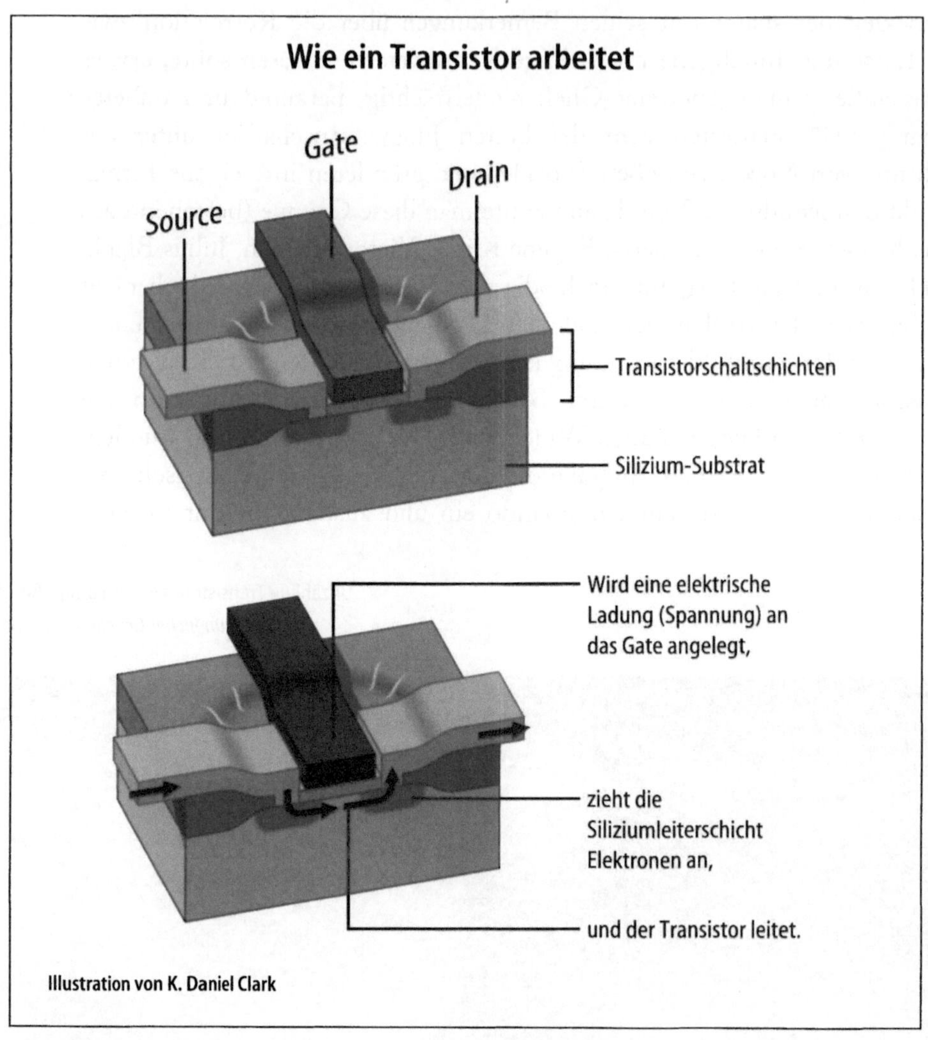

Stromflußrichtung. Theoretiker begannen sich angesichts der bemerkenswert eleganten und einfachen Lösung in Form der p-n-junction zu fragen, ob es nicht möglich wäre, mehrere Gates auf einem einzigen Stück Halbleitermaterial unterzubringen.

Bereits 1952 schrieb der britische Wissenschaftler G. W. A. Dummar geradezu prophetisch:

»Es scheint, als sei es nun möglich, elektronische Bauteile ohne Verbindungskabel und in Form eines einzigen Blocks ins Auge zu fassen. Dieser Block bestünde aus verschiedenen Lagen, die isolieren, leiten, gleichrichten oder verstärken können, mit direkt verbundenen elektrischen junctions (aus den verschiedenen Lagen herausgeschnittenen Bereichen).«

Mit anderen Worten heißt das, daß nicht ein allein stehender Transistor auf einem Stück Silizium, sondern Scharen davon, alle in einem einzigen integrierten Schaltkreis zusammengefügt werden.

Mindestens zwei andere Wissenschaftler hatten die gleiche Idee. Einer davon war Jack Kilby von Texas Instruments, der seinen Urlaub im Juli 1958 damit verbrachte, einige Ideen niederzuschreiben, wie man mehrere Transistoren auf einem einzigen Chip unterbringen konnte. Der andere war Robert Noyce, der einer der Vorreiter des elektronischen Zeitalters werden sollte.

Die kleine Firma Fairchild Semiconductor, die auf die Zuwendungen ihrer Muttergesellschaft Fairchild Camera & Instrument angewiesen war, mühte sich damit ab, einen Platz unter den Giganten der Transistorindustrie zu erobern. Die »acht Verräter«, alle unter 30, wußten, daß die Antwort auf ihre Mühen in einer revolutionär neuen Technologie liegen mußte: dem planaren Transistor.

Kleiner, schneller, . . . , flacher

Bei Fairchild Semiconductors stellten sich im Januar 1958 erste Geschäftserfolge ein. Man erhielt den Auftrag, für IBM 100 Einheiten eines vollkommen neuen Transistortyps unter Verwendung des damals revolutionären »Mesa«-Verfahrens[22] herzustellen. Die Bell-Laboratorien, die sich dieses Herstellungsverfahren, das auch als Vorläufer des photolithographischen Halbleiterproduktionsverfahrens gilt, einige Jahre vorher patentieren ließen, verwendeten Germanium. Bei Fairchild behauptete man nun, dieses Verfahren mit Silizium durchführen zu können, und warf damit Giganten wie Texas Instruments aus dem Rennen.

Murray Siegel, neunter Angestellter bei Fairchild, erinnert sich, als man ihn später darauf ansprach:

»IBM wußte, daß der Mesa-Prozeß damals noch eher als Kuriosität galt. Man war begeistert von der Aussicht, damit arbeitsfähige Transistoren herstellen zu können. Die Kosten spielten dabei nur eine Nebenrolle.«[23]

Unsicher über das weitere Procedere. beauftragte Fairchild zwei Teams, herauszufinden, welches Design der Transistorschaltungen am erfolgversprechendsten sei. Gordon Moore leitete das Team, das sich damit beschäftigte, einen »n-p-n«-Mesa-Transistor zu entwickeln, bei dem sich eine p-dotierte Siliziumregion zwischen zwei n-dotierten Siliziumschichten befindet. Eine der n-dotierten Schichten sollte in diesem Modell als Emitter fungieren, die andere als Kollektor, wie wir es schon von der »junction« her kennen.

Das zweite Team unter Leitung von Jean Hoerni drehte das Design um und versuchte, einen Transmitter mit p-n-p-Übergang zu entwerfen. Mit diesem Design bekam Hoernis Team den Zuschlag von IBM, vor allem auch wegen der wesentlich höheren Ausbeute, die man bei der Produktion dieser Mesa-Transistoren zu erreichen imstande war. Es sollte jedoch Moore der lachende Dritte bleiben, denn sein Entwurf dominierte die Halbleiterproduktion der nächsten zehn Jahre. Da außerdem Moores Entwurf auch unter Strahlungseinfluß stabil blieb, beeinflußt Moores n-p-n-Transmitter die Rüstungsindustrie bis zum heutigen Tag.

Tom Bay, Marketingleiter bei Fairchild, erinnert sich:

»Wir traten gegen alle an. Gegen die, die ihre Bauteile aus Germanium fertigten, aber auch gegen die, die dazu Silizium verwendeten. Wir konnten uns einen Vorsprung gegenüber den Forschern verschaffen, die Germanium einsetzten, hatten aber in puncto Silizium noch viel nachzuholen. Mit Germanium lassen sich Bauteile für sehr hohe Frequenzen fertigen, höhere Stromdichten lassen sich aber mit Silizium erreichen, weil Germanium ein Niedertemperaturmaterial ist. IBM beabsichtigte, die Transistoren zur Speichersteuerung in einem digitalen Computer einzusetzen. Silizium stellte sich als die einzig mögliche Alternative heraus, da sich dieser digitale Computer in einem Flugzeug befinden sollte, was spezielle Anforderungen an die Temperaturbeständigkeit stellte. Die damaligen Siliziumtransistoren anderer Hersteller waren nicht leistungsfähig genug. Das machte uns große Hoffnung. Letztendlich hatten wir dort Erfolg, wo alle anderen aufgeben mußten.«[24]

Ende 1958 brachte Fairchild viele Mesa-Transistoren auf den Markt, und der steile Aufstieg begann. Dieser Erfolg weckte in der Branche erst recht das

Verlangen nach immer kleineren und dabei immer effizienter werdenden Transistoren. Schenkt man den Ausführungen von Tom Bay Glauben, hat Jean Hoerni, frustriert von solcher Sisyphusarbeit, 1960 angekündigt: »*Na gut, die Bastarde wollen einen besseren n–p–n, ich werde ihnen einen geben. Ich werde den besten n–p–n bauen, den sie je gesehen haben!*«[25]

Das Ergebnis war ein vollkommen neuer Produktionsprozeß: das *planare Herstellungsverfahren*. Es brachte die Mesa-Technologie einen großen Schritt weiter. Hoerni verwendete die erst 1953 neu aufgekommenen negativen photoresistenten Materialien, die nur unter ultraviolettem Licht funktionieren, und er kombinierte diese mit der von Frosch und Derrick erst vor vier Jahren entwickelten Methode zur Herstellung von Siliziumdioxidmasken. Das ermöglichte ihm, die Übergänge der Transistorschaltungen auf kleine flache Siliziumplättchen zu übertragen. Der fertige Transistor sah nun aus wie eine Zielscheibe mit fünf Ringen. Die beiden äußeren Ringe wurden bis zu einem Punkt außerhalb der Schaltung gezogen.[26]

Robert Noyce, zur Zeit seines Ausstiegs bei Intel.
Mit freundlicher Genehmigung von Intel

Mit der Entwicklung des planaren Prozesses wurde allen bei Fairchild schlagartig klar, daß man mit dieser Technik den Siliziumchip nicht nur mit einer Vielzahl von Transistorgattern bedrucken konnte, sondern diese Schaltungen unter Verwendung derselben Technik direkt auf dem Rohchip untereinander verbinden konnte. Zu dieser Zeit war Robert Noyce Präsident der Gesellschaft und damit Schrittmacher dieser Entwicklung. Sein Assistent war damals der erst kürzlich von Sperry abgeworbene Chipdesigner Robert Norman. Norman wählte einen Baustein, mit dem er einige Erfahrung hatte, eine RTL-Schaltung (resistor-to-transistor logic = Widerstand-Transistor-

Logik. Anm. d. Übersetzers). Die Aufgabe von Noyce dabei war es, das Design und den Fertigungsprozeß zu entwickeln, wofür er, zusammen mit Kilby von Texas Instruments, später das Patent für die erste integrierte Schaltung (Integrated circuit = IC) erhielt.

Mit der RTL-Schaltungsfamilie schaffte die Festkörperelektronik den Sprung zur Zweidimensionalität. Immer kleinere Bauteile konnten reproduziert werden. Ein paar Jahre später war es der Gesellschaft bereits möglich, in einem Siliziumplättchen mehrere isolierte Schaltungslagen unterzubringen.

Seit 30 Jahren schreitet die Evolution stetig weiter, und sie wird sicher noch weit ins 21. Jahrhundert hineinreichen. Obwohl ein moderner Mikroprozessor aus mehreren Millionen Transistoren aufgebaut sein mag, all die elementaren Bauteile des modernen Mikroprozessors gab es bereits auf Noyces RTL-Schaltungen – sie mußten lediglich erprobt und überarbeitet werden. Während der nächsten Jahre würden Fairchild, Texas Instruments und eine große Anzahl anderer eben gegründeter Gesellschaften wie Motorola, NEC und letztendlich auch Intel die elementaren Entwürfe aufgreifen, nach eigenen Vorstellungen in bezug auf Entwurf, Herstellungstechniken und Packungsdesign verändern und damit eine große Anzahl verschiedenartiger IC's entwickeln. Diese IC's würden spezifischen Anforderungen genügen, logische und speichertechnische Aufgaben erfüllen und den Datenstrom kontrollieren. Neben den bipolaren Bauteilen wurde jedoch noch ein anderer Bausteintyp zur Perfektion gebracht: der MOS-Transistor (metal-oxide semiconductor). Der MOS-Transistor arbeitet nach dem Prinzip der Kontrolle des Stromflusses zwischen zwei aus n-dotiertem Silizium bestehenden Inseln, die sich innerhalb eines Felds aus p-dotiertem Silizium befinden. IC's nach MOS-Bauart brauchen wesentlich weniger Strom und eine viel kleinere Siliziumbasis, was eine höhere Packungsdichte gegenüber der Bipolartechnik ermöglicht. Diese Packungsdichte war in den frühen 70er Jahren bereits so groß, daß man Dutzende verschiedenartige IC's zusammen auf einem einzigen Chip integrieren konnte. Man spricht dabei von LSI (large scale integration = Großintegration). Diese LSI tausender Transistoren, von denen jeder die Aufgaben eines großen mechanischen Schalters erfüllen konnte, ermöglichte den Bau des ersten Mikroprozessors.

Eine eigene Welt

Die vorbereitete Siliziumscheibe und die Masken, die später das Schaltungs-design übertragen sollen, treffen in der Fertigungsanlage aufeinander, der Fabrik zur Herstellung von Mikroprozessoren.

Vergleicht man diese Fertigungsanlage mit, sagen wir, einer Automobilfa-brik, dann sind die Hallen zur Fertigung der Siliziumscheiben vergleichswei-se klein, etwa von der Größe eines dreistöckigen Bürogebäudes. In Wahrheit sieht eine »fab« (wie eine solche Fabrik auch genannt wird) mit ihren Rauch-glasfenstern und dem »üblichen Zubehör« (von der Bahnanbindung bis zu den Verladerampen) auch wie ein gewöhnliches Bürogebäude aus. Die einzi-gen Hinweise auf ein doch nicht ganz so normales Bürogebäude liefern die riesigen Gas- und Wassertanks, die sich in unmittelbarer Umgebung befin-den, und die Schornsteine, die zu Massen aus dem Dach sprießen.

Wafer-Fabriken gehören jedoch zu den teuersten Bauwerken schlechthin. Ende des 20. Jahrhunderts könnte der Preis für einen Neubau an die 5 Milli-arden Dollar betragen. Die Vorrichtungen innerhalb eines solchen Gebäudes sind so sensibel, daß die Chipindustriebetriebe Millionen Dollars alleine zur Sicherstellung der Stromversorgung bereitstellen müssen.

Die Herstellung von Siliziumscheiben ist eine Welt für sich. Eine Welt, in der Zwischenräume in Millionstel Metern gemessen werden; eine Welt, in der sich auf einem Stück Silizium, das nur halb so groß ist, wie die Hälfte einer Briefmarke, Bauteile befinden, die kleiner als Bakterien sind. Will man mit dieser Welt in Verbindung treten, braucht man mächtige Linsen, Teilchenstrahlen und sehr schnelle Computer.

Es bedarf dazu auch eines Reinheitsgrades, wie man ihn sonst nirgendwo findet. In der Welt der Halbleiter haben einzelne Staub-flocken und kleinste Teilchen abgestorbener Haut die gleichen katastrophalen Auswirkun-gen wie ein Asteroid, der mit einem Planeten kollidiert. Betritt man ein »Wafer fab lab« (Laboratorium zur Herstellung der Siliziumscheiben, Anm. d. Übersetzers) zum ersten Mal, glaubt man in einer fremdartigen neuen Welt zu sein: seltsam gekleidete Arbeiter, die sich unter gelbem

In der Welt der Halbleiter haben einzelne Staubflocken und kleinste Teilchen abgestorbener Haut die gleichen katastrophalen Auswir-kungen wie ein Asteroid, der mit einem Planeten kollidiert.

Licht hinter Glaswänden bewegen; dazu der leicht erhöhte Luftdruck, der verhindern soll, daß sich kleinste, in der Außenluft vorhandene Schmutzteilchen einschleichen.

In den Anfangstagen waren die Herstellungsverfahren wesentlich primitiver. Noyces RTL-Schaltung zum Beispiel war gespickt mit Verunreinigungen. Nur den vergleichsweise gigantischen Ausdehnungen seiner Schaltungen ist es zu verdanken, daß sie damals überhaupt funktionierten. Selbst in den späten 60er Jahren arbeitete man im wesentlichen in frei zugänglichen Labors, und die Ausbeute schien durch alles beeinflußt zu werden, von der Jahreszeit über die Ausbringung von Pestiziden auf benachbarten Farmen bis zu Technikern, die zuviel »Duftwasser« verwendeten.

Diese saloppe Art, mit Verunreinigungen zu »leben«, verschwand von selbst, als die ersten Mikroprozessoren und andere hochintegrierte Schaltungen aufkamen, Bauteile von ca. 1 Mikron. In den frühen 70er Jahren wurden bereits erste Reinräume gebaut. In den nun mit komplexen Luftfiltersystemen ausgestatteten Räumen hielten sich mit einem Mal nurmehr sorgfältig von Kopf bis Fuß in Overalls gehüllte Techniker auf, die die Oberfläche der Siliziumscheiben mit ultrasauberem Wasser reinigten, das den Reinheitsgrad des damals in der Humanchirurgie verwendeten Wassers bei weitem übertraf.

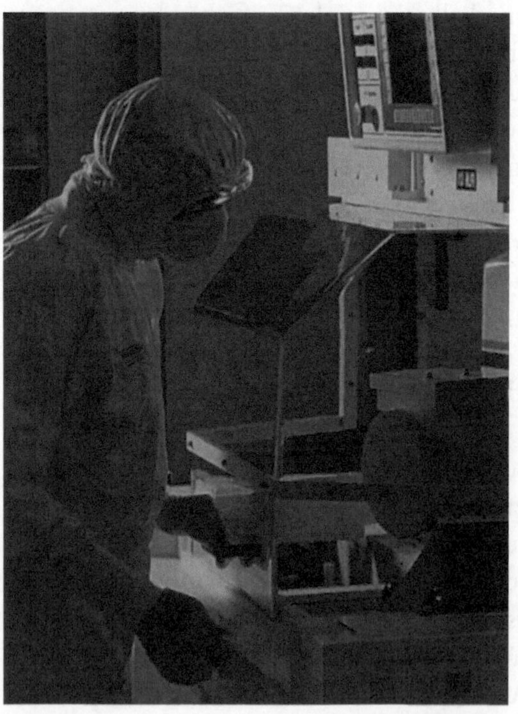

Techniker bei der Fertigung an einem Westech Schleifgerät. *Mit freundlicher Genehmigung von SEMATECH*

In einer modernen Fertigungseinrichtung, einem Reinstraum Klasse I, kommt mittlerweile nicht mehr als ein verunreinigendes Teilchen (mit einem Durchmesser von 0,5 μ) pro 0,028 m^3 Luft vor. Dies erscheint umso unglaublicher, wenn man bedenkt, daß ein »Durchschnittsmensch« in einer einzigen Minute 20 000 dieser Partikel ausstößt.[27] Reinsträume Klasse I sind, einfach ausgedrückt, die saubersten Plätze in der Welt .

Die modernen Bauteile schrumpfen unerbittlich weiter, das momentane Ziel liegt bei 0,2 Mikron ($^1/_5$ vom Millionstel eines Meters) bis zum Ende des Jahrhunderts, hier genügt auch ein Reinstraum der Klasse I nicht mehr. Bei solchen Größenverhältnissen würde ein 0,1 Mikron kleines Staubpartikelchen – ein Teilchen von der Größe eines Virus – ein ernsthaftes Problem darstellen. In *Forbes* fand sich folgendes Zitat: *»Man kann diese Teilchen mit dem bloßen Auge nicht erkennen, auf einem 0,2 Mikron feinen Leiterstrang bedeuten sie dasselbe wie ein riesiger Felsblock auf der Autobahn.«*[28]

Die einfachste Lösung scheint das Ersetzen aller menschlichen Techniker durch Roboter zu sein. Natürlich war es immer ein Traum der Halbleitererzeuger, ein richtiges »lights out«-Labor (Labor, in dem man keinerlei Einrichtungen für menschliches Personal benötigt – angefangen beim Licht… Anm. des Übersetzers) zu bauen. Es ist einer der bekanntesten Scherze in der Branche, daß sich die ideale Produktionsstätte so präsentiert: auf der einen Seite wird der Sand hineingeschaufelt, auf der anderen Seite kommen die fertigen Computerchips heraus. Im Moment braucht man den Menschen im Inneren der Anlage jedoch noch. Da sich die Automatisation mehr und mehr bewährt, experimentiert man bereits mit immer neuen Technologien. Zum Beispiel reduziert man die Abstände zwischen den einzelnen Fertigungsstätten oder errichtet kleine Vakuumbereiche um den sich gerade in Fertigung befindlichen Wafer. In einem experimentellen Reinstraum an der Tohoku Universität in Sendai (Japan) erzielte man unter Einsatz solcher futuristischer Technologien, vollkommen auf die eingesetzten Roboter vertrauend, einen Reinheitsgrad von einem Partikel pro 9800 m^3 Luft. Es wird noch Jahre dauern, bis man diesen Reinheitsgrad in der (Massen-)Produktion erreichen wird.[29]

Bedeutungsvolle Schichten

Einmal im Reinstraum angelangt, durchläuft die Siliziumscheibe die verschiedenen zur Herstellung der Schaltungen auf der Oberfläche notwendigen Produktionsschritte nicht nur einmal. Die Scheibe wird bestimmten Prozessen immer wieder ausgesetzt, wobei die Anzahl der Wiederholungen die Anzahl der notwendigen Lagen des Bauteils angibt. Die Anzahl der Wiederholungen liegt gewöhnlich zwischen 10 und 20.

Im folgenden werden die zur Produktion einer einzelnen Lage erforderlichen Schritte vorgestellt:[30]

Initial-Oxidation – Man beginnt den Prozeß damit, daß man eine Siliziumdioxidschutzschicht auf die Siliziumscheibe aufbringt. Diese »Rostschicht« würde auch von alleine entstehen, nur wäre sie dann nicht dick genug. Deshalb wird der Wafer typischerweise unter Verwendung der aggressivsten bekannten Chemikalien gewaschen:[31]

Roboterarm, der gerade einen 8"-Wafer vom chemischen Bad in den Trockner
bringt (im Bild eine automatische Naßwerkbank von Santa Clara Plastics).
Mit freundlicher Genehmigung von SEMATECH

1. Tauchbad in einem Gemisch aus Schwefelsäure und Wasserstoffperoxid, um auch das letzte organische Partikel zu vernichten;
2. Wässerung in ultrasauberem, deionisiertem Wasser;
3. Tauchbad in Ammoniumhydroxid/Wasserstoffperoxid bei 75–80°C, um metallische Verunreinigungen zu entfernen;
4. Flußsäure-Tauchbad, um eine eventuell vorhandene Oxidschicht weg-zuätzen;
5. Waschung in ultrasauberem, deionisiertem Wasser;
6. Wässerung in Salzsäure/Wasserstoffperoxid-Lösung, bei 75–80°C. Entfernung jeglicher Atom- und/oder Ionenrückstände;
7. Neuerliche Wässerung;
8. Trocknung in heißem Stickstoffgas.

6"- und 8"-Wafer auf dem Weg in einen Bruce Schmelzofen.
Mit freundlicher Genehmigung von SEMATECH

Nunmehr nach allen Regeln der Kunst gesäubert, wird der Wafer unter Sauerstoffeinwirkung in speziell dafür gebauten Öfen auf über 900° C erhitzt. Die dabei entstehende Siliziumdioxid-Lage, auf der alle folgenden Prozesse stattfinden werden, ist meist nicht dicker als ein halbes Mikron. Diese Lage ist äußerlich dem Glas ähnlich: eine harte, gleichmäßig glatte, feste und isolierende (nicht leitende) Oberfläche.

Aufbringung der Maske – Der Wafer wird nach dem Säuberungsprozeß mit photoresistentem Lack überzogen. Dies geschieht in einer Art und Weise, wie man es manchmal auf Jahrmärkten sieht. In ausgediente Wäscheschleudern gibt man zuerst Papier hinein, schaltet sie ein und fügt während des Schleudervorgangs Farben hinzu, die aufgrund der Zentrifugalkraft nach außen driften, wobei sich dann nette Bilder ergeben. Natürlich ist der in der Halbleiterwelt verwendete Vorgang wesentlich komplexer... der Wafer wird mittels Vakuum auf der Spitze eines Stifts gehalten, mit Stickstoff umspült, mit Grundierung besprüht, damit alles danach Aufgetragene besser haftet, und dann bei 200–10000 Umdrehungen/min getrocknet. Die Schutzschicht auf dem Wafer wird nun durch Tropfen photoresistenten Lacks auf genau definierten Stellen erzeugt. Auch die Größe der aufgebrachten Tropfen wird dabei überwacht. Mittels eines raffinierten Schleudervorgangs (die Scheibe muß dabei mit einer ganz bestimmten Geschwindigkeit geschleudert werden) verteilt sich der Lack dann über die gesamte Oberfläche der Siliziumscheibe.

Es gibt viele Arten von photoresistentem Lack, die nach folgenden Kriterien gruppiert werden: Art der gewünschten Schaltung, Art des eingesetzten lithographischen Prozesses und Einfachheit der Verarbeitung. Primär werden die Lacke, wie sollte es anders sein, nach positiven und negativen Arten unterschieden.

Negative Lacke bestehen zumeist aus dem Fotoinitiator (der unter Lichteinfluß reagiert) und einem synthetischen Polymer auf Lösungsmittelbasis, das unter ultraviolettem Licht aushärtet (einen Plastikfilm bildet) und damit die bedeckten Bereiche vor der Säureätzung bewahrt. Historisch gesehen sind negative Fotolacke billiger und haben niedrigere Reaktionszeiten – was sich in den Produktionskosten des Wafers niederschlägt. Darum wurden sie bis in die frühen 80er Jahre hinein eingesetzt. Negative Lacke haben gegenüber den positiven Lacken einige Nachteile. Einer davon ist, daß man sie nur bis zu einer gewissen Auflösung anwenden kann (das heißt, man kann mit ihnen die heute benötigte Detailgenauigkeit nicht erreichen). Ein anderer Nachteil ist die Bildung kleinster Bläschen, die sich später, während der Entwicklung, in unangenehme kleine Löcher verwandeln (pinholing). Wie wir es in der Welt der Halbleiter schon so oft gesehen haben, kann sich der Wind wieder drehen und den negativen Fotolacken einen Vorsprung verschaffen. Bei der Röntgenlithographie gelten sie zum Beispiel schon wieder als beliebt.

Zur Herstellung der Mikroprozessoren verwendet man heutzutage meist die positiven Lacke. Fotoresistente positive Lacke werden nach ihrem Lösungsmittel eingeteilt: KPR benutzt einen Ester als Lösungsmittel und kann Wasser aufnehmen; KTFR basiert auf Kohlenwasserstoffen und ist wasserfest und daher der gebräuchlichste Lack. Man verwendet positive Lacke trotz der mit ihnen verbundenen höheren Kosten und der längeren Aushärtezeit. Zum Teil auch, weil sie von selbst keine Bläschen bilden, was die kleinen Löcher am fertig geätzten Wafer verhindert, ferner weil sich die Lackspuren während der Aushärtung nur minimal verformen und weil man die von ihnen bedeckten Bereiche relativ einfach mit alkalischen Lösungen wegwaschen kann.

Nachdem die Oberfläche der Siliziumscheibe mit resistentem Material überzogen wurde, kommt der Wafer in den »mask aligner«.

Um zu verstehen, wie ein solches Gerät arbeitet, lassen Sie uns einen Blick auf ein farbiges Zeitungsfoto werfen. Solange alle vier Farbdurchläufe (gelb, rot, blau und schwarz) passergenau eingestellt wurden, ist das Ergebnis ein scharfes Bild. Wurden jedoch einer oder gar mehrere dieser Durchläufe stark versetzt, mit Passerungenauigkeiten gestartet, ist das Ergebnis ein schreckliches Durcheinander, in dem man keine klaren Bilder mehr erkennen kann. In der vergleichsweise riesenhaften Welt des Zeitungsdrucks können die Bilder durchaus ein wenig versetzt gedruckt werden, ohne daß es dem menschlichen Auge auffällt. In der Welt der Halbleiter, wo sich diese Vorgänge im Mikrometerbereich abspielen, kann jedes Tausendstel eines Millimeters an Abweichung ein Bauteil unbrauchbar machen. Zur Herstellung eines modernen Mikroprozessors benötigt man nicht vier Durchläufe (wie im Zeitungsdruck) sondern bis zu 20. Ein moderner Mikroprozessor kann also bis zu 20 verschiedene Lagen aufweisen, was die Fehleranfälligkeit solcher Prozesse nur noch steigert.

Nach der Justierung des Wafers schickt man nun einen Lichtstrahl durch die Maske, so daß das abzubildende Muster auf die Siliziumscheibe übertragen wird. In den Pioniertagen der Halbleiterproduktion war es üblich, die Maske auf den Wafer zu legen und dann zu belichten. Als die Bauteile immer kleiner wurden, zeigten sich bei diesem Verfahren, der Kontaktlithographie, schnell die Grenzen. Durch den physischen Kontakt der Maske mit der Oberfläche des Wafers waren die Masken äußerst kurzlebig, sie wurden dabei oft zerkratzt, und immer wieder blieben Teile des photoresistenten Lacks auf der Maske kleben. Die durchschnittliche Lebensdauer dieser ersten Kontaktmasken betrug zehn bis maximal zwanzig Durchläufe, wodurch dieser Prozeß äußerst kostenintensiv wurde.

Die gesamte Branche war die letzten 30 Jahre damit beschäftigt, diese Nachteile der frühen Fotolithographie auszuräumen. Zuerst mußte ein Weg gefunden werden, den Kontakt zwischen Maske und Wafer überflüssig zu machen. Das erreichte man in den späten 60er Jahren mit den ersten Nahdruckmaschinen. Diese hoben die Maske zwar nur einige wenige Mikron vom Wafer ab, brachten aber entscheidende Fortschritte in puncto Ausbeute. Als die ersten Industrielaser aufkamen, wurden sie dazu verwendet, geringste Abweichungen zu Referenzpunkten auf der Maske festzustellen.

Das »Nahdrucken« war nur ein erster Schritt. Es gelang, die Maske weiter von der Siliziumscheibe abzuheben, was zum »Projektionsdruck« führte. Die Masken hatten nun, anstatt Einwegprodukte zu sein, eine höhere Lebensdauer, was auch bedeutete, daß man sie jetzt aus qualitativ hochwertigeren (und teureren) Materialien fertigen konnte. Es zahlte sich nunmehr aus, eine perfekte Maske herzustellen. Man begann Geld in das Testen und Ausbessern der Masken zu investieren. Das führte schließlich zu immer ausgereifteren und komplexeren Schaltungen.

Die neuen Chips brachten wieder neue Probleme mit sich. Der Durchmesser der Siliziumscheiben stieg im gleichen Maße an, wie die Größe der Bauteile sank. Dadurch wurde es immer schwieriger, Linsen zu entwerfen und zu bauen, die eine ausreichende Auflösung hatten, die komplette Wafer-Oberfläche auf einmal zu zeigen.

Ein anderes großes Problem waren die Feinheit der zu übertragenden Linien und die geringe Fenstergröße, so daß es sogar zu Interferenzen mit dem Licht kam. Dadurch trat die »Fresnelsche Beugung« auf, Halos, welche die gewünscht scharfen Kanten der Schaltung verwischten. Um diesen Effekt auszugleichen, benutzten die Techniker Systeme aus Lasern und Spiegeln, um absolut parallele (kollimierte) Lichtbündel herzustellen, die dann aus exakt errechneten Winkeln so »abgeschossen« wurden, daß die Halos blaß und klein waren und so keinen Einfluß auf das fotoresistente Material mehr zeigten.[32]

Die Apparate, die all diese Aufgaben erfüllten, waren unter dem Begriff *mask aligners* wohlbekannt und lange Zeit der Mittelpunkt jedes Halbleiterproduktionslabors. Als jedoch das Problem der zu geringen Auflösung auftrat, wurden die *mask aligners* Anfang der 80er Jahre in großem Umfang von einer neuen Maschine abgelöst, dem *wafer stepper.*

Durch die *wafer steppers* wurde es überflüssig, sich die Siliziumscheibe im ganzen anzusehen. Man richtete das Augenmerk vielmehr auf einzelne Regionen des Wafers und belichtete diese dann einzeln und nacheinander (stepping). Dieser Vorgang ist jedoch langsamer als die alte Methode, bei der alles auf einmal belichtet wurde, und so hatte man bereits das nächste Angriffsziel ins Auge gefaßt: die schnellere Belichtungsabfolge des *wafer steppers.* Die gesamte Branche beschäftigte sich während der letzten Jahre mit diesem nicht zu unterschätzenden Problem.

Das Resultat aus diesen Bestrebungen ist der moderne (und sehr teure) *wafer stepper,* ein ausgeklügeltes System, das sich den Wafer holt und ihn selbständig durch den gesamten Produktionsprozeß befördert. Der Stepper nimmt den Wafer aus einem Behälter, transportiert ihn mechanisch zur Projektionszone, überträgt die Maske mittels Laser und setzt jeden einzelnen Bereich des Wafers dem Licht aus. Viele hundert Male wiederholt diese Apparatur die letzten Schritte, bei denen dasselbe Muster auf die Oberfläche der Siliziumscheibe aufgebracht wird. Unnötig zu erwähnen, daß man dazu eine bemerkenswerte Computerleistung, sehr genau arbeitende Roboterarme und extreme Sauberkeit benötigt.

Alles in allem ist der *wafer stepper* eine außergewöhnliche Entwicklung – eine millionenschwere Maschine, die durch Computer und Roboterarme gesteuert und mit den genauesten derzeit herstellbaren Linsen arbeitet. Der Wafer wird durch kleine Luftstöße justiert, und die Rolle des Bedieners beschränkt sich auf das Beladen des Siliziumscheibenbehälters, das Überwachen des Produktionsprozesses per Monitor und das Herausnehmen der fertigen Siliziumscheiben.

Die Herstellung eines Mikroprozessors

1. Kristallwachstum

Beginnend mit einem Kristallisationskeim wird in einem Hochtemperaturschmelztigel hochreines Silizium in Form eines langen Zylinders gezogen.

2. Schneiden des Kristallzylinders

Der lange Kristallzylinder wird mit einer Diamantsäge in dünne Scheiben („Wafers") geschnitten.

3. Oxidationsofen

Der Wafer wird im Säurebad gereinigt, und danach wird seine Oberfläche in einem Hochtemperaturofen zu Siliziumdioxid oxidiert („gerostet").

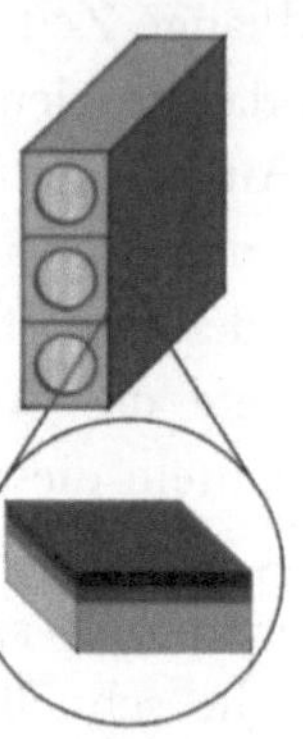

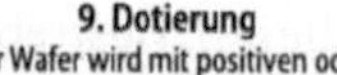

4. Ausrichten der Maske

Der Wafer wird mit einer lichtbeständigen Schicht versehen. Anschließend setzt man bestimmte, durch eine Schablone (Isolationsmaske) vorgegebene Bereiche des Wafers ultravioletter Strahlung aus (erste Lage).

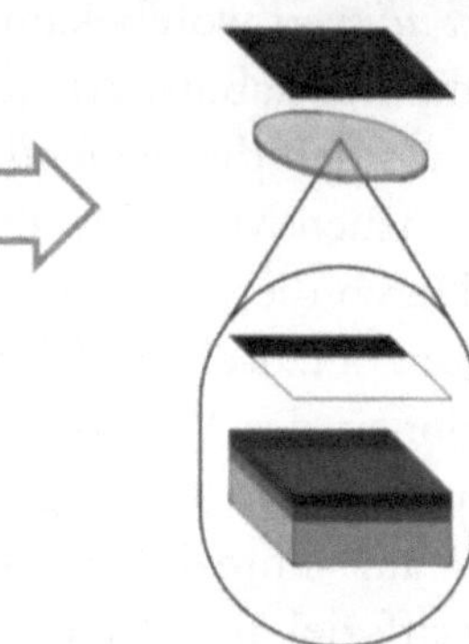

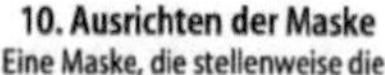

8. Ätzen

Legt die neuen Gates frei.

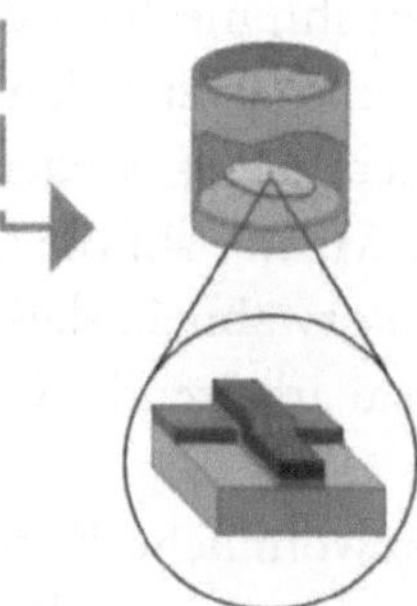

9. Dotierung

Der Wafer wird mit positiven oder negativen Chemikalien behandelt, um leitende Bereiche zu erhalten.

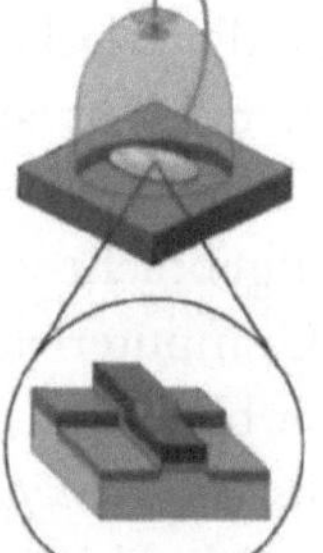

10. Ausrichten der Maske

Eine Maske, die stellenweise die Oxidschicht des Wafers entfernt, um Kontaktstellen zu schaffen.

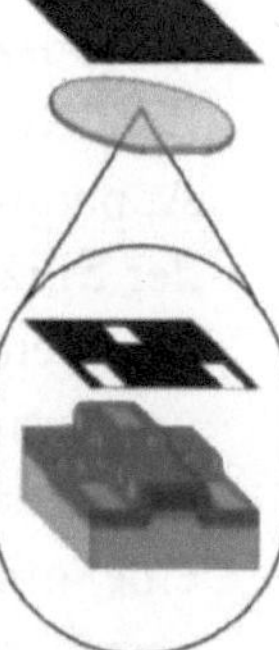

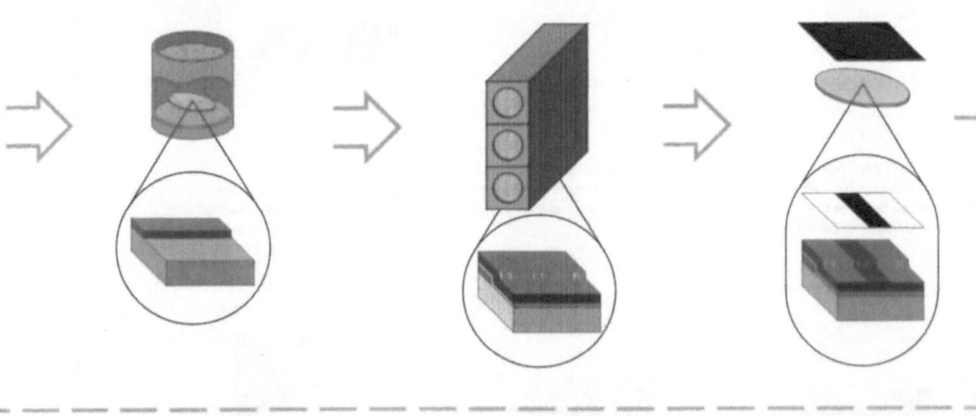

5. Ätzen
Die der ultravioletten Strahlung ausgesetzten Bereiche des Wafers werden nach der Entwicklung mit einer Säure weggeätzt.

6. Oxidationsofen
Für jede Lage wird dieser Prozeß wiederholt. Diese zweite Schicht definiert die Lage der Gates.

7. Ausrichten der Maske
Für die Polysilizium-Maske.

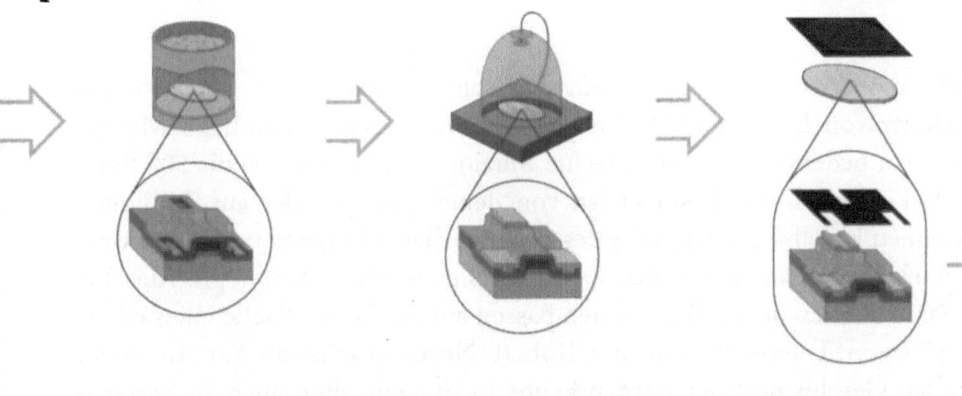

11. Ätzen
Die erhaltenen Kontakte werden freigelegt.

12. Dotierung
Zur Erhöhung der Kontaktstellen.

13. Ausrichten der Maske
Metallmaske zur Schaffung elektrischer Verbindungen. Herstellungsschritte 11 und 12 werden auf einem dünnen Metallfilm wiederholt.

Durch die Wiederholungen der Herstellungsschritte 4–13 wird die Anzahl der Schaltungslagen auf dem Wafer bestimmt. Der Wafer wird ummantelt, um die Oberfläche zu schützen und um elektrischen Ladungsverlust zu verhindern.

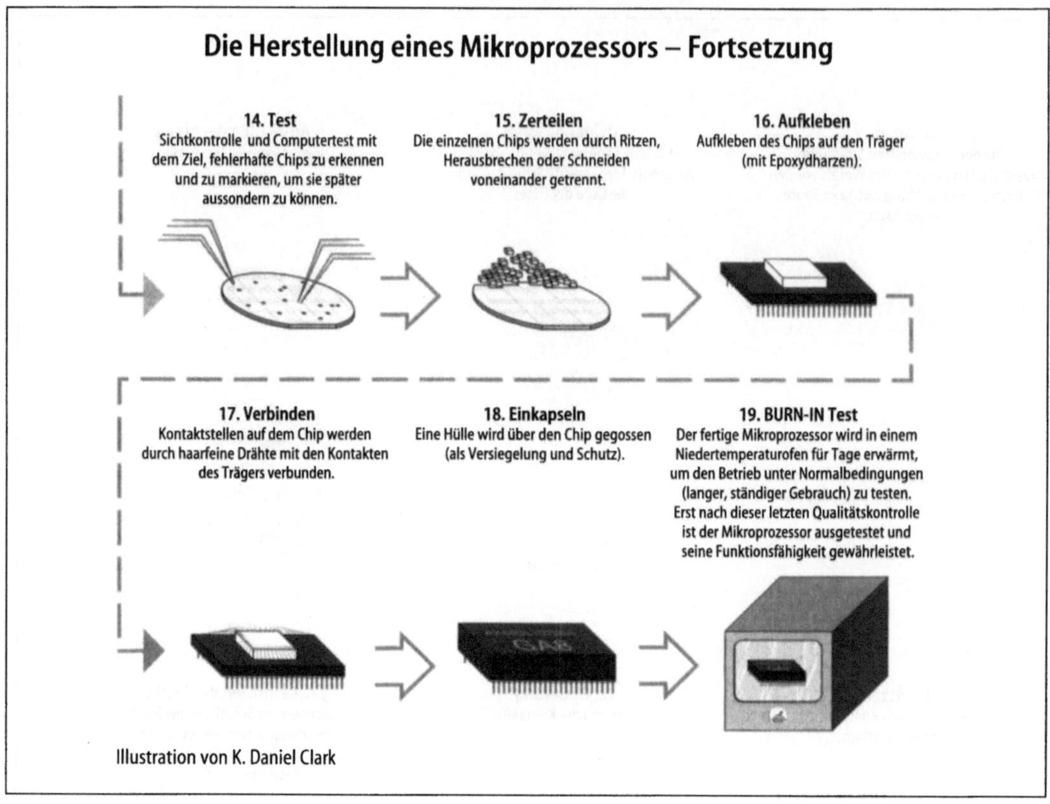

Der moderne *wafer stepper* kann sehr schnell arbeiten, er erreicht einen Durchsatz von bis zu 100 Wafers pro Stunde – eine erstaunliche Menge, wenn man bedenkt, daß jede einzelne Siliziumscheibe mit 100 bis 500 fertigen Mikroprozessoren bestückt ist, von denen jeder wieder aus Millionen Bausteinen besteht... und daß jedes einzelne Bauteil eigens bearbeitet werden muß. Das ergibt eine Milliarde Transistoren pro Stunde und pro Maschine. 100 Millionen dieser Transistoren passen auf die Grundfläche eines einzigen planaren Transistors, wie ihn Robert Noyce geschaffen hat. In dieser rasenden Geschwindigkeit werden heute, in Spitzenzeiten auch 24 Stunden täglich, Mikroprozessoren gefertigt. Wen wundern da noch die enormen Preisverfälle, die den Mikroprozessor zum Kernstück unseres modernen Lebens gemacht haben?

■ 80

Im rechten Licht

Seit mittlerweile 30 Jahren hat sich die Verwendung von Licht als bester Weg zur Herstellung von Mikroprozessoren und anderen integrierten Schaltungen erwiesen. Jahr für Jahr ermöglichten Neuentwicklungen in der Herstellung kleinere und leistungsfähigere Schaltkreise. Im Laufe dieser Evolution haben sich die typischen Eigenschaften von Licht auch als kritische Faktoren herausgestellt.

Schon bald nach der Herstellung der ersten integrierten Schaltungen kam man davon ab, natürliches Licht zu verwenden. Natürliches Licht besteht aus einem vielschichtigen Gemisch verschiedener Wellenlängen, deshalb bräuchte man auch komplizierte (und teure) achromatische Filterlinsen. Folglich verwendete man für *mask aligner* und *stepper* lieber einfarbiges, ultraviolettes Licht, dessen Wellenlänge außerhalb des sichtbaren Bereichs liegt. Die drei charakteristischen Frequenzen sind: g-Linie: 0,436 µ, h-Linie: 0,405 µ, i-Linie: 0,365 µ.[33] Erreichen kann man diese Frequenzen unter Verwendung einer Quecksilber- oder Quecksilber/Xenon-Dampflampe.

Mitte der 80er Jahre stieß man auf neue Probleme. Die Schaltungsmuster schrumpften langsam auf Größen unter 1 µ. Bei diesen Dimensionen macht es keinen Unterschied, ob man die Siliziumscheibe mit einer Taschenlampe oder mit ultraviolettem Licht bestrahlt, beide Lichtquellen haben eine zu geringe Auflösung. Der nächste Schritt liegt auf der Hand. Man sucht das Lichtspektrum weiter nach brauchbaren Wellenlängen ab und landet bei den Röntgenstrahlen. Dean Eastman von IBM forschte bereits im Brookhaven National Laboratory in dieser Richtung und war führend in der Entwicklung der Röntgenlithographie.

Röntgenlithographie ist ebenfalls ein Projektionsverfahren. Der Unterschied zu den anderen Verfahren ist, daß man zur Röntgenlithographie nicht einfach eine Lampe verwenden kann. Stattdessen wird ein Teilchenstrahl im Inneren einer Vakuumröhre (ähnlich einer Röhre in einem Fernseher) in Richtung auf ein »Ziel« aus Palladium, Wolfram oder Aluminium abgeschossen. Beim Auftreffen werden Röntgenstrahlen freigesetzt, deren Wellenlänge durch das verwendete Zielmaterial festgelegt ist (0,00044 µ bei Palladium, 0,00069 µ bei Wolfram und 0,000834 µ bei Aluminium).[34] Diese Röntgenstrahlen stellen eine enorme Verbesserung der Genauigkeit gegenüber allen auf Licht basierenden Methoden dar.

Diese so produzierten Röntgenstrahlen treten durch ein Berylliumfenster in eine heliumgefüllte Kammer ein, wo sie auf die Maske treffen. Einer der Vorteile der Röntgenlithographie ist, daß mikroskopisch kleine Staubteilchen, die in der Kammer herumschweben könnten, keinerlei Gefahr mehr darstellen: die Röntgenstrahlen durchdringen sie ganz einfach. Ein weiterer Vorzug betrifft den Wafer direkt: der für die Röntgenlithographie verwendete fotoresistente Lack reagiert nicht auf Licht im sichtbaren Bereich, er kann bei normalem Laborlicht verarbeitet werden.

Soweit die guten Nachrichten. Die Kehrseite der Medaille ist, daß die Maske und auch die Fotolacke bei der Röntgenlithographie extrem kompliziert zu handhaben sind. Obwohl ein lichtdurchlässiger Netzfilm anstatt der fix herzustellenden und teureren Maske verwendet werden kann, muß dieser sehr präzise mit Materialien, die Röntgenstrahlen durchlassen (wie Titan), und solchen, die Röntgenstrahlen absorbieren (wie Gold), abgedeckt werden. Details, die man übertragen möchte, dürfen nicht mehr als $0,01\,\mu$ vom gewünschten Original abweichen, damit dieselben Details auf dem Wafer mit maximal $0,5\,\mu$ Abweichung ankommen. Dabei stieß man auf die Grenzen des momentan Möglichen. Röntgentransparente Materialien wie Titan sind für normales Licht nicht durchlässig, was das Ausrichten und Übertragen der Maske anfangs zum Abenteuer machte. Außerdem ist Röntgenstrahlung sehr energiereich, weshalb man stets befürchten mußte, die Oberfläche der Maske zu verbrennen.

Trotz all dieser Nachteile war die Röntgenlithographie der einzige damals denkbare Weg, um unter das μ-Level vorzustoßen – »wer immer es zuerst einsetzen könnte, hätte einen riesigen Vorsprung gegenüber der gesamten Branche.« Mit diesem Argument konfrontierte Dean Eastman die Entscheidungsträger in seiner Firma – mit Erfolg, er erhielt von IBM für den Bau eines Röntgenlithographiewerks in Fishkill im Staate New York einen Auftrag von über zwei Milliarden Dollar.

Während Eastman seine Vorgesetzten zu überzeugen versuchte, machte sich ironischerweise gerade einer seiner Untergebenen am IBM Almaden Research Center in San Jose Gedanken über neue Wege zur genaueren Fokussierung sichtbaren und ultravioletten Lichts. Sein Name war Marc D. Levenson, und das Verfahren, das er und sein Kollege Schellenberg entwickelten, nennt man *phase shifting* (Phasenverschieben).

Die Technik des Phasenverschiebens geht von der Annahme aus, daß Lichtstrahlen ihre Randschärfe verlieren, wenn sie die Strecke von der Maske zum Wafer zurücklegen. Bei großen oder weit auseinanderliegenden Übertragungsmustern spielt das keine entscheidende Rolle. Liegen diese Strukturen jedoch nahe beieinander oder sind sie sehr klein, dann verschwinden mit dem scharfen Rand auch bewußt gesetzte isolierende Barrieren, es ergibt sich ein einziges Durcheinander ohne jegliche Struktur und Ordnung.

Was Levenson entdeckte, läßt sich wie folgt beschreiben: verwendete man kollimiertes (exakt paralleles) und kohärentes (schwingungsgleiches) Laserlicht, dann konnte man den Strahl »tunen« und erhielt so scharfe Begrenzungen zwischen hellen und dunklen Bereichen. Will man jetzt Bereiche belichten, nimmt man das kohärente Laserlicht – will man den Bereich aber dunkel belassen, schickt man einen der Laserstrahlen durch einen Transparentfilter, der die Phase dieses Strahls um 180° (eine halbe Wellenlänge) gegenüber dem anderen verdreht bzw. verlangsamt. Treffen diese beiden Strahlen nun auf dem Wafer auf, löschen sie sich gegenseitig aus, und der Wafer bleibt an dieser Stelle unbelichtet.

Phasenverschieben war eine gleichermaßen elegante wie billige Lösung. Man mußte an den vorhandenen technischen Einrichtungen lediglich einige kleinere Änderungen vornehmen, anstatt sich für eine komplett neue Technologie einzurichten. Außerdem arbeitete es unterhalb des μ-Levels vorzüglich... 1984 griff Tsuneo Terasawa, Forscher im Hitachi-Zentrallabor das Phasenverschieben auf. Andere japanische Firmen beeilten sich, diese Technologie zu übernehmen, als Terasawa 1988 seine Ergebnisse der Öffentlichkeit vorstellte.[35] Die meisten amerikanischen Chiphersteller sprangen sofort auf den fahrenden Zug auf. Nur IBM befand sich plötzlich auf dem technologischen Abstellgleis. Man ließ die Gelegenheit, mit dem Phasenverschieben groß ins Geschäft zu kommen, aus – sicher auch wegen der gerade getätigten Großinvestition in die Röntgenlithographie.[36]

Nach dieser Geschichte scheint es verrückt zu sein, noch immer an eine Zukunft der Maskenlithographie zu glauben oder auf einen der anderen Mitbewerber zu setzen. Die Phasenkohärenz regiert momentan das Geschäft, aber es wird in der

Phasenverschieben war eine gleichermaßen elegante wie billige Lösung. Man mußte an den vorhandenen technischen Einrichtungen lediglich einige kleinere Änderungen vornehmen...

Zukunft eine Grenze in der Sub-Mikron-Welt geben, ab der man nur mit der Röntgenlithographie weiterkommt. Bis dahin können sich aber noch so viele Nachteile der Siliziumhalbleiter ergeben (siehe auch Kapitel 8), daß man sich über die Rückkehr der Röntgenlithographie keine Gedanken mehr machen muß.

Abscheidung und Streuung – Die Anzahl der Masken, durch die die Oberfläche einer integrierten Schaltung belichtet wird, hängt ganz von ihrer Komplexität ab. In einem modernen hochintegrierten Mikroprozessor wie dem Pentium muß man Verbindungen zwischen mehr als einem Dutzend Lagen und Funktionen vorsehen. Dazu benötigt man einige Maskenkombinationen: Isolationsmasken, um die einzelnen Lagen abzuisolieren, Polysiliziummasken, um die Gatter zu definieren, kontakterzeugende Masken, Metallmasken zur Bereitstellung elektrischer Verbindungen und Überzugsmasken zum Bonden.[37]

Bei jeder dieser Masken ist der Prozeß annähernd derselbe: die photoresistenten Siliziumscheiben werden durch die Masken belichtet, der photoresistente Lack an den entsprechenden Stellen dadurch »aufgeweicht« und dann mit Chemikalien weggeätzt. Der so behandelte Wafer wird in einem speziellen Ofen gebacken, um die restlichen Bereiche auszuhärten. Als nächstes wird bei den nunmehr ungeschützten Teilen die Siliziumdioxidschicht bis zum darunterliegenden Silizium weggeätzt (entweder mit einer starken Säure oder einem Plasmastrahl). Schließlich werden die letzten Lackreste von der Oberfläche des Wafers entfernt, so daß eine Siliziumdioxidoberfläche mit darunterliegenden Silizium»kanälen« übrigbleibt.

Die Siliziumoberfläche wird dann entweder gezielt chemisch verunreinigt (dotiert), um positive oder negative Leiter zu schaffen, oder mit Metall (bzw. dotiertem Polysilizium) ummantelt, um elektrische Verbindungsstellen zu erzeugen. Der gleiche Prozeß wiederholt sich bei der nächsten Lage.

Im Grunde hat man fünf Möglichkeiten, die Oberfläche eines Chips zu verändern: durch Oxidation, durch Dotierung *(thermische Diffusion* und *Ionenimplantation)*, durch Ätzen (chemisch, mittels Plasmaionen), durch Ummantelung *(Dampfablagerung* und *Sputtering)* und durch das »Züchten« einer monokristallinen Siliziumlage *(Epitaxie)*.

Die Oxidation haben wir bereits behandelt. Die thermische Diffusion ist eine Technik, bei der die Siliziumscheibe in einen dafür vorgesehenen Ofen eingebracht und bei 800° C in einer kontrollierten Gasatmosphäre gebacken wird. Die Gasatome imprägnieren nun die freigelegten Silizium»kanäle«, können die Siliziumdioxidschicht über den übrigen Bereichen jedoch nicht durchdringen. Auf diese Weise entstehen Inseln, selektiv p- oder n-dotierte Bereiche, verteilt über das Substrat. Die Diffusion ist ein erprobtes, vergleichsweise billiges Umwandlungsverfahren für Silizium. Leider ist es speziell bei den sehr niedrigen Dotierkonzentrationen, die heutzutage eingesetzt werden, schlecht kontrollierbar. Schlimmer noch, die Diffusion arbeitet nur bei sehr hohen Temperaturen, was mit sich bringt, daß man die Ausbreitungsrichtung der Donatoren nicht beeinflussen kann. Dieser Nebeneffekt erschwert die Produktion kleiner Bauteile.

Aus den angeführten Gründen bevorzugen die meisten Hersteller von Mikroprozessoren die *Ionenimplantation*. Bei diesem Verfahren wird ein Strahl geladener Teilchen (Ionen) direkt auf die Waferoberfläche abgefeuert. Da diese Ionen sehr energiereich sind, können sie direkt in das Kristallgitter des Siliziums eindringen und den Dotiereffekt auslösen.

Eine Nebenwirkung dieser Methode ist die Zersplitterung des Kristallgitters durch das Ionenbombardement. Durch einen zusätzlichen Prozeß, das Ausglühen, wird die Gitterstruktur wiederhergestellt. Dieses Verfahren ist so alt wie die Metallverarbeitung selbst. Mittelalterlichen Schmieden gleich, die das Metall für ihre Waffen im Feuer härteten, bringt man den dotierten Wafer in einen 600° C heißen Ofen ein, wo durch das Aufschmelzen die innere Kristallstruktur wiederhergestellt wird.

Ionenstrahlen werden auch zum Ätzen der Waferoberfläche benutzt. In einer Hochvakuumkammer wird ein Ionenstrahl, unterstützt von reaktionsfreudigem Gasplasma, auf die Oberfläche der Waferscheibe abgeschossen. Dabei werden Siliziumdioxid-, Aluminium- oder Siliziummoleküle, die nicht durch den fotoresistenten Lack geschützt werden, buchstäblich herausgeschlagen. Im Vergleich zum althergebrachten Ätzen, bei dem der Wafer einfach in ein Säurebad getaucht wurde, scheint diese Methode langsam und teuer zu sein, aber das Ätzen mittels Ionenstrom bietet auch einige Vorteile: es bleibt kein giftiger Abfall, kein chemischer Rückstand übrig, und man kann vertikale Wände in den geätzten Bereichen erzeugen.

Ionenstrahlen werden außerdem auch dazu verwendet, die Oberfläche des Wafers mit Lagen aus Polysilizium und Metall zu ummanteln. Dieser Prozeß wird *sputtering* genannt. Er wird durchgeführt, indem man den Wafer auf der einen Seite eines elektrischen Felds plaziert und das zu deponierende Material (das Ziel) auf der anderen Seite. Innerhalb der Kammer entsteht Plasma aus ionisiertem, inerten Gas (normalerweise Argonplasma). Die durch das elektrische Feld beschleunigten Ionen kollidieren mit der Oberfläche des Ziels. Durch die Intensität des Aufpralls werden Atome aus dem Ziel herausgeschlagen, bewegen sich durch das elektrische Feld zurück zum Wafer und lagern sich auf der Siliziumscheibe als dünner Film ab. Wie die schon vorher beschriebenen Stepper arbeiten auch die Sputter größtenteils automatisch, mit Behältern, aus denen sie sich die vorbereiteten Wafers holen, und unter Überwachung von außen mittels Computer.

Epitaxie ist einer der ungewöhnlichsten Prozesse, Siliziumkristalle in bestimmten Zielregionen direkt auf dem Wafer zu ziehen, nachdem bereits andere Lagen eingerichtet wurden. Die Epitaxie wird heutzutage, wenn überhaupt, nur sehr selten eingesetzt, könnte aber in Zukunft bei Verwendung von Galliumarsenid und anderen »exotischen« Materialien wieder an Bedeutung gewinnen. Bei der MBE, der molecular beam epitaxy (Teilchenstrahlepitaxie) wird der Wafer in eine Ultrahochvakuumkammer eingebracht. Die Kammer wird auf 5×10^{-11} Torr evakuiert, leerer als es der tiefste Weltraum je sein wird; so leer, daß man es kaum mehr messen kann.[38] In diesem Vakuum wird nun in einer Seitenkammer ein Siliziumkristall gezogen, der später als Quelle für die Epitaxie verwendet wird. Dazu wird der Kristall verdampft und über einen geladenen Teilchenstrahl auf den Wafer aufgebracht.

Der Vorteil von MBE gegenüber, sagen wir, einer Diffusionskammer ist, daß die Moleküle in der Kammer nicht herumschweben und aufeinanderprallen. Stattdessen dringen sie direkt in die Wafer-Oberfläche ein. Die Teilchen, die das Ziel verfehlen, werden sofort umgeleitet. Die, die das Ziel treffen, bilden dort einen genau dimensionierten und scharf abgegrenzten Bereich für den neu entstandenen Kristall. Die Siliziumscheibe, auf der all die zahllosen Mikroprozessoren erschaffen werden, muß einzelne Prozeßstufen immer wieder durchlaufen, um die vielen hundert einzelnen Herstellungsschritte, die man braucht, zu vollenden. Was als aufgeschnittener Kristall aus reinem Silizium anfing, ist nun mit einem feinen Gitter überzogen und mit Millionen kleinster Features bedeckt. Im Querschnitt sieht die Siliziumscheibe wie eine geologische Ausgrabungsstätte aus, mit zahllosen überlappenden und ineinander übergehenden »Flözen«, bestehend aus dotiertem und undotiertem Silizium, Aluminium, Polysilizium und Siliziumdioxid.

Der fertige Mikroprozessor-Wafer ist das Meisterstück moderner Technologie. Mit einem potentiellen Wert von mindestens 20 000 Dollar pro Wafer ist er auch ein sehr wertvolles Gut. Es überrascht nicht, daß Besitzerstolz in den Produktionsprozeß miteinfließt. Der Wafer wird nun noch durch ein computerisiertes Markierungssystem geschickt, das mittels eines sehr exotischen Lasers (der Kristall ist ein Yttrium-Aluminium Granat, der mit ein wenig Neodym dotiert wurde; die Lampe ist eine Kryptonlampe), der einen Strahl mit 25 µ Durchmesser erzeugt, direkt auf die Wafer-Oberfläche schreibt. Jeder Mikroprozessor wird mit Logo und Namen der Herstellergesellschaft versehen, auch kann ein Barcode oder eine andere Identifizierung überall auf dem Wafer angebracht werden, um später besser damit arbeiten zu können.

Drei letzte Schritte sind jetzt noch notwendig: erstens wird eine Schutzschicht aufgetragen, um elektrische Leckströme zu verhindern (meist sind es Lagen aus mit Phosphor dotiertem Siliziumdioxid, Siliziumnitrit oder Nitrit[39]); zweitens wird manchmal zusätzlich noch eine Lage aus Plastikpolymer aufgebracht, um bei ständigem Gebrauch entstehende Kratzer zu verhindern und drittens werden noch die Metallanschlüsse belichtet, um die Verkabelung vom Rohchip zur Ummantelung zu führen.

Der Wafer ist komplett. Ungeachtet der Komplexität des Herstellungsprozesses, der heiklen und hochentwickelten Produktionsmaschinen, sind die modernen Wafer-Fabrikationsanlagen, wenn sie unter Vollbetrieb stehen, fähig, bis zu 20 Millionen dem neuesten Stand der Technik entsprechende Mikroprozessorchips pro Jahr herzustellen.

Siegerehrung

Vor uns liegt nun ein fertiger ca. 20 cm großer Silizium-Wafer. Auf diesem Wafer befinden sich 250 Mikroprozessoren. Jeder dieser Mikroprozessoren beinhaltet drei Millionen Schaltungen. Das sind 750 Millionen Gatter. Eine viertel Billion Gatter rollen bei einem Dreischichtbetrieb alle 24 Stunden aus den Produktionshallen.

Woher sollen wir wissen, daß sie alle richtig arbeiten?

Indem wir sie testen. Das Testen der Schaltungen ist eine der größten Herausforderungen, denen sich die Halbleiterindustrie stellen muß. Es sind einfach zu viele Herstellungsschritte, zu viele ultrafeine Features, um darauf zu vertrauen, daß sie schon funktionieren werden. Nicht, wenn die Prozessoren für den Einsatz in einer Intensivstation oder für ein Panel zur Kontrolle des Space Shuttle vorgesehen sind.

In Wirklichkeit entstehen durch neue Chipentwürfe anfangs manchmal mehr Fehler als Fortschritte. Man kann oft hören, daß – insbesondere wenn man am Beginn einer Entwicklung steht, die Herstellung erst angepaßt werden muß und das Design noch nicht entsprechend verändert wurde – nicht mehr als vier funktionierende Chips pro Wafer produziert werden konnten. Selbst wenn sich der Entwurf bereits bewährt hat und auch das Fertigungslabor sehr gut ausgestattet ist, kommen bisweilen, bei der Herstellung besonders großer Bauteile Fehlerquoten bis 50 % pro Wafer vor.

Deshalb muß jeder Mikroprozessor auf dem Wafer gründlich getestet werden. Schätzungsweise 20 % der Produktionskosten eines Chips werden für das Austesten ausgegeben – ein in den nächsten Jahren sicher noch steigender Anteil, erwarten sich doch die Kunden immer perfektere und individuellere Produkte.

Die Halbleiterbranche hat vier primäre Wafer-Testmethoden entwickelt.

Die erste ist die *Teilchenstrahl-Mikrogrößenmessung*. Bei dieser wird während der Wafer-Fabrikation ein niederenergetischer Teilchenstrahl auf den Wafer geschossen, um auf Liniendurchmesser, auf Verformungen des Wafers und auf die übertragenen Schaltungsentwürfe der verschiedenen anderen Lagen zu achten.

Die zweite Testart wird nur auf Prototypen im Entwicklungsstadium oder bei Stichproben während der Produktion angewandt. Man nennt diesen Test den *Zerstörungstest,* der genau so ist, wie er heißt. Der Wafer wird in zwei Teile zerschnitten und dann auf die Präzision der Lagen, die Schärfe der abgebildeten Kanten und die Präsenz von feinen Haarrissen im Siliziumsubstrat hin untersucht. Von Zeit zu Zeit wird auch die Dotierung der einzelnen

Lagen mit einem Massenspektrometer überprüft. Überflüssig, zu erwähnen, daß die Siliziumscheibe nach einem solchen Zerstörungstest für die weitere Verarbeitung nicht mehr geeignet ist. Deswegen ist auch der Entscheidungsfindungsprozeß, wieviele und welche Wafer während der Produktion als Stichproben verwendet werden sollen, eine eigene Kunstform.

Der dritte Test erfolgt mittels *visueller Inspektion*. Dafür braucht man ein Elektronenmikroskop, um sich durch Scannen ein unschädliches 3D-Bild vom Wafer zu machen. Mit dem richtigen Filament in der Elektronenkanone kann man mit diesem Mikroskoptyp Strukturen in der Größenordnung von 0,03 μ sichtbar machen. Natürlich würde selbst der erfahrenste Techniker Tage brauchen, um die gesamte Oberfläche des Wafers ordnungsgemäß zu scannen, deshalb berücksichtigt er nur sogenannte Schlüsselstrukturen, um einen Hinweis auf die strukturelle Integrität des Wafers und auf die Effektivität des Wafer-Processings zu bekommen. Die modernsten visuellen Wafer-Inspektionssysteme gehen bis in die Ebene der Linien und Löcher auf dem Wafer selbst, beleuchten deren Basis und bringen vertikale »Wände« und Unterbrechungen auf den Bildschirm.

Visuelle Testmethoden können offensichtliche Produktionsfehler sichtbar machen, man erhält jedoch keinerlei Aufschlüsse darüber, ob die augenscheinlich intakten Schaltungen auch wirklich funktionieren. Die Antwort auf diese Fragen erhält man nur durch die *Wafer-Probe*.

Für die Wafer-Probe bringt man kleinste metallische Punktkontakte mit den metallischen Fortsätzen jedes einzelnen Mikroprozessors auf dem Wafer in Verbindung. Danach schickt man Strom durch die Schaltungen und arbeitet mit ihnen, als hätten sie diese Aufgaben schon millionenfach im Realbetrieb erledigt. Erhält man dabei falsche Ergebnisse oder arbeitet die Schaltung als Ganzes nicht, ist der Mikroprozessor fehlerhaft. Es handelt sich dabei um genau denselben Test, den man verwendet, um ein größeres System zu überprüfen. Man läßt z. B. einen Taschenrechner Gleichungen lösen oder legt eine Test-CD ein, um die Aussteuerung der Stereoanlage zu kontrollieren. Es ist derselbe Vorgang, nur daß hier alles im mikroskopischen Bereich abläuft.

In einer Wafer-Fabrikationsanlage erledigt ein automatisches System das Testen, das unter Computerkontrolle steht. Dieses System kann den Wafer sehr schnell und mit einer Genauigkeit von 10 μ positionieren. Der Testvorgang wird von einem Bediener über einen Monitor überwacht, deshalb werden wieder nur vorher spezifizierte Kontaktstellen auf der Chipoberfläche inspiriert, die extra für diese Kabelverbindung und den Testvorgang vorgesehen sind. Einige Geräte benutzen für den Testvorgang spezielle »Kontaktkarten«, Gitter mit mehreren hundert Testanschlüssen aus einer Berylliumlegierung, die zahlreiche Regionen auf der Wafer-Oberfläche zugleich erreichen können.

Die Waferprober, wie diese Maschinen auch heißen, sind ein weiteres gutes Beispiel für Mikroprozessoren, die dabei helfen, Mikroprozessoren herzustellen. Um alle für die Tests notwendigen komplexen Programme speichern zu können, braucht man Computer mit beachtlicher Leistungsfähigkeit. Besonders beeindruckend ist es, zu sehen, wie ein guter, automatischer Waferprober einige Millionen Tests mit einem Mikroprozessorrohchip absolviert und dann weiterspringt, dieselben Tests mit allen anderen 249 Nachbarn wiederholt, insgesamt dazu aber nur ein paar Sekunden benötigt.[40]

Automatische Prüfvorrichtung für Wafer, 1986.
Mit freundlicher Genehmigung desMotorola-Elektronikmuseums, ©1995

Als Teil eines Testschritts merkt sich der Computer außerdem die fehlerhaften Prozessoren und markiert sie mit einem Tintenpunkt. Leistungsfähigere Systeme speichern ganz einfach die Lage der fehlerhaften Rohchips. Es ist eine große Herausforderung, die Testprogramme zu entwickeln, die durch den geschickten Einsatz von Millionen Stimulus-Response Paaren jeden Mikroprozessor checken. Hierzu bedarf es der Unterstützung durch leistungsfähige Computer.

»Die eigentliche Zauberei an der ganzen Sache ist das in der Maschine integrierte Expertensystem. Irgendwie muß die Software die Intentionen des Entwicklers der Schaltung nachempfinden – etwas, das auch ein menschlicher Tester nur intuitiv erfassen kann. Die Wissensbasis braucht also zusätzlich zur Strukturbeschreibung der Schaltung – der Gate-level Information – eine Beschreibung des Verhaltens der Schaltung. Indem die Software nun all diese Informationen in das Expertensystem aufnimmt, kann sie – einem menschlichen Testdesigner gleich – besondere Operationscodes dazu verwenden, die zu testende Schaltung in einen spezifizierten Zustand zu bringen, um so ungültige Zustände oder Sackgassen im voraus zu erkennen.«[41]

Der Wafer wird anschließend mit einer Diamantsäge in einzelne »Würfel«, die nun wirklich Siliziumchips genannt werden können, zerteilt. Es gibt auch das Verfahren, den Wafer entlang der Gitterlinien anzureißen und dann in Stücke zu brechen, ähnlich wie man es mit Glas macht. Ein Robotertransferarm nimmt sich dann diese entstandenen Chips (immer einen auf einmal und trotzdem bis zu 4000 pro Stunde) und trennt die Guten von den Schlechten. Bei wertvollen, großen Mikroprozessoren wie dem Motorola PowerPC landen an dieser Stelle nurmehr sehr wenige Mikroprozessoren im »Abfalleimer« – während des Prozesses liegt die Fehlerquote bei annähernd 30%, die Ausbeute aus den übriggebliebenen Mikroprozessoren erreicht nach dem Endtest hingegen mehr als 90%.

Tausendfüßler

Der fertiggestellte Mikroprozessorchip ist nun ebenso mächtig wie hilflos. In seinen Schaltkreisen liegt die ganze Leistungsfähigkeit eines Großrechners vor zehn Jahren. An dieser Stelle hat er jedoch noch keine Chance, diese

Macht auch zu nutzen, da er keine Möglichkeit hat, mit der Außenwelt zu interagieren.

In einem Prozeß, der »Verpacken« genannt wird, wird der Chip verkabelt und in eine starre Hülle, strotzend vor elektrischen Kontakten, eingeschlossen. Teils, um ihn mit dem restlichen System verbinden zu können, teils, um ihn vor den Widrigkeiten des Alltags zu bewahren. Standardgehäuse kommen in drei Formen vor und sind selbst das Produkt ausgefeilter keramischer und plastischer Prozesse:

Leiterblättchen auf einem Anschlußrahmen (oben) und ein zweireihiges MC68HC11 Chipgehäuse (unten). *Mit freundlicher Genehmigung desMotorola-Elektronikmuseums, ©1995*

Dual In-line: Das DIP-Gehäuse ist jene »Verpackung«, an die man zuerst denkt, wenn man über integrierte Schaltungen spricht. Gewöhnlich ist sie rechteckig und hat 20 oder mehr Füßchen, die sich an den Rändern der gegenüberliegenden langen Seiten des Rechtecks befinden. DIP-Gehäuse erinnern ein wenig an Tausendfüßler. DIPs sind lang erprobt und billig, die begrenzte Zahl der Anschlüsse (pins) ließ sie aber rasch veralten. Ihr Anwendungsgebiet liegt (lag) im Bereich der weniger hochentwickelten Mikroprozessoren (8 bit oder weniger, zum Beispiel der IBM 8088 Prozessor).

PLCC oder **Plastic Leaded Chip Carrier:** PLCCs sind flache Quadrate mit kleinen kugelförmigen Anschlüssen entlang ihrer Außenlinien. Sie wurden aufgrund ihrer (kleinen) Größe, ihrer Flachheit (welche die Schlagfestigkeit etc. erhöht und sie dadurch zuverlässiger macht) und den geringen Kosten immer beliebter. Sie finden Verwendung in Mikroprozessoren und anderen integrierten Hochleistungsschaltungen.

PGA oder **Pin Grid Array** (= Stiftfeld): Gilt als das teuerste Gehäuseformat. Es handelt sich um Quadrate, deren Umfang von mehreren (3 bis 4) Anschlußstiftreihen (im Endeffekt hat man hier nicht weniger als 200 Anschlüsse zur Verfügung) umgeben sind. PGAs sind vor allem in Hochleistungsprozessoren wie dem PowerPC im Einsatz, weil ihre stark erhöhte Stiftanzahl das Performancepotential steigert.

Obwohl es von jedem Gehäusetyp Variationen gibt, ist der Vorgang des Verpackens der Mikroprozessorchips in das dazu vorgesehene Gehäuse fast immer derselbe. In einem DIP wird der in einem Gehäuse verstaute Prozessor ins Zentrum eines aus Metall ausgestanzten Rahmens gebracht, an dem die Anschlußfüßchen des späteren Gehäuses bereits angebracht sind. Dieser Rahmen wird nun in Plastik eingeschweißt. Bei einem PLCC- oder PGA-Gehäuse wird der Chip in eine goldüberzogene Form gelegt, um die herum sich goldüberzogene Kontaktpunkte befinden. In beiden Fällen wird der Chip durch Epoxyharze oder Lötmittel in Position gehalten.

Die Gehäuse werden, nach oben hin noch immer offen, um den Chip zugänglich zu erhalten, in einen Bonder-Automaten eingebracht. Dieser Bonder verschweißt nun – mit Staccatobewegungen, die fast schon zu schnell für das menschliche Auge sind – genau soviele dünne Aluminiumdrähte wie Stifte vorhanden sind zwischen den Kontaktpunkten am Rand des Chips und denen, die ringsherum angebracht wurden. Diese Drähte, die nur einen

Bruchteil des Durchmessers eines menschlichen Haars besitzen, sind so fein, daß die Schweißstellen nur durch Ultraschallwellen, oder Wellen, in denen thermische Energie und Schallwellen kombiniert werden, erzeugt werden können. Es gibt noch eine weitere, letzte Methode: man bringt die Drahtenden unter großer Druckeinwirkung in die Stifte ein, das Gold schmilzt, und es bildet sich eine Kontaktstelle. Mit welchem Verfahren auch immer gebondet wird, alle Prozesse laufen mit hoher Geschwindigkeit ab – 30 Verbindungen pro Sekunde sind hier kein unüblicher Wert.

Eine neue Methode, die eine Alternative zu all den Kabeln darstellen könnte, nennt sich C^4. Bei dieser Technik wird der Chip, an dessen Metallanschlüssen sich kleine Lotkügelchen befinden, direkt in ein keramisches Substrat eingesetzt. Die Lotkügelchen werden anschließend aufgeheizt, schmelzen und verbinden Chip und Substrat.

Nunmehr liegt vor uns ein arbeitsfähiger Mikroprozessor, der allerdings nicht lange einsatzbereit bleiben würde, solange sein Chip samt Verdrahtung den Umwelteinflüßen ausgesetzt bliebe. Aus diesem Grund werden die heiklen Komponenten hermetisch unter Metall bzw. Glas versiegelt oder von Plastik umgeben. Eine solche Schutzschicht wird normalerweise in einer geschlossenen, mit Helium oder einem anderen Inertgas gefüllten Kammer verlötet oder verklebt. Früher wurde dieses Siegel durch dem Inertgas beigegebene radioaktive Isotope geprüft, indem man nach Fertigstellung des Siegels eventuell aus dem Gehäuse austretende Radioaktivität maß. Heutzutage wird diese Methode, sowohl wegen der Toxizität der verwendeten Stoffe als auch wegen der stark verbesserten Herstellungstechnologie nur noch selten verwendet.

Als nächstes wird die obere Seite der Hülle unter Einsatz eines Lasers üblicherweise mit dem Firmenlogo und der Produktnummer beschriftet. Bis vor einigen Jahren wurde diese Markierung einfach aufgestempelt, was Dieben Tür und Tor öffnete, die Ausschußchips stahlen, sie austesteten – um die ansprechenden Chips (und wenn sie zehnmal mangelhaft waren) auszusortieren – und mit einem gefälschten Firmenlogo bestempelten. Obwohl die Laserätzung diesen Prozeß nicht von vornherein unmöglich macht, wird es mit Sicherheit teurer werden, ein Gauner zu sein.

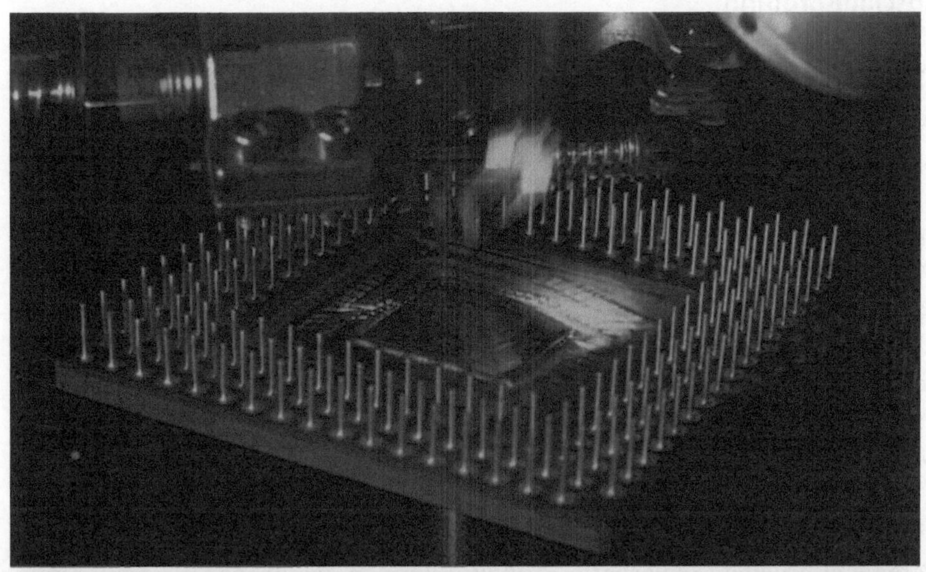

Bonden (oben) und Befestigen der Abdeckung (unten) bei einem Pin-Feld.
Steven Pumphrey, © 1992

Abschlußprüfung

Der Mikroprozessor ist nun komplett, aber immer noch nicht fertiggestellt. Alles ist an seinem Platz, aber wir wissen noch nicht, ob es auch wirklich funktionieren wird. Ein neuer, ausgeklügelter Testvorgang beginnt.

Bis jetzt ist der Chip schon dutzendmal getestet worden. Die Hersteller haben sich in ihrem Streben nach der umfassenden Qualitätskontrolle schon weit von der traditionellen Testmethode entfernt, bei der nur vollkommen fertiggestellte Produkte überprüft werden, wenn sie das Fließband verlassen. Diese Methode erwies sich als sehr verschwenderisch, weil man Produkte, die am Anfang des Fertigungsprozesses beschädigt wurden, durch die restlichen Produktionsschritte mitschleppen mußte, nur um sie am Ende doch wegzuwerfen.

Heute wird nach jedem größeren Herstellungsabschnitt kontrolliert – und sei es nur um der Erkenntnis willen, daß die Anlage innerhalb angemessener Parameter arbeitet. Fehlerhafte Produkte können, wenn man sie früh genug erkennt, entweder repariert, oder, wie in der Welt der Halbleiter üblich, ausgesondert werden, bevor sie spätere und wahrscheinlich teurere Prozesse vergeblich durchlaufen.

Die Ausbeute beim Testen der Wafer sank in dem Maße ab, in dem die Größe der Chips zunahm. Je größer der Chip, desto geringer die Ausbeute. Bei einem 100 x 100 mil-Chip (Kantenlänge 5 mm, typische Größe für einen kleinen Mikroprozessor) beträgt die Ausbeute noch 95 %. Bei einem 300 x 300 mil-Chip (Größe des Intel 80386-Prozessors) 60 %. Beim Intel Pentium, einem 500 x 500 mil-Chip beträgt die Ausbeute nur karge 25 % und 20 % bei einer ca. 15 cm großen Siliziumscheibe.

Sind all diese Fehler erst einmal beseitigt, macht der Aussonderungsprozeß kaum mehr Arbeit. Hat man ein gut eingeführtes Produktdesign, liegt der Anteil der fehlerhaften Chips, die hier noch gefunden werden – nachdem der Wafer geteilt, die entstandenen Mikroprozessorchips getestet, verpackt und wieder getestet wurden – bei 2–3 %. Jetzt muß man diesen zwei bis drei Prozent nur noch auf die Schliche kommen.

Ein Faktor, der sich bei dieser Suche als hilfreich erweist, ist, daß jeder Chip mittlerweile von den anderen auf dem Wafer getrennt wurde, was ihn handlicher macht. Man kann ihn nun mit einer ganzen Reihe neuer Testgeräte untersuchen. Ein schneller Computer (der interessanterweise wieder mit Mikroprozessoren der vorigen Generation arbeitet) kann alle seine Funktionen nachkontrollieren – quasi eine Schnitzeljagd im Nanosekundenbereich.

Die meisten Mikroprozessorhersteller verwenden eine dreistufige Testsequenz.[42] Die erste Stufe ist ein **pass/fail** und **Kontinuitätstest**, besser bekannt als burn-in Test. Der Prozessor durchläuft eine Testserie, während der er sich im Inneren eines Ofens bei einer konstanten Temperatur von 80° C befindet. Während dieses Tests werden fehlerhafte Stücke ausgeschieden. Bauteile für militärische Anwendungen oder für die Weltraumfahrt werden tagelang »burned-in«, bevor sie den Test überstanden haben. Man macht dies, um den ununterbrochenen monatelangen Gebrauch dieser Bauteile in wenigen Minuten zu simulieren und um damit Fehler in wichtigen Bauteilen zum Vorschein zu bringen. Diese Technik ist deshalb so erfolgreich, weil Halbleiterelemente eine hohe »Kindersterblichkeitsrate« aufzuweisen haben. Hat ein Halbleiterbauteil erst einmal die ersten Monate im täglichen Einsatz überstanden, arbeitet er meist während seiner gesamten Lebensdauer fehlerfrei.

Die zweite Stufe ist die **Klassifikation.** Wir wissen nun, daß unser Bauteil arbeitet, aber wie gut arbeitet es? In diesem Test überprüft ein Computer das Schrittempo des Mikroprozessors, beurteilt seine Performance und stellt seine Taktrate fest. Das Ergebnis dieses Tests teilt die Bauteile in verschiedene Klassen ein, die auf unterschiedlichen Märkten zu unterschiedlichen Preisen verkauft werden.

Die letzte Teststufe, das »Aufwachen«, mißt, wie schnell ein Mikroprozessor hochstarten und seine volle Arbeitskapazität erreichen kann. Diese »Aufwachzeit« ist nicht mit der eines Fernsehers oder Radios zu vergleichen, die dafür ein bis zwei Sekunden brauchen... Bei einem Mikroprozessor wird diese Aufwärmphase in Millionstel oder Milliardstel Sekunden gemessen. Diese Bruchteile einer Sekunde mögen nicht kritisch erscheinen, bei den Arbeitsgeschwindigkeiten moderner Computer könnte dieser Rückstand jedoch den Verlust wichtiger Initialisierungsdaten bedeuten.

Haben die Halbleiterelemente diese letzte Teststufe mit Erfolg gemeistert, können sie, obwohl sie vor nur einer Woche noch eine blanke, leere Siliziumscheibe waren, ihren Weg gehen. Bei Mikroprozessoren, die all diese Tests bei einem der Halbleitergiganten wie Intel, Motorola oder Hitachi erfolgreich absolviert haben, liegt die Wahrscheinlichkeit, daß auf der Oberfläche des Chips ein Fehler auftritt bei eins zu einer Million – auch »six sigma« genannt, ein von Motorola erstmals verwendeter statistischer Ausdruck, der später vom Großteil der Branche aufgegriffen wurde.

Das soll nicht bedeuten, daß nicht auch Mikroprozessoren versagen können. Das Leben ist hart. Die Fabrik zur Herstellung der Wafer mag ein paradiesischer, unverdorbener Ort gewesen sein, doch weder der Lastwagen, der die Schachteln mit den Chips zum Gerätehersteller bringt, noch das Büro oder das Zuhause des Endverbrauchers können als Paradies (für Halbleiterbauteile) bezeichnet werden. Container können umstürzen, Maschinen zum automatischen Einsetzen des Prozessors können die Ziellöcher verfehlen und die feinen Kontaktfüßchen des Bauteils können knicken. Menschen berühren das Keyboard ihres PCs und versetzen dem System einen Stoß statischer Elektrizität, durch den der Prozessor ausbrennen kann, eine Tasse Kaffee wird verschüttet, aus der Steckdose kommen Spitzenströme... es gibt viele Wege, einen Mikroprozessor zu zerstören.

Abschließend soll hier noch einmal gesagt werden, daß der Mikroprozessor und alle seine Halbleiterbrüder die Produkte sind, deren Herstellung das meiste Vertrauen verdient. Sie gelten als die verläßlichsten Produkte der Menschheitsgeschichte. Ohne bewegliche Teile, so rein und stark geformt wie ein Kristall und in einer beinahe unzerbrechlichen Hülle untergebracht, sind sie gebaut, um zu bestehen. Möglicherweise überstehen ein paar der heute gebauten Mikroprozessoren die nächsten tausend Jahre – bis auf ein paar kleinere Defekte, die auf kosmische Strahlung oder andere Streustrahlungen zurückzuführen sind, werden sie immer noch arbeiten.

Bei der Diskussion über die zahlreichen komplizierten Herstellungsschritte, die man zur Produktion eines Mikroprozessors braucht, vergißt man leicht, daß all diese Prozesse auf einer Fläche, die kleiner als ein Fingernagel ist, stattfinden. Man vergißt, daß einige dieser geätzten Linien so fein sind, daß ihre Wände aufgrund der Molekülbewegung kollidieren können. Bereits jetzt ist der Mikroprozessor mit seinen Millionen Gattern und seinen Dutzenden Lagen aus kristallinen Ablagerungen, die alle auf dieser einzelnen kleinen Grundfläche untergebracht sind, eine Schöpfung so komplex wie ein Wolkenkratzer, ein Flugzeugträger oder sogar wie das Space Shuttle. Im Gegensatz zu den anderen berühmten Gebilde, für deren Konstruktion man

Jahre brauchte, kann man in einem modernen Fabrikationslabor für Wafer innerhalb weniger Tage einen kompletten Mikroprozessor herstellen – von der blanken Siliziumscheibe bis zur hochintegrierten Schaltung.

Planare Welten

»This business is really about the technology. That's the tough part.«
George Gilder

Die Struktur des Mikroprozessors ist so komplex, daß bereits der Versuch, ihn als Ganzes oder seine Komponenten zu verstehen, ziemlich aussichtslos erscheint. Deshalb beginnen wir mit einigen vertrauteren Analogien.

Wie wir schon im letzten Kapitel gesehen haben, besteht das Herz des Mikroprozessors aus einem Gatter mit den beiden Zuständen »Ein« und »Aus«. Damit ist er ein direkter Nachfolger einer ganzen Reihe technischer Schalter, nämlich des mechanischen Schalters, des elektromechanischen Relais, der Vakuumröhre und des Transistors. Die Funktionsweise eines Mikroprozessors kann man sich bildlich als eine riesige Wand mit Tausenden von Lichtschaltern und Glühbirnen vorstellen. Tatsächlich ähnelt ein solcher Aufbau einigen der frühen Computer, wie z. B. Mark I und ENIAC.

Diese Lichtschalterwand ist Ihr Informationszentrum. Sie erhalten regelmäßig Papierschnipsel mit Instruktionen und Daten, z. B. Zahlen, die Sie behalten sollen, oder einfache arithmetische Operationen, die Sie ausführen und anschließend behalten sollen. Dies scheint kompliziert zu sein, bis Sie merken, daß jede benötigte Zahl als Kombination der Zustände »Licht an« oder »Licht aus« in einer Reihe von vier, acht oder bei größeren Zahlen, sechzehn oder zweiunddreißig Schaltern ausgedrückt werden kann. Mit einer weiteren Glühbirne am Ende jeder Reihe können Sie prüfen, ob alle übrigen Glühbirnen der Reihe noch funktionieren.

Okay, das ist ein guter Anfang. Aber denken Sie daran, daß Sie zwei verschiedene Aufgaben zu bearbeiten haben: Rechnen und Zahlen speichern. Deshalb sollten Sie die Wand in zwei Bereiche teilen, je einen für je eine Aufgabe. Speichern ist einfach: Tippen Sie die Zahlenreihen ein, wie Sie sie bekommen. Natürlich müssen Sie sich erinnern, wo Sie die Zahlen abgelegt haben, falls jemand nachfragt. Für das Rechnen teilen Sie die Wand in einen weiteren Bereich für die beiden Zahlen und die dazugehörigen Rechenoperationen ein. Addition und Subtraktion stellen sich als einfach heraus. Multiplikation und Division sind schwieriger, doch wenn

Sie schnell genug sind, können Sie diese Rechenoperationen durch mehrfache Additionen oder Subtraktionen ersetzen.

Sobald das Ergebnis einer Operation vorliegt, legen Sie dieses im Speicherbereich ab.

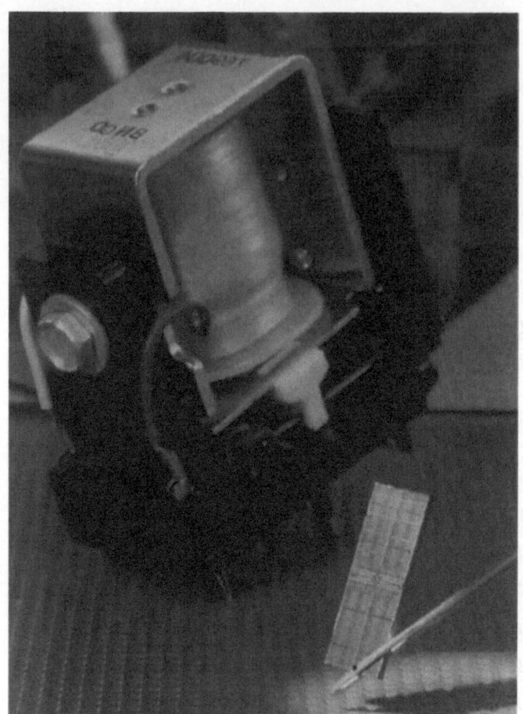

Elektromechanischer Schalter (Relais)
von 1957 und ein moderner
16 Mbit Speicherchip, der mehr als
20 Millionen Schalter beinhaltet.
Mit freundlicher Genehmigung von IBM

So weit, so gut. Schwieriger wird es dann, wenn Sie die Zahlen und Ergebnisse immer schneller erhalten, vielleicht so schnell, daß sich die Ergebnisse während des Rechenprozesses stapeln. In diesem Fall nehmen Sie einen weiteren Bereich der Wand, den Wartebereich, in den Sie die noch zu erledigende Arbeit stellen können.

Trotzdem kommen die Zahlen immer schneller. Sie beginnen nach Möglichkeiten zu suchen, um das Verfahren zu rationalisieren. All die nötigen Schritte, um die Daten vom Eingabe- oder vom Rechen- zum Speicherbereich zu befördern, erweisen sich als ein Flaschenhals. Also verbinden Sie die Bereiche, damit ein errechnetes Ergebnis durch das Betätigen eines Schalters auch im Speicherbereich aufleuchtet. Mit den Zahlen im Wartebereich verfahren Sie ebenso, jedoch ergänzen die Reihe um ein zusätzliches Licht, das die Zahl automatisch einem anderen Bereich mitteilt. Lassen sich die Arbeitsprozesse auf wenige Operationen beschränken, die mit konstanter Geschwindigkeit ablaufen, so läßt sich die Rechengeschwindigkeit weiter steigern.

Sehr gut, Sie erkennen diese Energiesparmaßnahmen. Kaum haben Sie dies durchgeführt, kommen auch die Papierschnipsel mit den Instruktionen nicht mehr, sondern sie werden durch blinkende Lichter in einer anderen Wandecke ersetzt. Sie blinken nur kurz auf, und Sie müssen sie sofort in den Speicherbereich schieben.

Plötzlich der Durchbruch: Anstatt die Wand hochzuklettern, um den Schalter zu betätigen, erkennen Sie, daß Sie jedem Schalter eine Nummer zuordnen können.

*Nun können Sie an einem nahegelegenen Schreibtisch sitzen und die passenden
Zahlen eintippen, um die benötigten Lichter ein- und auszuschalten. Sehr schön.
Gerade als Sie sich zu Ihrem Erfolg beglückwünschen, kommt eine Notiz.*

Lichtschaltertafel
eines früheren Computers.
Mit freundlicher Genehmigung von IBM

*Anscheinend ist der oberste, für Sie nicht erreichbare Teil der
Lichterwand eine Anzeigetafel. Und die Zahlen, die Sie bis-
her berechnet und gespeichert haben, sind tatsächlich die
Adressen einzelner Glühbirnen auf der Tafel, die eingeschaltet werden sollen. Wenn
der Speicherbereich voll wird, müssen Sie alle Daten zur Anzeigetafel schicken.
Anschließend löschen Sie jene Anzeige und ersetzen sie jedes Mal durch eine neue.*

Sie merken, Sie werden Hilfe anfordern müssen...

Diese Geschichte ist eine Metapher für die grundlegenden Herausforderungen, die bereits bei der Entwicklung der ersten Rechenanlagen und auf
der mikroskopischen Ebene des Mikroprozessors überwunden werden mußten. Zuerst galt es zwischen Berechnung und Speicherung, oder präziser
zwischen *Logik* und *Speicher*, zu unterscheiden. Die Lichterreihen, *Bits*, repräsentieren die *Wortlänge* im Speicher, das Kontrollicht am Ende die *Fehler-*

meldung. Wenn eine Glühbirne leuchtet, entspricht das dem Bit 1; wenn sie ausgeschaltet ist, entspricht dies 0. Stellen Sie sich vor, eine Reihe hat 32 Glühbirnen. Dies ist gerade ein 32 bit Computerwort, ähnlich wie die Worte in einem Intel 80386 oder in einem Motorola 68030.

Der Wartebereich wird *Register,* die Verbindung verschiedener Funktionseinheiten *interner Bus* genannt.

Man bezeichnet den Rhythmus der Bedienerbewegung in Anlehnung an Bewegungsstudien als *Taktrate.* Die Eingabefunktion ist die Tastatur, die Ausgabefunktion die Anzeigetafel – in der Computerwelt terminologisch zusammengefaßt als *Input/Output (I/O).* Die *befehlsausführende Einheit* sind Sie. Und schließlich ist der Assistent für die Anzeige ein *peripherer Prozessor,* der oft so leistungsstark ist wie die *zentrale Prozessoreinheit (CPU),* jedoch einer bestimmten Aufgabe zugeordnet ist.

Die Geschichte hat viel Ähnlichkeit mit den Anfängen des Computers, als all diese unterschiedlichen Funktionen auf verschiedenen Siliziumchips auf einer Platine verdrahtet waren. Hauptsächlich aus Kosten- und Platzgründen wanderte nach und nach jede dieser Funktionen auf einen einzigen Mikroprozessorchip, was zum ersten Mikroprozessor führte.

Die Lichterwand in unserer Geschichte ähnelt in der Tat sehr jenen frühen Modellen, mit vergleichsweise einfachem Design und sequentieller Verarbeitung der Operationen. Was jedoch noch fehlt, ist die Komplexität und Dynamik des modernen Prozessors mit seinen zahlreichen parallel (sprich simultan) arbeitenden Funktionen, seiner hohen Integrationsdichte und vor allem seiner rasenden Geschwindigkeit von bis zu mehreren Millionen Rechenoperationen pro Sekunde.

Eine andere Art und Weise, den Mikroprozessor zu betrachten, resultiert aus der oft bemerkten Tatsache, daß die Millionen Linien und geometrischen Formen – auch »Spuren« genannt – auf der Oberfläche des Mikroprozessors eine verblüffende Ähnlichkeit mit der Katasterkarte einer Stadt besitzen, die alle Gebäude, Straßen und Leitungen zeigt.

Nehmen wir an, der Mikroprozessor ist eine Millionenstadt. Es ist Montag morgen, 8.00 Uhr. In jedem der einzelnen aneinander grenzenden Stadtteile mit ihren Eigenheiten ist Leben. Aus Tausenden von Häusern in den Wohngebieten steigen Zehntausende von Menschen in ihre Autos ein, um die Straßen und Autobahnen entlang zu ihren Arbeitsplätzen in den Finanz- und Geschäftsvierteln zu fahren. Andere, z. B. Studenten und Lehrkräfte, steuern die Universität an... Zudem verlassen weitere Menschen die Stadt per Flugzeug, Auto und Eisenbahn in Richtung anderer Städte.

Dies sieht chaotisch aus, jedoch bewegt sich jeder in Richtung seines eigenen, einmaligen Ziels, wo er spezifische Aufgaben erledigt, bevor er nach Hause zurückkehrt. Im Laufe eines Tages befolgt fast jeder dieser einzelnen Menschen eine beträchtliche Zahl von Gesetzen, Gewohnheiten und Arbeitsvorschriften, während er verschiedene Aufgaben bearbeitet, die sich bei der Bevölkerung auf Milliarden summieren. Manche ihrer Aktivitäten sind unbedeutend, andere sehr wichtig, und zusammen konstituieren sie das gewerbliche und kulturelle Leben einer Stadt.

Währenddessen funktioniert die Infrastruktur der Stadt als schlagendes Herz der Gemeinschaft. Das Kraftwerk erzeugt den Strom für die vielen Gebäude und Maschinen innerhalb der Stadt und hat unmerklich Einfluß – beispielsweise auf die Verkehrsampeln, die den Rhythmus und die pulsierende Bewegung der Metropole mitbestimmen.

Nachmittags an einem Werktag in New York City: Menschenmassen auf den Straßen.
Mit freundlicher Genehmigung der Vereinten Nationen, M. Tzovaras

Im Laufe des Tages entstehen subtile Änderungen im Stadtbild. Ein Unfall hat eine Umleitung auf eine andere Straße zur Folge. Im Rathaus unterschreibt der Bürgermeister einen neuen Erlaß. Im Stadtzentrum wird ein neuer Wolkenkratzer errichtet. Leute ziehen weg, andere ziehen (in die Stadt) ein. Ein Bürogebäude wechselt seinen Besitzer und seine Funktion.

Über längere Zeiträume ändert sich die Stadt ganz offensichtlich. Das Tempo des Lebens beschleunigt sich. Einige Industriezweige gehen zugrunde, während andere entstehen oder blühen. Vielleicht entwickeln sich neue Randgebiete, vielleicht wird die Stadt durch eine Autobahn mit der Nachbarstadt verbunden. Sie mag einfach älter werden, ihre Versorgungseinrichtungen verrotten, und ihre Führungsrolle übernimmt eventuell eine neue Stadt. Wie auch immer ihre Zukunft aussehen mag, die Stadt ist mehr als nur die Summe ihrer Gebäude, Straßen, Einrichtungen und Menschen. Sie ist ein Wesen für sich mit eigenem Stil und eigenen Regeln, das sich mit der Zeit ändert, mitunter sogar wächst.

Für einen lediglich quadratzentimetergroßen, geätzten Siliziumsplitter mögen diese Ausführungen recht literarisch erscheinen, jedoch genügt eine rein festkörpertechnologische Betrachtung des modernen Mikroprozessors nicht, da er ein zunehmend symbiotisches Verhältnis zur realen Welt entwickelt. Wie das menschliche Gehirn mehr ist als die bloße Sammlung seiner Neuronen, ist der Mikroprozessor mehr als ein Platte voller Transistoren. Mit dem Erscheinen von Pentium, DEC Alpha, Silicon Graphics-MIPS R4400, des PowerPC u. a. gleicht sich der moderne Mikroprozessor eher der Metapher der Stadt als jener der Glühbirnen an.

Für die technische Diskussion auf den nächsten Seiten sollte man diesen Vergleich in Erinnerung behalten. Es ist zu einfach, sich den Mikroprozessor nur als eine sehr komplizierte Verdrahtung für Elektronen vorzustellen, ohne dabei die wichtige Rolle der Software zu beachten, die von der eingebauten firmenspezifischen »Firmware« im Nurlesespeicher über das Betriebssystem bis zur Anwendungssoftware reicht. Diese dunkle zweite Macht hinter den auf den Schnellstraßen der Oberfläche eines Chips rasenden Elektronen macht den Mikroprozessor zu einer so einmaligen Entwicklung. Sie ermöglicht z. B. die Vorbereitung eines Romans ebenso wie die Berechnung der Flugbahn eines Raumschiffs zum Jupiter.

Die Rundreise

Man kann eine Stadt kennenlernen, indem man auf ihren Straßen entlang-
fährt. Um zu verstehen, wie ein Computer arbeitet, muß man seine Funktionen durchdenken. Das kann man nur erreichen, indem man sich vorstellt, ein
Stück Information oder eine Instruktion zu sein, die lediglich einen kleinen
Teil eines größeren Programms darstellt.

Die ganzen Informationen eines Computers sind in »Bits« dargestellt mit
den Werten 1 und 0, der Basis der Booleschen Logik. Bit ist die Abkürzung
von binary digit. Acht Bits bilden ein »Byte«, die Standardeinheit der Com-
puterspeicherung.

In der Computerterminologie hat »Bit« eine zweite Bedeutung, die mit dem
Informationsgehalt einer Nachricht in der Logik und in den Datenwegen (»Bus«)
zu und von der Zentraleinheit des Computers zusammenhängt. Man spricht in
diesem Sinn z. B. von einem »16 bit Computer«. Ein moderner Mikroprozessor
verarbeitet die Informationen gewöhnlich in Blöcken von 16 oder 32 binären Einsen oder Nullen, den Bits. Im Fachjargon heißt ein Instruktionsblock von 16 bit
Länge ein »Wort« und von 32 bit Länge ein »Doppelwort«.[1]

Worte und Halbworte werden typischerweise in einem »Integer« Format
(das bedeutet eine Zahl ohne Komma) verarbeitet. 64 bit Befehle heißen
Quadworte (»quad-precision numbers«).Quadworte und manchmal auch 32
bit Befehle (»double-precision numbers«) werden als Gleitkommazahlen verwendet, wie z. B. in wissenschaftlichen Ausdrücken die Zahlen $4,5 \times 10^{-14}$. Die
Grundzahl, hier 4,5, beschreibt die wichtigen Ziffern der Zahl; der Exponent
10^{-14} beschreibt die Position des Kommas in der Zahl, die vollkommen ausge-
schrieben als 0,000000000000045 erscheint. Man sieht sofort, warum Wissenschaftler die Exponentialschreibweise anwenden, wenn die Zahlen so groß
bzw. so klein sind: solche Zahlen sind in der Festkommaschreibweise einfach
unhandlich. Eine Gleitkommazahl mit 32 bit kann die Größe 10^{32} oder eine 1
mit 32 Nullen besitzen. Im Vergleich dazu ist die größte Festkommazahl mit
32 bit nur etwas größer als 4 Milliarden. Da Gleitkommazahlen wegen Run-
dungsfehlern häufig ungenauer sind als Festkommazahlen, kann man sie
nicht immer verwenden.

Wenn Computerhersteller von einem 16 bit- oder einem 32 bit Personalcomputer sprechen, dann meinen sie meistens die Befehlswortlänge, aber lei-

der nicht immer. Daten in einem Computer werden zwischen dem Mikroprozessor und externen Speicher sowie anderen externen Funktionen entlang einer bestimmten Sammelleitung, dem *Bus,* übertragen. Ein Computer kann für verschiedene Aufgaben unterschiedliche Busse besitzen. Die Zahl der Drähte bestimmt die Buskapazität, die *Busbreite.* Sie wird durch die Anzahl der Bits bestimmt, die der Bus simultan übertragen kann. Also hat ein 8 bit Bus acht Drähte und kann jeweils ein Byte verarbeiten.

Wenn ein Bus nur 8 bit verarbeiten kann, der Prozessor aber mit 16 bit Befehlen arbeitet, dann müssen die Befehlsworte geteilt werden, damit sie über einen 8 bit Bus verschickt werden können. Es sind also zwei Buszyklen nötig, um diese Befehle zu übertragen. Dies verlangsamt den Computer und erklärt, warum die alten Personalcomputer mit 8 bit Bus nicht mehr funktionierten, als komplexe Gleitkommazahlen mit 64 bit Wortlänge für technische Zeichnungen, mathematische Analytik und Graphiken verarbeitet werden sollten, denn es waren schließlich acht Zyklen pro Zahl nötig, nur um die Daten hin und her zu bewegen. Um die Datenmenge zu verarbeiten, bedurfte es weiterer Zyklen.

Die ersten Mikroprozessoren, z. B. der Intel 4004, waren 4 bit Geräte. Ihre Kapazitäten wurden rasch überfordert. Ihre Nachfolger, die 8 bit Prozessoren, bewährten sich über zehn Jahre lang in vielen Bereichen, z. B. in Konsumartikeln, in Heimcomputern und in Videospielen. Im Ingenieurwesen und in der Wissenschaft wurden allerdings zunehmend schnellere Prozessoren benötigt.

Eine verbesserte Leistung läßt sich auf zwei Arten erreichen, durch Vergrößerung der Buskapazität oder durch Erweiterung der Prozessorkapazität für größere Wortlängen. Einfacher (und preisgünstiger) ist es, den Prozessor beizubehalten und dafür die Busbreite zu vergrößern, da dies durch eine vergleichsweise kleine Veränderung im Design erreicht werden kann. Genau dies hat Motorola beispielsweise 1979 mit seinem 6809 Mikroprozessor getan. Die Leistung des fünf Jahre alten Modells 6800 mit einer 8 bit Busbreite wurde durch die Vergrößerung der Busbreite auf 16 bit verbessert. (Umgekehrt funktioniert das auch: wenn eine Firma eine Lücke in ihrer Produktionspalette mit einer preisgünstigeren Version eines Teils schließt, wird häufig die Busbreite reduziert. Genau dies tat Intel 1989 mit der Entwicklung des 32 bit/16 bit Bus 80386SX, um die Besitzer von 80286 Computern zu einem preiswerten Einstieg in die Welt der 80386 Computer zu locken. Intels

16/8 8088, weiterentwickelt zum 16/16 8086, war der bekannteste von allen. Jenen 8088 wählte IBM für seinen ersten PC, was die Geschichte des Rechnens nachhaltig veränderte.)

Allerdings ist das Verdoppeln oder Teilen der Busbreite nur eine halbe Maßnahme, die gewöhnlich lediglich ein Kompromißprodukt hervorbringt. Grundlegende, epochale Sprünge im Produktdesign werden eher durch Vergrößerungen der Wortlänge erreicht. Diese erzwingt meistens eine radikal veränderte Architektur auf der ganzen Oberfläche des Chips. Der Grund dafür wird schnell klar: eine 16 bit Zahl kann nur einen Wert zwischen 0 und 65 535 annehmen (dies entspricht 2^{16}), während 32 bit Zahlen Werte zwischen 0 und 4 294 867 295 annehmen können (= 2^{32}). Das ergibt einen eindeutigen Vorteil bei der Bearbeitung von komplexen Informationen, großen Zahlen oder Speicherbereichen.

> *Grundlegende, epochale Sprünge im Produktdesign werden eher durch Vergrößerungen der Wortlänge erreicht.*

Noch wichtiger ist es, daß die erweiterte Wortlänge die Speicherkapazität des mikroprozessoreigenen Arbeitsspeichers (RAM) massiv vergrößert, was wiederum die Arbeitsgeschwindigkeit beschleunigt. Die Größe des RAM ist direkt abhängig von der Befehlsbreite des Prozessors. Zum Beispiel kann ein 32 bit Prozessor 2^{32}, also etwa 4 Milliarden Adressen benutzen. Allerdings belastet eine solche Verbesserung der Speicherkapazität die Leistung des restlichen Chips enorm und erfordert daher oft beachtliche Veränderungen in Hard- und Software.

Die Steigerungen von 4 bit über 8, 16, 32 bit zu 64 bit Mikroprozessoren beschreiben die moderne Geschichte der Elektronik.[2] Jeder dieser epochalen Leistungssprünge öffnete tüchtigen Anlagendesignern neue Perspektiven. Die früheren 8 bit Mikroprozessoren wurden in den ersten programmierbaren Taschenrechnern und Computerterminals eingesetzt. Nolan Bushnell sah in ihnen eine Möglichkeit, Computerspiele von den Großrechnern der Universität zu kopieren und in eine einfachere Spielversion umzuwandeln: Pong, das erste Videospiel, war geboren. Stephen Wozniak benutzte die gleichen Chips, um seinen eigenen Computer zu bauen, den Apple I.

So ging die Entwicklung weiter. Die 32 bit Mikroprozessoren ermöglichten die Workstation genauso wie Multimediasysteme. Die nächste Generation der 64 bit Prozessoren wird zur Zeit entworfen.[3] Da die meisten

PC-Benutzer die gesamten Fähigkeiten ihrer 16 bit Maschinen noch nicht einmal ausschöpfen, hat John R. Mashey, Redakteur der Zeitschrift *Byte*, für sie gesprochen, als er schrieb:

»Sie denken vielleicht: »Meine PC-Software läuft noch im 16 bit Modus, und Jahre werden vergehen bis Software den 32 bit Modus erreicht hat. Aber 64 bit? Die Leute, die die weitverbreitete Anwendung von wahren 64 bit Mikroprozessoren bis 1995 voraussagen, müssen phantasierende Wahnsinnige sein!«[4]

Aber Mashey konterte mit der gleichen von der Halbleiterindustrie seit Generationen benutzten Antwort: Warten Sie mal ab; wenn Sie sehen, welche neuen Anwendungen die 64 bit Prozessoren ermöglichen, werden Sie sie haben wollen. Bei den 64 bit Prozessoren, so Mashey weiter, wird die Fähigkeit, komplexere Integers zu verarbeiten, die Leistung beschleunigen, riesige Datenbanken ermöglichen und Filmsequenzen verzögerungsfrei auf Computermonitoren realisieren. Dies wird auch einen kritischen Punkt in der Arithmetik überwinden. Addition und Subtraktion können sogar auf Prozessoren mit wenigen Bit verarbeitet werden, während schnelles Multiplizieren und Dividieren mitsamt ihren Anwendungen, z. B. in der Kryptographie und bei komplexen ökonomischen Rechnungen, absolut von der Wortlänge abhängig sind.

Eine zusätzliche Information zur Nomenklatur: hier verlassen wir die reine Technologie und begeben uns in die zwielichtige Welt des Marketing, der Werbung und des Wettbewerbs. Einige Personalcomputer, Videospiele und andere auf Mikroprozessoren basierende Produkte werden als »8 bit«, »32 bit« usw. definiert. Was bedeutet das eigentlich genau? Normalerweise meint man damit die Größe der gespeicherten Daten. Folglich wurde der 80386SX, obwohl er nur einen 16 bit Bus hatte, ein 32 bit Prozessor genannt, weil eben dies die Größe der Zahlen ist, die in einem Befehl auf einmal verarbeitet werden können.

Die Benennung kann auch von der Größe der prozessorinternen Register abgeleitet werden, von den Bereichen, die Operanden und Adressen für die Berechnung enthalten. Registergröße und Größe des Befehlsvorrats sind meistens gleich, manchmal verschieden. Der Intel 8086 hatte 16 bit Register, aber 20 bit Speicheradressen.

Schließlich kann die Benennung auch von der Busbreite kommen. Als Beispiel dient der Intel 8088: Wie auch der 8086 besaß er einen 20 bit Befehlsvorrat und eine 20 bit Breite für den Adreßbus, aber nur eine 8 bit Breite für den Datenbus. Aus diesem Grund wird er als 8 bit Prozessor bezeichnet.

Beim Verkauf einer neuen Generation von Mikroprozessoren wird die verbesserte Leistung häufig als das Hauptargument eingesetzt. Weniger Beachtung findet meist die durch eine verlängerte Wortlänge ermöglichte effizientere Adressierung, obwohl diese weit wichtiger ist. Ohne sie würde der moderne PC unter der Last der riesigen Programme und der großen internen und externen Datenspeicher, z. B. RAM-Chips bzw. externer Disketten- und CD-ROM-Laufwerke, und deren Verwaltung zusammenbrechen. Wie schon dargestellt, kann der moderne 32 bit Mikroprozessor Informationen aus mehreren Milliarden an möglichen physikalischen Adressen aufnehmen. Durch einige Änderungen in der Software kann jede dieser physikalischen Adressen durch mehrere virtuelle Adressen ersetzt werden.

Das virtuelle Adressieren wird seit dreißig Jahren in Großrechnern und in Kleincomputern benutzt. Es wurde entwickelt, damit Computerbenutzer, ungeachtet der Konfiguration oder Leistung ihrer Maschine, mit weitverbreiteter Software arbeiten können. Dies hat sich für die PC-Industrie als besonderer Segen erwiesen, wo es unter Millionen verbreiteter Maschinen die unterschiedlichsten Typen in Leistung und Ausführung gibt.

Während der physikalische Speicher ein Kern- oder Chipspeicher ist, auf den direkt zugegriffen werden kann, verhält sich ein Computer bei der virtuellen Adressierung so, als ob er den ganzen notwendigen Speicher zur Verfügung hätte, tatsächlich aber hat er ihn nicht. Er speichert die Daten in verschiedenen Bereichen irgendwo innerhalb des gesamten Speicherbereichs (z. B. im Kernspeicher, Diskettenlaufwerk usw.) ab. Der Prozessor benutzt eine sogenannte »Speicher-Management-Einheit«, um nachzuvollziehen, wohin die Daten oder Befehle geschickt wurden. Anschließend kann er sie nach Bedarf zurückholen. Daten und Befehle im virtuellen Speicher werden aus Effizienzgründen in gleich große Blöcke, sogenannte Speicherseiten oder kurz Seiten eingeteilt.

Wenn mit Hilfe der Software ein Befehl aufgerufen oder in eine andere Anwendung gegangen werden soll, der oder die nicht im physikalischen Speicher vorhanden ist, reagiert der Prozessor auf das Problem mit einem

Abbruch und beauftragt den Speichermanager innerhalb des Betriebssystems mit der Suche nach einer Diskette oder einem anderen externen Speicher. Danach zieht er die Störungsmeldung zurück und macht einen Platz im physikalischen Speicher frei, indem er irgendeinen weniger benötigten Befehl oder eine weniger benötigte Anwendung exportiert. Die virtuelle Adressierung behandelt die Software in gleicher Weise, indem sie die nicht benötigten Teile »wegspeichert«, anstatt den Computer durch den Versuch, alle Programme auf einmal zu speichern, zu überfordern.

Als besonders wichtig hat sich die virtuelle Adressierung für große Betriebssysteme herausgestellt, wie z. B. Microsoft Windows, OS/2 und Unix. Diese könnten ohne virtuelle Adressierung von den meisten heutigen Computern, also alleine mit dem physikalischen Speicher, nicht verarbeitet werden.

Nicht genügend Speicherplatz zu haben, ist offensichtlich ein permanentes Problem, das nicht zu bewältigen ist.

Das Problem, nicht genügend Speicherkapazität zu haben, scheint unlösbar zu sein. Was dem Computerbesitzer 1987 ein »Festessen« war, empfindet er 1993 als »Diät«. Jeder Fortschritt im Kernspeicher eines Computers wird meistens sehr schnell mit einem noch größeren Sprung der Software beantwortet (und das, obwohl die Softwareindustrie Kritik von allen Seiten wegen ineffizienter Anwendungsprogramme hinnehmen muß).[5] Deshalb verdoppelt sich die durchschnittliche Nachfrage nach physikalischem Speicherplatz alle zwei Jahre, obwohl sich die durchschnittliche Kapazität eines Speicherchips nur alle drei Jahre verdoppelt. Deshalb bleibt der virtuell adressierte Speicher so unerläßlich, auch wenn man vielleicht hätte erwarten können, daß er in der Ära des PowerPCs und des Pentiums verschwinden würde.

Leider ist der virtuelle Speicher ein Notbehelf. Die Leistung leidet jedesmal, wenn Daten aus externen Speichern geholt werden müssen. Deshalb ist der Wettlauf um höhere Speicherkapazitäten bei Chips ein sehr dynamischer Marktbereich in der Elektronik, in dem hohe Gewinne realisiert werden können. Darum besetzte die japanische Elektronikindustrie auch als erste diesen Markt.

Dieses Engagement hat sich gelohnt: mit einem 16 MB DRAM-Chip (DRAM = dynamischer RAM) können nun Computerentwickler ein Motherboard, d. h. einen Hauptprozessor mit einem riesigen Hauptspeicher bauen, der bis zu eine Milliarde Byte und mehr umfaßt. Mit diesen gewaltigen physikalischen Speichermöglichkeiten wird bald die Leistungsobergrenze des virtuellen 32 bit Speichers erreicht sein. Programmierer werden dann zunehmend mit dem Problem langsamerer Arbeitsgeschwindigkeiten bei manchen Anwendungen konfrontiert, die sie zwingen werden, Teile des physikalischen Speichers in virtuelle Adressen zu übersetzen. Dies scheint ein Fluch in der Computerwelt zu sein. Möglicherweise kommt es noch schlimmer. Die gleichen Programmierer können in der Zukunft einen Punkt erreichen, wo selbst weitere DRAM-Ergänzungen nichts mehr bringen.

Der virtuelle Speicher kann deswegen nie eine ideale Lösung sein. Schließlich müssen die Mikroprozessorfirmen in die nächste Generation der Mikroprozessoren investieren. Und genau das findet statt, während dieses Buch geschrieben wird: die 32 bit Adressierung weicht der 64 bit Adressierung. Der evolutionäre Druck nach immer mehr adressierbarem Speicher treibt die Entwicklung voran, vom Intel 8008 und dem Motorola 6800 mit maximal 64 KByte, über den 8086 und den 8088 mit maximal 1 Mbyte, den 80286 mit 16 Mbyte und zum 80386 mit maximal 32 Mbyte Speicher.

Der durchschnittliche Anwender, wie ihn Mashey beschreibt, mag diesen Sprung zu 64 bit Prozessoren etwas überzogen finden, jedoch schienen die letzten drei epochalen Sprünge unter den damaligen Gesichtspunkten auch überzogen zu sein. Allerding zeigten die neuentwickelte Macintosh-Schnittstelle, Microsoft Windows und QuickTime, wie lebensnotwendig dieses neue Leistungsniveau ist. Mashey dazu:

»In meinen Vorträgen vergleiche ich Computer mit Autos, der CPU-Chip ist der Motor… Was für ein Auto ist ein 64 bit Computer? Stellen Sie sich vor, er sei ein Auto mit einem Allradantrieb, der bei Bedarf nach besserer Leistung eingeschaltet werden kann, besonders in schwierigen Fällen, wie beim Befahren von steilen Strecken. Sie benutzen den Allradantrieb nicht zum Einkaufen; jedoch wenn Sie ihn brauchen, dann unbedingt. Manche Leute haben heute schon Probleme, die die 64 bit Verarbeitung lösen könnte. Die benötigten Fahrzeuge, die 64 bit Mikroprozessoren, sind schon unterwegs.«[6]

Das Silizium-Metronom

Diese ganze Diskussion über Bits soll das Verhalten der Daten erklären, die zur Verarbeitung auf einen Chip übertragen werden.

Der interne Takt des Prozessors entspricht einem zweiten Aspekt der Datenverarbeitung. Wie kann ein Chip bei den ankommenden Daten erkennen, welches Wort gerade anfängt und welches endet? Wie synchronisiert er die Prozesse an seiner Oberfläche, so daß die genannten Daten korrekt bearbeitet werden und Befehle stets von Zahlen und Symbolen unterschieden werden? Er verwendet dazu als internes Metronom die Frequenz der Datenübertragung zum Mikroprozessor. Die Schwingungen einer elektromagnetischen Welle eines winzigen außerhalb des Chips befindlichen Quarzkristallsplitters entsprechen den Schlägen dieses Metronoms.

Diese Quarzuhr erinnert sehr an die Anfänge des Chips in den frühen Tagen des Radios. Eine solche Uhr mag ungewöhnlich erscheinen, sie unterscheidet sich jedoch nicht vom Quarztuner einer Armbanduhr oder von der Frequenz der Caesiumatomuhren. Hierbei ist vor allem die hohe Frequenz der Schwingung interessant. Je höher die Frequenz der Kristallschwingung, um so höher ist die Geschwindigkeit der Mikroprozessoroperationen, um so höher ist die Leistung des Prozessors.

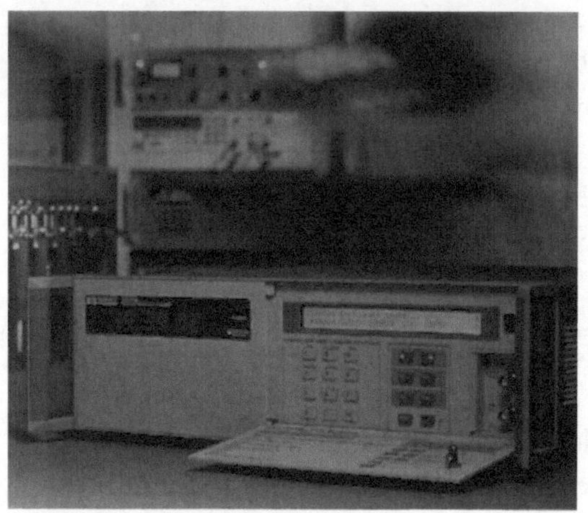

HP-Atomuhren werden weltweit von Normierungsgremien, dem Militär, Firmen und wissenschaftlichen Forschungslabors verwendet.
Mit freundlicher Genehmigung von Hewlett Packard

Moderne Mikroprozessoren in PCs und in Workstations haben Taktraten von etwa 5 MHz, also 5 Millionen Zyklen pro Sekunde, bis zu 250 MHz. Man kann daher sagen, der Mikroprozessor arbeitet im Nanosekundenbereich, also im Bereich von milliardstel Sekunden.

Aber das reicht noch nicht aus. Mikroprozessoranwendungen besitzen einen unersättlichen Appetit auf immer größere Verarbeitungsgeschwindigkeiten. Wie schon gesagt, wird jede Leistungsverbesserung rasch durch neue Softwaregenerationen vollständig ausgenutzt. Prozessordesigner haben drei Möglichkeiten, auf diese Entwicklung zu reagieren. Eine Möglichkeit besteht darin, die Taktrate zu erhöhen, ähnlich wie einem Motor eine größere Einspritzanlage einzubauen und ständig bis zum roten Drehzahlbereich zu fahren.

Das kann aber unangenehme Nebeneffekte hervorrufen: z. B. Erhitzung des Chips, bis er langsamer wird und aus der Taktrate kommt. Die zweite Möglichkeit besteht darin, die Befehlszahl pro Taktzyklus zu erhöhen. Entwickler können die Leistung verbessern, indem sie Prozessoren bauen, die statt einer Operation pro Taktzyklus mehrere Operationen simultan verarbeiten können, bei modernen Versionen bis zu sechs Operationen.

Die meisten Prozessoren brauchen mehrere Taktzyklen für die Erledigung einer komplexen Operation, etwa um Daten zu teilen oder auf Komponenten des Chips zu übermitteln. Selbst die neuen Modelle, wie der Motorola 68040, benötigen im Durchschnitt immer noch 1,25 Zyklen pro Operation.[7] Nichtsdestotrotz haben Designer durch den Gebrauch einer noch effizienteren Architektur und durch Parallelität die »Verarbeitungsschallmauer« von einer Operation pro Zyklus durchbrochen und erreichen heute Taktraten von zwei bis drei und mehr Operationen pro Zyklus.

Nun haben wir Millionen kleiner Stromausstöße, jeder davon eine Zahlenreihe von Einsen und Nullen, die sich als Zahl, Buchstabe, Symbol, Farbe, Schattierung einer Farbe oder als einfacher Befehl für den Mikroprozessor ankündigen. Wie kommen sie ins Innere des Mikroprozessors? Über ein sogenanntes Pin, ein verbindendes Beinchen des integrierten Schaltkreises, weiter auf einem der winzigen Aluminiumdrähte zur Buchse der Siliziumscheibe und dann in die mikroskopischen Linien, genannt »Traces«, des Mikroprozessors.

Bits zählen

Nehmen wir an, wir wollen die einfache Addition 8 + 4 von einem Mikroprozessor verarbeiten lassen. Eine Reihe von Programmbefehlen fließt über Eingabeleitungen in den Prozessor. Dadurch wird die Addition in eine Reihe dem Computer verständlicher elementarer Schritte zerlegt. Manchmal bedeutet ein Schritt für den Prozessor, er solle sich zur Bearbeitung des nächsten Schritts bereit machen. In unserem Rechenbeispiel wird der allererste Befehl so etwas wie »Lade den nächsten Befehl« sein.

Das *Befehlsregister* ist das Ziel aller in den Mikroprozessor hineinkommenden Daten, der *Pufferspeicher* oder die *Warteschlange* das Ziel der Befehle. Ein moderner Mikroprozessor hat eine Reihe verschiedener Register, die verschiedene Aufgaben bewältigen. Sie sind alle Teile von Speicherschaltungen, deren Aufgabe es ist, Daten vorübergehend bis zur weiteren Verarbeitung zu halten. Register kann man mit Zollschranken oder mit Mautstellen auf Autobahnen vergleichen, die den Strom und das Tempo der Daten kontrollieren, um Staus zu minimieren und die Gesamtleistung zu optimieren. (Es ist interessant, daß moderne Mikroprozessoren im Vergleich zu vielen ihrer Vorgänger weniger Register haben, obwohl sie komplexer sind. Es stellte sich heraus, daß die zusätzliche Aufgabe, alle Register zu adressieren, anstatt die Leistung zu verbessern, tatsächlich den Mikroprozessor verlangsamte.[8])

Ein besonderes Register ist der Programmzähler. Verbunden mit der Taktrate speichert er die Adresse des nächsten Befehls. Dies ist von entscheidender Bedeutung, weil er das Vorankommen des Mikroprozessors im Programm verfolgt. Mikroprozessoren können sehr wenig, das dafür aber sehr gut, sehr schnell und praktisch eine Ewigkeit lang. Darin liegt ihre Stärke. Andererseits kann die Reduzierung eines Projekts auf ein so kleines Vokabular grundlegender Aktionen eine enorme Herausforderung darstellen.

Wie groß dieses Vokabular sein soll, ist seit dreißig Jahren ein heißdiskutiertes Thema in der Computerindustrie. Die meisten Mikroprozessoren, sowie die früheren Computer und die Computer, die die Mikroprozessoren integrierten, haben ein eingebautes Vokabular von einigen hundert Befehlen. Diese sog. CISC-Architektur (CISC ist eine Abkürzung für Complex Instruction Set Computer) resultierte aus der Notwendigkeit, die jeweils neuen, leistungsstärkeren Computergenerationen mit ihren Vorgängern kompatibel zu machen. Dies wurde meist dadurch erreicht, daß der alte Befehlsvorrat beibehalten wurde und neue Befehlsvorräte, die die Leistungsfähigkeiten der »neuen, verbesserten« Computermodelle steigerten, einfach ergänzt wurden. Als Ergebnis wurde das Vokabular eines Computers recht groß und verschnörkelt und erreichte eine »Hochwassermarke« von 300 eingebauten Befehlen bei der VAX von Digital Equipment.

Als in den frühen siebziger Jahren die Computer immer mehr Befehle verarbeiten mußten, begannen Entwickler bei IBM nach einer von der Softwarekompatibilität unabhängigen Alternative für Anwendungen und Absatzmöglichkeiten zu suchen. Diese Alternative war im Grunde beim Befehlsvorrat zu suchen. Die neue Architektur hieß RISC, was für Reduced Instruction Set Computer steht, deren Philosophie die Minimierung der Befehlsmenge durch ein Übersetzungsprogramm war, das mit wenigen Elementarbefehlen sehr schnell arbeiten konnte.

Der Reiz von RISC (verglichen mit CISC) lag in der Kontrolle der Zahl der eingebauten Befehle, mit denen der Computer arbeitete. Das mag so einschränkend klingen, wie der Versuch, eine Sprache mit nur zehn Buchstaben zu entwickeln. Aber das Problem stellte sich den RISC-Entwicklern genau umgekehrt. Um die Analogie fortzuführen, benutzten die CISC Maschinen nicht nur 26 Buchstaben, sondern auch mehrere Dutzend kompletter Worte und sogar Sätze, und die Last, mit diesem überfrachteten Alphabet arbeiten zu müssen, fing an, das »Denken« des Computers zu verlangsamen…

Ein vergleichbarer RISC-Computer konnte alle Funktionen der VAX mit weniger als 50 Befehlen kopieren… Darin liegt der Schlüssel der RISC-Geschwindigkeit: mit dem sehr beschränkten Vokabular können die elementaren Verarbeitungsaufgaben blitzschnell vom Zentralprozessor verarbeitet werden…[9]

Trotz dieser Vorteile gibt es einige wesentliche Probleme mit den RISC-Prozessoren. Da so viel Gewicht auf das Übersetzungsprogramm gelegt wird, ist es naheliegend, daß sein Design maßgeblich zum Erfolg oder Mißerfolg der RISC-Mikroprozessoren beiträgt. Darüberhinaus ist Softwarekompatibilität den meisten Anwendern wichtig. Aus diesem Grund dominieren die bedeutenden CISC Prozessorarchitekturen, wie z. B. die des Intel x86 und diejenigen von Motorola, heute noch den Markt. Auf der anderen Seite haben RISC-Prozessoren insbesondere bei technischen Anwendungen wie dem technischen Zeichnen und bei der Modellierung einige wichtige Nischen erobert. Diese RISC-Philosophie wird unter anderem von den Firmen Hewlett-Packard, Sun Microsystems und der MIPS-Tochterfirma Silicon Graphics unterstützt.

Wie man in jedem Kapitel der Mikroprozessorgeschichte sehen kann, sind Wettbewerb und realistische Überlegungen maßgebend. Wie zu erwarten war, wurden sich RISC- und CISC-Produkte in den letzten Jahren immer ähnlicher. Manche CISC-Hersteller wie Intel und Motorola haben viele der besten Eigenschaften der RISC-Technologie in ihre Produkte eingebaut. Andererseits haben RISC-Hersteller Kompromisse gemacht, um praktische, täglich einsetzbare Geräte zu produzieren, und ihre Befehlsvorräte expandiert, bis sie beinahe so groß (und in machen Fällen sogar genauso groß) und komplex waren, wie diejenigen von CISC-Prozessoren.

Existieren unter dem Aspekt dieser Annäherung trotzdem Vorteile für RISC oder CISC? Ja, bemerkenswerterweise. So schreibt Harold Stone von NEC Research:

»RISC Befehle basieren auf einem Prinzip, das sehr an ein Fließband innerhalb eines Kopiergeräts oder in einer Autofabrik erinnert. Bei einem Fließband wird ein Prozeß in Abschnitte eingeteilt. Während jedes Bearbeitungsabschnitts wird eine Operation unter festgesetzten Voraussetzungen ausgeführt und dann zur nächsten Bearbeitungsstufe geschickt. Sobald ein Abschnitt beendet ist, beginnt die Ausführung der nächsten Aufgabe. In einem Kopiergerät läuft das Papier vom Papiermagazin zum Papierpuffer über die Bildtrommel, die Fixierwalze und dann zum Ausgabestapel. Wenn man die Taste für das automatische Kopieren drückt, passieren drei oder vier Blätter die einzelnen Stufen, bis die erste Seite den Ausgabestapel erreicht. Auf dem Montageband eines Automobilkonzerns wird ein Auto durch das Zusammenführen eines Fahrgestells und eines Motors, das Aufsetzen der Karosserie auf das Fahrgestell, den Einbau der Innenausstattung, das Montieren von Türen, Motor- und Kofferraumhaube und das Befestigen der Reifen hergestellt.

. . . Das Fließband einer heutigen RISC-Maschine hat typischerweise vier Stufen: dekodieren, Operanden holen, Operation ausführen und Operanden speichern. Die Weitergabe von einer Stufe zur nächsten beginnt mit dem Anfang der Taktrate, und die Operationen innerhalb einer Stufe müssen vor dem Ende der Taktrate abgeschlossen sein. In außergewöhnlichen Fällen stoppt das Fließband. Dann beseitigt eine »Ausnahmeverarbeitung« das Problem. Danach kann das Fließband weiterarbeiten.

Gibt es eine Möglichkeit, RISC und CISC zu unterscheiden, und hat diese Unterscheidung einen Vorteil? Ja. Durch CISC-Befehle kann eine Speicheradresse für viele Befehlsarten festgelegt werden. RISC-Befehle erlauben nur die Befehle LADEN und SPEICHERN. Dies hat gewöhnlich längere Befehlssequenzen in RISC als in CISC zur Folge. Jedoch hat das CISC-Fließband eine zusätzliche Stufe, die Adreßgenerierung, die den meisten Befehlen den Speicherzugriff ermöglicht. In Situationen, in denen sich das gesamte Fließband frei arbeiten muß, bevor der nächste Befehl ausgeführt werden kann, was in CISC-Maschinen nicht ungewöhnlich ist, dauert die Verzögerung einen Zyklus länger als in einer RISC-Maschine. Das kann die Ursache eines signifikanten Leistungsunterschieds sein.«[10]

Das ist die technische Basis für den Wettbewerb. Mit anderen Worten, wenn die RISC-Architekturen den Punkt erreichen, wo sie den CISC-Befehlsvorrat mit etwa der gleichen Geschwindigkeit simulieren (»nachahmen«) können, während sie ihren eigenen Befehlsvorrat immer noch schneller ausführen, dann wird die RISC-Technologie beginnen, den PC-Markt zu dominieren. Dies wird wahrscheinlich um die Jahrhundertwende der Fall sein. Bis dahin werden die Verkaufszahlen zeigen, daß CISC Maschinen, mit ihrer Kompatibilität und der verbreiteten Softwareunterstützung, den Markt beherrschen.

Meinungsaustausch

Auf welchen Wegen auch immer die Daten oder Befehle ankommen, sie müssen die Speicherkontrolle auf der Prozessoroberfläche passieren und werden von dort aus über den Chip zu einem anderen Speicherbereich geleitet, der wie die Speicherkontrolle zwei unterschiedliche Funktionseinheiten enthält, das *Befehlsregister*, das jeden gespeicherten Befehl weiterleitet, sobald ein neuer ankommt; und den *Befehlsdecoder*, einen speziellen Speicher. Während die Register als »Random Access Memory« (RAM) entwickelt wurden, analog einer Kreidetafel, auf der Informationen geschrieben und anschließend gelöscht werden (was den originellen Namen von Mehrzweckregistern, »Schmierpapier«, erklärt), ist der Befehlsdecoder ein »Read Only Memory« (ROM), also ein Nurlesespeicher, vergleichbar einem Buch, in dem Informationen nur gelesen werden können, wenn sie dort verzeichnet sind.

Befehlsregister und Befehlsdecoder arbeiten im Gleichschritt. Das Register hält den »Namen« des auszuführenden Befehls und gibt ihn dem Befehlsdecoder weiter. Der Befehlsdecoder übersetzt den Befehl und teilt ihn in eine Zahl spezifischer Befehle in der Betriebssprache des Mikroprozessors ein. Wenn also ein Befehl ankommt, so wird er übersetzt und in Signalform zu anderen Bereichen des Prozessors weitergeleitet.

Programme brauchen natürlich etwas, womit sie arbeiten können: Informationen, Daten, Zahlen, Symbole und Buchstaben. Während ein Programm läuft, werden diese benötigten Daten vom Programm selbst geliefert, oder sie werden von ihren Adressen auf einem der Speicherchips geholt, die zusammen mit dem Mikroprozessor das Motherboard bilden, oder sie werden von irgendeiner externen Speicherquelle übernommen, wie z. B. von einer Diskette, CD-ROM oder einem Magnetband. Die Verbindung zu den

Speicherchips wird durch Paare von Hochgeschwindigkeitsverbindungsdrähten, den *Busleitungen,* hergestellt. Eine Leitung dient zum Versenden von Adreßinformation und die andere zum Übertragen der Daten.

Es gibt fünf generelle Arten von Busleitungen:

1. Der *Interne Bus* verbindet Register, arithmetische Funktionen und On-board-cache-Speicher (s. u.). Diese Busleitungen funktionieren mit sehr hohen Geschwindigkeiten. Der 80486, der als Standard für die anderen hier aufgeführten Busse gilt, hat eine Geschwindigkeit von 66 Millionen Zyklen pro Sekunde (Megahertz oder MHz).

2. *Off-chip Busse* sind die oben beschriebenen Adreß- und Datenbusse. Im 80486 haben sie eine Geschwindigkeit von 33 MHz.

3. *Hochgeschwindigkeits-I/O-Busse* verbinden Anzeigen und Diskettenlaufwerke mit dem Buskontrollerchip, der wiederum mit dem Mikroprozessor verbunden ist. Sie haben ebenfalls eine Geschwindigkeit von 33 MHz.

4. Der *Niedriggeschwindigkeits-I/O-Bus* überträgt Befehle zu den Anpassungskarten im Computer oder in anderen Systemen. Er hat eine Geschwindigkeit von nur 8 MHz.

5. Der *Speicherbus* entspricht häufig dem Hochgeschwindigkeits-I/O-Bus. Dieser Bus beinhaltet den Cache, einen schnellen Pufferspeicher (s. u.), der mit dem DRAM-Kernspeicher verbunden ist. Im 80486 hat dieser Bus eine Geschwindigkeit von 33 MHz.

Die von diesem Bus übertragenen Informationen müssen häufig auch vorübergehend gespeichert werden, daher besitzt der Mikroprozessor einen weiteren, großen für diese Aufgabe entwickelten Arbeitsspeicherbereich, das *Datenregister.* Datenregister haben auch die zweite ebensowichtige Aufgabe, die verarbeiteten Daten zu speichern, nachdem sie vom Mikroprozessor nicht mehr bearbeitet werden.

Schlichte Gemüter

Bisher haben wir uns nur über Speicherschaltungen unterhalten. Dabei können Speicher, ob als Register oder Decoder, sehr langweilig sein, etwa wie wenn man Papiere zwischen Eingabe- und Ausgabeablagen hin- und herbewegt. Aber die Stärke des Mikroprozessors, ja der Durchbruch, den er im Design von integrierten Schaltkreisen repräsentiert, liegt in der Verknüpfung der zwei wichtigen digitalen Technologien von Speicher und Logik. Bei der Logik finden zur Zeit, wie zu erwarten, die meisten Entwicklungen statt.

Die bisher behandelten Speicherschaltkreise sind in erster Linie konzipiert worden, um Daten zu ordnen, bereitzustellen und so schnell wie möglich als Futter dem Logikbereich, der gefräßigen Maschine, zu übergeben. Dieser Bereich heißt Arithmetisch-Logische Einheit, kurz ALU.[11]

Die ALU ist das Kraftwerk des Mikroprozessors. Sie ist der eigentliche »Prozessor« innerhalb des Mikroprozessors. Das Phänomenale der ALU ist ihre interne Arbeitsweise, die zugleich jeder Intuition entbehrt und außerordentlich arbeitsaufwendig ist. Das Berechnen der Zahl π bis zur 10 000. Stelle hinter dem Komma ist dagegen leicht. Näherliegend ist das digitale Äquivalent, einen Teich teelöffelweise mit Wasser aufzufüllen oder ein Haus aus Streichhölzern zu bauen. In der Geschwindigkeit allein liegt der Grund, weshalb dies alles funktioniert. Wenn man irgendetwas 100 Millionen Mal pro Sekunde durchführt, dann kann man vieles erreichen.

Wie bereits im letzten Kapitel dargestellt, bestehen alle integrierten Schaltkreise aus tausenden, ja sogar aus Millionen winzigen Ein-/Aus-Schaltern, Transistoren genannt, die sich auf der Oberfläche einer winzigen Siliziumscheibe befinden. Diese Transistoren werden in *Gattern*, d.h. in Gruppen von zwei bis zehn gebündelt. Ein Gatter muß auf voraussagbare und verläßliche Weise auf das Strommuster reagieren, das durch seinen Eingang fließt.

Logikgatter sind auf drei Arten organisiert, je nachdem, wie sie auf die Muster von Ein-/Aus-Zuständen (Einsen und Nullen) des durchfließenden Stromes reagieren. AND-Logikgatter, kurz AND-Gatter (typischerweise aus sechs Transistoren bestehend) mit zwei Eingaben, müssen zwei Einsen gleichzeitig empfangen, bevor sie eine Eins ausgeben. OR-Gatter mit zwei Eingaben (aus sechs Transistoren bestehend) senden eine Eins, wenn nur eines der zwei ankommenden Signale eine Eins ist. Und das NOT-Gatter mit nur einer Eingabe (aus vier Transistoren bestehend) kehrt jedes ankommende Signal um, z. B. wird eine Eins zur Null umgewandelt und umgekehrt. Kombinationen von AND, OR und NOT bilden Logikschaltungen, die grundlegenden Bausteine des Mikroprozessors.

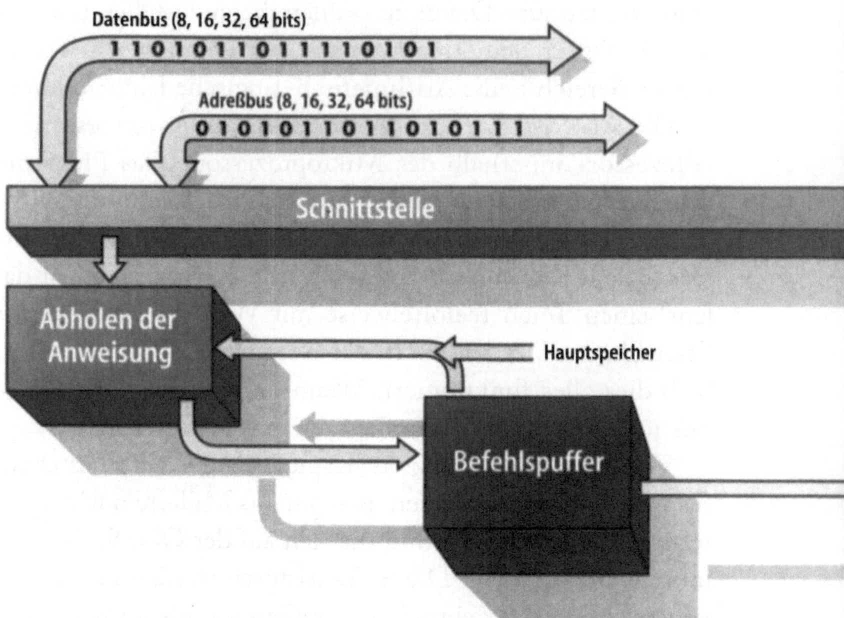

Ein Mikroprozessor führt einen Befehl durch die ständige Wiederholung der Hol-, Dekodier- und Ausführungsphasen aus. Es beginnt mit dem Abholen der Anweisung, die vom Befehlspuffer gespeist wird (oder vom Hauptspeicher, falls der Puffer leer ist). Anschließend wird die Instruktion zum Dekodieren weitergeleitet. Dort wird sie in zwei Teile aufgespalten, den Operator (den auszuführenden Befehl) und den Operanden (die zu bearbeitenden Daten selbst oder deren Speicheradresse). Ist der Operand im Speicher, stellt der Adressenprüfer seine Adresse fest. Das Abholen des Operands sorgt für die Gewinnung des Operandenwerts aus dem Datenpuffer (einem Hochgeschwindigkeitsspeicher für die Zwischenspeicherung) oder dem Hauptspeicher direkt.

In der Zwischenzeit wurde der Operator schon zur arithmetisch-logischen Ausführungseinheit geschickt, wo die richtigen Schaltkreise für die Weiterverarbeitung ausgewählt wurden (Addition, Subtraktion usw.). Dort trifft der Operator auch wieder auf den gerade angekommenen Operanden. Nach Abschluß der Operation wird, wie vom Operator vorgegeben, das Ergebnis zum Datenpuffer, zu einem anderen Abschnitt der arithmetisch-logischen Ausführungseinheit oder an die Register weitergegeben, um, je nach Anweisung, weiterverwendet zu werden.

Moderne Mikroprozessoren können bis zu sechs Anweisungen zugleich ausführen, das wären ungefähr 50 Millionen Anweisungen pro Sekunde. Neue Entwürfe, wie zum Beispiel der PowerPC 601 unterstützen gar 4 PBytes (oder 2^{52}) virtuellen und 4 GBytes (2^{32}) physischen Speicher.

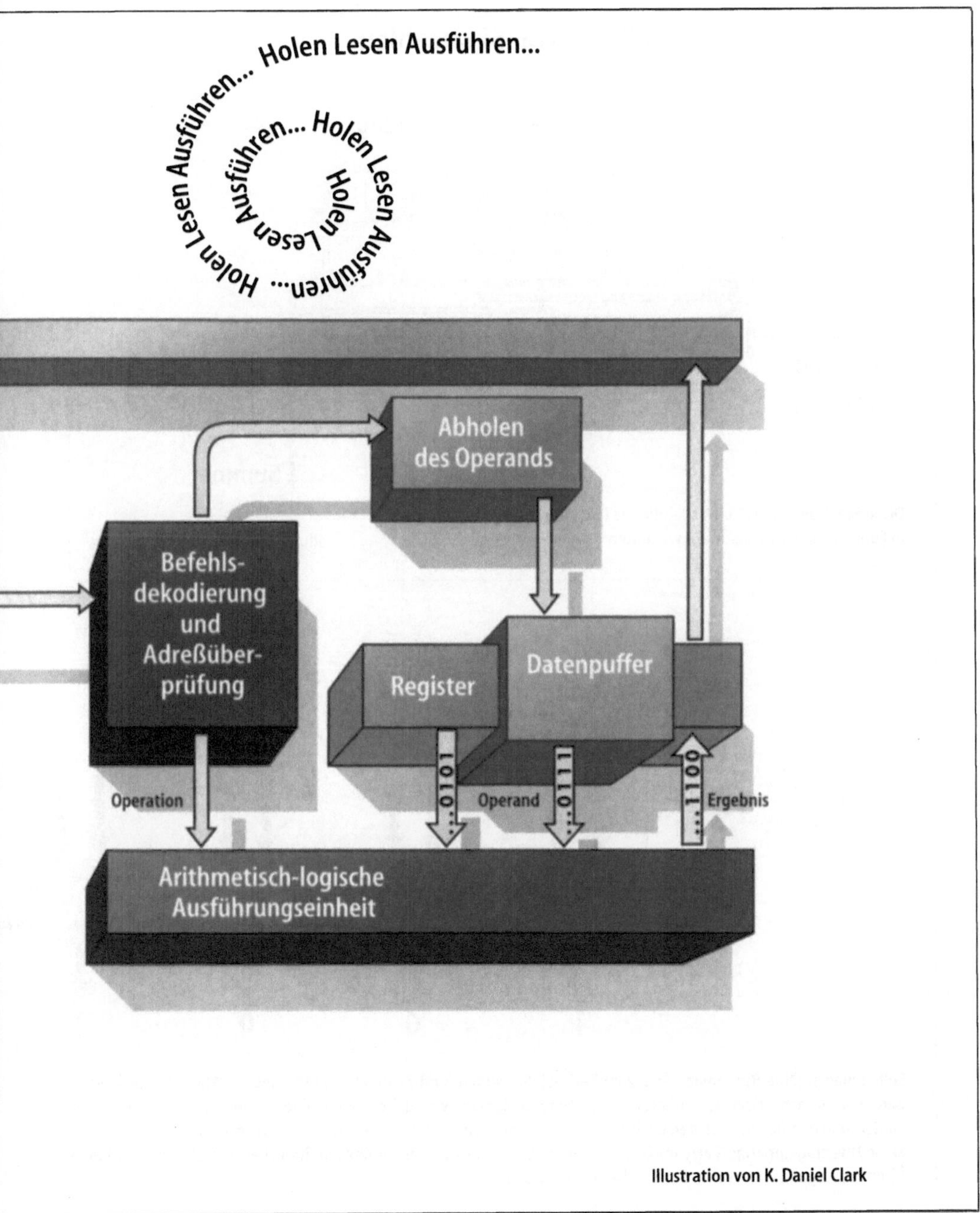

Illustration von K. Daniel Clark

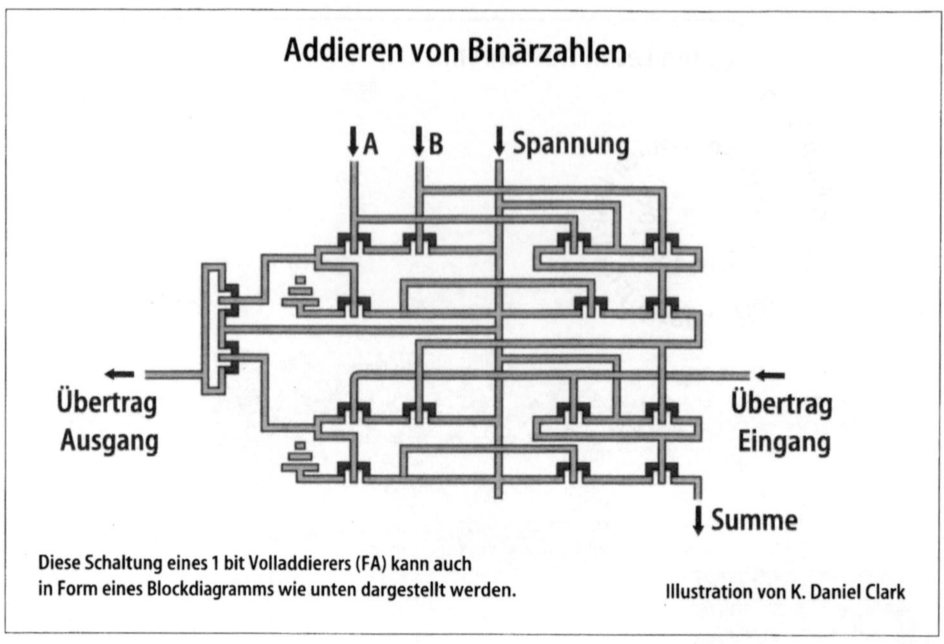

Diese Schaltung eines 1 bit Volladdierers (FA) kann auch in Form eines Blockdiagramms wie unten dargestellt werden.

Illustration von K. Daniel Clark

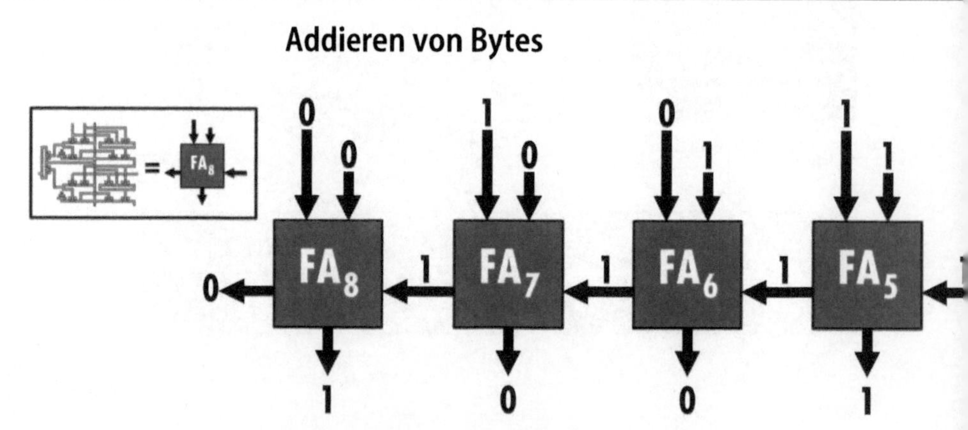

Sollen mehrstellige Binärzahlen (wie zum Beispiel die beiden 8 bit Zahlen 01011101 und 00110011) addiert werden, werden acht 1 bit Volladdierer zusammengeschlossen, von denen jeder eine „Spalte" paarweiser Ziffern addiert und den Übertrag an den nächsten Addierer weitergibt. Zu beachten ist, daß ganz rechts liegende Addierer keine Übertrageingangs (Carry in)-Leitung aufweisen, die am weitesten links befindlichen jedoch sehr wohl eine Übertragausgangs (Carry out)-Leitung besitzen müssen.

Achtzehn Transistoren sind nötig, um einen Addierer zu bauen, eine Logikschaltung, die zwei einziffrige binäre Zahlen (0+0, 0+1, 1+0, 1+1) addieren kann. Diese Schaltung wird durch sieben verschiedene Anschlüsse mit der Außenwelt verbunden. Zwei führen Strom, zwei führen die beiden zu addierenden Ziffern ein, zwei führen den Übertrag einer vorhergehenden Addition ein und geben das Ergebnis der gegenwärtigen Addition (die 1+1 Kombination ergibt einen Übertrag von 1) als Übertrag aus, und schließlich produziert die Output-Leitung das Ergebnis der Addition.

Der eigentliche Additionsablauf ist wie bei Rube Goldberg, so daß man sich wirklich zusammennehmen muß: Nehmen wir an, die Addition lautet 0+1. Die zwei zu addierenden Ziffern kommen bei zwei Paaren der Transistoren an. Ein Paar ist Teil eines AND-Gatters, das bedeutet, wenn die Eingabe A eine 0 und die Eingabe B eine 1 ist, dann gibt das AND-Gatter eine 0 aus. Das zweite Paar der Transistoren ist Teil eines OR-Gatters. Es bekommt die gleichen Eingaben und gibt eine 1 aus.

So weit, so gut, jetzt wird's heikel. Die Ausgabe des ersten Paares geht jetzt zu einem dritten Paar. Dieses Paar ist Teil eines NOT-Gatters und *inver-*

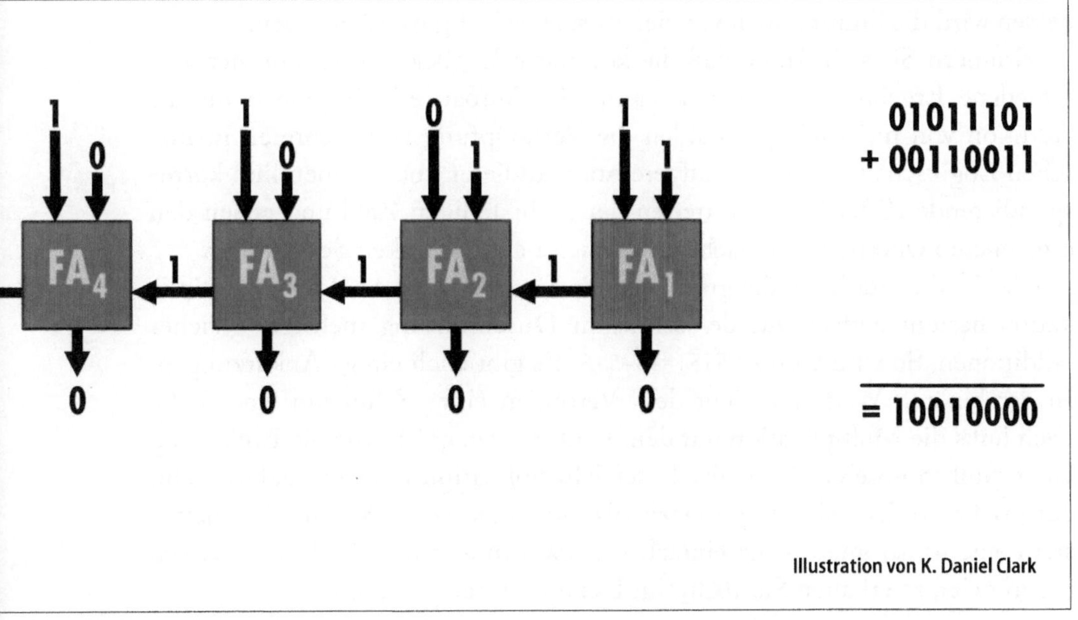

Illustration von K. Daniel Clark

tiert die 0 des ersten Gatters zu einer 1. Also kommt eine 1 aus jeweils dem zweiten und dritten Gatter heraus. Dieses Paar betritt jetzt ein viertes Gatter, das nun wieder ein AND-Gatter ist. Das Ergebnis dieser Kombination ist nun die Summe der Eingaben A und B.

Arithmetik ist sehr kompliziert, wenn man nur mit den Fingern zählen kann.

Es gibt Besseres. Sie erinnern sich, daß die Summe 2 ist, wenn beide Eingaben A und B den Wert 1 haben. Die Zahl 2 entspricht der binären Zahl 10, die man auch als 10_2 (Dualsystem) schreibt. In der Binärdarstellung lautet das Ergebnis also 0 mit einem Übertrag 1. Das ist leicht zu bewältigen. Der Übertrag ist die Ausgabe des ersten AND-Gatters, in diesem Fall das Ergebnis von 0+1, also 0. Die Summe ist die Ausgabe des vierten und letzten AND-Gatters, hier die 1.

Geht's noch? Es gibt noch einige Schritte zu durchlaufen. Die Summe wird dann einer anderen Transistorengruppe im Addierer übergeben, die, bei einer größeren Summe, diese Zahl mit dem gegebenenfalls vorhandenen Übertrag aus dem Ziffernpaar der vorangegangenen Addition kombiniert. Wenn bei der neuen Addition ein Übertrag entsteht, wird dieser von der »Carry-out-Leitung« zur nächsten Additionsschaltung geleitet. Währenddessen wird die Summe auch von der Ausgabeleitung weitergegeben.[12]

Erinnern Sie sich daran, daß die komplexe Logikschaltung nur vier verschiedene Ergebnisse verarbeiten kann. Ihr Aufbau erlaubt jedoch für die Addition von mehrstelligen Zahlen die Verknüpfung von mehreren identischen Logikschaltungen. Die aufgereihten Addierer übernehmen ihre korrespondierende Ziffer beim Eintreffen der mehrstelligen Zahl und geben den errechneten Übertrag zum nächsten Addierer auf der linken Seite weiter.

Das ist die Addition, die grundlegende Funktion der ALU. Die Multiplikation besteht einfach aus der schnellen Durchführung mehrerer gleicher Additionen. So wird 5 x 6 zu 5+5+5+5+5+5. Es gibt auch einige Abkürzungen. In der binären Welt entspricht dem Versetzen einer Ziffer um eine Stelle nach links die Multiplikation mit dem Faktor zwei, genau wie die Ergänzung einer Null in unserer Dezimalwelt der Multiplikation mit dem Faktor zehn entspricht. Ändern Sie 10_2 (im Dezimalsystem eine 2) in 100_2 (im Dezimalsystem eine 4), so müssen Sie einfach mit zwei multiplizieren. Multiplizieren Sie mit vier, so erhalten Sie 1000_2 (im Dezimalsystem eine 8) usw.

Die Subtraktion ist dagegen heikel. Genaueres finden Sie in der Fuß-note.[13] Die Division besteht analog der Multiplikation lediglich aus mehrfachem Subtrahieren. Wenn man dieses unhandlich aussehende System einige Millionen Mal schneller ablaufen läßt, dann scheint es plötzlich brilliant zu sein, und Ihr Taschenrechner kann blitzschnell 976 043 201 durch 23 870 945 dividieren.

Mehr Know-how

Wie der Name ALU schon verrät, ist Arithmetik nicht das einzige, was der Logikbereich eines Mikroprozessors leisten kann. Wir haben gerade gesehen, daß der Addierer bei einer Reihe von Aktionen unter den Gesetzen der grundlegenden Logik arbeitet. Tatsächlich können die Funktionen NOT, AND und OR auch anderen Zwecken dienen. Zum Beispiel kann die NOT-Funktion Operationen umkehren, etwa den Befehl »schwarze Schrift auf weißem Hintergrund« in »weiße Schrift auf schwarzem Hintergrund« ändern.

Die AND-Funktion stellt eine Präzisierung einer Auswahl dar, weil sie nur dann ein positives Ergebnis (1) auswirft, wenn beide Argumente vorhanden und gleichartig sind. Lon Poole, Redakteur bei *MacWorld*, schreibt dazu:

Die AND-Funktion wird beispielsweise dann benutzt, wenn ein Programm genau das Gleiche finden muß, z. B. alle Rottöne eines Bilds. Der Prozessor vergleicht die binären Zahlen für jede Farbe eines Bilds mit den Zahlen für Rot. Wenn die Zahlen übereinstimmen, ist das Ergebnis der AND-Funktion 1 (oder »wahr/richtig«), d. h. die betrachtete Farbe entspricht der korrekten Farbe Rot und wird gewählt. Falls auch nur die geringste Abweichung besteht, ist das Ergebnis 0 (»falsch«) und die betrachtete Farbe wird nicht ausgewählt, weil diese eben nicht Rot ist.[14]

Eines der besten Beispiele für die Mächtigkeit des Logikbereichs eines Mikroprozessors ist der moderne »bit-abgebildete« PC-Bildschirm. Der gesamte Monitor stellt ein riesiges Punktgitter dar, bei dem jeder Punkt durch eine einstellige, binäre Zahl gekennzeichnet wird. Während das Bild am Bildschirm erscheint, weist der Mikroprozessor entweder eine 1 (weiß oder ein) oder 0 (schwarz oder aus) jedem dieser Bits zu. Das Ergebnis ist jene hochaufgelöste Anzeige, die in den letzten zehn Jahren auf Schwarz-weißbildschirmen verfügbar ist, wie etwa auf dem Apple Macintosh.

Für das Verarbeiten von Text verwenden die meisten Mikroprozessoren den Industriestandard ASCII (American Standard Code for Information Interchange), der allen Buchstaben, Satzzeichen und den meist benutzten Sonderzeichen eine von 128 Zahlen zwischen 0 und 127 zuweist. Da die Zahl 128 eine Potenz von 2 ist; nämlich 27, kann jedes ASCII-Zeichen durch eine 7 bit Binärzahl dargestellt werden. Durch Zugabe einer weiteren Ziffer zur Fehlererkennung, auch Paritätskontrolle genannt, wird daraus die standardisierte 8 bit Binärzahl.[15] Die Logik des Mikroprozessors verarbeitet genau diese Zahlen nach den Regeln des textverarbeitenden Softwareprogramms.

Die Hersteller versuchten die Leistung der Mikroprozessoren zu verbessern, indem sie mit vielen verschiedenen Architekturen experimentierten. Ein oft variierter Bereich war anfangs die Anzahl der zum Mikroprozessor führenden Datenbusse. Verschiedene Hersteller entwickelten Baupläne mit einem, zwei oder drei Datenbussen, meistens um die Leistung zu verbessern. Zum Beispiel benutzte National Semiconductor in den späten 70er Jahren eine Architektur mit doppeltem internen Bus, bei der zwei Datenbusse zur ALU führten und ein Adreßbus die ALU verließ.[16]

Die weitere Entwicklung und der Wettbewerb haben diese Multibus-Konzepte vom Markt verdrängt. Heute wird jeder Prozessor in einer Architektur mit einem einzigen bidirektionalen Datenbus hergestellt, durch dessen Drähte sowohl Daten zum Mikroprozessor geleitet als auch von ihm weggeleitet werden.

Dieses Verfahren hat jedoch einige schwerwiegende Nachteile. Einer davon ist, daß es langsamer als die Multibus-Technik ist. Offensichtlich ist es bei der heutigen Konstruktion sehr wichtig, jederzeit zu wissen, in welcher Richtung die Daten übertragen werden... Da der Datenstrom seine Richtung in milliardstel Bruchteilen von Sekunden ändert, droht andauernd Verwirrung oder anderes Unheil.

Deswegen mußten die Mikroprozessordesigner einige hochentwickelte Kontrollsysteme in die Busleitung zur ALU einbauen, die unter anderem temporäre Register enthalten, sogenannte *Puffer* oder *Pufferspeicher*.

Warum nun diese enorme Anstrengung für die Einbus-Architektur? Die Antwort findet man in der Geographie und in den hohen Immobilienpreisen.

Ein interner Bus benötigt viel wertvollen Platz auf der Chipoberfläche, Platz, der sonst für mehr Speicher und Logik genutzt werden kann. Noch wichtiger ist, daß jeder Datenbus auf dem Chip eine Anzahl von Pins benötigt, die von der Busbreite abhängt, und darüberhinaus einige weitere zur Kontrolle, aber die Anzahl der Pins auf einem Chip ist begrenzt. Letztendlich bereiteten die physikalischen Grenzen den Multibus-Architekturen ein Ende.

Wenn man aber bei einem Bus bleiben will, muß man diesen Leistungsverlust auf andere Weise wettmachen. In den letzten 15 Jahren war gerade dies eine der großen Herausforderungen für die Mikroprozessordesigner.

Unter Kontrolle

Nun haben wir die grundlegenden Funktionseinheiten des Mikroprozessors: Busleitungen, Speicherregister, Arithmetisch-Logische Einheit und Taktgeber, letzterer meist außerhalb des Chips untergebracht. Anfang der 80er Jahre bestand ein Mikroprozessor aus diesen Komponenten. Ferner gab es manchmal auch kleine Bündelungen von Kontrollschaltungen, teilweise vermischt mit anderen speziellen Funktionen, die das Taktsignal verteilten, die Busse verwalteten und die Datenbewegungen zu und von den verschiedenen Funktionsblöcken kontrollieren halfen.

Seither ist jede dieser Komponenten leistungsfähiger und komplexer geworden. Logikschaltungen wurden schneller. Die Speicherbereiche wurden hundertfach dichter, und die Datenspeicherungskapazität nahm entsprechend zu. Die Busse arbeiten nun mit hundertfacher Geschwindigkeit, und die Taktfrequenz ist von mehreren hunderttausend auf einige zehn Millionen Takte pro Sekunde hochgeschnellt.

Aber so bemerkenswert diese Veränderungen auch sind, die wirklich wesentlichen Innovationen fanden in anderen Bereichen statt, nämlich bei den elementaren Kontrollschaltungen.

Wie bereits bemerkt, arbeiten insbesondere die schnellsten Schaltungen wie Hochleistungsmotoren. Moderne Mikroprozessoren schlucken große Mengen Datenkraftstoff, um ihre Aufgaben zu bewältigen, nämlich möglichst viele Operationen in möglichst kurzer Zeit durchzuführen. Hierzu müssen nicht nur die richtigen Daten zum richtigen Zeitpunkt an die

Organisation und Arbeitsweise eines Standardmikroprozessors

Arithmetisch-logische Einheit:
Führt alle durch den Befehlssatz beschriebenen arithmetischen und logischen Anweisungen aus.

Speicherverwaltungseinheit:
Rechnet interne logische Adressen in externe Speicheradressen um.

Buseinheit:
Steuert den Informationsfluß zwischen dem Mikroprozessor und den Speichermedien (wie Festplatte, CD-ROM usw.) bzw. der Peripherie (Drucker, Bildschirm usw.).

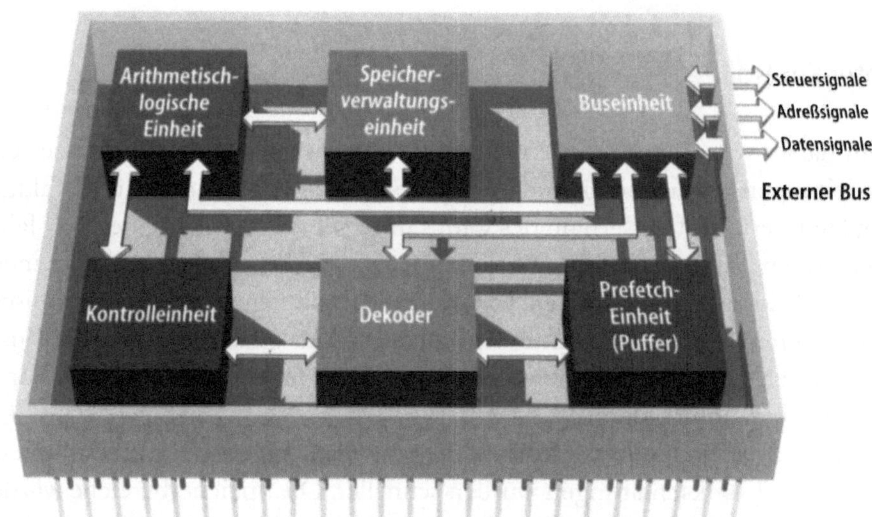

Kontrolleinheit:
Beinhaltet den Mikrokode, der der arithmetisch-logischen Einheit sagt, wie sie arbeiten soll.

Dekoder:
Übersetzt die Anweisungen in Kontrollsignale und Mikrokodeanweisungen und reiht sie bis zum Abruf durch die Kontrolleinheit auf.

Prefetch-Einheit:
Reiht die Anweisungen auf, um sicherzustellen, daß der Mikroprozessor effizient (ohne allzugroße Unterbrechungen) arbeiten kann.

Illustration von K. Daniel Clark

richtige Stelle übertragen werden, sondern es müssen auch mehrere Operationen in verschiedenen Bereichen gleichzeitig bearbeitet werden, wann immer dies möglich ist. Dabei werden besonders schwierige Aufgaben in getrennte Bereiche gestellt, in denen sie bewältigt werden können, ohne die ALU aufzuhalten, wenn diese blitzschnell die einfacheren Aufgaben erledigt.

Die Weiterentwicklung bzw. Vergrößerung der Kontrollschaltungen mit dem Ziel der zusätzlichen Aufgabenbewältigung ist die Sternstunde des Mikroprozessordesigns der letzten Jahre... Und der damit einhergehende Erfolg ist häufig der Schlüssel zum nächstgrößeren Erfolg am Markt.

Wenn wir einen modernen Mikroprozessor wie den Intel Pentium mit seinem weitentfernten Vorgänger von 1978, dem 8086, vergleichen, wird sofort klar, um wieviel komplexer der neue Prozessor ist – analog der Luftaufnahme einer Kleinstadt verglichen mit der von New York City – aber auch, wieviel Platz heute den noch vor zehn Jahren unbekannten Operationen gewidmet wird. Die alten Befehlsregister sowie die Mehrzweckregister sind noch vorhanden, ebenso die Taktrate. Aber bei allem was darüber hinausgeht, befinden wir uns auf fremdländischem Gebiet.

Fast jede Chipfunktion, etwa die Adressierung, hat ihre eigene Logikeinheit zur Leistungsoptimierung. Die ALU wurde durch zwei neue Bereiche ersetzt: eine *superskalare integere Ausführungseinheit* und eine *Gleitkommaeinheit*. Dies ist eine Konstruktion des Logikbereichs, durch die er mehr als eine Aufgabe auf einmal ausführen kann. So überträgt z. B. der Pentium ständig die Daten aus der superskalaren Einheit auf duale Bänder, die U-Band und V-Band genannt werden. Diese Bänder unterscheiden sich geringfügig in der Art, Staus zu minimieren. Sie bündeln Befehle und übertragen sie durch die zwei neuen Logikeinheiten. Selbstverständlich helfen auch hier Kontrollschaltungen bei der Verwaltung des Datenstroms.

Der Cache-Speicher fügt sich in diesen Betriebsablauf moderner Mikroprozessoren ein. Es gibt zwei Arten von Speicherchips. Der dynamische RAM (DRAM) ist preiswert und klein und verbraucht wenig Strom. Aber der DRAM hält keine Ladung, und die darin gespeicherten Daten müssen deswegen ständig erneuert werden. Der statische RAM (SRAM) ist größer, teurer und verbraucht mehr Strom, kann aber seine Daten ohne Erneuerung behalten und ist schneller als der DRAM.

So entsteht das Dilemma von Leistung und Preis. Bei modernen Mikroprozessoren wird ein Kompromiß eingegangen, indem beide Chipsorten verwendet werden. Der größere Teil des Speichers besteht aus DRAM, um Geld zu sparen. SRAM wird für wichtige Funktionen eingesetzt, um Leistung in SRAM-Qualität zu erreichen. Die zu virtuellen Speichern analogen Cache-Speicher machen diesen scheinbaren Widerspruch möglich. Wie der virtuelle Speicher Programmen und Daten das Residieren im Hauptspeicher oder auf der Diskette erlaubt, ermöglicht der Cache-Speicher Programmen und Daten das Residieren im Hauptspeicher (DRAM), falls sie wenig benutzt werden, oder im Cache (SRAM), wenn sie topaktuell sind und oft abgerufen werden.

Diese elegante Lösung wurde 1965 von Maurice Wilkes gefunden. (Er baute früher einen der ersten funktionierenden modernen Digitalcomputer.)[17] Er nannte ihn »slave memory«. Seitdem haben die Entwickler gelernt, daß man die häufig benutzten Daten zum Cache bringen und gleichzeitig Platz schaffen kann, indem man seltener benötigte Daten im Hauptspeicher auslagert. Dies nennt man Least-Recently-Used-Austausch oder kurz LRU-Austausch. Um die Leistung zu optimieren, ist der moderne Cache-Speicher so konzipiert, daß jede Hauptspeicheradresse mit nur wenigen Bereichen im Cache verbunden ist.

Der Cache-Speicher ist relativ neu in Mikroprozessoren, obwohl er seit Jahren in Mini- und Großrechner eingesetzt wurde. Aus der Intel-Familie hat der 80486 einen kleinen On-Chip-Cache, der von einem weiteren, viel größeren Off-Chip-Cache unterstützt wird.

Hilfe naht

Große Engpässe in der Logikeinheit verursachten früher riesige Zahlen oder große Dezimalzahlen. Eine komplizierte Logik ist allein für das *Gleitkommarechnen* nötig, um die Zahlen in das richtige Format zu bringen. Dies geschieht typischerweise durch das Konvertieren in die wissenschaftliche Expontialschreibweise. Und das dauert. Als Antwort darauf boten einige Mikroprozessorfirmen ihren eher technischen Kunden separate Chips an, sogenannte *mathematische Koprozessoren,* deren einzige Aufgabe darin besteht, die komplizierten Zahlen aus den Logikeinheiten des Hauptprozessors herauszuhalten, sie zu verarbeiten und wieder zurückzuführen.[18] Das hat funktioniert und funktioniert weiterhin in vielen Anwendungen sehr gut. Aber zwei Chips sind niemals besser als ein Chip auf dem beengten Raum eines Motherboards oder in der Spitze einer Rakete. Außerdem leidet die Leistung unter der zusätzlichen Übertragungszeit. Wegen der zunehmenden Komplexität der Graphikverarbeitung wird der Ruf lauter, die Fließkommaeinheit auch in Kundenanwendungen wieder auf den Mikroprozessor zu bringen.

Was der Markt fordert, wird von der Industrie hergestellt. Neuere Prozessoren, z. B. der Pentium, der Motorola 68040 und der Power PC, bieten eine Fließkommaeinheit, die mit der superskalaren Einheit durch ein superschnelles Band verbunden ist.

Dennoch reichen diese Verbesserungen der Datenstromverwaltung immer noch nicht aus. In der besten aller Welten würde der Mikroprozessor nicht nur alle möglichen Aufgaben schnell erledigen, sondern er könnte auch die zukünftigen Aufgaben vorhersehen und sich dafür bereithalten. Aus dieser Idee entstand eine neue Funktion auf der Chipoberfläche, die *Branch-Prediction-Logic-Unit.*[19]

Erinnern Sie sich an die Beschreibung des Fließbandprinzips und daran, daß der Schlüssel zur Prozessorleistung darin liegt, möglichst viele Aufgaben während eines Zyklus zu erledigen. Mit dem Fließbandprinzip kann dies bewältigt werden, indem das Fließband ständig mit neuen Befehlen versehen wird. Leider sind die meisten Programme nicht nur sequentiell, sondern beinhalten viele bedingte Programmverzweigungen. Wenn eine solche Programmverzweigung auftritt, wird der Transfer zum Fließband gestoppt, während der Zustand analysiert und die Verzweigungsrichtung bestimmt wird. Das Ergebnis ist eine verminderte Leistung.

Deshalb ist die Branch-Prediction-Logic-Unit besonders raffiniert, weil sie vorausschaut, eine bevorstehende Verzweigung identifiziert und schätzt, ob sie genommen wird oder nicht. Während dieser Entscheidungsfindung werden die neuen Verzweigungsbefehle solange gestartet, bis die Verzweigungsbedingung entschieden ist. Falls die Einheit richtig lag, werden die vorläufigen Befehle als gültig markiert, und es geht keine Zeit verloren. Falls die Voraussage falsch war, werden die vorläufigen Befehle bei gleichzeitigem Zeitverlust mehrerer Leistungszyklen gelöscht.

Die Voraussagen sind aber selten falsch. Die Verzweigungsvoraussage-Logik funktioniert sehr gut, insbesondere wenn man bedenkt, daß manche Programme bis zu 30 % Verzweigungsbefehle beinhalten. Intel hat vor kurzem eine solche Einheit in seinen Pentium integriert und propagiert seitdem eine 25 %ige Leistungssteigerung gegenüber der vorhergehenden 486-Architektur.[20]

Eine weitere Kontrollschaltung führt die *interne Paritätsprüfung* durch. Diese Funktion prüft, ob die zu teilenden und durch zahlreiche On-Chip-Funktionen übertragenen Daten im Gleichlauf miteinander sind und mit der Taktrate des Mikroprozessors übereinstimmen. Dadurch wird der Gefahr vorgebeugt, daß der Mikroprozessor eigene interne Betriebsfehler produziert. Durch die Anwendung einer geschickten Addition kann die interne Paritätsprüfung auch kontrollieren, ob alle Bits eines über den Bus übertragenen Worts korrekt empfangen werden.

Ein leistungsstarker moderner Mikroprozessor führt Paritätskontrollen auf dem gesamten Chip durch sowie Kontrollen der Code- und Datenspeicherung, der Daten- und Adreßbusse, sogar auf benachbarten, mit ihm verbundenen Mikroprozessoren. Beispielsweise führt der Intel-Pentium-Prozessor interne Paritätsprüfungen auf etwa der Hälfte der Transistoren auf seiner Oberfläche durch. Manchen Computerdesignern ist dies immer noch nicht genug: Um eine 100 %ige Fehlererkennung zu erreichen, konfigurieren sie zwei Pentium Prozessoren derart, daß der erste Prozessor normal arbeitet, während ihn der zweite kontrolliert.[21]

Auf zu grünen Ufern

An eine weitere Eigenschaft des Mikroprozessors hat vor zehn Jahren noch niemand gedacht. Der Mikroprozessor spart Strom.

Eine der großartigsten Errungenschaften des Mikroprozessors ist nicht nur die Reduzierung eines zimmergroßen Computers auf die Größe eines Fingernagels, sondern auch die entsprechende Reduzierung des Strombedarfs. Dies ist sehr günstig, denn eine Welt voller Großrechner mit der gleichen Verbreitung wie die PCs und programmierbaren Taschenrechner in den heutigen Büros und Häusern würde den weltweit produzierten Strom allein verbrauchen. Die Reduzierung des Stromverbrauchs von tausenden auf nur wenige Watt machte die Computerrevolution erst möglich – und zu einem riesigen Erfolg.

Vielleicht ist der Erfolg zu riesig. Die Allgegenwärtigkeit des Personalcomputers hat sich selbst zu einer Gefahr für die Stromversorgung der Welt entwickelt. Ein einzelner PC mag eine gewaltige Verbesserung im Energiesparen gegenüber dem Großrechner darstellen, jedoch wurde in der wirklichen Welt jede dieser alten Maschinen durch hunderte oder sogar tausende Personalcomputer ersetzt. Außerdem kann man verschiedene Anwendungen zu den PCs dazurechnen, wie z. B. Datenkommunikation, Fax-Modem-Platinen und Bildschirmschonerprogramme, wobei ein beträchtlicher Anteil dieser Computer nie ausgeschaltet wird, auch nicht während der 80 % der Zeit, in der sie nicht aktiv benutzt werden.[22]

Waren also der Mikroprozessor und der von ihm ermöglichte Personalcomputer einst ein Ökosegen, sind sie heute eine große Belastung für die weltweite Stromversorgung. Vor kurzem erschienene Studien belegen, daß die weltweit existierenden 200 Mio. PCs heute 5 % des gewerblich und industriell benutzten Stroms verbrauchen, ein Prozentsatz, der alle zehn Jahre um einen Prozentpunkt wachsen dürfte. Nach Berechnungen der amerikanischen Umweltschutzbehörde (Environmental Protection Agency, EPA) verbrauchen Personalcomputer und deren Peripherie heute schon Strom im Wert von 2 Milliarden US-Dollar jährlich, was etwa bei Kohlekraftwerken zu einem jährlichen Kohlendioxydausstoß führt, der dem Ausstoß von 5 Mio. Kraftfahrzeugen entspricht. Die EPA hat für die 30–40 % der PC-Benutzer, die Tag und Nacht ihre Computer eingeschaltet lassen, eine jährliche Stromrechnung bis zu 105 US-Dollar errechnet, gegenüber lediglich etwa 35 US-Dollar jährlich bei einem täglichen Gebrauch von 8 Stunden.[23]

Diese Zahlen sollten allein schon dazu führen, den Stromverbrauch des Mikroprozessors zu reduzieren. Es gibt noch zwei weitere wichtige Gründe dafür. Seit dem Modell 4004 arbeiten Mikroprozessoren wie jedes andere Halbleitergerät mit 5 V.[24] Warum? Weil die ersten Mikroprozessoren mit der damals vorhandenen Technologie, der Transistor-Transistor-Logik (TTL), kompatibel sein mußten und die TTL in den frühen 60er Jahren mit

> *Waren also der Mikroprozessor und der von ihm ermöglichte Personalcomputer einst ein Ökosegen, sind sie heute eine große Belastung für die weltweite Stromversorgung.*

5 V arbeitete. Um den Geräuschpegel niedrig zu halten, die Geschwindigkeit zu gewährleisten und der Energieverschwendung vorzubeugen, war dies die optimale Spannung für bipolare Schaltungen. Die Begrenzung auf 5 V hat also nichts mit den modernen Mikroprozessoren zu tun.

Nun kann ein Schreibtischcomputer mit 5 V gut funktionieren, weil Ventilatoren den mit etwa 90° C arbeitenden Prozessor kühlen und Strom reichlich vorhanden ist. Aber fragen Sie Ihren Mitreisenden im Flugzeug, wie er es empfindet, wenn die Batterie seines Laptops nach zweistündigem Gebrauch leer ist. Oder fragen Sie einen Computerentwickler, wie gefährlich heiß es in seinem Produkt wird, wenn die mechanische Kühlung ausfällt.

Um diesen Problemen entgegenzusteuern, hat die Computerindustrie mit staatlicher Unterstützung ein Programm mit dem Namen »Green PC« gestartet, das die Reduzierung des Stromverbrauchs der Produkte durch effizientere Hardware und das Herunterfahren des Computers auf einen Minimalbetrieb bei Nichtgebrauch durch spezielle Software anstrebt.

Im Moment ist der vom Mikroprozessor und dem Rest der CPU eines Computers verschwendete Strom viel geringer als z. B. der Verbrauch des Bildschirms oder Diskettenlaufwerks. Aber mit der Zunahme der Prozessorgeschwindigkeit steigt proportional der Anteil des Motherboards am Stromhaushalt des Computers. Dies kann man bereits bei Laptops, mit ihren energiesparenden Flüssigkristallanzeigen beobachten. Deswegen verwenden Halbleiterhersteller nun einen neuen 3,3 V Stromstandard (welcher durch das Verhältnis zwischen Spannung und Leistung[25] etwa halb soviel Energie verbraucht) und verändern die Architektur, um das ursprüngliche Niveau ohne Leistungsverlust zu erreichen. Dies ist nicht einfach, weil es mit abfallender Spannung immer schwieriger wird, zwischen dem wirklichen Signal und den elektrischen »Geräuschen« der Umgebung zu unterscheiden.

Weil Mikroprozessoren intelligent sind, haben sie den gleichen Weg eingeschlagen wie die von ihnen angetriebenen PCs. Sie werden durch Verwendung geeigneter Software zusehends zu Stromsparern. Auf der Hardwareseite wird bei Prozessoren der 3,3 V Standard zunehmend angewandt.

Eine schnellere, bei vielen Mikroprozessoren eingesetzte Möglichkeit, den Stromverbrauch zu reduzieren, erreicht man durch systemverwaltende Software, die direkt in die Geräte einkodiert wird. Systemverwaltende Software nutzt den Vorteil einer Eigenschaft der CMOS-Technik aus, indem sie Strom nur dann verbraucht, wenn sie ihren Zustand verändert, und nur eine geringe Menge Strom zur Aufrechterhaltung des aktuellen Zustands eines inaktiven Schaltkreises benötigt. Dabei friert die Software die im Mikroprozessor befindlichen Informationen ein, anschließend fährt sie die Schaltkreise herunter, bis der Prozessor wieder benötigt wird. Der Prozessor kann dann durch das bloße Drücken einer Taste oder durch das Bewegen der Maus schnell wieder in seinen aktiven Zustand hochgefahren werden.[26]

Geräuschvolle Welt

Bei der Beschreibung, wie ein Mikroprozessor funktioniert, haben wir uns im Grunde genommen auf die Eigenschaften der in den Computerzentraleinheiten befindlichen Mikroprozessoren beschränkt. Schließlich sind sie die bekanntesten Arten von Mikroprozessoren.

Wie schon erwähnt, gibt es auch andere Mikroprozessortypen. Besonders nennenswert sind die Mikrokontroller, die für einfach alles die digitale Intelligenz zur Verfügung stellen, von Haushaltsgeräten bis zu Motorencomputern. Zugleich sind sie die »Motoren« für verschiedene Computerperipheriegeräte, wie etwa Laserdrucker und Diskettenlaufwerke. Die Mikrokontroller verfügen nicht nur über die gleichen Funktionen wie ihre zentralprozessierenden Gegenspieler, sondern bieten zusätzlich eine sehr wichtige Funktion: die digitale Signalverarbeitung.[27]

Digitale Signalverarbeitung (Digital Signal Processing, DSP) ist nichts Neues. DSP wurde in den frühen 60er Jahren von Forschern der Firmen Bell Labs und IBM [28] entdeckt, als sie nach einer Möglichkeit suchten, brauchbare Informationen aus beschädigten oder unvollständigen Daten, die über Telefonleitungen übertragen wurden, herauszuholen. Sie entwickelten eine Reihe von Programmen (»Algorithmen«), die sich bei einer Vielzahl von Anwendungen einsetzen ließen, die so unterschiedlich sind, wie etwa die Verbesserung von Stereoklangqualität, Druckergraphiken, Fax-Modem-Kommunikation, medizinische Bildverarbeitung und Radar.

Man kann sich digitale Signalverarbeitung als die Methode des Mikroprozessors vorstellen, durch die er mit der unorganisierten und unvoraussagbaren natürlichen Umgebung direkt kommuniziert. Im Gegensatz zu den sauberen und organisierten digitalen Signalen, die von anderen Bereichen des Computers stammen, kommen die analogen Signale von außen oft in einem durchgewirbelten, unvollständigen Zustand an. DSP benutzt die sogenannte Analog-Digital-Umwandlung, um die wesentlichen Daten herauszusortieren. (DSP kann auch umgekehrt (Digital-Analog-Umwandlung) funktionieren, um z. B. einem Computer das Musikspielen zu ermöglichen oder einen Industrieroboter zu steuern.)

Digitale Signalverarbeitung war früher nur von Großrechnern zu bewältigen. Wie alles andere aus jener Zeit, wurde sie schließlich auf Silizium geschrumpft. Wie die mathematischen Koprozessoren für Gleitkommaoperationen erschien DSP zuerst auf der Halbleiterebene als Hardware, die den Mikroprozessor unterstützt, anfangs als Koprozessorplatine, später dann als Satellitenchip auf dem Hauptmikroprozessor. In beiden Fällen wurde sie entwickelt, um den Mikroprozessor von belastender Arbeit zu befreien. (Interessanterweise benutzen die neuesten DSP-Chips auch Gleitkommalogik.)

Platzprobleme in der Computerperipherie sind mindestens so wichtig wie die in den PCs. Es ist daher nicht verwunderlich, daß die DSP-Technologie den Weg auf die Oberfläche der Mikrokontroller und – zweifellos durch den Aufstieg von Multimedia – auch auf den Mikroprozessor innerhalb des Computers gefunden hat. Dort funktioniert sie als eine Art Dolmetscherin: Die DSP-Technologie konvertiert Daten von Sensoren, Telefonleitungen und mechanischen Systemen in eine dem Prozessor verständliche Sprache.

Von Menschen und deren Geschichten

Wir sind weit gekommen seit dem einfachen Transistorgatter. Sogar von den frühesten Mikroprozessoren, die kaum mehr als das Zusammenleben von Logik und Speicherschaltungen auf einem einzigen Siliziumsplitter waren. Selbst die am Anfang dieses Kapitels benutzte Metapher einer Stadt wird zunehmend unzulänglich: Keine Stadt dieser Erde hat fünf Millionen Bauwerke, durch die sich jeden Tag 60 Millionen Menschen bewegen.

Am Ende ist der moderne Mikroprozessor so einmalig, daß er seine eigene Metapher ist. Statt das Produkt seiner operierenden Umgebung zu sein, beginnt der Mikroprozessor, die Welt um sich herum zu definieren.

Ein Laptop-Computer im alltäglichen Gebrauch.
Mit freundlicher Genehmigung von T. McCarthy/SKA

Wie schon in Kap. 2 erwähnt, sind zur Zeit etwa zehn Milliarden Mikroprozessoren im weltweiten Gebrauch, inklusive derjenigen, die in Computern, Gebrauchsartikeln, Militärausrüstung und in Kommunikationssystemen integriert sind. Keine Erfindung in der Geschichte der Menschheit durchlief eine so schnelle Entwicklung und Verbreitung. Die Zivilisation wurde schon durch weit Geringeres auf den Kopf gestellt. Es wird Generationen dauern, bis wir vollständig begriffen haben, was mit uns geschehen ist. Dabei ist der Mikroprozessor lediglich eine Sammlung von Schaltern, die sich möglichst schnell ein- und ausschalten. Wie dieses einfache Ding zur wichtigsten Erfindung unserer Zeit wurde, ist eine Geschichte von kleinen und großen Beiträgen von Tausenden von Ingenieuren und Wissenschaftlern. Überdies hat diese Geschichte, wie jede Geschichte über erfinderische Menschen und bedeutende Errungenschaften, viel mit Ehrgeiz, Habgier und Ruhm, riesigen Mißerfolgen und verwirrenden Erfolgen, Fehden und Freundschaften und vor allem mit einem gemeinsamen Traum zu tun.

In diesem Sinne fahren wir fort.

5 Geschichte I
■ Einschnitte

Geschichte I

»We set out to create a whole industry.«
Tom Innes, Gründungsmitglied von Intel

Große Erfindungen haben große Geschichten, weil sie schneller an Bedeutung gewinnen als einfache technische Neuheiten. Sie sind eine Grundlage für enormen Reichtum und wirtschaftliche Macht. Und wo auch immer diese zwei Faktoren zusammentreffen, folgen unweigerlich Glück, Versagen, juristische Auseinandersetzungen, Konkurrenzkämpfe und dramatische soziale Veränderungen.

Keine einzige Erfindung des späten zwanzigsten Jahrhunderts hat so viel Reichtum und Macht produziert wie der Mikroprozessor. Dementsprechend hat keine Erfindung so viele Auseinandersetzungen und Gerichtsverfahren verursacht und so großen persönlichen und firmenbezogenen Ruhm begründet. Ausgerechnet die Produkte und Verantwortlichen, die zunächst wenig Erfolg hatten, wurden zu den wichtigsten Aufsteigern des Mikroprozessor-Markts.

Die Biographie des Mikroprozessors ist weit mehr als die Beschreibung seiner Herstellung oder seines Gebrauchs. Sie ist eine Geschichte von Menschen, ein Hightech-Epos großer Ambitionen und entsprechender Leidenschaften, in dem Glück, Charisma und persönliche Verbindungen oft mehr mit einem eventuellem Durchbruch zu tun haben als Erfolgsdiagramme, Verträge oder Bilanzen.

Les Vadasz, Intels stellvertretender Vorsitzender, hat einmal gesagt: »Wenn man gut und diszipliniert ist, kann man die Lage meistern und Erfolg haben, wo man ihn am wenigsten erwartet hätte. Das haben wir gelernt.«

Die erste Ära, die als BBB (Before Big Blue) bezeichnet werden kann, weil sie mit der IBM-Entscheidung über den Mikroprozessor für den ersten IBM-Personalcomputer endete, ist das Hauptthema dieses Kapitels. Dieser Zeitabschnitt von der Erfindung des Mikroprozessors im Jahre 1970 bis

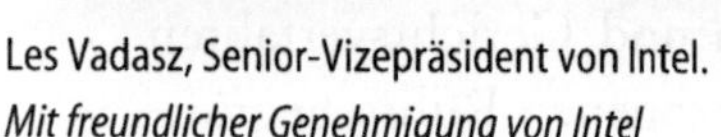

Les Vadasz, Senior-Vizepräsident von Intel.
Mit freundlicher Genehmigung von Intel

zum großen Industriebeben 1980 war ein Jahrzehnt voller Forschung und unternehmerischer Impulse. Zuerst mußte der Mikroprozessor als Produkt vollendet werden. Gleichzeitig mußten Absatzmärkte gefunden, besser gesagt, erfunden werden. Dies war auch die Zeit, in der eine große Zahl von Unternehmen, von Halbleiter- und Computerherstellern, von Groß- und Kleinfirmen und deren abhängigen und unabhängigen Zulieferern den Vorstoß in jene aufregende neue Technologie wagten.

Die Mikroprozessorrevolution folgte und konsolidierte sich nach dem Muster von technologisch innovativen Industriezweigen, das zuerst mit den Kraftfahrzeugen aufgekommen war und sich bald durch Haushaltselektronik, durch Personalcomputer und neuerdings durch Verbrauchertelekommunikation vervielfachte:

1. Wegen des von der anfänglichen Nachfrage weit überforderten Angebots und des vergleichbar günstigen Markteintritts entschieden sich viele Firmen dazu, den Markt zuerst mit ihren eigenen Modellen zu testen.

2. Die Nachfrage war so groß, daß die Unternehmen sich gegenseitig selten Konkurrenz machten, sondern lediglich versuchten, ihre eigenen, »Geld spuckenden« Maschinen weiterzuentwickeln.

3. Andere Firmen sahen die Erfolge der Pioniere und versuchten es ebenfalls. Plötzlich stagnierte der Absatzmarkt vorübergehend wegen des internen Chaos, das durch zu viele Zulieferer verursacht wurde. Es fehlte Software bzw. Unterstützung, und es gab zu wenige Standards.

4. Der Markt konsolidierte sich mit den Standards einer Handvoll großer Abnehmer, die die Gewinner durch die Wahl der Geräte bestimmten, die sie in ihre neuen Produkte einbauten.

5. Dies führte zu einem Firmensterben und dazu, daß nur ein paar wenige mächtige unabhängige Hersteller, eine Handvoll von diesen großen Firmen abhängige Zulieferer und eine kleine Zahl Nischenprodukthersteller überlebten.

■ 146

6. Für die entstandene Industrie mit nun wenigen Mitbewerbern und Modellen begann eine intensive, stetige Wachstumsperiode, in der die siegreichen Firmen reichlich belohnt wurden.

7. Später, nach Jahren, in denen sie die Führerschaft innehatten, wurden die inzwischen groß gewordenen Unternehmen von einer neuen Generation von Aufbruchfirmen herausgefordert, die andere Technologien anboten, sowie von Großkunden, die sich durch die Möglichkeit bedroht fühlten, daß ihre Zulieferer Konkurrenten würden, und sogar von der Regierung, die wegen möglicher Verstöße gegen das Kartellgesetz aktiv wurde.

Die Geschichte des Mikroprozessors durchlief all diese Abschnitte sowie einige zusätzliche, die nur als einmalig und bizarr beschrieben werden können.

Aus heutiger Sicht scheint der Ablauf dieser Geschichte fast schon zwangsläufig gewesen zu sein. Aber der Eindruck täuscht. Die Realität sah anders aus: Zu jeder Zeit haben alle Wettbewerber der Mikroprozessorindustrie lediglich versucht, die monatlichen Aufträge zu erfüllen, die richtigen Leute einzustellen, ihre Kunden zufriedenzustellen und ihre neuen Produkte rechtzeitig marktreif zu haben. Selbst die vorausschauenden Unternehmer, wie etwa Intels Gordon Moore, konnten höchstens in der Zukunft einen Trend zu Verbesserungen bei Leistung, Größe und Preis sehen. Aber auch hier gab es keine Garantien. Niemand konnte den plötzlichen Anstieg der Nachfrage für Mikroprozessoren voraussagen, die mit der Erfindung des Personalcomputers, der Workstation und beispielsweise des Kontrollers für Automotoren kam.

Während die Pioniere der frühen Mikroprozessorindustrie zahlreiche Wettbewerber in einem Rennen sahen, in dem auf breiter Front die Technologie weiterentwickelt wurde, sehen wir im Rückblick statt dessen, wie diese Unternehmen auf konvergierenden Straßen in eine Massenkarambolage rasten. Aus diesem Trümmerhaufen ineinandergekeilter Unternehmen sollten nur zwei Firmen intakt herauskommen.

Diese Geschichte lesen Sie im nächsten Kapitel. Im Moment ist die Mikroprozessorindustrie noch jung und verfügt über ein unendliches Potential. Es ist die Zeit, um Ansprüche auf unerforschtem Terrain abzustecken.

Nach Einführung des 8008 beherrschte Intel die Mikroprozessorindustrie sechs Monate lang. Es war eine seltene und perfekte Möglichkeit, einen ganzen Markt zu übernehmen. Nur hatte Intel keine Ahnung, was der Markt war. Tatsächlich wurde die »widerspenstige« Firma von einer Handvoll ihrer Angestellen mühsam ins Mikroprozessorgeschäft geschleppt, unter anderen von Hoff und Faggin. Sogar der Grund für den doch noch erfolgten Einstieg ins Mikroprozessorgeschäft, nämlich die Ankurbelung des Absatzes von Speicherchips, war zusehends in Frage gestellt.

Dies ist keine Schande für Intel. Es ist hilfreich, sich zu erinnern, daß in den späten 40er Jahren, der anderen wichtigen Übergangszeit in der Elektronikgeschichte, die generelle Meinung herrschte, daß der gesamte amerikanische Computermarkt nicht größer sei als etwa zwei Dutzend Maschinen und fast alle davon an die Regierung gingen. IBM vermutete, daß möglicherweise einige mehr, vielleicht fünfzig, an die größten inländischen Unternehmen verkauft werden könnten. Deshalb entschied sich IBM, in das Computergeschäft einzusteigen, obwohl die Firma mit Schreibmaschinen und verschiedenen Bürogeräten gute Absätze erzielte. Diese Entscheidung machte IBM schließlich zu einem der größten und wichtigsten Unternehmen der USA.

1972 befand sich Intel an der gleichen Weggabelung. Alle Gründe sprachen gegen den Einstieg ins Mikroprozessorgeschäft. Zum einen war der Betrieb klein, nur vier Jahre alt und hatte einen jährlichen Umsatz von lediglich 18 Millionen Dollar, was etwa einem Zehntel der Größe von Fairchild zu dieser Zeit oder der Summe der heutigen täglichen Einnahmen von Intel entspricht. Zudem litt die Firma unter der Verlagerung ihres Hauptsitzes nach Santa Clara, Kalifornien. Der

Gruppenfoto aller Intel-Mitarbeiter, 1970.
Mit freundlicher Genehmigung von Intel

wichtigste Grund war jedoch, daß Intel nach Vollendung der MOS-Technologie ein blühendes Geschäft mit Speicherchips erwartete. Warum sich also mit einer neuen, ungeprüften Produktpalette ablenken, besonders zu einem Zeitpunkt, zu dem das geschäftliche Überleben noch an einem seidenen Faden hing?

Außerdem schien der Markt nicht nach dem Mikroprozessor zu schreien. Wie die Computergurus ein Vierteljahrhundert zuvor, konnte sich das Management von Intel, so sehr es sich auch bemühte, nicht mehr als eine Handvoll möglicher Anwendungen für den Mikroprozessor vorstellen. Es sprach also alles dafür, diese Technologie entweder aufzugeben oder sie als maßgeschneiderten Zusatzdienst für spezielle Anwendungen anzubieten.

Aber eine Kette von Ereignissen änderte Intels Meinung.

Das erste Ereignis war die einmalige Verbindung von Ted Hoff und Federico Faggin. Trotz ihrer späteren Streitigkeiten über Urheberschaft waren Hoff und Faggin ein fast perfektes Zweimannteam für ihren Arbeitgeber. In der Zeit, als Faggin mit seiner Mannschaft ständig neue und bessere Durchbrüche beim Produktdesign gelangen, und zwar mit so verblüffenden Designs, daß man sie nicht ignorieren konnte, war Hoff in der Welt unterwegs, um das Mikroprozessorkonzept anzupreisen. Obwohl er auf erhebliche Vorurteile und Ablehnung bei dieser neuen Idee stieß, fand Hoff auch Begeisterung. Der Widerstand war sogar förderlich, weil er ihn zwang, sich immer wieder zu überlegen, was Mikroprozessoren anders und besser machten als Computer. Durch die zu leistende Überzeugungsarbeit bei seinen Zuhörern bereitete Hoff sich darauf vor, seine Vorgesetzten zu überzeugen.

Ob Intel die volle Produktion des 8008 oder des 8080 ohne die Kombination von Hoff und Faggin gewagt hätte, ist eine interessante Spekulation. Wegen einer weiteren einmaligen Kombination einzelner Menschen, diesmal der Spitzenmanager, kann man diese Frage vermutlich bejahen. Die Troika an der Spitze von Intel bestand aus Robert Noyce, Gordon Moore und Andrew Grove, die allesamt promoviert waren. Noyce und Moore, beide früher bei Shockley Semiconductor, und Noyce, selbst Miterfinder des integrierten Schaltkreises, erkannten, wie revolutionäre Produkte ein Eigenleben entwickeln konnten. Grove, Moores zweiter Mann bei Fairchild, besaß ein fundiertes Verständnis für die Verwendung von Halbleitern und dafür, wie neue Nutzungsarten sich selbst erzeugen würden.

Regis McKenna
Mit freundlicher Genehmigung von Intel

Ein zweiter, fast vergessener Faktor für Intels Eintritt in das Mikroprozessorgeschäft war Regis McKenna. Heute bekannt als der Marketing-Guru von Silicon Valley, war der kurz zuvor von National Semiconductor weggegangene McKenna zu dieser Zeit gerade dabei, seine eigene Public-Relations-Firma aufzubauen. Intel stellte einen seiner aussichtsreichsten Kunden dar, und der Mikroprozessor bot McKenna eine Möglichkeit, sich selbst unter Beweis zu stellen.

McKenna erarbeitete für Intels Verkaufspersonal eine Reihe von Verkaufsmappen, die mögliche Nutzungsarten für das neue Gerät auflisteten. Die Liste war eine kunterbunte Sammlung, wie McKenna sich erinnert: »Sie reichte von automatischer Toilettenspülung bis zu Melkmaschinen, von Rauschgiftdetektoren für Flughäfen bis zu elektronischen Spielen und Blutanalysegeräten.«[1] So bizarr sich die Liste auch anhörte, war sie dennoch nicht weit entfernt von den späteren tatsächlichen unterschiedlichen Verwendungsarten des Mikroprozessors. Und zu dieser Zeit waren die Verkaufsmappen nicht nur ein wichtiges Hilfsmittel für mögliche Kunden, sondern auch für Intels eigene Verkäufer, damit sie diese neue Technologie besser verstehen konnten.

McKenna erinnert sich:

»Viele fürchteten sich vor dieser neuen Technologie. Manche ignorierten sie, während andere sie zurückwiesen. Viele meiner Ingenieurskollegen taten den Mikroprozessor als »Unsinn« ab. Der Markt mußte erobert werden. Zu einem bestimmten Zeitpunkt führte Intel mehr Mikroprozessorseminare und -workshops durch als das gesamte Lehrangebot einer örtlichen Volkshochschule. Bob Noyce, Gordon Moore und Andy Grove wurden Teil einer Ausbildungs-Road-Show. Jeder, der laufen und sprechen konnte, wurde Ausbilder ... Es funktionierte.«[2]

Schließlich wurde in diesen Topf, in hohem Maß angetrieben durch McKenna, eine letzte Zutat gegeben. Die noch jungen Elektronikprintmedien wuchsen in ihre Rolle als Verkünder der Innovationen hinein. Im Spätherbst 1972 erschienen die ersten Artikel über Mikroprozessoren in Zeit-

■ 150

schriften wie *Electronics, Electronic News* und *Datamation.* Reporter berichteten nicht nur über Produkte von Intel, sondern fingen an, Intels Konkurrenten Fragen zu stellen. Wie schon bemerkt, waren die Medien bis Mitte 1973 voll mit Artikeln über den Mikroprozessor, darunter auch Zeitungsenten über Mikroprozessoren, die angeblich von Intels Konkurrenten herausgebracht werden sollten, nachdem diese von den Entwicklungen überrascht worden waren und nun versuchten aufzuholen.

Plötzlich war jetzt aus dem vor wenigen Monaten spekulativen neuen Geschäft anscheinend eine bedeutende neue Industrie mit einem Dutzend oder mehr erstklassigen Anbietern geworden. Das machte wiederum die Elektronikgerätehersteller nervös: Begingen sie einen Fehler, nichts mit diesen brandneuen Mikroprozessoren zu bauen? Verwendeten ihre Konkurrenten sie schon in neuen Produktgenerationen?

Sowohl Intel als auch Intels Mitbewerber erlebten eine sprunghafte Nachfrage nach Informationen über Mikroprozessoren. Intel verpflichtete sich der neuen Technologie. Die Konkurrenz hatte keine Wahl und mußte folgen.

Texas Instruments war einer dieser Mitbewerber. Man war durch das Fiasko der damaligen Computer Terminal Corp., deren frühere Lieferungen schon beim Eintreffen überholt waren, ernüchtert und verdoppelte die Bemühungen, bis schließlich ein lebensfähiger Mikroprozessorentwurf vorlag. Obwohl dieses Modell weitaus mehr Silizium benötigte, nämlich dreimal soviel wie der 8080, ermöglichte es TI den vollen Einstieg in das Mikroprozessorgeschäft. Nachdem das Zeil erreicht war, setzte das Unternehmen seine unübertroffenen Fähigkeiten bei der Entwicklungs- und Produktionsautomation ein. Tatsächlich schaffte es TI innerhalb eines Jahres, den CTC-Vertrag von Intel zurückzuholen.

Der Erfolg von TI war der erste Hinweis darauf, daß das Mikroprozessorgeschäft sich nicht völlig anders als die restliche Halbleiterindustrie entwickeln würde. Obwohl innovative neue Techniken einen Markt öffnen, wird er doch von der Produktion in Besitz genommen. Anfang der 70er Jahre war Texas Instruments schon eine 40 Jahre alte Firma mit 45 000 Arbeitnehmern, einem Umsatz von fast einer Milliarde Dollar mit so unterschiedlichen Produkten wie Radarsystemen, Datenterminals, Raketenkontrollsystemen und den weltweit ersten elektronischen Taschenrechnern.

TI setzte die Gewinne in den 60er Jahren durch die Errichtung neuer Produktionsfabriken und die Entwicklung neuer Maschinen zur IC-Herstellung vorausschauend ein. Außerdem hatte TI das beste Schaltkreismodell, das in der Industrie arbeitete. Und offensichtlich liefen die Überlegungen zum Einchipprozessor bei TI bereits genauso lang wie bei den Konkurrenten.

Folglich war TI auf den Start des Mikroprozessorgeschäfts vorbereitet. Die Zurückgewinnung des CTC-Vertrags war nur der erste Treffer. Bis 1974 hatte TI einen kompletten Mikroprozessor, bestehend aus Metall-Gate-MOS-Technologie auf einem einzigen Siliziumchip mit on-board-input/output, Taktrate, arithmetischer Logik, Steuereinheit, RAM und ROM, bereit zum Massenverkauf. TMS-1000 genannt, wurde er von Texas Instruments im Jahresabschlußbericht von 1976 als »der erste Mikrocomputer auf einem Chip« bezeichnet.[3]

... wer oder was zuerst war, ist in der Mikroprozessorindustrie immer heiß diskutiert worden...

Wer oder was zuerst war, ist in der Mikroprozessorindustrie immer heiß diskutiert worden, größtenteils weil sie eine der prozeßsüchtigsten Branchen ist, und das Anrecht, erster zu sein, bedeutete oft einen Unterschied von Millionen oder sogar Milliarden Dollar. Und gerade zu dieser Zeit brachte TI die Lawine von Patentanmeldungen für den Mikroprozessor ins Rollen.

Dieser Schritt überrumpelte die restliche Industrie. Intel hatte nicht einmal versucht, Patente für seine eigenen Entwicklungen anzumelden, weil man dort glaubte, das Produkt sei eher das Ergebnis der Anwendung bereits existierender Technologien als eine grundlegend neue Erfindung. Intel »war nicht der Meinung, daß der Mikroprozessor etwas darstelle, wofür man Patente, die alles abdecken, anmelden konnte«, so Hoff.[4]

Intel machte damit einen strategischen Fehler. Roger Borovoy, Intels Chefberater und der Mann, der noch erfolgreich alle Patentverletzungen eines integrierten Schaltkreises bei Fairchild anfocht, konterte vergebens mit einer Gegenforderung. In Februar 1978 wurde zwei TI-Wissenschaftlern, Michael Cochran und Gary Boone, das erste Patent für einen »Mikrocomputer« erteilt. Intel erhielt einige verwandte Patente, jedoch nicht genug, um den Prozessor sein eigen nennen zu können. Patentunterlagen verzeichnen die Erfindungsansprüche zumindest bis zur Ankunft Gilbert Hyatts zwölf Jahre später etwa wie folgt:

Texas Instruments stellte im Frühjahr 1972 ihren neuen Mikroprozessor offizi-ell vor. Intel gab den 8008 erst in April bekannt. Allerdings sprach Intel vom Pro-dukt in einer urheberrechtlich geschützten Broschüre mit dem Titel »The Alternati-ve« im Spätjahr 1971. TI behauptete, Hinweise auf die Entwicklung eines Computers auf einem Chip für Computer Terminals Corp. im Juni 1971 gegeben zu haben. Intel beteuerte, daß nur funktionierende Chips zählten, und daß die ersten Lieferungen von TI an Computer Terminals Corp. im Juni 1972 aus toten Chips bestanden hätten – und außerdem, fuhr Intel fort, wäre wirklich der 4004 und nicht der 8008 der erste Mikroprozessor gewesen.[5]

1974 war die Sorge um Urheberschaft nicht so wichtig wie die Sorge um Kunden. Damals hatte Texas Instruments einen der größten Abnehmer, nämlich sich selbst. TI war bereits Marktführer auf interessanten neuen elek-tronischen Absatzmärkten wie Taschenrechnern und digitalen Armbanduh-ren und untersuchte die Möglichkeit, einen billigen Computer für jedermann zu produzieren. Mit dem TMS-1000 hatte TI jetzt den Schlüssel, einen winzi-gen integrierten Festkörperschaltkreis, der die Arbeit, die von einem Dut-zend Schaltkreisen bei höherem Platzbedarf und höheren Kosten verrichtet wurde, ersetzen konnte.

Bei TI begann man sofort, die bereits existierenden Modelle zu überarbei-ten, um den TMS-1000 zu integrieren. Der erste Nutznießer war Silent 700, eine neue, firmeneigene Serie von Datenterminals, die prompt den Markt eroberte.

Als nächstes waren die Taschenrechner an der Reihe. Seit Beginn des Jahrzehnts liebäugelte man bei TI mit diesem Geschäft. TI erlaubte Canon, mit einem TI Modell unter dem Namen Canon Pocketronic im April 1970 erfolgreich auf den Markt zu gehen, über zwei Jahre vor der Einführung der originalen TI-Version.[6] Auf dem amerikanischen Markt erkämpfte sich Bow-mar die beherrschende Stellung. 1972 war TI schließlich soweit und schlug kraftvoll zu. Der erste Vier-Funktionen-Taschenrechner der Firma, der DataMath, wurde bei Nieman-Marcus in Dallas versuchsweise auf den Markt gebracht. Für die damalige Zeit war der Preis von nur 149,95 Dollar ein Knüller, und das Gerät war schnell ausverkauft. Fast überall passierte das gleiche, und bald wurde TI Marktführer.

Zwei Jahre später schlug TI mit dem TMS-1000 nochmals kräftig zu. Die Taschenrechnerindustrie wurde plötzlich dazu getrieben, den Vier-Funktionen-Taschenrechner so billig zu produzieren, daß sein Preis den größten freien Fall der Handelsgeschichte erlebte. Ein vergleichbares Gerät kostete bereits sechs Jahre danach nur noch 12,95 Dollar. Der Boom auf diesem Markt erzeugte den ersten großen Goldrausch bei elektronischen Gebrauchsartikeln. Viele neue, aufstrebende Firmen mit mittlerweile vergessenen Namen wie z. B. Litronix, etablierte Halbleiterunternehmen wie etwa National Semiconductor und Hersteller von mechanischen Schreibtischrechnern wie Casio stürzten sich auf den Markt. Nach harten Kämpfen, die in der Elektronikindustrie in den frühen 80er Jahren tobten, blieben zum Schluß nur die besten Hersteller TI, Sharp und Casio übrig.[7]

Einfache Mikroprozessoren wurden auch in anderen Bereichen eingesetzt, etwa bei digitalen Armbanduhren. Das Geschäft mit den Armbanduhren schien wie geschaffen für Festkörperbauelemente, da diese mit extrem präzisen Zeitgebern arbeiten (ein 1 MHz Chip teilt jede Sekunde in eine Million Einheiten, was bedeutet, daß sogar die primitivsten Chips nur einige Minuten pro Jahrhundert falsch gehen können), einen stabilen Aufbau besitzen und außerordentlich klein sind. Außerdem konnte man mit den Mikroprozessoren eine Reihe zusätzlicher Funktionen anbieten, wie etwa einen hundertjährigen Kalender, Ton, Stoppuhr, ja sogar einen einfachen Rechner, ohne die Hardware ändern zu müssen. Der Boom bei den digitalen Armbanduhren setzte 1975 ein und folgte dem des Vier-Funktionen-Taschenrechners in einer ähnlichen Kurve. Er zieht zahlreiche Konkurrenten an (die meisten davon sind die Taschenrechnerhersteller, dazu Intel mit den Microma Produkten), führt in wenigen Jahren zu Umsätzen von mehreren 100 Millionen Dollar und endet dann mit massiven Erschütterungen.

Bis 1977 fiel der Preis von digitalen Armbanduhren von über 100 Dollar auf unter 10 Dollar in nur zwei Jahren. Gewinne verdampften. Erneut gab es, wie bei den Taschenrechnern, für den Augenblick nur drei wirkliche Überlebende: wieder zwei japanische Konkurrenten, diesmal Casio und Seiko, sowie TI. Nach einem anfänglichen Schock kehrten die vom Fachhandel verkauften klassischen mechanischen Armbanduhren zu ihren hohen Preisen zurück... Es war eine Lektion für die Chiphersteller, daß im Verbrauchermarkt die Wahrnehmung, die Verpackung und der Verkauf selbst wichtigere Faktoren bei der Preisgestaltung sein können als die tatsächliche Leistung. Zwanzig Jahre später trug Intel Vorstand Gordon Moore immer noch seine uralte

Microma-Armbanduhr (»Meine 30 Millionen Dollar Armbanduhr,« wie er sie nannte[8]), um sich an diese Lektion zu erinnern. In den 90er Jahren würde Intel beweisen, was sie gelernt hat, als sie die bahnbrechende Intel Inside Werbekampagne startete.

Das explosive Wachstum und der plötzliche Niedergang der Märkte für Taschenrechner und digitale Armbanduhren ist im wesentlichen einer brillanten, aber gleichzeitig gefährlichen, von Texas Instruments verfolgten Strategie zu verdanken. Die Boston Consulting Group veröffentlichte 1968 *Perspectives on Experience*[9], eines der einflußreichsten Bücher dieser Zeit. Kein Technologieunternehmen identifizierte sich mehr mit den in diesem Buch enthaltenen Thesen und setzte sie so konsequent um wie Texas Instruments. Die Hauptthese von *Perspectives on Experience* war die Aussage, daß jede Industrie ihre einzigartige Lebens- oder Entwicklungskurve besitzt. Die Idee, die heute noch sehr einflußreich ist, war folgende: hergestellte Waren durchlaufen einen Lebenszyklus, in dem die Ausgaben für Entwicklung, Marketing und Verkauf und der Preis anfänglich sehr hoch sind und mit der Zeit abfallen, wenn die Herstellungsmengen steigen, der Wettbewerb zunimmt, die Komponenten technologisch höher entwickelt werden, andere Wirtschaftsfaktoren ins Spiel kommen und Marktsättigung eintritt. Dieses Modell sagte sogar voraus, wie sich die Preise entwickeln würden. Danach hatte die Halbleiterindustrie eine 75 %ige Entwicklungskurve, denn mit jeder Verdopplung des Produktionsvolumens sollten die Herstellungskosten eines Chips um 25 % sinken.

Nach der Theorie dieses Modells ist die Produktion frühzeitig zu maximieren, die Preise sind so weit wie möglich auf der Kurve zu verschieben, damit bei anfänglichen Verlusten die letztendliche Kontrolle des Markts übernommen werden kann. Dies ist offensichtlich eine sehr risikoreiche Strategie, die beträchtliche finanzielle Mittel voraussetzt, um die schweren Anfangszeiten zu überstehen. Nun war TI ein reiches, risikofreudiges Unternehmen und setzte frühzeitig den Markt für Taschenrechner und Armbanduhren unter Druck. 1979 holte TI schließlich mit dem 99/4-Heimcomputer zum Rundumschlag aus. »Sie spazierten einfach hinein und rissen alle in Fetzen,« sagte später der Prozessorentwickler Chuck Peddle.[10]

In manchen Fällen, wie bei den Armbanduhren, blühten und schrumpften Industrien in zwei oder drei Jahren, die sonst möglicherweise ein Jahrzehnt überlebt hätten. Für diese Märkte bewahrheitete sich das Modell der Boston Consulting Group auf kurze Sicht: Texas Instruments machte hohe Gewinne, während der Rest der Industrie riesige Verluste hinnehmen mußte. Aber letzten Endes hatte TI dann eine Reihe von Gebrauchsgütern, deren Preise durch den harten Wettbewerb so tief fielen, daß sie nicht mehr die erhofften großen Gewinne erbrachten. Die Situation war noch schlimmer, denn der Markt war völlig offen für diejenigen Überlebenden, die aus den verbliebenen Gewinnmargen etwas herausholen konnten, indem sie mit niedrigen Arbeitskosten und hohen Herstellungskapazitäten arbeiteten wie die japanischen Firmen Seiko, Sharp und Canon. Und diese Firmen behandelten bald TI, wie TI die amerikanischen Konkurrenten behandelte.

Interessanterweise war die TI-Strategie der verbrannten Erde in anderen Märkten, etwa bei Computern, Peripheriegeräten und Unterhaltungselektronik, nur teilweise erfolgreich: die niedrigen Preise öffneten den Markt für Millionen neuer Kunden, jedoch reichten diese nicht aus, um einen dominierenden Marktanteil zu erringen. Folglich explodierten auf diesen Märkten sowohl Wettbewerb als auch Produktentwicklung, beides zu Gunsten des Markts.

Diesen dynamischen Märkten war gemeinsam, daß sich die Entwicklungskurve umkehrte. Anstatt die Leistung konstant zu halten und den Preis kontinuierlich zu senken, taten die Konzerne genau das Gegenteil: sie hielten den Preis hoch und statteten ihre Produkte mit immer mehr Funktionalität aus. Wissenschaftliche Taschenrechner und Videospiele waren die zwei Märkte, bei denen diese Erscheinung zuerst auftrat.

Der Taschenrechnermarkt teilte sich früh in einfache Taschenrechner mit den vier Grundrechenarten und Modelle, die einem hungrigen Publikum, bestehend aus Ingenieuren, Buchhaltern und Wissenschaftlern, immer neue Funktionen anboten. Der Marktführer bei den wissenschaftlichen Taschenrechnern war Hewlett-Packard Co. Dieser Markt war wie geschaffen für HP, weil Fachleute ihre Zielgruppe waren und weil die Firma seit Jahren programmierbare Schreibtischrechner produziert hatte. Der erste wissenschaftliche Taschenrechner von HP, der HP-35 für 395 Dollar von 1974, war ein Wunder. Mit seinem Erscheinen gehörten augenblicklich sowohl Rechenschieber als auch Logarithmentafeln der Vergangenheit an. Ihm folgten der weiterentwickelte HP-45 und 1976 dann der zur Legende gewordene HP-65, ein vollprogrammierbarer Taschenrechner, der mit auf Magnetstreifen gespeicherten

Anwendungen geladen werden konnte. Wissenschaftliche Taschenrechner wurden sofort zum schnellst wachsenden und vermutlich gewinnbringendsten Bereich bei HP.[11]

Nach HP stürzte sich 1975 auch TI mit der Einführung einer Reihe von wissenschaftlichen Taschenrechnermodellen auf diesen Markt und erreichte 1977 den Höhepunkt der ersten Welle mit der Einführung des TI-58 und des TI-59. Beide zeichneten sich durch Bausteine aus Festkörper-Blasenspeichern mit Steckverbindungen aus (eine populäre Technik jener Zeit). In vielen Fällen kosteten TI-Rechner weniger als die Hälfte der HP-Gegenstücke, und TI fiel schnell ein großes Stück von HPs Marktanteil zu. Darüberhinaus verkaufte TI viel mehr von diesen Taschenrechnern als HP. Und doch wurde in den 80er Jahren deutlich, daß Hewlett-Packard beim wissenschaftlichen Taschenrechnermarkt gewonnen hat.

Warum? Weil der Preis nicht alles ist in diesem Markt. Fachleute bevorzugten

1972 läutete Hewlett-Packard mit dem HP-35 eine neue Ära des »personal computings« ein. Der HP-35 war der erste wissenschaftliche Rechner, den man in einer Hand halten konnte. Er machte die bis dahin üblichen Rechenschieber für Ingeneure überflüssig.
Mit freundlicher Genehmigung von Hewlett-Packard

die HP-Rechner, weil sie besser gebaut waren, zuverlässiger waren, einen unvergleichlich effektiven Rechenstil, die umgekehrte polnische Notation, genannt RPN (RPN = Reverser Polish Notation), boten und zum Teil schon länger eine Zuneigung vieler Fachleute zu HP-Produkten bestand. HP war auch für den Kundenservice berühmt. Das Beste daran war, daß Arbeitgeber manchmal bereit waren, die Anschaffungskosten eines HP-Rechners zu übernehmen, weil sie diese als Geräte der Spitzenklasse betrachteten. HP unterstützte dieses Image mit Werbekampagnen, die ihre noch funktionierenden Rechner priesen, nachdem diese von Motorrädern heruntergefallen, im arktischen Packeis einen Winter lang eingefroren oder in einen mit heißem Teer gefüllten Eimer gestürzt waren. Im Vergleich dazu wies TI auf die niedrigeren Preise hin. Schließlich träumten selbst die Leute, die TI-Rechner kauften, davon, ein HP-Modell zu besitzen.[12]

Das Geschäft mit den Videospielen begann 1971. Obwohl seine Wurzeln bis 1948 zurückreichten, als der IBM-Wissenschaftler Arthur Samuel ein Computer-Damespiel erfand, fing das moderne Videospiel mit einem Außenseiter an, dem damals 28jährigen Ingenieur Nolan Bushnell.[13] Bushnell, ein Entwicklungsingenieur bei Ampex, beschloß, sich selbständig zu machen, und gründete eine Firma. Er sah in der neuen Generation der Speicherchips die Möglichkeit, daß viele Funktionen eines Großrechners auch auf kleinen, erschwinglichen Münzapparaten funktionieren konnten.

Bushnell nannte seine Firma Syzygy, und er begann mit 500 Dollar Startkapital in seinem Haus in Santa Clara. Dort hatte er das Schlafzimmer einer seiner zwei Töchter zur Werkstatt umgebaut – nur wenige Straßen von Intel entfernt. Mit Syzygy, deren schwierigen Namen er bald in Atari änderte, hatte Bushnell

». . . eine Idee verwirklicht, über die er seit seinen Tagen an der Universität von Utah brütete. Das Spiel sollte eine Mischung aus den Weltraumkriegsspielen sein, die er und seine Ingenieurskommilitonen auf den universitätseigenen Multimillionen-Dollar-Großrechnern spielten, und den Rummelplatzspielen, die ihn im Sommer bei seinem Job auf dem Festplatz amüsiert hatten.«[14]

Das Spiel »Computer Space« erwies sich als zu kompliziert und wurde ein Flop. Aber Bushnell gab nicht auf:

»Das nächste Mal entschied sich Nolan, ein so sinnloses und selbstverständliches Spiel zu konzipieren, daß ein Affe oder sein Pendant (ein Betrunkener in einer Kneipe) es mühelos verstehen konnte... Das daraus resultierende Spiel, eine einfache elektronische Version von Tischtennis, wurde Pong genannt (aus dem englischen Ping-Pong = Tischtennis). Einkaufszentren, Rummelplätze und Kneipen würden danach nie wieder die Gleichen sein.«[15]

Zuerst in Kneipen und Gaststätten aufgestellt, eroberten Pong und seine Nachkommen den Markt. Atari, bald von Entertainmentmulti Warner Communications gekauft, wurde eine der jüngsten Milliarden-Dollar-Firmen überhaupt. Die Konkurrenten, beispielsweise Coleco, Magnavox, Mattel und Bally, reagierten schnell, um an den Gewinnen zu partizipieren. Dank der fortwährenden Miniaturisierung von Halbleitergeräten wurde es bald möglich, die Leistung der Rummelplatzspiele in einem Gerät unterzubringen, das für den heimischen Fernseher gekauft und einfach auf dem Tisch aufgestellt werden konnte. Dieser Markt eröffnete der Videospielindustrie ungeahnte Dimensionen, und Eltern und Politiker fingen an, sich über die Schäden bei Amerikas Jugend zu beklagen.

Mitten in diesem Chaos und in dieser Hysterie entdeckten Industriebeobachter etwas sehr Wichtiges. Wie bei den wissenschaftlichen Taschenrechnern war der Videospielmarkt bereit, einen Spitzenpreis für Novitäten zu zahlen. Mitunter prügelten sich sogar die Menschen in Spielhallen um die neuesten Spiele. Die Verkaufsregale mit frisch herausgebrachten Spielen wurden regelrecht leergefegt.

Dennoch trieben die Videospiele diesen Prozeß noch einen Schritt weiter. In dieser hysterischen Welt mußte jeder die Rolle von HP übernehmen, jeder mußte Neuheiten entwickeln. Ein Hersteller von billigeren und minderwertigen Produkten hatte fast keinen Platz in einer Welt, in der ein brandneues Produkt im Endeffekt sowohl alle seine Vorgänger als auch die meisten seiner Konkurrenten alt aussehen ließ. 1975 konnte man nicht einmal mehr ein Pongspiel verschenken, so primitiv war es im Vergleich mit der komplizierten Graphik und der Dynamik seiner Nachkommen.

Die kritische Rolle der Innovation und der Kreativität wurde fast zu spät von Atari erkannt, wo die Spieledesigner unter Warner wie niedere Angestellte behandelt wurden. Die von solch neuen Spielen wie Pac-Man, Asteroids und Defenders angehäuften Gewinne ermunterten 1980 einige dieser Entwickler, Atari zu verlassen und Activision zu gründen. Diese Firma hatte die revolutionäre Strategie, mit Atari-Hardware kompatible »Klonspiele« zu entwickeln, das heißt, Spiel-Software, die in Atari-Spielgeräte gesteckt werden kann. Atari klagte und man einigte sich außergerichtlich. Da witterte die Konkurrenz des gesamten Videospielmarkts eine völlig neue Möglichkeit, ein Geschäft ohne massive Anlageninvestitionen aufzubauen.[16]

Es gab ein letztes kritisches Ereignis in der frühen Geschichte des Videospielgeschäfts: am Anfang der 80er Jahre schien sich der Markt über Nacht aufzulösen. Atari, das Flaggschiff einer Industrie mit Umsätzen von mehreren Milliarden Dollar, war am schlimmsten betroffen. 1983 verlor Atari 539 Millionen Dollar, einer der bis heute größten Verluste eines amerikanischen Unternehmens. Die meisten Mitarbeiter wurden entlassen, und die Firma wurde schließlich verkauft. Es schien, als ob sogar die elektronischen Gebrauchsgütermärkte das Schicksal einer Modeerscheinung teilten und ohne Vorwarnung untergehen könnten.

Einschnitte

Taschenrechner, Armbanduhren, Videospiele, Personalcomputer… die noch junge Mikroprozessorindustrie schaute vom Rand aus zu, wie jeder dieser dynamischen neuen Märkte unter den eigenen Wachstumskrisen litt. Hier waren überlebenswichtige Lehren zu ziehen: die Bedeutung des Marktanteils, fortwährende Kreativität, Anpassung an erfolgreiche vorhandene Hardware-Plattformen und regelmäßige Einführung neuer Produktgenerationen; ferner die Gefahren durch eine übermäßige Abhängigkeit von Modeerscheinungen, durch Klonen und das Risiko, Verträge mit den falschen Kunden abzuschließen.

Einige dieser Mikroprozessorfirmen, wie Intel und Motorola, lernten diese Lektionen schnell. Andere, wie TI, National Semiconductor und Fairchild, lernten sie zu ihrem eigenen Bedauern nicht. Es war weder viel Zeit zu lernen noch eine große Fehlertoleranz. Das Mikroprozessorgeschäft, bis 1975 immer noch eine Art Spartengeschäft, wurde bald in den Strudel der verschiedenen obengenannten Verbrauchermärkte hineingezogen, dazu noch in einen weiteren Strudel, den des Personalcomputers.

Die Entwicklung war unerbittlich und unvermeidbar. Jedes dieser anfänglichen Produkte wurde aus einem Set von Mehrfachlogik-, Speicher- und Ein-/Ausgabechips konstruiert. Egal wie schnell diese Chips verbessert wurden, sie wurden schließlich von dem unersättlichen Verlangen des Markts nach kleineren Ausführungen und größeren Leistungen überholt. Dieses Problem war nicht unbedingt durch Überstunden leistende Chipentwickler zu lösen. Noyce und Hoff schrieben später:

»Wenn das so weiter geht, wird die Zahl der benötigten Schaltkreise über die Zahl der Schaltkreisdesigner hinauswuchern. Gleichzeitig wird der relative Nutzen jedes Schaltkreises fallen.«[17]

Demzufolge war die einzige Möglichkeit die Mehrzwecklösung auf einem Chip. Hier mußten weitere Verbesserungen innerhalb des preisgünstigeren Softwarebereichs statt in der außerordentlich teuren Welt des neuen Schaltkreisentwurfs erfolgen. Die gesamte Elektronikindustrie, von Herstellern ausgereifter Test- und Meßinstrumente bis zu einigen der am schnellsten wachsenden Verbrauchermärkte, war in einem Tunnel gefangen, der direkt zum Mikroprozessor führte. Nur die Firmen, die alle Lehren jener Industrien verinnerlichten, würden den Ansturm überleben. Patrick Haggerty, der Vorsitzende von TI, hat 30 Jahre lang über die Auswirkungen der »Allgegenwärtigkeit« der Elektronik nachgedacht, aber selbst er muß von der Geschwindigkeit, mit der es tatsächlich passierte, überwältigt worden sein.[18]

Der erste Hinweis auf das, was kommen würde, befand sich 1975 in einer Anzeige der Januarausgabe von *Popular Electronics*. Zehn Jahre später schrieb T. R. Reid:

»Das Titelblatt jener Ausgabe verkündete »Weltneuheit! Erster Minicomputer-Baukasten konkurriert mit gewerblichen Modellen.« Im Innern fand der Leser die Pläne für einen hausgemachten »Mikrocomputer«, in dem der Intel 8080 Mikroprozessor Hunderte der in dem damaligen standardisierten Minicomputer befindlichen einzelnen Logikchips ersetzte. Der Popular Electronics Baukasten war strenggenommen ohne Anschlüsse, aber er ermöglichte jedem, der mit einem Lötkolben umgehen konnte, seinen eigenen Computer für einen Preis von ungefähr 800 Dollar zu besitzen. Zu einer Zeit als das kleinste im Handel befindliche gewerbliche Modell für etwa 30 000 Dollar verkauft wurde, war das in der Tat ein Durchbruch. Mehrere tausend Leser antworteten. Die übrigen Elektronikzeitschriften fingen ebenfalls an, ihre eigenen Computersets anzubieten. Innerhalb eines Jahres bastelten Tausende von Amerikanern an ihren eigenen Personalcomputern auf Mikroprozessorbasis.«[19]

Computerfreaks, wie diejenige, die zu dieser Zeit den Homebrew Computer Club im Silicon Valley gründeten, waren nicht die einzigen Leute, die sich über die Einsatzmöglichkeiten des Mikroprozessors freuten. Überall in der Welt fingen Forscher in konzerneigenen Entwicklungsabteilungen an, mit Entwürfen auf Mikroprozessorbasis zu experimentieren. Manche überarbeiteten existierende Produkte, andere experimentierten mit völlig neuen Systemen. Da der Halbleitermarkt noch einen relativ niedrigen Eintrittspreis hatte (ungefähr 10 Millionen Dollar für eine Fabrik zur Herstellung von Halbleiterscheiben), kam eine Reihe neuer Mikroprozessorkonkurrenten dazu, unter anderem Synertek und Mostek.

Einer dieser neuen Konkurrenten, Zilog, hatte eine interessante Geschichte. 1974 mit Kapital der Firma Exxon gegründet, wurde Zilog von Federico Faggin geführt, der bei Intel kündigte, um seine eigene Firma zu besitzen. Faggin zog seine Lehren aus den Veränderungen in der Elektronikindustrie um ihn herum. Zilog, oft als die letzte große Halbleiterfirma der ersten Ära bezeichnet (danach war eine Neugründung zu teuer), nutzte Faggins Erfahrung mit der Architektur des 8080 und verbesserte sie. 1976 verblüffte Faggin mit Hilfe von Masatoshi Shima die Elektronikwelt mit der Ankündigung des 8 bit Mikroprozessors Z80. Von Fachzeitschriften und möglichen Kunden durchgeführte standardisierte Tests ergaben, daß der Z80 in vielerlei Hinsicht eine bessere Leistung aufwies als alles, was Intel anzubieten hatte. Der Z80 wurde bald der populärste Mikroprozessor auf dem Markt. Trotz dieses Erfolgs waren die Kosten im Mikroprozessorgeschäft so groß und der Wettbewerb so heftig, daß Zilog eine größere Finanzspritze von Exxon benötigte, um einzusteigen, und es vergingen trotzdem fast zehn Jahre, bis die Firma Gewinn machte.

Der ZILOG Z80,
wahrscheinlich der beliebteste je entwickelte Prozessor.
Mit freundlicher Genehmigung von ZILOG

Eine weitere neue Mikroprozessorfirma, MOS Technology, Inc., mit Firmensitz in der unwirtlichen Gegend von Norristown, Pennsylvania, trumpfte ebenfalls mit einem Knüller auf. Ihr Flaggschiff, der 6502, wurde bei Computerbastlern sehr beliebt, insbesondere wegen der TI-ähnlichen Preisstrategie. 1975 gab MOS Tech[20] bei der Wescon Computer Show in San Francisco bekannt, daß sie (in einer nahegelegenen Hotelsuite) ihre 6502-Chips für 20 Dollar pro Stück verkaufen würden: ein Zehntel des regulären Preises von vergleichbaren im Handel befindlichen Chips. Einer der ersten Kunden war der junge Steve Wozniak, der seine 20 Dollar hinblätterte, den Chip mit nach Hause in seine Sunnyvale Garage nahm und den Apple I baute. Andrerseits war MOS Tech eine der ersten Mikroprozessorfirmen, die vom Markt verschwand. Die Firma wurde 1977 von Commodore aufgekauft.

Neue, aufstrebende Firmen waren nicht die einzigen Unternehmen, die das Geschäft mit Mikroprozessoren ins Auge faßten. Etablierte Halbleiterfirmen erkannten ebenfalls, daß der Mikroprozessor ein logischer (und gewinnbringender) nächster Baustein in ihrem Geschäft war, und, daß er gleichzeitig eine große Gefahr darstellte, falls sie dieses Know-how nicht erlangten. Demzufolge hatten Fairchild und National Semiconductor bald ihre Finger im Mikroprozessorgeschäft. Wie die kräftig zupackende National den Einstieg schaffte, war schon länger Gegenstand eines Gerüchts, das vom nimmermüden Industriestörenfried (und von dem Mann, der Silicon Valley den Namen gab) Don Hoefler stammte. »Reverse engineering« von konkurrierenden Produkten war ein übliches Verfahren im Silicon Valley. Vermutlich war ein Pilotchip des 8080 auf einer technischen Messe in einer im Valley befindlichen Schule ausgestellt. Als die Intel-Vertreter den Chip am Ende der Ausstellung abholen wollten, merkten sie, daß er weg war. National dementierte irgendwelche Missetaten, aber bald darauf stieg die Firma in das Mikroprozessorgeschäft ein, und die Legende verfestigte sich.[21]

Nicht jede Großfirma wollte ihre Mikroprozessoren an andere verkaufen. Manche, wie das Raumfahrtunternehmen Rockwell International und die Computerhersteller Digital Equipment, HP und IBM starteten Forschungsprogramme für eigene Versionen, die in ihren eigenen Minicomputern (und im Fall von HP auch in Test- und Meßinstrumenten) verwendet werden konnten. Es überrascht nicht, daß die größten Anstrengungen in dieser Hinsicht von IBM unternommen wurden. Ebensowenig überrascht, daß IBMs Anstrengungen, inklusive die CISC- und RISC-Technologien, darauf abzielten, die eigenen Großrechner- und Minicomputerfirmen zu unterstützen. Insbesondere suchte Big Blue nach Möglichkeiten, die verteilte Intelligenz (z. B. die Netzwerkfähigkeit) der riesigen Computernetzwerke ihrer Kunden zu vergrößern, nicht aber nach Wegen, grundlegend neue Familien von mikroprozessorbasierten Produkten zu entwickeln. Diese Wahl der Strategie sollte die Zukunft der Mikroprozessorindustrie fundamental beeinflussen.

Bevor man es richtig merkte, wurde der Südwesten der USA zur Brutstätte für die Mikroprozessorentwicklung. Niedrige Steuern und niedrige Immobilienpreise im Zusammenspiel mit einer neuen Infrastruktur und guten Schulen hatten dazu geführt, Städte wie Phoenix (Arizona), Austin (Texas), Salt Lake City (Utah) und Denver (Colorado) zu beliebten Standorten für große High-Tech-Firmen mit neuen Herstellungsabteilungen zu machen. Das wiederum steigerte die lokalen unternehmerischen Aktivitäten der Angestellten dieser Firmen, die ihnen oft den Rücken kehrten, um sich selbständig zu machen.

Überhaupt das wichtigste dieser Unternehmen im Südwesten war Motorolas Halbleiterproduktionswerk mit Sitz in Phoenix. Motorola, mit Hauptsitz in Schaumburg, Illinois, war schon ein bedeutender Name in der Elektronik. 1928 in Chicago von Paul V. Galvin als die Galvin Manufacturing Corp. gegründet, baute die Firma in 30 Jahren ein Geschäft mit verschiedenen Produkten, insbesondere Radios für den Automarkt, auf. 1930 konstruierte die Firma das erste erfolgreiche Autoradio. Wegen der starken Resonanz dieses Produkts änderte sie den Namen in Motorola, um die Vorstellungen von Bewegung (engl. motion) und Radio (wie bei Victrola) zu verbinden.

1940 näherten sich die jährlichen Umsätze 10 Millionen Dollar. Damals wurde mit zwei Einstellungen die Grundlage für einen späteren Wendepunkt gelegt: der 17jährige Robert Galvin, Sohn des Gründers, fing als Lagerarbeiter an, und Daniel E. Noble, ein UKW-Radioforscher, stieß als Forschungsdirektor dazu. Während der nächsten zwei Jahrzehnte sollten diese beiden Männer Motorolas Einstieg in das Mikroprozessorgeschäft betreiben.

Es war Noble, mittlerweile Vizepräsident des Bereichs Kommunikation und Elektronik, der 1949 den ersten Spatenstich für Motorolas neue Forschungs- und Entwicklungsanlage in Phoenix machte. Dieses Werk schaffte den Rahmen für die Forschungen der Firma bei Halbleitergeräten und deren Herstellung, was 1953 zur ersten Patentanmeldung von Motorola in dieser Technologie führte. Zu jenem Zeitpunkt hatte Motorola zwei Ziele in der Halbleitertechnologie. Einerseits sollte die wachsende Zahl der Regierungsverträge eingehalten werden, die diese Technologie verlangten; andrerseits wollte man herausfinden, ob manche dieser Produkte in Motorolas eigenen Konsum- und Industrieprodukten verwendet werden konnten. Im Sinn des letztgenannten Ziels führte Motorola 1955 den ersten Hochleistungstransistor für die industrielle Herstellung ein. Vier Jahre später, nach ihrer ersten großflächigen Anwendung von Halbleitern in ihren eigenen Produktlinien, bot Motorola das erste volltransistorisierte Autoradio an.

Als Motorola das erste Transistorautoradio einführte, war die Firma nicht mehr mit der zu vergleichen, die zehn Jahre vorher mit den Transistoren angefangen hatte. Der Wendepunkt kam 1956, als Galvin und Noble, den Erfolg der neuen Produktlinien vor Augen, beschlossen, Motorola in ein Großhandelsunternehmen für die Belieferung der Industrie mit Halbleitern zu verwandeln. Dies sollte sich als die folgenreichste Entscheidung in der Geschichte dieser Firma erweisen.

> *Der Wendepunkt kam 1956, als Galvin und Noble, den Erfolg der neuen Produktlinien vor Augen, beschlossen, Motorola in ein Großhandelsunternehmen für die Belieferung der Industrie mit Halbleitern zu verwandeln.*

Als Noyce und Kilby ihre Arbeit mit dem integrierten Schaltkreis aufnahmen, hatte Motorola bereits den dreimillionsten Netztransistor ausgeliefert. Der größte Abnehmer von Motorola, die US-Luftwaffe, benutzte diese Transistoren für das Leitsystem der Minuteman-Raketen. Dennoch stellte Nobles Gruppe nicht nur Transistoren her, sie trieb auch die Technologie voran. Die wichtigste aller Erfindungen, die das Werk in Phoenix hervorbrachte, war der Mesa-Transistor, der kleinste Transistor der Welt in Massenproduktion und Motorolas Sprungbrett in das Halbleitergeschäft.[22]

1959 überzeugte Dan Noble den Harvard Professor Dr. Lester C. Hogan, schon damals eine Industrielegende durch seine Erfindung eines grundlegenden elektronischen Bausteins, genannt »Gyrator«, bei Motorola als Generaldirektor der Halbleiterabteilung einzusteigen. Hogan erinnerte sich:

». . . Die Halbleiterabteilung war ein Haufen voller Nieten. Sie bestand seit vier Jahren und hatte 3 Millionen Dollar Umsatz und 4 Millionen Dollar Verluste. Und der Vorstand hatte Dan vor nur einer Woche erklärt: ›Wir geben Ihnen nur noch ein Jahr, um das Ding in die Gewinnzone zu bringen, oder wir schließen die Tür ab und schmeißen den Schlüssel weg‹. . .«[23]

Innerhalb von acht Monaten nach Hogans Übernahme schrieb die Halbleiterabteilung schwarze Zahlen. Als Hogan zehn Jahre später wegging, nach einem belasteten Verhältnis zu Bob Galvin und einem legendären Geldangebot von Fairchild (wo Noyce inzwischen nicht mehr arbeitete), war Motorola die zweitgrößte Halbleiterfirma der Welt (nach TI) mit einem Umsatz von 200 Millionen Dollar und einem Gewinn vor Steuern von 30 Millionen Dollar. Das Unternehmen hat diese Position durch eine Reihe wegweisender Produkte, bedeutende Erfindungen (wie die emittergekoppelte Logik) und eine unübertroffene Folge von Durchbrüchen in der Technologie der Halbleiterscheibenherstellung (inklusive Epitaxy und lead-frame packaging) erreicht. Bis 1969 hatte Motorola auch das weltweit größte Angebot an Halbleiterprodukten mit fast 2000 standardisierten und maßgeschneiderten integrierten Schaltkreisen.

Diese Angebotsbreite bei Halbleiterprodukten und das fundierte Wissen bei der Herstellung positionierten Motorola ausgezeichnet für den Start in die Verbraucherelektronikindustrie der frühen 70er Jahre. Im Gegensatz zu den meisten anderen Halbleiterfirmen war Motorola schon auf diesem Markt tätig und produzierte Radios, Kasettenrecorder, Plattenspieler und die in den USA bekannte Fernsehmarke Quasar. Entgegen dem Trend stieg die Firma bald aus den meisten dieser Geschäfte aus, um sich statt dessen auf die Produktion von Elektronikkomponenten, etwa CMOS-Schaltkreise für Armbanduhrenhersteller wie Timex, Benrus und Bulova zu konzentrieren. Der zufällige Niedergang von Motorolas eigenem Armbanduhrenprogramm hat sicher zu dieser Entscheidung beigetragen. Als dann die anderen Chiphersteller wie Intel, Fairchild und National Semiconductor bald große Verluste nach dem Kollaps des digitalen Armbanduhrenmarkts hinnehmen mußten, schaffte es Motorola durch die Belieferung echter Uhrenhersteller, einen Gewinn zu erwirtschaften.

Bis zu diesem Punkt schien es, daß Motorola keine Fehler machen könnte. Das Unternehmen hatte die in der Industrie als innovativste bekannte Firma Fairchild abgehängt und war kurz davor, den erfolgreichsten Hersteller Texas Instruments einzuholen. Als dann der 4004 und der 8008 angekündigt waren, schien es wahrscheinlich, daß der neue Gigant Motorola bald den Senkrechtstarter Intel überholen könnte.

Tatsächlich bewegte sich Motorola bereits in Richtung Mikroprozessortechnik und legte mit dem Erscheinen der Intel und TI-Chips noch einen Zahn zu. Das Mikroprozessorprojekt der Firma startete 1971 mit einem Team bestehend aus dem Entwickler Tom Bennett, dem technischen Direktor Jeff Laveil und den Systemdesignern Mike Wiles, Gene Schriber und Doug Powell. Der von ihnen entwickelte und 1974 vorgestellte Mikroprozessor war das 8 bit NMOS-Modell 6800, das sich als Grundstein für den Einstieg Motorolas in das Mikroprozessorgeschäft erwies.

Das Modell 6800 besaß nicht nur ein brillantes Design, sondern war auch der erste 5 V Mikroprozessor der Industrie, was bedeutete, daß er die existierende Computerlogik direkt ersetzen konnte. Es gab jedoch ein Problem: der Chip war zu groß, und Motorola schaffte es zunächst nicht, ihn zu bauen. Die Firma lag schon zwei Jahre hinter der Konkurrenz und war immer noch nicht in der Lage, funktionierende Chips auf den Markt zu bringen.

Panik machte sich breit. Dann begann die Rezession und brachte die Tatsache ans Licht, daß viele Kunden eine Mehrfachbestellung eingereicht hatten, um sich wenigstens eine Liefe-rung zu sichern. Logischerweise bedeutete eine stornierte echte Bestellung, daß jeweils zwei oder mehrere Bestellun-gen in den Auftragsbüchern der Halb-leiterindustrie fehlten. Der Markt schien sich über Nacht aufzulösen. Allein 1975 verlor Motorola eine geschätzte Summe von 28 Millionen Dollar im Chipgeschäft.[24]

Der Motorola
MC6800-Mikroprozesor.
Mit freundlicher Genehmigung
des Motorola-Elektronikmuseums, © 1995

Motorolas berühmtes Glück schien plötzlich zu Ende zu sein. Die Firma reagierte mit der Entlassung des aus der Hüfte schießenden, Krawatte tragenden Cowboys Thomas J. Connors und ersetzte ihn durch den grauhaarigen Firmenveteran John Welty als General Manager des Halbleiterbereichs. Insidergerüchte besagten, daß Welty, Connors loyale Nummer zwei, nur in diese Position berufen wurde, um Motorolas Chipentwicklung zu beenden.[25] Aber Welty besaß eine bis dahin unbekannte Entschlossenheit. Bald reiste er landauf und landab zu Gesprächen mit Kreditgebern, mit dem Ziel, Zeit für eine Überar-beitung der Chipentwicklung zu gewinnen.

Weltys neue Strategie wurde von William J. Weisz, Motorolas Präsident und Chief Operating Officer, unterstützt, der von der *Chicago Tribune* als »ein kleiner streitlustiger Elektroingenieur« beschrieben wurde, »der das Zitat Vince Lombardis ›Gewinnen ist keine gelegentliche Sache‹ an seiner Büro-wand hat.«[26]

Welty und Weisz nahmen sich vor, Motorolas schwerfälligen und vorsich-tigen Geschäftsstil zu kippen, der der Firma ursprünglich den höhnischen Spitznamen »the ponderous pachyderm« (der schwerfällige Dickhäuter) nach einem Elefanten aus ihrer Werbekampagne eingebracht hatte. Sie teilten die Gruppe und trennten die linearen Geräte von den integrierten Schaltern.

Danach führten sie neue Managementprogramme ein, reduzierten die Zeit zwischen neuen Produktentwürfen und deren Produktion und versuchten die »von Inzucht geprägten« Reihen leitender Angestellter durch Anwerbung von Mitarbeitern von außerhalb der Firma zu stärken.[27]

Ein Nutznießer des Programms zur schnelleren Entwurfsdurchführung war R. Gary Daniels, ein Zwangsversetzer des verschwundenen Armbanduhrenprojekts, der gerade einem problembeladenen Mikroprozessorentwicklerteam zugewiesen worden war. Er freute sich nicht über diese neue Stelle.

R. Gary Daniels, Senior-Vizepräsident und Generaldirektor der Motorola Mikrokontroller Technologie Gruppe.
Mit freundlicher Genehmigung des Motorola-Elektronikmuseums, © 1995

»Als Daniels im Dezember 1974 zur Mikroprozessorabteilung kam, wurde er mit drei traumatischen Ereignissen konfrontiert. Der 6800 wurde soeben erfunden und machte ernsthafte Probleme bei der Produktion. Motorola verlegte die MOS-Technologie (einschließlich der Mikroprozessoren) von Phoenix nach Austin. Gleichzeitig traf die Industrie die schwerste Rezession ihrer Geschichte. Daniels Familie sagte ihm, was er schon wußte: Sein Timing war schrecklich.«[28]

Tatsächlich aber war Daniels Timing perfekt. Die Rezession verlangsamte die gesamte Industrie. Dadurch gewannen Daniels und sein Team Zeit, einen produzierbaren 6800 neu zu entwickeln und die neue Produktionsfabrik in Austin hochzufahren. Das OPEC Ölembargo, das die Rezession verursachte, hatte Motorolas größtem Abnehmer, der amerikanischen Autoindustrie, ebenfalls schwer zugesetzt. Die Autohersteller suchten nun nach Möglichkeiten, ihre Pkw-Motoren effizienter zu machen. Ihre Suche brachte sie zu Motorola und zu Daniels Entwicklungsteam.

»1975, als Daniels Entwicklungschef wurde, spazierten eines Tages einige Leute von General Motors herein und erklärten, daß sie sich für die Verwendung eines Mikroprozessors in einem Auto interessierten. Zuerst wurde eine maßgeschneiderte Version des 6800 in einen Reisecomputer eingesetzt, der während der Fahrt das machen konnte, was jemand sonst im Kopf tat. Dies war eine kluge Wahl für den Anfang, weil ein möglicher Mißerfolg nicht lebensbedrohlich war. GM wollte den Mikroprozessor bei möglichst geringem Risiko kennenlernen.«[29]

Dank der jahrelangen Erfahrung mit der Automobilbranche befand sich Motorola in einer besonders glücklichen Lage. Durch das Beliefern von GM (und GMs Komponentenzulieferer Delco) hatte das Unternehmen einen riesigen Kunden fast für sich allein. Wenn Motorola GM zufriedenstellen könnte, was auch der Fall war, weil es immer noch Mikroprozessoren an GM verkauft, dann hatte Motorola die Chance, seinen Markt zu verdoppeln, zu verdreifachen oder noch weiter auszudehnen. Diese Marktchance war für den 6800 ein neues Zuhause im Armaturenbrett und im Motorenraum. Es war der größte Entwicklungsgewinn in der Mikroprozessorgeschichte, und es war die Basis, auf der Motorola die Rezession überstehen und eine neue Produktlinie aufbauen konnte.

Zwei Jahre später kam Ford mit Motorola ins Geschäft. Beim Versuch, GM zu überholen, wollte Ford ein Motorkontrollmodul für seine 1980er Modellreihe entwickeln. Ohne überhaupt gebeten worden zu sein, besorgte sich Motorola Fords Zielspezifikationen und baute einen maßgeschneiderten 6800 mit On-board-Speicher und Programmierung (Firmware). Das Ergebnis war der erste Kontroller eines neuen Typs. Dieser Mikrokontroller sollte die Reichweite des Mikroprozessors bis zu solch diversen mechanischen Produkten wie Benzineinspritzsysteme oder Laserdrucker abdecken.

Der immense Druck, Prozessoren nur für eine bestimmte Anwendung zu entwickeln, wurde in dieser Zeit zu einer Gefahr für Motorola. Texas Instruments mußte diesem Druck bereits nachgeben. Dies war für TI die Ironie des Schicksals, denn die Philosophie von Mehrzweckchips und deren »Allgegenwärtigkeit« war vom TI-Präsidenten Haggerty gekommen. Wir haben gesehen, wie TIs Ed Gelbach, ein Anhänger Haggertys, Intels Mikroprozessorprojekt gerettet hatte. Nun war Motorola diesem Risiko ausgesetzt, ausschließlich ein »Autochip«-Hersteller zu werden.

Zwei neue Faktoren wirkten der Engstirnigkeit bei Motorola entgegen. Der erste waren die Computerbastler. Obwohl der 6800 nie so beliebt war wie der 8080 oder der von MOS Technology gebaute 6502, hatte er bis 1976 die Aufmerksamkeit einer Reihe von Computerherstellern im Südwesten geweckt, darunter MITS in Albuquerque, Systems Research and Sphere in Salt Lake City sowie Southwest Technical Products in San Antonio. Darüberhinaus bot das große Versandhaus Ohio Scientific seinen Kunden ein 6800 Computerset an.[30] Der neue Heimcomputermarkt war zwar klein, aber groß genug, und er hatte genügend Potential, um Firmen wie Motorola über Autos hinaus an alternativen Märkten interessiert zu halten.

Der zweite Faktor, der Motorola bei der Stange hielt, war 1976 die Ankunft eines anderen Anhängers von Haggerty bei TI, Alfred J. Stein, der später Geschäftsführer des Bereichs der integrierten Schaltkreise wurde. Stein verkörperte den strahlenden Erfolg des Anwerbungsprogramms von Welty und Weisz. Welty erinnerte sich später:

»Er brachte ein ›Alles-ist-möglich-Gefühl‹ in eine Organisation, die auf dem absterbenden Ast war.«[31] Unter Stein erlebte Motorola eine Steigerung der Verkaufszahlen bei integrierten Schaltungen und insbesondere bei Mikroprozessoren.

Obwohl er schon sechs Jahre später wieder ging, leitete er die Einführung von Motorolas wichtigstem Mikroprozessor, dem MC68000, dem 16 bit Nachfolger des 6800, der 1979 angekündigt wurde. Der 68000 konnte zwei Millionen Befehle pro Sekunde verarbeiten und war bei seiner Einführung mit Abstand der beste auf dem Markt befindliche Mikroprozessor. Er war nicht nur ein Hochleistungsprozessor, sondern er unterstützte auch höhere Programmiersprachen und konnte große Speicherfelder schnell adressieren. Die Architektur des 68000 wurde von Tom Gunter, seine Schaltkreise wurden von Gene Schriber entwickelt. Lange Zeit erhielt Gary Daniels die Anerkennung, weil er das Produkt ermöglicht hatte.

Der 60000 sollte sowohl die Computer- als auch die Elektronikindustrie neu definieren. Für den Moment schien Motorola mehr als jede andere Firma auf die in naher Zukunft erwartete Mikroprozessorrevolution vorbereitet zu sein.

Ansonsten gab es im Markt Positionskämpfe zwischen den anderen Beteiligten. Viel Geld spielte jetzt eine große Rolle, und die Liste der unabhängigen Handelspartner wurde mit jedem Tag kleiner. Unnötig zu sagen, daß Aggressivität und der Wettbewerbsdruck immer größer wurden.

So auch die Zahl der gerichtlichen Klagen. Das Verfahren mit dem größten Symbolwert der Ära fand 1979 inmitten der Mikroprozessorkrise zwischen National Semiconductor und Zilog statt. Es scheint, als ob eine firmeninterne, persönliche Auseinandersetzung bei National um das Design einer neuen Mikroprozessorfamilie mit dem Namen 16000 stattfand. Der Gewinner der Auseinandersetzung war Howard Raphael, Direktor des Mikroprozessorbereichs. Der Verlierer, Marketingmanager von Nationals Minicomputerabteilung Bill Sweet, ging daraufhin mit fünf Mitgliedern seines Teams zu Zilog.

Einige Wochen später begegnete Raphael am Flughafen von San Francisco einem alten Freund aus gemeinsamen Tagen bei Intel, Ken McKenzie, der nun Marketingmanager für Mikroprozessoren bei Zilog war. McKenzie fing an, da ihm Raphael als eingebildet bekannt war, gegen ihn mit Bemerkungen über Nationals Schwierigkeiten, den 16000 zur Marktreife zu bringen, zu sticheln. Das ärgerte ihn natürlich, aber als McKenzie weitererzählte, bei Zilog eine Kopie der Blaupausen des 16000 gesehen zu haben, wurde Raphael wütend.

Zurück bei National überzeugte Raphael die Firma, Zilog und Bill Sweet wegen des Diebstahls von Firmengeheimnissen anzuzeigen. Schließlich wurde eine recht bedeutungslose Einigung erreicht. Zuvor war National öffentlich für die Beteiligung an einem, allem Anschein nach, persönlichen Racheakt eines karrieresüchtigen leitenden Angestellten gedemütigt worden. Und dennoch hatte die Geschichte ihre unbekannten Tiefen:

»Nichtsdestotrotz mag die dem Fall zugrundeliegende Wahrheit nicht so deutlich geworden sein: Unter Gerichtsbeschluß gab Zilog sechs Kartons mit Material heraus, die die früheren National-Angestellten mit zu Zilog genommen hatten. Es waren keine Modellspezifikationen, jedoch eine Insiderbegutachtung über den Mikroprozessor von National. Zilog dementierte, daß die Arbeitnehmer dieses Dokument illegal mitgenommen hatten, und außerdem (in typisch juristischer Argumentation) sei es nicht lesbar gewesen.«[32]

In dieser Art präsentierte sich die Hysterie der damaligen Zeit, als das unausweichliche Firmensterben begann. Bis 1979 gab es 16 große Firmen in der Mikroprozessorindustrie, die die Märkte bedienten:[33]

Firmen	Produkte (Handelsname in Klammern)
Advanced Micro Devices	2900
Data General	mN601 (MicroNova)
Fairchild	3850 (F8), 9440
General Instrument	CP1600, 1650
Intel	3000, 4040, 8080, 8021, 8022, 8035, 8039, 8041, 8048, 8049, 8080A, 8085A, 8086
Intersi	IM6100
MOS Technology (Commodore)	65XX
Mostek	3870
Motorola	6800, 6801, 6802, 6803, 6805, 6809, 68000 (plus GM automotive)
National Semiconductor	COPS, INS8060 (SC/MPII), INS8900 (Pace)
RCA	CEP1802, 1804
Rockwell	PPS-4, 4/1, 4/2, 8, 8/2
Signetics	2650A
Texas Instruments	TMS-1000, TMS-9900, 9940, 9980, 9981, 9985
Western Digital	MCP1600
Zilog	Z8, Z80, Z8000

Beim Betrachten dieser Aufstellung (Firmen, die Prozessoren nur für die
Verwendung in ihren eigenen Produkten herstellten, wie IBM und HP sind
nicht aufgeführt) werden mehrere Fakten offensichtlich. Einerseits haben
einige Unternehmen eine umfassendere Mikroprozessorproduktlinie als
andere. In der Tat gab es eine Korrelation zwischen Marktposition und
Angebotspalette. Zu diesem Zeitpunkt waren Intel, Motorola und TI die drei
Marktführer bei Mikroprozessoren. Eine Anomalie war der Senkrechtstarter
Zilog mit einem kleinen Angebot und einem großen Marktanteil. Bei den
anderen Chipherstellern bedeutet die kleine Zahl der Produkte entweder
einen späten Einstieg in das Geschäft (oft nur ein halbherziger Versuch, die
Produktpalette zu komplettieren) oder, wie im Fall von Signetics, daß es sich

um einen Kooperationspartner handelte, bei dem das Produkt eines größeren Herstellers in Lizenz nachgebaut wurde, in diesem Fall für Motorolas Lieferungen an GM.

Andrerseits ist festzustellen, daß die meisten hier aufgeführten Chips entweder der zunehmend überholten 4 bit Version oder der noch herrschenden 8 bit Version angehörten. Nur eine Handvoll, der TMS 9900, der Z8000, der 8086 und der 68000, sind 16 bit Prozessoren, und ihr Erscheinen in dieser Aufzählung läßt vermuten, welche Firmen angefangen haben, sich vom Rest abzusetzen.

So gingen Ende der 70er Jahre, also am Ende des ersten Mikroprozessorjahrzehnts, Intel, Motorola, TI und Zilog als klare Sieger hervor. Innerhalb der nächsten fünf Jahre sollten die meisten Konkurrenten den Markt verlassen, obwohl es einige Ausnahmen gab. Fairchild zum Beispiel sollte während der 80er Jahre nicht nur bei der F-Serie bleiben, sondern auch eine RISC-Mikroprozessorlinie entwickeln.

Wie wir in einem späteren Kapitel lesen werden, entwickelte National Semiconductor (die später die Anteile von Fairchild aufkaufte) weiterhin Mikroprozessor- und Mikrokontrollerarchitekturen für alternative Anwendungen, insbesondere in den Bereichen Kommunikation und Computerperipherie. Auch Data General und Rockwell gingen diesen Weg in ihren jeweiligen Bereichen, nämlich bei Minicomputern beziehungsweise militärischen Anwendungen. Unter den Nichtverlierern sollten natürlich IBM und HP im Mikrorprozessorgeschäft bleiben, während andere Computerhersteller wie Amdahl und Digital Equipment dazu kamen.

Aber sie sollten nur Nebenrollen spielen. Mit dem Anfang des neuen Jahrzehnts war der Hauptmarktanteil für Mikroprozessoren entweder gewonnen oder verloren, und es gab nur vier Gewinner. Die Bühne auf der sie sich nun bekämpfen würden, war völlig anders als nur wenige Jahre zuvor. Die Jahre zwischen 1972 und 1975 wurden damit verbracht, eine bemerkenswerte neue Technologie zu erforschen, mit Modellen und Herstellungsprozessen zu experimentieren, um ein maßgeschneidertes Produkt mit voraussagbarem Erfolg zu erhalten und den Markt nach versteckten, potentiell lukrativen Absatzmöglichkeiten zu untersuchen. Die Zeit zwischen 1975 und 1979 gestaltete sich im High-Tech-Bereich schwierig, weil es galt, ein lebensfähiges Nachfolgeprodukt zu bauen, die vorhandene Produktlinie mit Variationen aufzufüllen, die verschiedene Marktsegmente ansprechen sollten, und einige erfolgreiche Modelle bei den Kunden zu landen, die die gesamte Entwicklung finanzierten.

Jede dieser Perioden hatte ihre Gewinner und Verlierer. Und die 1980 daraus entstandene Industrie war eine völlig andere als die frühere. 1979 beliefen sich die weltweiten Mikroprozessorlieferungen auf 18 Millionen Einheiten, 125 % mehr als zwei Jahre vorher. Zehn Millionen dieser Einheiten wurden bei der Pkw-Herstellung verwendet. Die weltweiten Verkaufszahlen lagen bei 330 Millionen Dollar, was einem Plus von 47 % gegenüber 1977 entsprach.[34]

Nach den Prognosen sollte die Industrie bis zum Jahr 1983 einen Absatz von 315 Millionen Einheiten und einen Umsatz von 1,7 Milliarden Dollar erzielen, also ein Absatz- und Umsatzwachstum von 50 % bzw. 37 %, der letzte Wachstumsschub angesichts der drohenden industrieweiten Erschütterungen. Intels Umsätze steigerten sich von 1971 bis 1979 von 4 Millionen Dollar auf 660 Millionen Dollar, ein großer Teil davon wurde durch den Verkauf von Mikroprozessoren erreicht. Mit einem Umsatz von 3 Milliarden Dollar war Texas Instruments mittlerweile ein Großunternehmen, in dessen Schlüsselprodukte meistens Mikroprozessoren eingebaut waren.[35] Aus dem kalkulierbaren Risiko vor sechs Jahren war inzwischen der dynamischste Markt der Welt geworden. Industriebeobachter Benjamin Rosen (der spätere einflußreiche Mitbegründer von Compaq Computer) bezeichnete Intel als »die wichtigste Firma der Welt«.

Mikroprozessoren zogen den Rest der Chipindustrie mit sich. Um spezifischen Marktanforderungen gerecht zu werden, wurden Mikroprozessoren zunehmend in Speicherchips, Zeitgebern, Kommunikationsgeräten, Schnittstellen und Analog-Digital-Wandlern sowie in Multi-Chip-Sets, damals Mikrocomputer genannt, eingebaut. Demnach bedeutete jedes verkaufte Mikrocomputer-Set nicht nur Einnahmen aus dem Verkauf der Mikroprozessoren, sondern zusätzlich von vielleicht einem halben Dutzend anderer Geräte.

Als die Absatzmärkte größer wurden, erweiterten die führenden Mikroprozessorhersteller ihre Produktpaletten um teure leistungsstarke Versionen für ihre fortschrittlichsten Kunden und um günstigere mitunter duale Chip-Versionen für die Kunden des Massenmarkts, die nur 8 bit und später 16 bit Leistung benötigten.

Diese Erweiterungen der Produktangebote signalisierten einen grundlegenden Wandel des Mikroprozessormarkts. Mit der größer werdenden Abnehmerbasis änderte sich das Profil des Durchschnittsabnehmers, von technisch versierten Kunden, die den Prozessor in ihre neuen Geräte einbauen konnten, zu technisch nicht versierten Konsumenten mit wenig oder keiner Erfahrung mit Halbleitern, die Hilfe benötigten, um die neuen Chips einsetzen zu können. Der Bedarf für diese Unterstützung wuchs mit jeder komplexeren Mikroprozessorgeneration. Sogar die technisch erfahrenen Kunden verlangten jetzt zunehmend mehr Unterstützung. Angesichts der zahlreichen konkurrierenden Produkte erwarteten sie weitreichenden Lieferantensupport in Form von Training, Handbüchern und maßgeschneiderten Geräten, sowie Mengenrabatte und darüberhinaus ein Mitspracherecht bei der Konzeption künftiger Produkte.

Die Industrie wuchs also 1979 mit der Einführung des 16 bit Mikroprozessors aus dem anfänglichen nur technologieorientierten Stadium in einen marktorientierten Zustand hinein. Fortan reichte es nicht mehr, nur technologisch zu führen, um erfolgreich zu sein, sondern den Kunden mußten Komplettlösungen angeboten werden können. Und das bedeutete intensive Anstrengungen in verschiedenen Bereichen, die von Öffentlichkeitsarbeit, Vermarktung, Feldumsätzen, technischen Dokumentationen bis zum Kundenservice reichten.

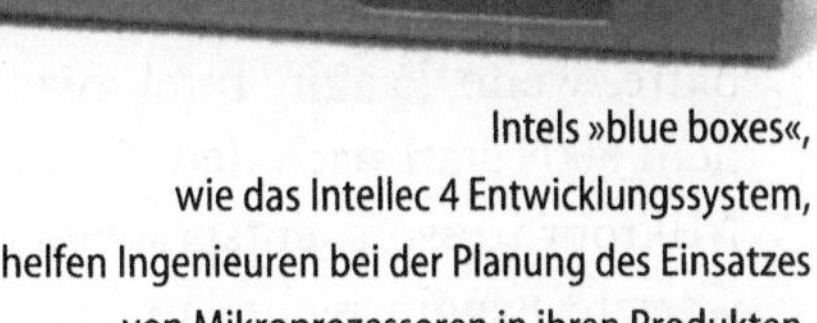

Die gut geführten Unternehmen sahen voraus, was in wenigen Jahren passieren würde, ein Grund, weshalb sie überleben konnten. Schon 1973 bot Intel seinen Kunden den Intellec 4-40 an, einen computerähnlichen »blauen Kasten«, der Software-Entwicklern helfen sollte, Software für ihre Intel Mikroprozessoren zu entwerfen. Er war der erste in einer Reihe von »Entwicklungshelfern« und von im Schaltkreis vorhandenen Emulatoren für Intel Mikroprozessoren, der bis heute weitergeführt wird. (Der Intellec Kasten ist auch als erster wirklicher Schreibtischcomputer bezeichnet worden, obwohl seine Anwendungen stark eingeschränkt waren.) Motorola reagierte 1977 mit dem EXORciser, einem Hard-

Intels »blue boxes«,
wie das Intellec 4 Entwicklungssystem,
helfen Ingenieuren bei der Planung des Einsatzes
von Mikroprozessoren in ihren Produkten.
Mit freundlicher Genehmigung von Intel

und Software unterstützenden System, das Kunden ermöglichte, ihre eigenen Befehle für den 6800 zu entwickeln.

1979 hatte jede der vier führenden Firmen, Motorola, Intel, TI und Zilog, feste Marketing- und Kundendienstprogramme unterschiedlichen Ausmaßes. Sie hatten die Produkte. Und die ganze Welt schaute auf sie. Das Rennen konnte beginnen. Wer stolperte zuerst? Letztendlich war jeweils das schwächste Glied jeder Firma betroffen.

Zuerst strauchelte Texas Instruments. TI führte das Mikroprozessorgeschäft in gleicher Weise, wie die restlichen Produktbereiche geführt wurden. Folglich überraschte es nicht, daß der in die TI-Taschenrechner eingebaute 4 bit TMS-1000 bis in die späten 70er Jahre, dank des Taschenrechnerumsatzes, den größten Umsatzanteil im Vergleich mit den anderen Mikroprozessoren hatte. Leider produzierte TI nur schleppend verbesserte Versionen dieser Rechner , und das Marketingengagement war begrenzt. Noch schwerwiegender war, daß die MOSHerstellungsfabriken vorwiegend für den Eigenbedarf arbeiteten. Obwohl die Firma anfängliche Erfolge mit dem 16 bit Mikroprozessor 9900 hatte und starke finanzielle Unterstützung beisteuerte, war es im Endeffekt ein Produkt, das weder die Fantasie des Marktes für sich gewinnen konnte noch ein erfolgreiches Design besaß. Bald verabschiedete sich TI aus dem Rennen.

Zilogs Mißerfolg war am tragischsten. Die Schwäche dieser Firma lag in ihrer Unerfahrenheit. Analog zu ihrem Namen, der mit Z anfing, war Zilog dazu verdammt, immer hinter den anderen zurückzuliegen.

Es ist interessant zu spekulieren, wie sich die Halbleiterwelt entwickelt hätte, wenn Faggin Intel zwei Jahre früher verlassen hätte, sagen wir nach dem 8008 statt nach dem 8080. In einem so dynamischen Markt wie dem des Mikroprozessors entsprachen zwei Jahre einer Lebensdauer. Statt dessen wartete Faggin nicht nur bis 1974, sondern half Intel auch noch ihr Flaggschiff zu entwickeln. Sein Schicksal bestand also darin, mit sich selbst zu konkurrieren.

Dabei leistete er ganze Arbeit. Der 8 bit Z80 hatte ein wunderbares Design, nicht nur gut genug, um neue Kunden zu gewinnen, sondern auch, um Intel Kunden wegzunehmen. Der Z80 war unter Computerbastlern besonders beliebt. Cromemco Inc. wählte zum Beispiel den Z80, um den 8080 in ihrer neuen Computergeneration zu ersetzen.

1979 wurden mit der Einführung des 16 Bit Mikroprozessors Z8000 Zilogs Schwächen offensichtlich. Schon wieder hatte Zilog ein interessantes Modell, in diesem Fall zwar ein etwas unhandliches und schwieriges, das aber in der Lage war, weitaus mehr physikalischen Speicher zu adressieren als seine beiden Gegenspieler von Intel und Motorola. Diese Tatsache allein ermöglichte dem Modell, einige Design-Erfolge zu verbuchen. Zilog konnte den Z8000 jedoch einfach nicht genug unterstützen. Im Vergleich zu Intel, die ihren 10 000. Arbeitnehmer in August 1977 einstellte und Fabriken und Verkaufsbüros überall in der Welt besaß, hatte Zilog lediglich einige hundert Mitarbeiter, die meisten davon in einer beengten Gebäudegruppe im Silicon Valley, drei Häuser von Apple entfernt.

Somit war Zilog praktisch gezwungen, die Eigenschaften ihres Produkts anzupreisen, in der Hoffnung, daß sich die Kunden melden würden. 1974 hätte das gereicht. Fünf Jahre später reichte so etwas nicht mehr. Deshalb fiel Zilog, mit einem der besten Erfinder im Boot und den ursprünglich elegantesten Mikroprozessormodellen, im Rennen zurück.

Überraschenderweise war Intel die nächste Firma, die zeitweilig aus dem Rennen fiel. Intel entwickelte sich wie eine Rakete mit einem außerordentlichen Wachstum. Wenige Unternehmen wuchsen je so schnell, und keines wuchs ohne Krisen. Bis Mitte der 70er Jahren wuchs Intel so rasch, daß sie jeden nur irgendwie vorhandenen Ingenieur einstellte, mit dem Ergebnis, daß sich viele kleine Cliquen in der Firma bildeten, insbesondere eine beachtliche Zahl ehemaliger TI-Mitarbeiter, die immer noch so arbeiteten wie damals bei ihren früheren Arbeitgebern. Die Firma baute so schnell wie möglich neue Fabriken, nur um eines ihrer wichtigsten Werke in Penang, Malaysia, niederbrennen zu sehen.

Inmitten dieses Chaos war es erstaunlich, daß Intel es überhaupt geschafft hat, neue Produkte zu entwickeln. Daß Intel eine Reihe besonders wegweisender Produkte hervorbrachte, grenzt an ein Wunder.

Wie im ersten Kapitel dargestellt, war das erste dieser Produkte der im Spätjahr 1973 von Faggin, Mazor und Shima entwickelte 8080, der erste wirkliche Mikroprozessor. Er stellte eine zehnfache Leistungsverbesserung gegenüber dem 8008 dar. Er schaffte 290 000 Operationen pro Sekunde und hatte die Fähigkeit, 64 KByte Speicher adressieren zu können. Er benötigte dazu nur sechs unterstützende Chips im Vergleich zu 20 für den 8008.

Der 8080 wurde im April 1974 zum Einzelpreis von 360 Dollar vorgestellt: *»Diese Summe hatte einen guten Klang‹, erinnert sich Dave House, der 1974 zu Intel kam und Geschäftsführer und General Manager des Mikrocomputerbereichs wurde. ›Außerdem war er ein Computer, und Computer kosten gewöhnlich Tausende von Dollar, also hielten wir den Preis für angemessen‹. Er fügte mit einem Lächeln dazu, ›Ich glaube, wir haben die Forschungs- und Entwicklungsausgaben mit den Verkäufen der ersten fünf Monate wieder reingeholt.‹ ›Das‹, lachte (Ed) Gelbach, ›waren die guten alten Zeiten.‹«*[36]

Der 8080 elektrisierte den Markt und nachdem sich Digital Equipment für ihn als Mikroprozessor für ihren Minicomputer entschieden hatte, räumte er alle Zweifel über die Lebensfähigkeit eines Mikroprozessors aus. Ein Jahr später, als Motorola den 6800 einführte, ein in Architektur und nach den meisten maßgebenden Leistungsmerkmalen überlegenes Modell, waren bei Intel schon das benötigte Verkaufspersonal, die peripheren Geräte und die unterstützenden Komponenten vorhanden, um den 8080 gegen den neuen Konkurrenten bestehen zu lassen.

Mit den hereinströmenden Gewinnen hätte sich Intel jahrelang auf ihren 8080-Lorbeeren ausruhen und immer reicher werden können. Statt dessen tat die Firma genau das Gegenteil. Sie beschloß, die Technologie so weit voranzutreiben, bis keiner mehr nachkommen könnte. Der Philosophie der Gründer folgend entschied sich Intel, den entscheidenden Schlag zu tun, einen Quantensprung in der Mikroprozessortechnologie, der die Konkurrenz für immer hinter sich lassen sollte.

Unter der Projektbezeichnung iAPX 432 sollte letzten Endes ein radikal neuer 32 bit Mikroprozessor entwickelt werden, der allem bisher auf den Zeichenbrettern Vorhandenen ein Jahrzehnt lang voraus sein würde. Der 432 sollte mehr als nur eine neue Mikroprozessorbauweise besitzen. Er sollte aus einer neuen Systemarchitektur, komplett mit nagelneuer Betriebssoftware bestehen. Justin Rattner, der das 432-Team leitete, erinnert sich: »Zu dieser Zeit wurden die meisten Intel Mikroprozessoren in Geräten wie Benzinpumpen und Verkehrsampeln eingebaut. Mit dem iAPX 432 zielten wir darauf ab, Minicomputer zu ersetzen.«[37]

Aber Intel wollte zu hoch hinaus. Intels größte Schwäche war ihre technologische Arroganz gepaart mit grenzenlosem Ehrgeiz. Später sollte diese Eigenschaft der Firma helfen, nun aber stellte sie eine Gefahr dar, die das Unternehmen sogar in den Ruin treiben konnte.

Das Problem mit dem 432 bestand darin, daß er schlichtweg zu früh kam, nicht nur für den Markt, sondern auch für Intel. Mit der Entwicklung begann Intel gegen Ende 1974, aber er war fünf Jahre später immer noch nicht serienreif. Zu diesem Zeitpunkt stand fest, daß der Prozessor außerordentlich langsam sein würde und seine wirklichen Fähigkeiten außerhalb der Reichweite der damaligen Siliziumherstellung lagen. Heute neigt Intel dazu, die Eigenschaften des 432, etwa Fehlertoleranz, selbstprüfende Hardware und computerunterstützte Entwicklungswerkzeuge, mit denen der eigenen späteren Prozessoren zu vergleichen. Der 432 sei »ein klassisches Beispiel für Intels Bereitschaft, sich in eine gefährliche Lage zu begeben und aus den Erfahrungen zu lernen«.[38] Tatsächlich aber war es ein fast tödlicher Fehler und ein schwerfälliges Produkt. In einer Zeit, als Intel um das Überleben in einem sich konsolidierenden Markt kämpfte, konnte die Firma es sich nicht leisten, einem internen Konkurrenten zu erlauben, mit neuen Entwürfen zu experimentieren.

Viele Unternehmen gehen wegen solcher Fehler bankrott, meistens weil sie sich weigern, ihre Fehler einzugestehen. Sie machen sich statt dessen auch noch falsche Hoffnungen. Intel sollte sich anders verhalten. Gegen Ende des Jahres 1974 analysierte man bei Intel die Erfolge von Motorola und Zilog sowie den beeindruckenden neuen Fairchild F8 und entschied sich augenblicklich, einen Übergangschip zu bauen. Dieser Chip, der 8085, wurde bereits im nachfolgenden November eingeführt. Das war eine Rekordzeit. Der 8085 war im wesentlichen eine schnellere, stärker integrierte Version des 8080. Dem Motorola 6800 abgeschaut, wurde der 8085 auch für 5 Volt hergestellt. Trotz der Tatsache, daß er neben einem Produkt wie dem Z80 verblaßte, erwies sich der 8085 als ein Notbehelf mit der nötigen Leistung, um die führende Position Intels auf dem 8 bit Markt zu halten.

Aber was geschah mit dem sich entwickelnden 16 bit Markt? Den Gerüchten nach arbeiteten Motorola, Zilog und TI alle auf 16 bit Modelle hin, und da der 432 sich weiter verzögerte (er wurde ursprünglich als 16 bit Modell konzipiert, das sich dann zum 32 bit Chip weiterentwickeln sollte), sah es aus, als ob Intel erst nach jahrelanger Verzögerung auf dem Markt erscheinen würde. Das wäre unternehmerischer Selbstmord gewesen. Also entschied sich Intel im Frühjahr 1976, ein zweites 16 bit Entwicklungsprojekt zu starten. Dies war vermutlich die wichtigste Entscheidung, die je von Intels Spitzenmanagern getroffen wurde.

Die Entscheidung war richtungsweisend, ähnlich einer Aufteilung der militärischen Streitkräfte durch deren kommandierenden General. Intel konnte es sich eigentlich gar nicht leisten, Ressourcen in dieses zweite Projekt abzuzweigen, aber es konnte sich auch nicht leisten, dies nicht zu tun. Da die Entwicklung einer neuen Produktgeneration zwangsläufig die besten und erfindungsreichsten Entwickler erfordert, bereitete schon die Suche nach qualifiziertem Personal für dieses zweite Projekt Probleme.

Jean Claude Cornet, der Direktor der Mikroprozessorentwicklung, wurde zum Leiter des Projekts ernannt. Er wählte sein Team aus der gesamten Firma aus, wo immer er Talente finden konnte. Schließlich wuchs das Team auf 20 Mitglieder, was für die damalige Zeit beispiellos war. Viele hatten keine Erfahrung mit Mikroprozessoren. Cornet sagte später: »Das Bemerkenswerte dabei war, daß diese Leute mit weniger als einem Jahr Erfahrung es schaffen konnten, innerhalb von zwei Jahren ein sehr komplexes Produkt auf den Markt zu bringen.«[39]

Der Schlüssel lag in der Organisation. Bevor solche Ideen wie paralleles Entwickeln und rechnerunterstützter Entwurf erfunden wurden, wandte sie Cornet an. Der Entwicklungsprozeß wurde sorgfältig abgesteckt, um einzelne Schritte zu optimieren und, wenn möglich, unterschiedliche Aufgaben gleichzeitig zu erledigen. Das Produktdesign selber wurde auf einem etwa 6 m x 7,5 m großen Stück Papier aufgezeichnet, damit man es sich als Ganzes vorstellen konnte. (Es wurde später auch in einen Computer eingegeben, eine Maßnahme, die nachfolgende Produktentwicklungen beschleunigte.)

Im Juni 1978, nur 26 Monate nach dem Start des Projekts, wurde das Produkt der Öffentlichkeit vorgestellt: der 8086. Er hatte nicht nur die zehnfache Leistung des 8080, sondern besaß eine Architektur, die für die nächsten 15 Jahre bis zum 80486 zur Basis aller Mikroprozessoren der Firma wurde (die Bezeichnung 80486 stellte eine Variation des originalen Produktnamens dar). In der ersten Anzeige sah man eine aufgehende Sonne mit der Unterschrift: »The Birth of a New Era«. Es war eines der wenigen Male in der zu Übertreibungen neigenden Geschichte der High-Tech-Werbung, daß ein so maßloser Anspruch Wirklichkeit wurde.

Intel nahm Motorola den Wind aus den Segeln, aber nicht für lange. Während der nächsten zwei Jahrzehnte sollten diese beiden Firmen einen gefährlichen Tanz aufführen, bei dem jede Bewegung der einen Seite eine Reaktion der anderen Seite nach sich zog. Wie bei solchen Wirtschaftsduellen üblich, war der wirkliche Gewinner der Markt, der sich über jedes neue, bessere Produkt freuen konnte. Intel eröffnete den Kampf mit dem 8086. Und gerade in dem Moment, als die

Intel nahm Motorola den Wind aus den Segeln, aber nicht für lange.

Nachricht erschien, daß Intel den 16 bit Markt beherrschen würde, reagierte Motorola ein Jahr später mit dem 68000, einem Produkt, dessen Überlegenheit selbst Intel anerkennen mußte.

Dennoch hatte Motorola eine eigene Schwäche, die Selbstzufriedenheit. Keiner zweifelte am technischen Können des Unternehmens, jedoch gab es immer wieder Zweifel an der Bereitschaft seines Managements, neuen Herausforderungen standzuhalten und in einem harten Wirtschaftskampf zurückzuschlagen. Die gelungene Einführung des 68000 und die klassische Unternehmensphilosophie, als zweite Firma an den Start zu gehen (und dabei die Schwächen des Marktpioniers zu verbessern), die die Mängel des 8086 ins Visier nahm, schienen Motorola davor zu bewahren, einige unangenehme Wahrheiten über sich selbst zu erfahren, nämlich, daß sie die einzige Mikroprozessorfirma sei, die die Feuerprobe nicht bestehen würde.

Aber für eine solche Beurteilung war es noch zu früh.

Vom 4. Dezember 1979 an, einem Mittwoch, traf sich die besorgte Spitze von Intels Marketingmanagement für drei Tage hinter geschlossenen Türen. Der zündende Funke für dieses Meeting war die Notiz des Regionalverkaufsleiters Casey Powell an Präsident Andy Grove, in der er detailliert beschrieb, wie das Intel-Verkaufspersonal allmählich Verträge an Motorola verloren hatte. Anwesend waren Powell, Mikroprozessordirektor William Davidow, General Manager für Produkte Jim Lally, sein Assistent Rich Bader, Mikroprozessor-Marketingmanager Jeff Katz und Regis McKenna. Das ursprüngliche Ziel bestand darin, ein Weg zu finden, auf dem Intel wieder die Führungsrolle in der Mikroprozessorindustrie übernehmen konnte. Zum Schluß des Treffens hieß das neue Ziel des mittlerweile »Operation CRUSH« (crush = vernichten) genannten Programms die völlige Übernahme des 16 bit Markts. Dabei sollte Motorola aus diesem Business vertrieben werden.

Es waren drei intensive und brutal ehrliche Tage, wie sich Davidow, der später ein einflußreiches Marketingbuch zum Thema CRUSH schreiben sollte, erinnerte:

»Fürs erste einigte sich die Gruppe auf das Problem. Das war nicht schwierig. Die Teilnehmer am Wettbewerb waren wir drei: Motorola war Erster, Zilog Zweiter und Intel war auf dem Weg ins Abseits. Wir waren uns alle einig, daß ein Sieg über Motorola den Gesamtgewinn bedeutete. Zu diesem Zweck war unser Ziel nicht nur der Wiedergewinn unseres Marktanteils, sondern auch die Wiederherstellung der Marktüberlegenheit Intels.«[40]

Alle Anwesenden waren sich einig, daß der Schlüssel zum Erfolg in Entwicklungsaufträgen lag. Der Einbau in das Produkt eines Kunden glich einer Rente. Sie zahlte sich Jahr für Jahr aus. Ein Vertrag pro Verkäufer und Monat schien eine angemessene Zahl zu sein. Als allerdings die Zahl auf 2000 Verträge bis Ende 1980 hochgerechnet wurde, merkte das CRUSH-Team, daß das ihr gesetzte Ziel zwei- bis dreifach höher lag, als von den meisten Industrieanalytikern für möglich gehalten wurde. Aber sie blieben dabei.

Als nächstes analysierte das Team stundenlang den Markt. Es ergab sich, daß der Vorteil Motorolas und Zilogs im Bereich der softwareorientierten Kunden zu finden war, weil die meisten von ihnen wegen der softwarefreundlicheren Architekturen der beiden Firmen auf deren Mikroprozessoren umgestiegen waren. Wie konnte Intel diesen Vorteil kontern? Davidow: »...wir entschieden uns, daß wir ein neues, den Wünschen unseres Kundenstamms stärker angepaßtes Produkt benötigten. Wir müßten eins erfinden.«[41]

Die Entwicklung neuer Mikroprozessoren dauert jedoch Jahre. Die Entwicklung des 8086 hatte das Unternehmen außerdem ausgelaugt. Wie könnte sich Intel Hoffnung machen, in naher Zukunft doch konkurrieren zu können?

Die Antwort, die die Elektronikindustrie revolutionieren sollte, bestand im Umdenken der Definition eines »Produkts«. Davidow:

»Wir alle in der Projektgruppe akzeptierten die harte Wahrheit, daß Motorola und Zilog bessere Mikroprozessoren hatten. Wenn Intel nur mit der Behauptung, unser Mikroprozessor sei besser als ihrer, den Kampf führen würde, würden wir verlieren. Aber wir wußten auch, daß ein Mikroprozessorentwickler mehr als nur einen Prozessor benötigte, und mit unseren Extras waren wir unseren Konkurren-

ten weit überlegen. Wir hatten gegen die Stärken unserer Konkurrenten gekämpft, nun war die Zeit gekommen, unsere eigenen Stärken zu betonen.«[42]

Die eigenen Stärken waren aus der Sicht des CRUSH-Teams beträchtlich. Die Firma hatte ein zuverlässiges Image und war bekannt für die starken Verbindungen zu ihren Kunden. Sie hatte eine komplette Produktfamilie und einen langfristigen Plan; eine stärker spezialisierte und besser ausgebildete Belegschaft im Vergleich zu den »Alleskönnern« von Motorola; Intels komplette Lösungen (8086/mathematischer Koprozessor/periphere Schaltkreise) waren der Konkurrenz überlegen; und am wichtigsten war, daß Intel den weitaus besseren Kundenservice hatte, ein großer Vorteil gegenüber dem Gerücht im Kundenkreis, daß die 68000-Kunden Probleme mit der Anwendung des Chips von Motorola hatten.

Stimmten denn alle diese Vorteile? Viele stimmten tatsächlich. Aber weit wichtiger war, daß das CRUSH-Team glaubte, sie seien wahr, und Beweise aufstellen konnte, die diese Position unterstützten.

Als die Sitzung am Freitag zu Ende war, hatte Intel ein neues »Produkt« und einen Plan. Das Unternehmen reagierte schnell, sogar für die Verhältnisse der sich ohnehin schnell bewegenden Welt der Halbleiter. Bis zum folgenden Dienstag wurde der Plan von Andy Grove gebilligt. Innerhalb der nächsten Woche wurde er mehr als einhundert firmeneigenen Verkäufern vorgestellt und umfaßte schließlich mehr als 1000 Intel Mitarbeiter.

Aber was war CRUSH eigentlich? Im Gründe genommen handelte es sich um eine neue Perspektive, zuerst von Intel adoptiert und anschließend benutzt, um mögliche Kunden zur Intel-Philosophie zu bekehren.

Um die Details auszuarbeiten, wurden bei Intel zahlreiche Ausschüsse gebildet. Neue Verkaufsförderungsmaßnahmen wurden erdacht, die das System anstatt des Produktes in den Vordergrund stellten. Ziele auf Systemebene wurden festgelegt; technische Artikel verfaßt. Vorhandene Kunden wurden überzeugt, ihre eigenen Artikel zu publizieren. Informationsmaterial wurde vorbereitet, ein neuer Produktkatalog, und das alles innerhalb kürzester Zeit. McKenna entwarf eine neue Werbekampagne. Während der nächsten Monate wurden über die ganze Welt verteilt mehr als fünfzig Kundenseminare und eine User-Konferenz veranstaltet. Bei allen Aktionen wurde auf nicht Funktionierendes verzichtet und etwas Neues ausprobiert.

Das funktionierte besser, als man sich vorstellen konnte. Intel erhielt Aufträge en masse. Motorola wurde eiskalt erwischt. Der halbherzige Versuch, einen eigenen neuen Systemkatalog zu produzieren, hat Motorola nur in Verlegenheit gebracht, was wiederum zu Intels bestem Verkaufsargument wurde. Davidow dazu: »Ich glaube, es wäre sehr schlecht für Intel gewesen, wenn Motorola unsere Herausforderung ignoriert hätte.«[43]

> *Das funktionierte besser, als man sich vorstellen konnte. Intel erhielt Aufträge en masse.*

Trotz allem lag Intel bis zur Jahresmitte immer noch hinter den eigenen Zielen zurück. Dadurch, daß das Belohnungssystem für die Verkaufsbelegschaft erfolgsorientiert war, wurde der Gruppendruck jedoch immer stärker. Bis Ende 1980 erreichte Intel die Zielvorgabe von 2000 Firmenaufträgen, die sich schließlich noch auf 2500 erhöhen sollten. Das Blatt hatte sich gewendet. Die meisten Verkäufer reisten nach Tahiti. Jetzt gehörten Intel 85 % des 16 bit Mikroprozessormarkts.

Operation CRUSH war unter drei Aspekten ein Wendepunkt in der Geschichte des Mikroprozessors, philosophisch, kurzfristig und langfristig. Die aus der Verzweiflung geborene CRUSH-Offensive war der Beginn einer neuen, reiferen High-Tech Ära. Hardware alleine würde nie wieder ausreichen. Fortan müßten neue Produkte mit Handbüchern, Software und Trainingsseminaren ummantelt werden, sie müßten Gesamtlösungen sein. Künftig gab das Marketing den Ton an. McKenna sagte:

»Die Vielzahl von Menschen, die bewußt oder unbewußt den Mikroprozessor benutzen und ihre Vorteile daraus ziehen, werden die Erfinder, die diese Technologie ermöglicht haben, zurecht loben und respektieren. Aber ohne all die Menschen, die auf dem Markt operiert haben, die gestoßen und geschoben haben, die den Ingenieuren immer mehr abforderten, die die Kunden überzeugten, auch diejenigen Kunden, die zurückschoben und mehr und bessere Technologie verlangten, würden wir heute von der Zukunft vermutlich immer noch träumen.«[44]

Da Intel dies zuerst verstand, war Intel der Konkurrenz voraus. Wie wir später erfahren werden, sollte dieser durch Erfahrungen erarbeitete Vorteil der Firma im folgenden Jahrzehnt ermöglichen, als erste die nächste Stufe im Mikroprozessormarketing zu erreichen, nämlich mit »Intel Inside«.

Die Geschwindigkeit mit der Intel das CRUSH-Projekt umsetzte, war zudem eine Offenbarung besonderer Art. Regis McKenna schrieb:

»Etwas später, als ich einem ehemaligen leitenden Angestellten von Motorola erzählte, daß das CRUSH-Programm in nur sieben Tagen entwickelt wurde, erklärte er mir, daß Motorola es nicht mal geschafft hätte, eine Sitzung in nur sieben Tagen zu organisieren.«[45]

Die von Intel mit CRUSH erreichte schnelle Selbstüberarbeitung wurde ein frühes Modell für Managementtheorien, nach denen sich in den 90er Jahren schlanke und flexible Unternehmen organisierten.

Die zahlreichen neuen Firmenverträge machten aus Intel kurzfristig ein sehr reiches Unternehmen. Die enorme, gerade erreichte Basis und Intels neue Führungsrolle auf dem 16 bit Markt stabilisierten den 8086 innerhalb der Elektronikbranche schnell als den de facto 16 bit Standard. Außerdem half das der Firma, neue Produkte zu entwickeln und ihre unvollkommene Produktpalette zu vervollständigen. Eins dieser Produkte war ein seltsamer kleiner Mikroprozessor, der 8088. Ein 16 bit Prozessor mit einem externen 8 bit Bus. Er wurde als preiswerter Einstiegsprozessor entwickelt, der 8 bit-Kunden in die 16 bit-Welt bringen sollte. Er wurde der einflußreichste Mikroprozessor überhaupt.

Einer von Intels Verkäufern, der an der Operation CRUSH beteiligt war, hieß Earl Whetstone, damals nur ein regionaler Verkaufsingenieur. Als Teil seiner Bemühungen, einen Firmenauftrag pro Monat abzuschließen, machte Whetstone den unwahrscheinlichen Schritt, bei IBM anzurufen. Unwahrscheinlich deshalb, weil IBM eine eigene Mikroprozessorlinie hatte und dafür bekannt war, nie von externen Lieferanten Chips zu kaufen. Die geringste Chance eines Auftrags in Kauf nehmend, entschied sich Whetstone trotzdem, bei Big Blue anzurufen.

Sein Timing war perfekt. Nach Apples anfänglichem Erfolg, witterte IBM einen neuen Markt und beschloß auch unter dem Aspekt, die eigenen Niedrigpreisgeschäfte zu schützen, ein zweites Mal in das Personalcomputergeschäft einzusteigen trotz einiger erfolgloser Versuche in den 60er und frühen 70er Jahren. Dieses Mal wurde dem PC-Bereich, mit Sitz in Boca Raton, Florida, ein in der Geschichte von IBM fast einmaliger Handlungsspielraum eingeräumt. Deshalb durfte dieser Bereich jedes auf dem offenen Markt erhältliche Bauteil kaufen, das zur Herstellung eines wettbewerbsfähigen Personalcomputers notwendig war. Es gab ferner das Gerücht, daß die IBM-Geschäftsleitung einen 8 bit Prozessor haben wollte (und nicht etwa den neuen 16 bit Z8 von Zilog), um nicht gegen die eigenen Minicomputer zu konkurrieren.

Genau zu diesem Zeitpunkt spazierte Earl Whetstone mit dem neuen Intel-Katalog und Intels Pseudo-8-bit-8008-Prozessor herein. Die Bereitschaft IBMs verblüffte ihn. »Alles war sehr geheimnisvoll«, sagte er später.

»Wenn wir vor Ort waren, um technische Unterstützung zu leisten, stellten sie unsere Techniker auf die eine Seite eines schwarzen Vorhanges und ihre Techniker mit ihrem Produktprototypen auf die andere Seite. Wir stellten Fragen; sie sagten, was passierte, und wir mußten versuchen, das Problem buchstäblich im Dunkeln zu lösen. Wenn wir Glück hatten, erlaubten sie uns, eine Hand durch den Vorhang zu strecken und etwas herumzutasten, um dem Problem ein wenig auf die Spur zu kommen.«

Das war der Prototyp des IBM PCs, des zukünftig populärsten Computers der Welt. Er sollte bald ein vier Milliarden Dollar Geschäft bei IBM auslösen und dabei der Firma die größten Gewinne eines Unternehmens überhaupt bescheren.[46] Und in jedem von tausenden frühen PCs sowie deren Klonen war dieser seltsame 8088.

Warum entschied sich IBM für Intel und nicht für Motorola, Zilog oder TI, sogar gegen die eigenen Mikroprozessoren? Die Antwort lautet: wegen Intels langfristiger Verpflichtung gegenüber der 8086 Linie, unterlegt durch die CRUSH-Werbemittel und -kataloge, sowie wegen der großen Investitionen der Firma in zusätzliche Chips, etwa den mathematischen Koprozessor, eine Tatsache, die CRUSH marktschreierisch anpries.

Der IBM PC-Vertrag war der Mikroprozessorauftrag schlechthin. Er war auch das Ideal der Operation CRUSH. Aus einer schwachen Position heraus schaffte es Intel mit brillanten Produkten und noch brillanterem Marketing in nur zwei Jahren sowohl den 8 bit wie auch den 16 bit Markt zu erobern. Nun hatte diese Firma den größtmöglichen Auftrag überhaupt erhalten. Es sollte noch Monate dauern, bis selbst Intel erkannte, wie groß dieser Auftrag war. Whetstone: »Ein großartiger Auftrag war einer, der 10 000 Einheiten pro Jahr beinhaltete; niemand erahnte das immer größer werdende Ausmaß des PC-Geschäfts, bis zu zehn Millionen Einheiten pro Jahr.«[47]

Mit dem IBM-Deal fiel der Vorhang auf die erste Ära des Mikroprozessors. Intel trat als strahlender Sieger hervor und war auf dem Weg, eines der weltgrößten Unternehmen zu werden, das den größten Kunden überhaupt unter Vertrag hatte. Praktisch alle seine Konkurrenten wurden entweder vom Markt oder mindestens an den Rand gedrängt.

Außerdem hatte Intel klare Vorstellungen bei der Produktentwicklung für die nächsten zwanzig Jahre. Intel hatte alle seine Ziele erreicht.

Außer einem. Das vorletzte Ziel der Operation CRUSH war die völlige Kontrolle des 16 bit Marktes. Letztendlich wurden nur 85 % erreicht. Zilog war verschwunden. Aber Motorola existierte noch. Mittlerweile wurde auch Motorola der Feuerprobe unterzogen, und die Schwächen wurden offensichtlich. In den nächsten Jahren sollte Motorola zeigen, daß sie mindestens genausoviel von der Operation CRUSH lernte wie Intel. Und sie würde nie wieder selbstzufrieden sein.

6 Geschichte II

Geschichte II

Theoretisch begann die zweite Mikroprozessor-Ära einige Jahre vor dem Ende der ersten.

In den frühen 70er Jahren bereitete Intels Mitbegründer und Vizepräsident Dr. Gordon Moore eine Rede für eine Industrietagung über die Zukunft der Speicherchips vor. Äußerst beeindruckt von der außergewöhnlichen Geschwindigkeit, mit der diese Chips hinsichtlich ihrer Kapazität, Größe, Leistung und ihres Preises verbessert wurden, entschied sich Moore, die Entwicklung jeder Chipgeneration graphisch darzustellen, um die künftige Entwicklung möglicherweise ablesen zu können. Wegen der enormen Leistungssprünge trug Moore sowohl die Leistung von Intels Arbeitsspeicherchips als auch die der voraussichtlichen, noch in den firmeneigenen Entwicklungsabteilungen befindlichen Modelle auf logarithmischem Millimeterpapier in bezug auf ihre Einführungsdaten ein.

Zur Verwunderung von Moore und der Welt ergaben die verbundenen Punkte eine gerade Linie.[1]

»Anscheinend verdoppelte sich die Komplexität (Verarbeitungsgeschwindigkeit, Kapazität usw.) dieser Speicherchips alle zwei Jahre. Er wußte, daß seine Industrie sich schnell entwickelte, aber selbst für Moore war diese graphische Darstellung eine Überraschung. Nachdem er die Linie weiter zeichnete, sagte Moore voraus, daß in nur 20 Jahren der 1000 bit dynamische RAM Chip von 1971 zur Produktion von Speicherchipkapazitäten von einer Million bit Speicherchips im Jahr 1991 ausgebaut werden würde. Für die damalige Zeit war allein die Idee eines derartig leistungsstarken Chips unglaublich. Die Geschichte sollte Moore jedoch bestätigen.«[2]

Moores Gesetz, wie es später genannt wurde, erwies sich als die einflußreichste und genaueste Abschätzung für die Entwicklung der Elektronikindustrie. In einfachen Worten beinhaltet es die jährliche Verdoppelung der Speicherchipkapazität. In den 80er Jahren flachte die Kurve etwas ab, jedoch verdoppelte die Industrie die Speicherchipkapazität immer noch durchschnittlich alle zwei Jahre, eine Geschwindigkeit, die heute noch beibehalten wird.

Moores Gesetz beschrieb nicht nur die Leistungssteigerung der Halbleiterspeicherkapazität, sondern auch die der anderen integrierten Schaltkreise, insbesondere die Entwicklung des Mikroprozessors, des bekanntesten integrierten Schaltkreises überhaupt. Weil Mikroprozessoren die treibende Kraft bei der Entwicklung der elektronischen Hardware sind, gilt Moores Gesetz mit einigen Modifikationen auch für Taschenrechner, Personalcomputer, Großrechner und den Rest des gesamten Angebots an Elektronik.

Die Halbleiterindustrie erkannte sehr schnell, daß die Implikationen von Moores Gesetz überwältigend waren. Einerseits konnte man durch Extrapolation genau vorhersagen, wie die jeweilige Gerätegeneration in fünf, zehn oder zwanzig Jahren aussehen würde, sofern bis dahin kein tiefgreifender, bis dato unbekannter Effekt die Entwicklung blockieren sollte. Somit könnte man jetzt schon für diese Zukunft Vorsorge treffen und voraussagen, daß mit einer relativ hohen Wahrscheinlichkeit der Wettbewerbsdruck das notwendige Maskendesign und die Halbleiterscheiben- und Chiptechnologien erzeugen wird.

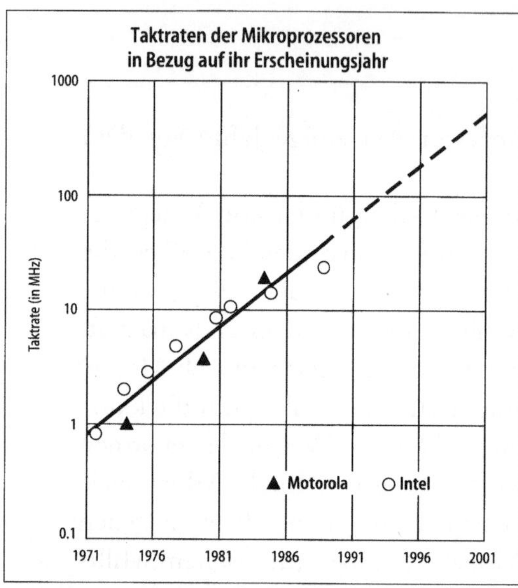

Ein Beispiel für das Mooresche Gesetz. Bemerkenswert, daß die Funktionen der Taktfrequenzen von Intels und Motorolas Prozessoren in Bezug auf die Entwicklungsjahre bei logarithmischer Skalierung der Achsen einer Geraden folgen.

Andrerseits besagte Moores Gesetz, daß der Prozeß nicht nur offen, sondern auch kontinuierlich ist. Die Funktionseinheiten, insbesondere die Mikroprozessoren, die bereits jetzt entwickelt werden müssen, würden damit die Aufwärtskompatibilität zu den Nachfolgern zwei Jahrzehnte später besitzen, und möglicherweise eine tausendfach bessere Leistung gegenüber den jetzigen Geräten haben. Die Kunden könnten sonst das Schiff verlassen und ihre

■ 192

bestehenden Investitionen schützen, auch wenn das bedeutet, daß sie auf einem überholten Chip sitzen blieben.

Vielleicht die wichtigste Folgerung aus Moores Gesetz war, daß jede Generation der Halbleiterelemente eine Bündelung von Unbekannten darstelle, insbesondere von Leistung, Größe und Preis, und jede dieser Unbekannten einen einzigartigen Schauplatz für den Wettbewerb definiere. Man könnte etwa die gegenwärtige Leistung und Größe beibehalten und als ein Mengenrabatt-Preisbrecher konkurrieren. Oder man könnte umgekehrt die Größe beibehalten, den Preis hoch setzen und eine Marktnische mit einem Produkt der Spitzenleistung gewinnen. Moores Gesetz erlaubte alle diese Strategien. Dies hatte zur Folge, daß es keine perfekte »Produktphilosophie« gab. Vielmehr lautete die Devise, welchen Weg man auch immer einschlug, man mußte in ständiger Bewegung bleiben und dabei schnell sein.

Harald Stone identifiziert die verborgenen Botschaften in Moores Gesetz:
1. Moores Diagramme zeigen einzelne Technologiegenerationen, größtenteils getrieben von den Fortschritten in der Fotolithographie sowie anderen Durchbrüchen in der Verarbeitung, die jede Generation technisch ermöglichen.
2. Moores Diagramme zeigen einen gleichbleibenden Zeitraum zwischen den Generationen. Die Vervierfachung der Integrationsdichte geschieht erst nach Ablauf eines konstanten Zeitraums.
3. Die Investitionskosten für die Entwicklung einer neuen Generation nehmen ständig zu.
4. Der Markt ist bereit, einen Spitzenpreis für die als wertvoll erachteten Eigenschaften von Produkten zu bezahlen, die zu Beginn einer neuen Generation erscheinen. Folglich ist der Nettogewinn beim Start einer neuen Generation am höchsten.
5. Solange sich die Technologie derart entwickelt, daß jede Generation Vorteile gegenüber der letzten bietet, werden Kunden auf ihre alten Geräte verzichten. Völlig neue Anwendungen werden erfunden – und bei der neuen Generation wird man sich über Umsätze freuen können, die mindestens so groß sein werden wie bei der letzten Generation.[3]

Zweifellos lautet die Botschaft für die Mikroprozessorunternehmen, eine neue Generation nicht nur als erste einzuführen, sondern dies auf eine Weise zu tun, daß das neue Produkt bei der Gratwanderung zwischen Innovation und Einklang mit der Vergangenheit erfolgreich ist. Dies mag sich leicht anhören. Wenige Unternehmen hatten jedoch dabei Erfolg. Schließlich können falsche Entscheidungen bei neuen Herstellungstechnologien (oder deren verspätete Einführung), unbefriedigende Eigenschaften des neuen Produkts oder ein zu großer Fortschritt die vorhandenen Kunden abschrecken, und das jeweilige Unternehmen würde eine Katastrophe riskieren.

Anhand des »Spiralmodells«, entwickelt vom Risikoanalytiker Robert Charette, kann man die Wirkungen auf die Mikroprozessorindustrie veranschaulichen. Dieses Modell ähnelt einer Spiralfeder, bei der jede Schleife einem generationsähnlichen Technologiefortschritt entspricht. Der Marktführer ist an der Spitze der Spirale und gibt die Drehgeschwindigkeit an. Die anderen einschlägigen Unternehmen sind auf verschiedenen Punkten darunter angeordnet. Wenn ein Unternehmen nichts tut, bleibt es an demselben Punkt und verliert gleichzeitig seine Position gegenüber den anderen aufwärts strebenden Firmen. Falls es sich schneller bewegen kann als die Spirale sich dreht, dann gewinnt es an Boden gegenüber dem Marktführer, es kann ihn sogar einholen und ersetzen und dann die Drehgeschwindigkeit selbst angeben. Letzteres passiert selten, wie wir sehen werden. Man muß in der Tat, wie es Alice im Wunderland mit der Roten Königin erfuhr, so schnell wie überhaupt möglich rennen, nur um zu bleiben, wo man ist.[4]

Das Gesetz

Bis 1980 war es nicht leicht, Moores Gesetz im Mikroprozessorgeschäft zu erkennen. Es gab so viele konkurrierende Unternehmen und Architekturen, so viele Auseinandersetzungen und Bestrebungen, die Herstellungstechniken zu perfektionieren, daß es riskant war, Wochen oder Jahre vorauszuschauen.

Aber IBMs Entscheidung für den Intel 8088 veränderte alles. Einer der Hauptgründe, weshalb Intel vorgezogen wurde, das Herz des neuen IBM-PCs zu liefern, der der Öffentlichkeit am 12. August 1981 vorgestellt wurde, lag darin, daß das Chipunternehmen sich auf Jahre hinaus verpflichtet hatte, die Prozessorarchitektur zu unterstützen. Da sowohl IBM als auch die verschiedenen Hersteller von PC-Klonen den 8088 bis Mitte der 80er Jahre jährlich in einer zweistelligen Millionenzahl orderten, zog es Intel überhaupt nicht in Betracht, dieses Versprechen zu brechen.

Somit definierte der Erfolg den Weg, den Intel einschlug – und dabei Moores Gesetz erfüllte. Infolgedessen war Intels alternative Architektur des im Februar 1981 endlich vorgestellten iAPX432 vom Anfang an zum Scheitern verurteilt. Er hat sein Schicksal wohl auch verdient, denn er mußte bis zum Vorstellungstermin so viele Modifikationen und Kompromisse über sich ergehen lassen, daß er schließlich ein ineffizientes Konglomerat war. Sein Befehlssatz war so kompliziert, daß CISC dagegen einfach erschien. Jene Komplexität beeinträchtigte wiederum die Leistung. Intel hatte wahrlich mit der Weiterentwicklung eines zweiten Entwurfs eine weise Entscheidung getroffen. Wäre es beim 432 geblieben, hätte sich das Unternehmen vermutlich in einer technologischen Sackgasse befunden.

Der 432 war nicht alleine im Niemandsland. Die industrieweite Kollision hatte endlich stattgefunden. Intel hatte gewonnen, und den Rest des Marktes mußte sich die übrige Mikroprozessorindustrie teilen. Einige Firmen, wie etwa TI, Fairchild und National, fielen einfach zurück. Ihre Umsätze schwanden rapide dahin, als die Kunden zum neuen »Industriestandard« wechselten und Intel ein rasendes Tempo vorlegte. Zilog hinkte jahrelang hinterher, sogar in Silicon Valley war sie fast vergessen.

Lediglich Motorola wurde vom Automobilgeschäft über Wasser gehalten. Auch auf diesem Gebiet stellte Intel eine Gefahr dar. 1980 gab Intel den Abschluß eines Joint-ventures zur Entwicklung eines neuen Doppelchips (8061 und 8361) für ein elektronisches Motorkontrollsystem mit Ford bekannt. Motorolas Tage schienen gezählt.

Unterdessen hatte Intel Probleme, um die sie ihre ehemaligen Konkurrenten nur beneiden konnten. Der Umsatz lag inzwischen bei 700 Millionen Dollar, und Intel expandierte schnell weiter. Intel hatte im wesentlichen drei Aufgaben in ihrem Mikroprozessorgeschäft:
– soviele 8088 wie möglich herzustellen, um die Nachfrage zu erfüllen und IBM zufriedenzustellen;
– Big Blue und ihre Kunden zur nächsten Generation von kompatiblen Prozessoren zu führen;
– vorsichtige Erforschung neuer Technologien und Märkte zu betreiben, um nicht von einem einzigen Großkunden abhängig zu sein; zugleich IBM weder durch Unachtsamkeit noch durch Hilfe für ihre Konkurrenz zu verärgern.

Andrew S. Grove,
Präsident und Vorstandsvorsitzender von Intel.
Mit freundlicher Genehmigung von Intel

Viele erfolgreiche Unternehmen sind mit dem Versuch, weniger zu erreichen, gescheitert. Intel hatte jedoch einen entscheidenden Vorteil: Andrew Grove.

Grove, in Ungarn unter dem Namen Anders Graf geboren, hatte eine unter immerwährenden Gefahren geprägte Persönlichkeit. Als Kind entging er dem Holocaust. Als junger Mann gelang es ihm, vor den Kommunisten zu fliehen.[5] Im Hinblick darauf ist es nicht verwunderlich, daß Groves berühmtestes Zitat über seine Geschäftsphilosophie hieß »Nur die Paranoiker überleben«.[6]

In den frühen 50er Jahren kam Grove in die Vereinigten Staaten, promovierte im chemischen Ingenieurwesen an der Universität Berkeley und fing bei Fairchild an. Bemerkenswerterweise forschte er bei seiner ersten Stelle in einem Team, das sich mit MOS-Halbleitern befaßte, damals eine völlig neue Technologie. Wie er später sagte: »Am ersten Tag kam ich mit etwas in Berührung, das für alles weitere unentbehrlich war. Ich war von Anfang an dabei. Man kann so etwas nicht planen, man hat manchmal Glück.«[7]

Aufgrund seiner natürlichen Führungseigenschaften stieg Grove bald zum Direktor für Forschung und Entwicklung auf. Er hatte nun die Aufgabe, Prototypen von Produkten und Prozessen zur Serienreife zu entwickeln.

Diese Arbeit war allerdings bei Fairchild einigem Spott ausgesetzt. Gerade Grove, der zugleich brillant und reizbar war, humorvollen Umgang nur mit Vertrauten pflegte, alle anderen seine Härte spüren ließ und dabei fast immer verbissen wirkte, mußte diesen Spott oft ernten. Marshall Cox, damals ebenfalls leitender Angestellter bei Fairchild, erinnerte sich:

»In jenen Tagen bei Fairchild hatte Andy einen sonderbaren Ruf. Als Forscher befaßte er sich mit der Prozeßentwicklung, und solche Leute entwickelten ständig Prozesse, die in einer wirklichen Herstellungsumgebung nicht arbeiteten …

Da erntete Grove, eben weil er ein Prozeßentwickler war, viel Spott dafür, daß er nichts Funktionierendes entwickelte. Sie meinten, er sei kein Praktiker.«[8]

Wie auch immer, Tatsache war, daß Noyce und Moore nach der Gründung von Intel Andy Grove als ersten Mitarbeiter einstellten. Wichtiger noch als ihre spätere Entscheidung zugunsten des Mikroprozessors, war dies die beste Entscheidung, die von den beiden bei Intel je getroffen wurde, weil Grove etwas besaß, was den beiden anderen fehlte: seine beharrliche Zielstrebigkeit. Während Noyce ein Diplomat und Industrieheld und Moore ein Forschungsgenie waren, war Grove der Mann, der das Notwendige machen konnte, um ihr Unternehmen zum Erfolg zu führen. Als eine übereifrige Journalistin einmal zu neugierig fragte, antwortete ihr Grove, wäre sie ein Mann, würde er »ihr die Beine brechen«[9].

Mit der Entscheidung IBMs, den 8088 zu verwenden, avancierte Grove zur Hauptfigur in der Geschichte des Mikroprozessors. Seine Strategien, Taktiken und am allermeisten sein rigoroser Stil sollten die Mikroprozessorindustrie vom ersten Tag des Jahrzehnts bis zum letzten prägen. Und zum Schluß würden sogar seine Gegner zugeben, daß Andy Grove nicht nur gewonnen hatte, sondern auch, daß er vermutlich die ganze Zeit über Recht hatte.

Bei der Betrachtung von Intels Entscheidungen der frühen 80er Jahre sieht man ein Unternehmen, das das scheinbar Unmögliche versucht: nämlich gleichzeitig bei der Belieferung der Industrie wie auch bei den Innovationen führend zu sein. Allein 1980 eröffnete Intel eine Tocherfirma in Hong Kong und eine Herstellungsfabrik in Puerto Rico, installierte ein System zur Verarbeitung von Massenbestellungen und schaffte es dennoch, nicht nur den Doppelchip für Ford, sondern auch den ersten mathematischen Koprozessor, den 8087, herauszubringen. Darüber hinaus schloß sich Intel mit DEC und Xerox zusammen, um die zukünftige, weltweit dominierende Netzwerktechnologie für Personalcomputer, Ethernet, zu entwickeln. Im Jahr darauf nahm Intel eine weitere Produktionsstätte, Nummer 7, in New Mexico in Betrieb und legte in Jerusalem den Grundstein für Fabrik Nummer 8.

Dieses Wachstum wurde durch das außerordentliche Volumen und die Rentabilität der 8088-Verkäufe an IBM angetrieben. Was Intel über die meisten anderen Technologiefirmen, mit Ausnahme von Hewlett-Packard und wenigen anderen, emporhob, war, daß das Unternehmen mit Moores Gesetz vor Augen (und mit Moore selbst, der sie vor Ort daran erinnerte) sich weigerte, sich auf seinen existierenden Produktlinien auszuruhen. Statt dessen führte es den Grundsatz, die Forschungs- und Entwicklungsinvestitionen in guten wie in schlechten Zeiten auf einem konstant hohen Niveau (mindestens 10 % der Einnahmen) zu halten, in die Unternehmenspolitik ein.

Während der guten Zeiten bis 1980 und dem Frühjahr 1981 war das nicht schwierig. Aber Mitte des Jahres 1981 rutschte ein Großteil der Chipindustrie (sowie der Rest der High-Tech Industrie) in einen für sie periodischen, etwa alle vier Jahre stattfindenden Abwärtstrend. Dieser Trend, dessen Tiefpunkt 1982 erreicht wurde, dauerte fast zwei weitere Jahre und war einer der schlimmsten, die Silicon Valley je erlebt hat. Zusammen mit den Umbrüchen im Chip-, Personalcomputer- und Laufwerkgeschäft war er besonders vernichtend.

Die standardisierte, einem Managementlehrbuch entnommene Antwort auf einen solchen Abwärtstrend, eine im Silicon Valley häufig praktizierte Verfahrensweise bei solchen negativen Entwicklungen, war die Reduzierung der laufenden Kosten. Neue Produktentwicklungen wurden gebremst, neue Bauvorhaben zurückgefahren und Arbeitnehmer entlassen. Genau das machte Intel 1974 mit der Entlassung von 750 Arbeitnehmern, fast einem Drittel der Belegschaft. Jetzt inmitten einer noch schlimmeren Rezession, bauten Intels Konkurrenten schon wieder Stellen ab.

Grove aber weigerte sich sogar, sich dieser Rezession zu beugen, weil dies Intel sonst vom gesetzten Ziel abgebracht hätte. Wenn das Unternehmen sein gegenwärtiges Tempo und seine Rentabilität nicht vermindern würde, dann müßte statt dessen die Produktivität erhöht werden, in der Hoffnung, die nächste Produktgeneration früher herauszubringen und der ebenfalls leidenden Konkurrenz einen größeren Marktanteil abzugewinnen. Somit gab das Unternehmen im Oktober 1981 die »125 %-Lösung« bekannt. Von jedem Arbeitnehmer bei Intel wurde erwartet, in den nächsten sechs Monaten zwei zusätzliche Arbeitsstunden pro Tag ohne Lohnausgleich zu leisten.

Die 125 %-Lösung war so etwas wie ein Alptraum in einem Unternehmen, bei dem 60 Stunden pro Woche schon die Regel waren. Der herannahende Winter hatte zur Folge, daß die Arbeitnehmer normalerweise im Dunkeln zur Arbeit kamen und im Dunkeln wieder gingen. Die Familien wurden belastet, und die Nerven lagen blank in einer für ihre »konstruktive Kritik« ohnehin bekannten Firma. Aber die Arbeitnehmer erkannten, daß die mögliche Alternative bedeutete, zu den Heerscharen ihrer Industriekollegen bei den Arbeitsämtern zu stoßen und Stellenangebote zu studieren. Die Arbeitnehmer fingen an, aus Spaß Stirnbänder mit der Aufschrift »125%-Lösung« zu tragen, und unterstützten das neue, zupackende Firmenimage.

> *Von jedem Arbeitnehmer bei Intel wurde erwartet, in den nächsten sechs Monaten zwei zusätzliche Arbeitsstunden pro Tag ohne Lohnausgleich zu leisten.*

»Wir haben viel erreicht«, sagte Dick Boucher, Intels Direktor für Marketing, Kommunikation und Geschäftsentwicklung, nach der Beendigung des Programms, »und obwohl es nicht bei allen beliebt war, war die Entscheidung richtig«.

Die 125%-Lösung wurde am 31. März 1982 auf Bierfesten mit 25% größeren Bierkrügen verabschiedet. Während dieser Periode wurde unter anderem die schnellere Lieferung neuer Mikrocomputersysteme, ein Umsatzzuwachs der Mikrocontroller und die schnellere Vorbereitung von Bundessteuererklärungen, um eine frühere Rückerstattung zu bekommen, erreicht. (In den USA werden Steuern auf bundes- sowie bundesstaatlicher Ebene berechnet.) Ob auch nur eine dieser Leistungen aus den zwei zusätzlichen Stunden pro Tag resultierte, ist fraglich. Aber es kann nicht geleugnet werden, daß Intel die Vollbeschäftigung in einer der schlimmsten Rezessionen seit der Großen Depression aufrechterhielt.

Allerdings war die Feier verfrüht, und Intel bereute bald ihren überzogenen Optimismus. Die scheinbare Rückkehr der Halbleiterbestellungen erwies sich als illusorisch. Es war lediglich eine vorübergehende Korrektur der Lagerbestände. Bis Mitte 1982 verschlechterte sich die Lage wieder, während Intel einen strategischen Fehler mit der Einstellung von 3000 neuen Arbeitnehmer (Talente waren während dieser Rezession leicht zu finden) beging. Im Frühjahr 1983 sah die Firma erhebliche Verluste auf sich zukommen. Die Möglichkeit, nicht nur jene Neueingestellten, sondern auch langjährige Arbeitnehmer entlassen zu müssen, konnte nicht mehr ausgeschlossen werden.[10]

Da das Unternehmen unter den Strapazen der 125%-Lösung noch schwankte, stand diese Option nicht mehr zur Verfügung. Statt dessen verordnete Intel im November 1982 eine Lohnkürzung bis zu 10% in Verbindung mit der Einfrierung der Löhne bis Ende 1983.

Jetzt war die Luft raus. Die Arbeitnehmer akzeptierten die 125%-Lösung mit einem gewissen Korpsgeist. Schließlich betraf sie nur die Arbeitszeit, die billigste Ware im Silicon Valley. Aber jetzt ging's ans Geld. Und obwohl es einige mutige »Gott Sei Dank, Wir Haben Noch Einen Job«-Partys gab, wurden diese Einschnitte am stärksten von den Menschen gefühlt, die Intel am meisten behalten wollte, den intelligenten, aufstrebenden Typen, die ihren Erfolg an der Steigerung ihrer Löhne maßen.

Lohnabschläge waren für diese Leute schwierig genug zu verkraften. Darüberhinaus traf Intel aufgrund der strikten Einhaltung der vorwärtsschreitenden Wachstumsphilosophie eine Reihe von Entscheidungen, die scheinbar prädestiniert waren, die Loyalität ihrer Arbeitnehmer zu testen.

Eine dieser Entscheidungen war Fabrik Nr. 7 in Albuquerque. Sie stellte eine bedeutende Investition in die Zukunft dar und sollte die Produktion im Herbst 1982 aufnehmen. Die Rezession machte diese potentielle zusätzliche Kapazität jedoch zumindest vorübergehend überflüssig. Wie gehabt lautete die Standardmaßnahme in der Industrie, einfach einige Jahre lang alle Bauvorhaben zu stoppen. Das machte Intel auch in der Vergangenheit. Zehn Jahre früher, während der letzten großen Rezession, war Fabrik Nr. 4 in Aloha, Oregon, im Bau und wurde über ein Jahr lang nicht fertiggestellt. Sie wurde lediglich von einem einzigen Dobermann als Wachhund bewohnt. Später wurde die Anlage als »Aloha Hundehütte« tituliert.[11]

Diesmal änderte Intel mit der Entscheidung, Fabrik Nr. 7 fertigzustellen, dieses Verhalten. Das Personal sollte eingestellt und trainiert werden, obwohl die Anlage vorerst nicht in Betrieb ging. Auf diese Weise sollte Intel, nach einer wirtschaftlichen Wende, einfach die Türen öffnen und den Betrieb praktisch über Nacht hochfahren können. Die Arbeitnehmer, die die Auswirkungen der Lohnkürzung spürten und die brennenden Lichter in der leeren Fabrik vor Augen hatten, stöhnten.

Sie stöhnten noch mehr im Dezember 1982, als das Unternehmen den Verkauf von 12% seiner Aktien an IBM bekanntgab. Big Blue wollte einen Fuß in der Tür (und einen Sitz im Aufsichtsrat) ihres Mikroprozessorzulieferers. IBM bezahlte nur 250 Mio. Dollar für eine 12%ige Beteiligung an einer Firma mit einem Jahresumsatz von 790 Mio. Dollar. »Eine viertel Milliarde Dollar«, murrten die Arbeitnehmer unter sich, »und wir haben immer noch eingefrorene Löhne«.

■ 200

Angesichts der Tatsache, daß sich die Unternehmensstrategie mit der Erfindung des Mikroprozessors veränderte, war die Entscheidung Intels, ihr Geschäft mit Speichersystemen zu verkaufen, der Tropfen, der das Faß zum Überlaufen brachte. Die Abteilung wurde an ein junges Unternehmen namens Zitel verkauft. Dreißig langjährige Mitarbeiter entschieden sich mitzugehen, während Intel bemüht war, 300 andere Mitarbeiter innerhalb des Unternehmens zu versetzen, um die Verpflichtung einzuhalten, niemanden zu entlassen.

Die letzte Entscheidung war zwar arbeitnehmerfreundlich, verminderte aber kaum einen beträchtlichen Moralverlust in dem gebeutelten Unternehmen. Die Mitarbeiter zweifelten, ob Grove, Noyce, Moore und der Rest der leitenden Angestellten sich um irgendetwas kümmerten außer um die Bilanz.

Bis zum November 1983 verbesserte sich jedoch die wirtschaftliche Lage. Chipbestellungen wurden zahlreicher. Intel belohnte Arbeitnehmer für ihre Entbehrungen mit Urlaub: zwei Wochen für die, die vor 1981, eine Woche für die, die im vergangenen Jahr eingestellt wurden. Kurze Zeit später wurde die Einfrierung der Gehälter aufgehoben. Die Reaktion innerhalb des Unternehmens war mehr von Erleichterung als von Jubel geprägt.

Einige Jahre mußten noch vergehen, ehe die Genialität von Intels Wagnis völlig sichtbar sein würde. Die strikte Einhaltung des Kurses während der Rezession ermöglichte Intel, voll ins Geschäft einzusteigen, nachdem der Markt sich wieder erholt hatte. Dies sollte dem Unternehmen nicht nur ermöglichen, einen größeren Marktanteil zu gewinnen und die Vorherrschaft der Mikroprozessorindustrie zu erhalten, sondern es zufällig auch in eine ideale Lage versetzen, um einer unerwarteten Herausforderung gewachsen zu sein, die aus Japan kam.

Mindestens genauso wichtig war, daß Intel eine schlechte Geschäftslage durch Beibehaltung des Investitionstempos für Forschung und Entwicklung in eine der erfolgreichsten ihrer Geschichte umwandeln konnte. Im März 1982, dem wahrscheinlich bedeutendsten einzelnen Monat in der Geschichte des Unternehmens, stellte Intel vier wichtige Prozessoren der Öffentlichkeit vor:

1. die 16 bit Prozessoren 80186 und 80188, beide entwickelt, um in Instrumenten, Computerperipherie und anderen elektronischen Produkten als intelligente Bauelemente ›eingebettet‹ zu werden,

2. den 82586 Koprozessor, der erste Prozessor, der ausschließlich die treibende Kraft einer Verbindung eines Computers mit einem lokalen Netzwerk darstellt, und am wichtigsten von allen,
3. den 16 bit Prozessor 80286, der erste »moderne« Mikroprozessor für den Personalcomputer und der dominierende Chip seiner Zeit.

Intel war wieder im Geschäft. Aber das aus der Rezession herausgekommene Unternehmen war ein anderes als das, das zwei Jahre zuvor in die Rezession hineinging. Damals war es eine unternehmerische Firma, jung, risikofreudig und optimistisch. Diese Einstellung ermöglichte Intel, in einem strategischen Spiel zu wetten und zu gewinnen. Aber dieser Erfolg kam Intel teuer zu stehen. Das Unternehmen Intel, das aus der Rezession herausgekommen war, besaß den Markt, hatte allerdings in dem Prozeß seine Jugend verloren, wurde hart und zynisch. Die Arbeitnehmer sahen jetzt, daß bei Intel immer das Geschäft und nicht die Menschen an erster Stelle stehen würde.

Das Geschäft war wie Krieg. Andere Unternehmen unterhielten sich darüber, aber Intel erlebte es. Als Andy Grove ein Jahr später ein Buch mit dem Titel *High Output Management* veröffentlichte, wurde die Bedeutung dieser Worte von allen verstanden.

Die frühen 80er Jahre hatten für den anderen wichtigen Überlebenden der Mikroprozessorindustrie eine ganz andere Bedeutung. 1979, etwa zur Zeit als IBM sich für den 8/16 bit Intel 8088 interessierte, enthüllte Motorola ein technisches Wunder. Der MC68000, das Ergebnis eines der besten je versammelten Mikroprozessor-Entwicklungsteams überhaupt, war ein wirklicher 16 bit Prozessor, der die erstaunliche Zahl von zwei Millionen Operationen pro Sekunde verarbeiten konnte.

> *Der 68000 besaß ein Meisterdesign, das die Aufmerksamkeit der Welt hätte erobern sollen. Leider war zu dieser Zeit IBM die Welt, und IBM interessierte sich damals nicht für die höchst entwickelte Mikroprozessortechnologie...*

Der 68000 besaß ein Meisterdesign, das die Aufmerksamkeit der Welt hätte erobern sollen. Leider war zu dieser Zeit IBM die Welt, und IBM interessierte sich damals nicht für die höchst entwickelte Mikroprozessortechnologie, sondern für voraussagbare Massenproduktion. Also machte Motorola trotz der scheinbaren Niederlage weiter. Obwohl sie sich nicht profilierte, ging es Motorola in dieser Zeit geschäftlich weitaus besser als Intel. Motorola überlebte nicht nur die Rezession, sondern wuchs während dieser Zeit sogar, größtenteils wegen der Anteile am Kfz-Markt.

Während Intel wackelte, stiegen die Umsätze von Motorolas Halbleiterproduktsektor von 1,2 Milliarden Dollar 1980 auf 1,6 Milliarden Dollar 1983 ohne jegliche Betriebsverluste in den Jahren dazwischen.[12] Im Fernen Osten, wo das Unternehmen schon stark vertreten war, war die Elektronikindustrie für Verbrauchsgüter auf der Suche nach neuen Anwendungen für den Mikroprozessor. Um beide in die 16 bit Welt zu locken, führte Motorola seine eigene (wenngleich beschränkte) Version des 8088, den 8/16 bit 6809, ein. Währenddessen bemühte sich das Unternehmen, Vorreiter bei der Verwendung von Mikroprozessoren in der lukrativen Telekommunikationsindustrie zu werden.

Trotzdem schmerzte die Niederlage bei IBM. Um so schlimmer wog im selben Jahr der Verlust des größten Befürworters der Halbleiterabteilung, Daniel Noble, der 78jährig starb. Nun, ohne seinen Chip-Mentor sah Motorola hilflos zu, wie der IBM-PC einen rauschenden Erfolg nach dem anderen feiern konnte. Zwischen August und Dezember 1981 wurden 13 000 PCs ausgeliefert, während der beiden nächsten Jahre eine halbe Million.[13] Dies legitimierte nicht nur die Personalcomputer (wie es viele vorausgesagt hatten), sondern verdrängte auch alle kleinen Konkurrenten vom Markt.

Die Firma Apple, die die Bekanntgabe IBMs mit einer ganzseitigen Anzeige im *Wall Street Journal* mit den Worten »Willkommen IBM... im Ernst« herablassend begrüßte, schien sich mit ein paar anderen Firmen, beispielsweise Tandy und Commodore, über Wasser zu halten. Aber eine große Anzahl kleinerer Personalcomputerunternehmen, ohne ausreichendes Kapital, Erfahrung und Personal, mußten bald aufgeben, nachdem Kunden einen Service verlangten, den nur ein großer Hersteller anbieten konnte. Außerdem bewegte sich eine wachsende Zahl von Softwareherstellern auf diese neue Basis zu. Insbesondere begann eine dieser Firmen, ein junger Senkrechtstarter aus Redmond, Washington, namens Microsoft, mit der Lieferung eines mittlerweile zum Meilenstein gewordenen Softwarebetriebssystems, MS-DOS (Microsoft Disc Operating System), an IBM, welches entscheidend dazu beitrug, daß der IBM-PC der De-facto-Standard bei Hard- und Software auf dem Markt wurde.

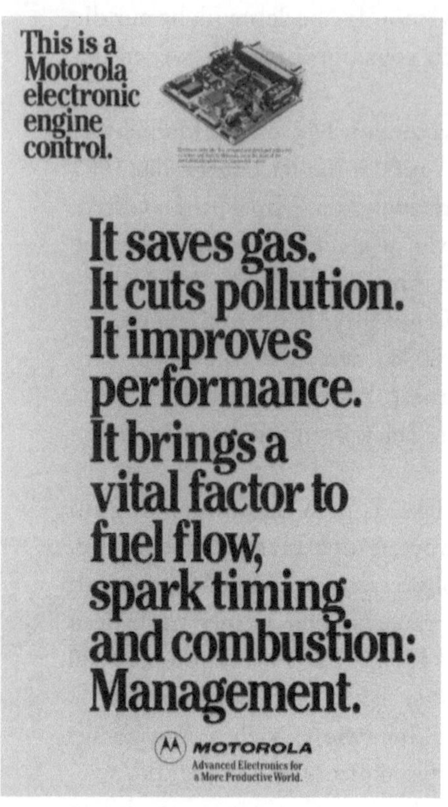

Werbung für das Motorola
Motormanagementsystem, 1980.
Mit freundlicher Genehmigung von Motorola

Für Motorola, deren ursprüngliche Schritte ins Personalcomputergeschäft schon im Versuchsstadium stecken blieben, war das in zweifacher Hinsicht eine schlechte Nachricht. Nicht nur, daß die Kunden wegliefen, sondern die Mehrzahl der brandneuen Betriebssystem- und Anwendungssoftware wurde für den Prozessor ihres größten Rivalen entwickelt. Dieser Trend drohte Motorola für immer aus dem PC-Geschäft auszuschließen, möglicherweise auch aus anderen großen Märkten der folgenden Jahre, wenn PC-Power in Telekommunikations- und Verbraucherprodukten zunehmend Verwendung finden würde.

Das Unternehmen machte weiter. Das Automobilgeschäft boomte. Spezielle Versionen des 6800 wurden mittlerweile an Ford, General Motors und Chrysler verkauft. Und während der Preis eines Computers für Motoren Moores Gesetz widerspiegelte, und sein Stückpreis von 250 Dollar auf 100 Dollar fiel, stieg die Menge der Elektronik in einem durchschnittlichen PKW auf einen Gegenwert von 500 Dollar. Innerhalb von drei Jahren baute GM Delco fünf Motorola Mikroprozessoren in jedes General Motors Auto und bis zu zwölf in die Luxuslimousinen ein.

Die starke Nachfrage steigerte Motorolas Halbleiterumsätze. Bis Mitte der 80er Jahre machten sie fast 40 % der Gesamtumsätze aus und erzeugten genug Gewinne, um den Bau einer neuen Produktionsanlage in Austin zu finanzieren.[14] Motorola war nun der weltweit zweitgrößte Hersteller von Halbleitern, hinter TI, aber vor der japanischen NEC. Die Produktentwicklung schritt voran. Bis Ende 1981 stellte das Unternehmen die 10 MHz- und 12 MHz-Versionen des 68000 vor. 1982 wurde der MC68010, eine zweite Generation des 68000, vergleichbar mit Intels 80286, ausgeliefert.

Aber der große Gewinn bei den Personalcomputern war immer noch außer Reichweite. Während Motorola auf einen Durchbruch wartete, suchte man nach Wegen, sich weiter im Geschäft zu halten. Eine Möglichkeit, die Produktion anzukurbeln, das Angebot zu erweitern und das Marketing zu verbessern, bestand in der Verlagerung von Produktionsprozessen. Zu diesem Zweck nahm Motorola 1982 andere Firmen unter Vertrag, die periphere Geräte für den 68000 entwickeln sollten. Ein Jahr später gab es siebzehn solcher Geräte. Ebenso wichtig war das Ziel, die Softwaredesigner dazu zu bringen, die Softwarebibliothek für den 68000 genauso umfangreich wie für den 8088 zu gestalten. Um dies zu erreichen, wurden bis Ende 1982 fast 100 Softwareentwickler engagiert, die mehr als 300 Anwendungsprogramme für den 68000 entwickelten. Das war zwar um die Hälfte weniger als bei Intel/IBM, aber Motorola hatte es geschafft, alle Rechte für sich zu gewinnen. Das war ausreichend, um für jedes mögliche PC-Unternehmen hoffähig zu bleiben.

Ingeneure, die bei Motorola die Leiterbahnen der 68040-Chipmaske diskutieren.
Steven Pumphrey, © 1992

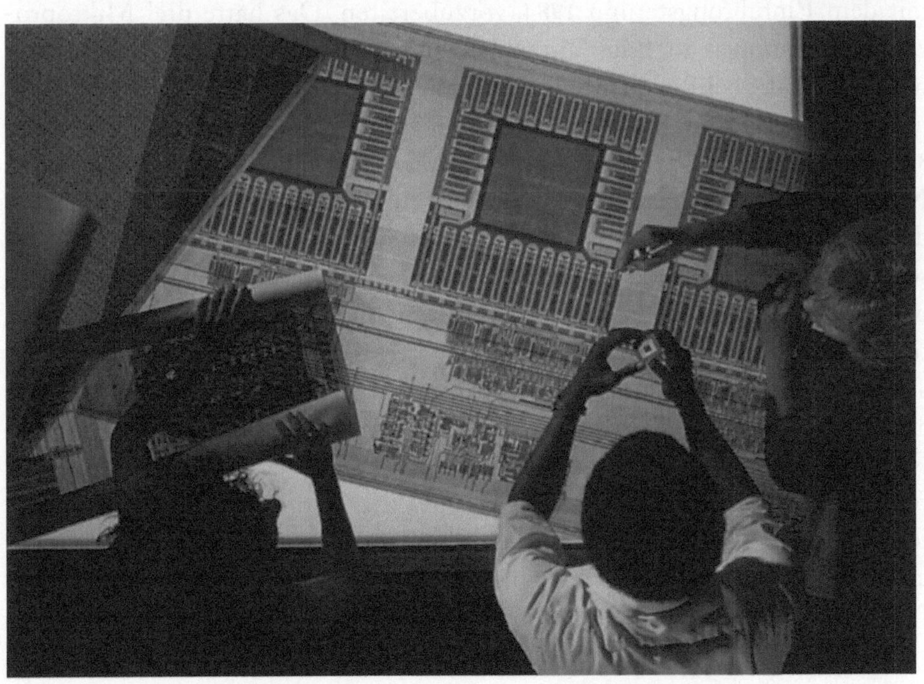

Unterdessen trieb das Unternehmen die Errichtung neuer Fabriken und die Entwicklung neuer Produkte weiter voran. So wurde etwa 1982 nicht nur der 68010 entwickelt, sondern auch ein auf dem 6800 basierender Mikroprozessor, der 6805, mit einem On-board-EPROM (erasable programmable read-only memory = wiederbeschreibbarer programmierbarer Nurlesespeicher) zur Verwendung als Mikrocomputer in Verbraucher- und Industrieanwendungen. Im Jahr darauf gab das Unternehmen drei neue Entwicklungen derselben Serie bekannt, eine identische Serie in CMOS-Technologie sowie Versionen mit On-board-EEPROM (electrically erasable PROM = elektrisch wiederbeschreibbarer programmierbarer Nurlesespeicher), die die Neuprogrammierung während der Verwendung ermöglichten. In einem weiteren Versuch, ins Computergeschäft einzusteigen, einigte sich Motorola mit AT&T, deren neues UNIX-System, das scheinbar aussichtsreiche brandneue Betriebssystem für den wachsenden Markt der Workstations im Ingenieurwesen, auf dem 68000 zu installieren.

Da das nicht gereicht hatte, verbrachten Motorolas Entwicklerteams das ganze Jahr 1983 damit, die nächste Generation des 68000, ein 32 bit Modell mit dem Einführungstermin 1984, vorzubereiten. Das hätte drei Mikroprozessorgenerationen in fünf Jahren bedeutet, ein erstaunliches Tempo, das weder damals noch heute erreicht wurde. Obwohl Motorola fast zwei Jahre nach Intel anfing, sollte diese Firma es trotzdem schaffen, einen praktischen 32 bit Mikroprozessor für den Massenmarkt ein Jahr vor Intel zu entwickeln. Noch wichtiger war, daß die Architektur der Motorola-Linie allgemein als die elegantere und technisch bessere im Vergleich zu Intels 8088-Linie angesehen wurde, insbesondere weil sie ein »lineares« Adressierungsmodell benutzte gegenüber Intels weniger effektivem und komplizierterem »segmentierten« Adressierungsschema.

Diese sowie die nachfolgenden Errungenschaften unterstreichen eine der großen Ironien in der Geschichte des Mikroprozessors. Lange hat Intel den Ruf genossen, innovativ führend in der Mikroprozessorindustrie zu sein, obwohl jeder Fortschritt von Motorola entweder ausgeglichen oder übertroffen wurde. Umgekehrt wurde das bessere Marketing oft Motorola zugesprochen, obwohl die Realität zeigt, daß Intel und Apple bei den Marketing-Innovationen führend in der Geschichte der Elektronik waren.

Bis 1984 verbrachte Motorola vier Jahre vielleicht nicht gerade in der Wüste, aber bestimmt nicht im Rampenlicht. Das Unternehmen hat seine Buße für die durch die CRUSH-Offensive (siehe voriges Kapitel) erlittene Niederlage sowie für den entgangenen IBM-Vertrag mehr als gezahlt. In der Zwischenzeit hat es seine Herstellungskapazitäten aufgestockt, Umsätze gesteigert, zahlreiche Zulieferer unter Vertrag genommen und seine Absätze in Europa und Japan ebenfalls vergrößert. Darüber hinaus hat es die Technologie weiterentwickelt. Dadurch wurden seine Prozessoren zur einzigen Alternative zu denjenigen Intels.

Motorola beendete diese lange Durststrecke mit der Vorstellung des 68020, eines CMOS 32 bit Mikroprozessors mit 200 000 Transistoren auf einem etwa 2,4 cm² großen Siliziumrechteck, der bis zu acht Millionen Anweisungen pro Sekunde verarbeiten konnte. Der mit dem Rest der 68000er Serie aufwärts kompatible 68020 wurde für die neue Generation der Workstations, für Telefonschaltsysteme und für Roboter entwickelt. Er war der erste Mikroprozessor, der in der Lage war, vier Milliarden Bytes Speicher zu adressieren, eine für Grafiken und Multimedia-Anwendungen notwendige Kapazität.

Motorolas MC 68020 Mikroprozessor.
Mit freundlicher Genehmigung des Motorola-Elektronikmuseums, © 1995

Die riesige Leistung des 68020 verblüffte sogar Nutzer von Motorola-Mikroprozessoren. »Die meisten unserer Kunden hielten unsere Behauptungen für übertrieben, bis sie den Chip getestet hatten«, sagte Murray Goldman, damals General Manager von Motorolas Mikroprozessorbereich.[15]

Wie andere bedeutsame Mikroprozessormodelle hatte der 68020 keinen leichten Start. In der Hoffnung, einem neuen National Semiconductor Mikroprozessor gleichzukommen, verkündete Motorola die Entwicklung eines neuen 68000er Modells, um später in einem Rückfall in die alte Mentalität des »behäbigen Dickhäuters« Bedenken gegen das Projekt zu äußern. Im März 1982 reiste ein Team von Motorola mit Dias, die zwei verschiedene

Chipentwürfe zeigten, zu einer Pressekonferenz nach New York City. Ein Dia stellte eine nur leicht verbesserte Version des 68000 dar; das andere einen »Superchip« mit einer gegenüber dem früheren Prozessor dreifachen Leistung. Erst Stunden vor der Pressekonferenz konnte sich das Motorola-Team dazu durchringen, sich für die leistungsstärkere Variante zu entscheiden.[16]

Nach dieser öffentlichen Ankündigung des neuen Modells mußte Motorola einen Weg finden, es zu bauen. Die Konzeption des Prototyps benötigte zwei Jahre. Die *New York Times* schrieb:

»Murray Goldman schwört, er würde sein Lebtag den 29. März 1984 als den Tag X nicht vergessen. An jenem Tag drückten Mr. Goldman, der Motorolas Mikroprozessordivision leitete, sowie viele seiner Kollegen gegen die Absperrseile in einem engen Versuchsraum in Austin, Texas. Ihre Augen waren auf eine kleine Gruppe von Ingenieuren gerichtet, die den ersten elektrischen Strom durch den 68020, Motorolas neuesten Computerchip, schickten, einen der leistungsstärksten, den die Halbleiterindustrie je hervorgebracht hat. Mehr als 200000 Transistoren waren auf diese etwa 2,4 cm² große Siliziumscheibe gepackt, und niemand war sich sicher, ob sie nicht überhitzen und ausbrennen würde. »Die Jobs von uns allen waren mit diesem Monster verknüpft«, sagte Mr. Goldman, der immer noch vom akademischen Leben aus früheren Tagen als Professor für Ingenieurwesen an der New Yorker Universität geprägt war. ›Ich habe nicht zwei Jahre gearbeitet und ungefähr 50 Millionen Dollar ausgegeben, um ein Stück Silizium im Dunkeln zum Leuchten zu bringen.‹ Zur großen Erleichterung der Zuschauer leuchtete es nicht...«[17]

Motorola hatte ihr Lehrgeld gezahlt. Sie verdiente einen Erfolg.

Und sie bekam ihn.

In der nur acht Kilometer von Intels Hauptsitz entfernten Stadt Cupertino in Kalifornien arbeitete ein geheimes Entwicklerteam am neuen Apple Computer. Apple, einstmals Wunderkind des Personalcomputermarkts, war in Schwierigkeiten. Der Apple II, das Kernstück der Produktlinie des Unternehmens, der erste große Personalcomputer für den Massenmarkt und der vorherrschende Computer in den Schulen, kam in die Jahre. Im Mai 1980 führte das Unternehmen den auf Büros zugeschnittenen Apple III ein. Um IBMs erwarteter Ankündigung zuvorzukommen, wurde die Einführung überstürzt. Die Computerhistoriker Paul Freiberger und Michael Swaine führen einen weiteren Grund dafür an: »Bis dahin hatte das Unternehmen

Student, der einen Apple Computer für sein Studium benutzt.
Mit freundlicher Genehmigung von Apple Computer

keine Fehler gemacht, und ein gewisses Übermaß an Selbstvertrauen verleitete (das Firmenmanagement) dazu, den Computer zum Verkauf freizugeben, ohne ausreichende Tests durchgeführt zu haben.«[18] Die ersten Lieferungen erwiesen sich als fehlerhaft und wurden von verärgerten Kunden zurückgebracht.

Fast genauso schlimm war, daß Apple eine interne elektronische Uhr versprochen hatte und dann in letzter Minute vom Zulieferer des Chips, National Semiconductor, informiert wurde, daß er nicht imstande war, solche Chips zu liefern. Da mit dieser Eigenschaft schon geworben wurde, mußte Apple den Preis des Apple III reduzieren und damit ihre möglichen Gewinne schmälern.

Bis zum Januar 1981 wurde der Defekt im Design des Apple III (eine fehlerhafte Verbindung) korrigiert, allerdings war das Image des Computers schon tödlich getroffen. Das Unternehmen stoppte während der Vorbereitung für die Wiedereinführung im Herbst 1981 sogar einen Großteil der Werbung für das Produkt. Das Unternehmen war nur mit dem altbewährten Apple II gerüstet, um gegen IBMs für August geplante Bekanntgabe anzutreten. In der Zwischenzeit mußte es sich beeilen, etwas Neues zu entwickeln.

Die Idee für »etwas Neues« formierte sich schon im Kopf des Mitbegründers Steve Jobs. 1979 besuchte er das nahegelegene Palo Alto Forschungszentrum (PARC = Palo Alto Research Center) der Firma Xerox. Xerox hatte einige Jahre zuvor einen eigenen Personalcomputer, den Altos, eingeführt. Der Computer war ein Flop, wenn auch ein einflußreicher Flop. Jobs wußte, daß ein Teil der kreativsten Arbeiten auf dem Gebiet der Computerentwicklung immer noch bei Xerox-PARC geleistet wurde. Was Jobs bei diesem und nachfolgenden Besuchen fand, glich einer Offenbarung: grafikorientierte Computer mit scharfen Monitorbildern, onscreen durchgeführte und durch Icons unterstützte Kontrollen, eine mit der Hand geführte Maus. Jobs war überzeugt, die Zukunft des Personalcomputers gesehen zu haben.

Andere bei Apple waren nicht so überzeugt. Dennoch, er war eben Steve Jobs, also mußten sie ihm zuhören, erst recht weil er plante, Apples Forschungs- und Entwicklungsbudgets zu verdreifachen, um seine Träume zu verwirklichen. Mit der Zeit schlossen sich die meisten seiner Sache an. Einer der ersten an Bord war Bill Atkinson, einer der besten Entwickler des Unternehmens. Mit Jobs war er maßgebend am Projekt Lisa beteiligt, einem Programm zur Entwicklung eines würdigen, auf Büros zugeschnittenen Nachfolgers für den Apple II.

Lisa war ursprünglich als traditioneller Computer im wesentlichen eine Verbesserung des Apple II und basierte auf einer von Wozniak entwickelten Multi-Chip-Zentralprozessoreinheit. Nach der Offenbarung bei Xerox-PARC entschied sich Atkinson mit dem Segen von Jobs für ein Einzelmikroprozessordesign, auf dessen Basis er ein revolutionäres PARC-ähnliches Grafikpaket konstruieren könnte. Er kannte genau den richtigen Mikroprozessor für den Job, den MC68000.[19] Nun hatte Motorola seinen Fuß in der Tür des weltgrößten PC-Herstellers.

Jobs übertrug in der Zwischenzeit die Leitung des Projekts Lisa dem ehemaligen HP-Mann John Couch, um selbst ein noch geheimeres und aufregenderes Projekt, einen preiswerten Lisa-Computer für jedermann, zu übernehmen. Um beim Apple-Motiv zu bleiben, bekam dieses Projekt den

Codenamen Macintosh. Auch Macintosh wurde auf der Grundlage des 68000 entwickelt.

Letztlich und fast völlig unerwartet wurde dies für Motorola ein Verkaufs-Hit. Der im Januar 1984 eingeführte Macintosh-Computer war nicht nur eine fesselnde Erfindung, er war ein gesellschaftliches Phänomen. Nach kurzer Zeit überholte er den 8086, die HP-36 Rechner, sogar den IBM-360-Computer als das berühmteste Produkt in der Revolution der Elektronik. 70 000 Macintosh-PCs wurden von Apple allein in den ersten 100 Tagen nach seiner Einführung geliefert, und trotzdem lief das Angebot der Nachfrage hinterher. Der 68000, der mittlerweile auf den Preis von 35 Dollar gesunken war, also auf 14% seines ursprünglichen Preises von 1979, half dem Macintosh, konkurrenzfähig zu bleiben.

Nun befand sich Motorola in einer ähnlichen Lage wie Intel. Beide Unternehmen stützten sich auf ihre beiden großen PC-Firmenkunden. Dennoch gab es einige entscheidende Unterschiede, die für jede Firma Vorteile hatte. Beispielsweise erkannte Intel bald, daß die Verbindung mit IBM ein noch größerer Glücksfall war als ursprünglich vermutet. Da IBM den PC offen entwickelt hatte, also jeder Hard- oder Software dafür erstellen konnte, sah sich IBM von Firmen umgeben, die PC-Klone herstellten. Auf lange Sicht würde dies das Beste sein, was dem Personalcomputermarkt passieren konnte, weil es eine weitverbreitete Basis schaffte und die Top-Designer der Softwarebranche, wie Lotus, WordPerfect und Ashton-Tate, anlockte. Im Moment jedoch betrachtete IBM diese Entwicklung als eine Bedrohung.[20]

Für Intel dagegen war das das Tüpfelchen auf dem i. Nun bekam Intel nicht nur von Big Blue Bestellungen, sondern auch von zahlreichen Herstellern IBM-kompatibler PCs, von südkoreanischen Leichtgewichten bis zu schnellwachsenden Spielern wie Compaq. Um einen IBM-Computer zu klonen, muß der Klon wie ein IBM-Computer arbeiten, was nur erreicht werden konnte, wenn er auf der Basis eines 8088 oder eines 80286 entwickelt wurde. Und da Intel mit Lizenzverträgen sehr konservativ umging, flossen die Gewinne dieser riesigen Umsatzsprünge fast ausschließlich an Intel.

Im Vergleich dazu hatte Motorola zwei andere Vorteile. Weil diese Firma später ins Computergeschäft eingestiegen war, hatte sie einige andere Märkte ausgelotet und ein breiteres Produktspektrum angelegt. Infolgedessen war sie weit weniger vom Erfolg des Apple Macintosh abhängig als Intel vom Erfolg des IBM-PC. Als die Welt beim 68000 im Mac aufwachte, hatte Motorola schon den 68010, den 68020 sowie einen 32 bit Prozessor der zweiten Generation, den 68030, in Entwicklung. Darüberhinaus beinhaltete der Motorola-Katalog neue Mikrocomputerserien mit on-board EEPROM und Mikrokontroller zur Steuerung der neuen digitalen Signalprozessorchips. Somit konnte Motorola beim Auftauchen neuer High-Tech-Märkte diese mit einem ausgeworfenen, großen Netz einfangen. Als ein gutes Beispiel hierfür kann ein Fall von 1985 dienen, als ein führender europäischer Hersteller, Micro Card Technologies Inc., eine Million 8 bit Mikrokontroller von Motorola kaufte, um sie in seine neuen scheckkartengroßen Chipkarten einzubauen. Im selben Jahr führten fast 30 Firmen neue Produkte mit dem 68020 ein; die jährlichen Lieferungen dieses Prozessors stiegen nur ein Jahr später auf 250 000.[21]

Motorolas zweiter Vorteil war ihre Macintosh-Verbindung. 1985 war Apple der leuchtende Stern am amerikanischen Industriehimmel, von dessen Strahlung auch Motorola beleuchtet wurde. Der Mikroprozessor des Macs mußte gut sein, also schauten ihn sich auch andere Hersteller ein zweites Mal an. Inzwischen erwies sich die berühmte grafische Benutzeroberfläche des Macintosh als das Modell für solch futuristische Technologien wie rechnergestützte Ingenieurarbeit, objektorientierte Programmierung und Multimedia-Anwendungen. Deshalb wurde die 68000er Mikroprozessor-Familie zum tatsächlichen Industriestandard für diese neuen Märkte. Das wiederum machte Motorolas 68000er Serie zur ersten Wahl für den neuen Workstation-Markt.

Im Gegensatz zu den Jahren 1974 und 1980 waren Intel und Motorola nun erfahrene Konkurrenten. Dieses Mal würden sie keine Fehler machen. Statt dessen pries jeder seine Vorzüge. Sie sahen mit ihren Produkten einer erfolgreichen Zukunft entgegen.

Abseits der befestigten Wege

Die Konstellation Intel/IBM kontra Motorola/Apple bestimmte Mitte der 80er Jahre das Marktgeschehen. Es gab jedoch einige interessante Nebenschauplätze. Der große Erfolg der 68000er und der x86er Familien motivierte Systementwickler überall dazu, Mikroprozessoren und Mikrokontroller in ihre Produkte einzubauen, um sie konkurrenzfähiger zu machen. Dies wurde besonders im Geschäft mit Minicomputern vorangetrieben, wo Hewlett-Packard, IBM und Digital Equipment sich alle mit ihren eigenen Modellen befaßten.

Diese neuen Bauelemente wurden praktisch nur zur internen Verwendung in den eigenen Produkten entwickelt, zugleich eine Stärke und Schwäche dieser Bauelemente. Verlief alles nach Plan, dann ermöglichten sie den Systemen, in denen sie eingebaut waren, eine besondere Leistung, also einen Produktvorteil gegenüber der Konkurrenz. Nachteilig war, daß das beschränkte und konkurrenzlose Umfeld, in dem sie entwickelt wurden, typischerweise nur geschlossene Lösungen ermöglichte, unerreichbar für die nützliche Software von außenstehenden Entwicklern und außerstande, die im Hinblick auf die Konkurrenz auf dem offenen Markt erforderlichen Leistungsdurchbrüche zu erreichen.

Hewlett-Packard war das für diese Zeit typische geschlossene Prozessorunternehmen, das nur für den Eigenbedarf produzierte. Im Verlauf eines Jahrzehnts ging es erst den falschen, dann den richtigen Weg. Die falsche Entscheidung fiel 1976, als die Taschenrechnerabteilung plante, den Supertaschenrechner Capricorn (Capricorn ist die astrologische Bezeichnung für Steinbock) zu entwickeln, der möglicherweise sowohl vor Apple als auch vor IBM auf dem Markt hätte erscheinen können. Da das Entwicklungsteam über die Leistungen des 8080 frustriert war, wandte es sich an HPs eigene mächtige Mikroelektronikabteilung mit der Bitte, einen Prozessor zu entwickeln. Das Ergebnis war ein leistungsstarker aber geschlossener Chip, der dem Capricorn nur ermöglichte, mit HP-Peripherie zu funktionieren. Zudem gab es auch bürokratische Verzögerungen. Als der Capricorn dann im Januar 1980 als HP-85 herauskam, hat ihn der Markt mit Ausnahme der HP-Fans nicht beachtet.[22]

Zehn Jahre später hatte Hewlett-Packard seine Lektion gelernt. Nachdem das Unternehmen den Markt durch eine Serie von Personalcomputern der unteren Klasse kennengelernt hatte, stellte es seine leistungsstarken Workstations der 9000er Serie vor. Auch sie wurden von HP-Mikroprozessoren, sogar von RISC-Prozessoren gesteuert, aber diesmal waren die Computer als offene Systeme konzipiert. Sie konnten den größten Teil der vorhandenen UNIX-Software verarbeiten. Diese offene Produktkonzeption hatte zur Folge, daß HP nach kurzer Zeit zu einem der weltgrößten Zulieferer von UNIX-basierten Computern wurde.

Da IBM eben IBM war, liefen einige interne Mikroprozessorprojekte, auch als sich IBM extern um Intel bemühte. Und typischerweise bildeten diese Projekte ein breites Spektrum, darunter RISC-Prozessoren, Mikroprozessoren auf alternativen Substraten sowie zahlreiche verschiedene Mikrokontroller und andere Bauelemente. Nur wenige wurden bis zur Marktreife entwickelt, und von den Geräten, in deren Systeme sie tatsächlich eingebaut wurden (wie im Fall der RISC-Prozessoren), erreichten nur wenige den Markt. Zum Schluß blieb IBM bei Intel, und die vielen Mikroprozessor-Forschungsprojekte dienten überwiegend als Trainingsstätten für junge, noch unerfahrene Entwickler, die ihre beste Arbeit woanders machen würden.

Der führende Minicomputerhersteller, Digital Equipment Corp., versuchte es längere Zeit mit Mikroprozessoren. Wegen eines Faibles für Computerhardware traf das Unternehmen dabei aber meistens die falschen Entscheidungen. In den späten 60er Jahren waren seine Minicomputer die leistungsstärksten und in manchen Fällen auch die kleinsten auf dem Markt. Insbesondere waren bestimmte Versionen des PDP-8 so klein, daß Verkäufer sie im Kofferraum ihres Autos mitnahmen.[23] Mit einigen wenigen Modifikationen hätte man den PDP-8 zehn Jahre vor der Konkurrenz in den ersten Personalcomputer der Welt umwandeln können. Mit seinem Know-how in der Computertechnologie hätte DEC möglicherweise den Markt beherrschen können. Aber Kenneth Olsen, DECs Geschäftsführer, hatte kein Interesse.

Diese Fehlentscheidung war schlimm genug. Aber zur gleichen Zeit verpaßte DEC eine noch größere Gelegenheit. Mit seiner einfachen Konstruktion zeigte der PDP-8 nicht nur den Weg zum Personalcomputer, sondern auch zum Mikroprozessor. Intels Ted Hoff sollte später erklären, daß ihn dieser Computer inspirierte, den 4004 zu planen. Infolgedessen schaffte es DEC, die zwei größten Marktpotentiale des Informationszeitalters zu verpassen.

Das Unternehmen stieg 1982 viel zu spät ins Personalcomputergeschäft mit dem Rainbow ein, einem PC mit dem einzigartigen Merkmal, daß er zwei Prozessoren, den 8 bit Zilog Z80 und den 8/16 bit Intel 8088 verwendete. Bis dahin hatte sich DEC den Marketingalptraum dreier konkurrierender Produktlinien (die microVax, PDP-11 und Rainbow), allesamt mit unterschiedlichen Prozessoren und Software geleistet. Nicht nur das Verkaufspersonal war verwirrt, sondern auch die Kunden. Der Rainbow spielte somit nie eine bedeutende Rolle auf dem PC-Markt.

Während der nächsten zehn Jahre blieb DECs Engagement bezüglich Mikroprozessoren größtenteils firmenintern. DEC entwickelte spezielle Architekturen vor allem für die Verwendung in der eigenen sehr erfolgreichen VAX-Minicomputer-Serie. Als dann in den frühen 90er Jahren von allen Seiten Workstations, Client-Server-Systeme und vernetzte PCs auf den Markt drängten, schien sich der Minicomputermarkt, der einst stabilste in der Computerbranche, in dem DEC Marktführer war, plötzlich aufzulösen. Von diesem industriellen Umbruch wurden die Unternehmen DEC, Wang (das praktisch verschwand), Data General sowie große Teile von IBM und Hewlett-Packard gelähmt. Nur HP gelang es, sich mit unkonventionellen Entscheidungen besser zu positionieren und sich vollkommen zu erholen.

Die Mitarbeiter gingen. Das Geld versickerte. DEC drohte auszubluten. Da richtete man das Augenmerk auf den eigenen seit langem verschollenen Mikroprozessorzweig. Dort gab es noch einen Funken Hoffnung. Im Februar 1992 gab DEC bekannt, daß das Unternehmen seine bisherige Strategie ändern und Lizenzen für seinen Alpha-AXP-Mikroprozessor an andere Hersteller vergeben würde. Ferner würde DEC den Alpha AXP bei den eigenen neuen Personalcomputern und bei den Workstations der gehobenen Klasse verwenden.

Der Alpha AXP, ein superschneller 64 bit Prozessor, war zwar ein eindrucksvolles Gerät, aber DEC befand sich in vielerlei Hinsicht in einer schlechteren Position als Motorola zehn Jahre zuvor. Das Unternehmen hatte kaum Firmenkunden, die selbst Produkte mit Mikroprozessoren herstellten. Ferner legte DEC alle ihre Hoffnungen in eine Vereinbarung mit Microsoft, eine mögliche zukünftige Rivalin, deren zukünftiges Windows NT-Betriebssystem zu verwenden. Der *Boston Globe* schrieb 1993:

»*Digital versucht mit dem Alpha aufzuholen, was ihr möglicherweise die Suche nach einem Partner erschwert haben könnte... große Hersteller wie International Business Machines Corp. und Motorola legten sich schon auf andere Modelle fest. ›Zu diesem Tanz kamen sie mit Verspätung‹, sagte ein Beobachter, ›sie machen das Beste aus der Situation.‹*«[24]

Was für DEC sprach, war ein gutes, offenes Chipdesign, der Umstand, daß DEC ein 14-Milliarden-Dollar-Unternehmen war und schließlich, vor allem anderen, ein anspruchsvoller und leistungsbewußter Markt. Während dieses Buch geschrieben wird, ist das Schicksal von Digital Equipment noch nicht abzusehen. Und man kann spekulieren, was gewesen wäre wenn...

Eine unerwartete Bedrohung

1979 verpaßte ein leitender Angestellter von Hewlett-Packard auf einer Konferenz in Boston der US Halbleiterindustrie einen Schlag. Mit der Unterstützung von Overhead-Folien demonstrierte er, daß HP insgesamt mehrere hunderttausend Komponenten von anderen Herstellern zur Verwendung in Computern, Taschenrechnern und Instrumenten bezog. Der Großteil dieser Geräte wurde von amerikanischen Herstellern gekauft, fuhr er fort, aber einige Bauelemente wurden von einigen großen japanischen Elektronikfirmen gekauft, von NEC, Hitachi, Fujitsu, Toshiba und Mitsubishi.

Dann ließ HP die Bombe platzen. Die Ergebnisse von Tests von Halbleiterchip-Lieferungen aus den USA und aus Japan zeigten, daß die japanischen Chips nicht nur eine bessere, sondern eine entscheidend bessere Qualität besaßen. Während HP gewöhnlich bis zu 5 % der amerikanischen Chips als fehlerhaft zurückschicken mußte, war es nur selten der Fall, daß überhaupt einer der japanischen Prozessoren fehlerhaft war. Dazu kam, daß die japanischen Lieferungen immer pünktlich waren und angeforderte Ersatzlieferungen sofort verschickt wurden. Im Vergleich dazu kamen die amerikanischen Chips verspätet. Ersatzlieferungen wurden manchmal mit genauso fehlerhaften Chips bestückt, und der sich beschwerende Kunde, HP, wurde normalerweise so behandelt, als ob er sich glücklich schätzen könne, überhaupt Ersatzlieferungen zu bekommen.

Daß Computerhersteller sich über die Chipqualität beschwerten, war den Repräsentanten der Halbleiterindustrie unter den Zuhörern nicht neu, aber das öffentliche Waschen dieser schmutzigen Wäsche hingegen schon. Schließlich, sagten sie sich, sei das Herstellen von Chips ein schwieriges, nicht einträgliches Geschäft und, naja, unter dem Druck der Konkurrenz müßte man manchmal liefern, ohne ausreichend geprüft zu haben ... bisweilen auch dann, wenn zu befürchten war, daß man Schrott lieferte.

Nein, diese Leute wurden allein von den japanischen Zahlen erschüttert. Sie waren unglaublich. Niemand konnte ausnahmslos Chips mit einer solchen Qualität bauen, erst recht nicht sie auch noch pünktlich liefern. Da mußte es einen Haken geben. Vielleicht würden die Japaner HP irgendwie bevorzugt behandeln. Von dieser Meinung mußten sie allerdings Abschied nehmen, als während der folgenden Wochen immer mehr amerikanische

Einer der Mikrocomputer, die in Japan hergestellt wurden. Dieser Toshiba wurde am
amerikanischen Markt Ende der 70er Jahre eingeführt.
Mit freundlicher Genehmigung von Toyota Motor Corporate Services

Computerhersteller die Ergebnisse von HP öffentlich bestätigten. Anscheinend schafften die Japaner das Unglaubliche und würden es weiter tun, bis sie die gesamte Halbleiterindustrie beherrschten.

Das führte zu Angst und Entsetzen bei den amerikanischen Halbleiterunternehmen. Bis zu jener Zeit war das Herstellen von Chips ein Insiderspiel, das von alten Weggefährten und Rivalen von Fairchild und Motorola gespielt wurde. Sie wußten, was George als nächstes tun würde, weil sie mit ihm früher im Außendienst von Signetics waren; und wenn sie Freds neuen Speicherchip nachbauen wollten, riefen sie ihn an und sprachen in der Stammkneipe über die alten Zeiten.

Die Japaner? Na, das waren doch diese scheuen, steifen Männer in dunklen Anzügen, die auf Konferenzen auftauchten und Unmengen an Bildern und Notizen machten. Man konnte ihnen für gutes Geld seine Technologie mit Lizenzverträgen verkaufen und brauchte sich dabei keine Sorgen machen, daß sie eines Tages mit den Lizenzgebern konkurrieren könnten, denn wen kümmerte schon Japan? Und wenn man entlassen wurde, konnte man immer noch bei einer ihrer Niederlassungen im Silicon Valley eine Stelle finden, bis National oder Intersil wieder Leute suchten.

Die amerikanischen Chiphersteller konnten weder das japanische Qualitätsniveau erreichen, noch wußten sie, wie sie es erreichen sollten.

Nun kehrten diese harmlosen, überhöflichen Ingenieure und Manager in Supermenschen verwandelt zurück. Die amerikanischen Chiphersteller konnten weder das japanische Qualitätsniveau erreichen, noch wußten sie, wie sie es erreichen sollten. Während sie also in den frühen 80er Jahren vor Angst zitterten, zielten die japanischen Elektronikunternehmen auf einen Halbleitermarkt nach dem anderen und übernahmen ihn.

Das wichtigste dieser Ziele war der Computerspeicher. Speicherchips sind immer ein Maßstab für die Halbleiterindustrie gewesen. Da ihre Oberflächen vergleichbar homogen waren, dienten sie gewöhnlich als Übungsplatz für jede neue Generation der Prozeßtechnologie. Deshalb verwendete Gordon Moore zuerst die Daten der Speicherchips für seine Grafik, um damit sein Gesetz zu formulieren. Darüber hinaus bestimmten Speicherchips den Kernspeicher von Rechnern. Folglich legten sie die nötige Mikroprozessorleistung zur Adressierung dieses Speichers fest. Da Speicherchips in Riesenmengen produziert wurden (bis zu 50 Chips für jeden Mikroprozessor auf dem Motherboard), war ihre Herstellung normalerweise sehr einträglich.

Die japanischen Firmen blieben unbeirrt; unterstützt vom japanischen Handelsministerium MITI, drangen sie in das Zentrum des Speichergeschäfts vor, die Entwicklung des DRAM (dynamic random access memory = dynamischer Schreib-Lese-Speicher, ein Schreib-Lese-Speicher mit wahlfreiem Zugriff). 1984 beherrschten japanische Firmen, insbesondere NEC, schon 40 % des DRAM-Weltmarkts; zwei Jahre später hatten sie mit der damals besten Technologie, dem 256K DRAM, 90 % des Markts voll im Griff.

Damals gab es nur noch vier amerikanische Unternehmen auf dem DRAM-Markt, darunter Intel und Motorola, und alle planten ihren Ausstieg.

In jener Zeit machten die Japaner im Halbleitergeschäft nicht nur mit DRAM-Chips enorme Gewinne, sondern auch in zahlreichen anderen Bereichen, insbesondere mit Flüssigkristallanzeigen (liquid crystal display, LCD), einem Markt, der vorher von amerikanischen Firmen dominiert wurde. Der LCD-Markt versprach durch den bevorstehenden Aufstieg von tragbaren Computern eine goldene Zukunft.

Für die amerikanischen Unternehmen war diese Zeit nicht angenehm. Selbst die nüchternsten Industrieführer gaben privat zu, daß ihrer Meinung nach die japanischen Firmen nicht mehr aufgehalten werden könnten. In dieser angespannten Atmosphäre, in der das Geschäft und die Karrieren entweder verloren oder gerettet werden konnten, kamen ungewöhnliche Verhaltensweisen zum Vorschein. In den USA forderten plötzlich die Geschäftsführer der Halbleiterindustrien, die ursprünglich als lebende Vorbilder des krassesten Individualismus bekannt waren, staatlichen Schutz aus Washington und Verkaufsquoten für US-Chips auf dem geschlossenen japanischen Markt. Der führende Sprecher der Bewegung für staatliche Unterstützung war Charles Sporck von National Semiconductor, früher bekannt für seine Abneigung gegen staatliche Intervention.

Der Konkurrenzkampf wurde zunehmend härter, als amerikanische Firmen den japanischen Unternehmen illegale Geschäftspraktiken vorwarfen und diese mit der (manchmal rassistisch gefärbten) Behauptung konterten, Amerika sei eine dekadente und sterbende Gesellschaft.

Tatsächlich hatte die Ursache des japanischen Erfolgs in der Elektronik nicht im geringsten mit solchen törichten Ansichten zu tun, sondern mit einer guten Geschäftsstrategie. Japanische High-Tech-Unternehmen hatten gelernt zu sehen und zu hören.

Nach den im Zweiten Weltkrieg erlittenen verheerenden Zerstörungen, suchten japanische Intellektuelle und Spitzenmanager beim Wiederaufbau überall in der Welt nach Modellen für die Geschäftsorganisation, Planung und Produktion, die so neu sein sollten wie die Fabriken ihrer Konzerne. Besonders interessant für sie waren die Entwicklungen in den USA. Die Elektronikbranche war für die Japaner besonders reizvoll, da sie dem rohstoffarmen Land nur wenige Rohstoffe abverlangte. Die großen japanischen

Unternehmen erhielten außerdem bei der Entwicklung ihrer Halbleiterbauelemente Hilfe von Motorolas Bob Galvin, den Präsident Eisenhower persönlich darum bat.

In den USA spürten die Japaner Intellektuelle wie W. Edwards Deming und Joseph Juran auf, die in ihrem eigenen Land ignoriert wurden und eine auf überlegener Qualität basierende neue Produktionsphilosophie propagierten. Als Deming einer Einladung nach Japan folgte, stellte er fest, daß seine Ideen nicht nur willkommen, sondern die Basis einer neuen mystischen Religion waren.

In den frühen 50er Jahren besuchte Kaiichi Ohnoe, das später größte Produktionsgenie des Jahrhunderts, einen amerikanischen Supermarkt und hatte eine Vision. Mit dieser Vision einer neuen Produktionsindustrie mit just-in-time Lagerbeständen, Mitarbeiterverantwortung und Qualitätsmanagement kehrte Ohnoe zurück nach Japan und begann, die Automobilproduktion bei Toyota umzugestalten.

Hiroe Osafune, ein Geschäftsmann mittleren Alters bei Nippon Electric, besuchte eine Konferenz der amerikanischen Elektronikindustrie und traf dort sein Vorbild Robert Noyce, den Erfinder des integrierten Schaltkreises. Mit dem Traum, der Noyce von Japan zu werden, überzeugte Osafune NEC, in das wichtige neue Geschäft der Halbleiterbauelemente einzusteigen.

Später glaubten westliche Beobachter die Ursachen für den japanischen Erfolg in den niedrigen Löhnen, in Zollbeschränkungen und der Kungelei zwischen den Unternehmen, dem Staat und den Banken zu sehen. Aber der wirkliche Grund für Japans Erfolg in der Halbleiterindustrie, der scheinbar »über Nacht kam«, lag in der einmaligen Kombination von Denkern, Entwicklern und Träumern der Nachkriegszeit.

Natürlich sollte Japan wie jede aufsteigende Nation das Laufen vor dem Rennen lernen. Ihre umfangreiche Produktion von preiswerten Verbrauchsartikeln in den 50er und 60er Jahren (»Japanisches Transistorradio« galt um 1965 als ein Synonym für billigen Schrott) hätte eine Warnung sein müssen. Statt dessen verspottete man sie in den USA. Japanische Ingenieure besuchten eifrig jede High-Tech-Messe, abonnierten jede Elektronikfachzeitschrift, untersuchten jede neue US-Patentanmeldung und wurden trotzdem ignoriert. Darüber hinaus verkauften Unternehmen von Ampex bis Motorola Lizenzverträge für Schlüsseltechnologien an ihre japanischen Gegenspieler für ein »Butterbrot«, in dem Glauben, daß die Transistorradio-Hersteller nie einen gefährlichen Konkurrenten abgeben würden.

In den 70er Jahren versuchten die japanischen Unternehmen ganz offen, westliche Ideen zu bekommen. Manche eröffneten Büros, eigentlich »Horchposten«, um dort Produkte zu kaufen und auseinanderzunehmen (»reverse engineering«). Sie stellten begabte Ingenieure aus der Umgebung ein, um von ihrem Wissen zu profitieren. Jahre später sollten amerikanische Chiphersteller diese nachrichtendienstlichen Aktivitäten als Beleg für japanische Ruchlosigkeit anprangern. In Wahrheit lag der einzige Unterschied zwischen dem Vorgehen der japanischen Firmen und dem, was amerikanische Halbleiterunternehmen schon untereinander praktizierten, in der Größenordnung und in der Organisation.

Nur selten gingen die japanischen Firmen über dieses Maß hinaus, und wenn, dann meistens erst nachdem die amerikanischen Firmen den Braten schon gerochen hatten und versuchten, den Japanern Informationen über ihre

Von Motomachi entwickelte, vollautomatische Fertigungsstraße bei Toyota.
Mit freundlicher Genehmigung von Toyota Motor Corporate Services

Technologie vorzuenthalten. Im Juni 1982 ertappte in einer von IBM inszenierten Falle das FBI Agenten, die für Hitachi arbeiteten, bei dem Versuch, vermeintlich entwendete Computerunterlagen von IBM zu kaufen. Dieser Fehlschlag bremste Hitachi und verschaffte IBM für ein paar Jahre eine Atempause.[25]

Das war aber nur eine späte Ausnahme. In Wirklichkeit standen nämlich innovative amerikanische (sowie ein gewisser Anteil europäischer) Unternehmen Schlange, um ihre Technologie nach Japan zu verkaufen. Nach Schätzungen haben amerikanische Firmen Patente, Technologien und Industriegeheimnisse aus den Bereichen Audio-Video bis zu Laserdruckern im Wert von mindestens einer Billion Dollar für nur zehn Milliarden Dollar an ihre japanischen Konkurrenten verkauft. Japan konnte so eines der vorteilhaftesten Schnäppchen der Handelsgeschichte machen, und es anschließend mit unübertroffener Qualität und Herstellungs-Know-how veredeln. 1983 schrieb ein japanischer Journalist:

»Eine quälende Frage bleibt bis heute offen: Warum um alles in der Welt waren amerikanische und europäische Firmen bereit, die Japaner bei ihren Versuchen, den technologischen Rückstand aufzuholen, zu unterstützen?«[26]

Japanische Bauelemente waren so gut, daß einige US-Firmen, z. B. Intel, japanische Komponenten kauften, während sie sich gleichzeitig über das japanische Geschäftsgebaren beschwerten. Warum es Japan nicht schaffte, das gesamte weltweite Elektronikgeschäft zu Beginn der 80er Jahre zu erobern, war die eigentliche Frage. Schon 1981 beherrschten japanische Unternehmen 57% des weltweiten Verbrauchermarkts für Halbleiter; zwei Jahren später erzielten sie 24% der weltweiten Chipumsätze; und bis 1986 waren NEC, Hitachi und Toshiba in dieser Reihenfolge die weltgrößten Halbleiterfirmen und drei weitere japanische Firmen unter den top ten vertreten.

Nach dem Massaker bei DRAMs und LCDs zweifelte kein Industriebeobachter diesseits oder jenseits des Pazifiks daran, daß Mikroprozessoren und danach Personalcomputer sich als nächstes im Visier der japanischen Riesen befanden. Das betraf Intel und Motorola, zwei Firmen, die sich gerade von einer Rezession erholten, die es in Japan eigentlich nie gegeben hatte. Beide litten nach den Anstrengungen, neue Fabriken hochzufahren, unter Kapitalmangel. Beide kämpften mit einer unerwarteten Nachfrage von seiten ihrer Computerkunden.

Jede Firma reagierte ihrem Charakter entsprechend.

Bei Intel trommelte Andy Grove seine erschöpften Truppen wieder zusammen. Mit dem oft bei Einwanderern beobachteten patriotischen Eifer beschwor Grove bei jeder Zusammenkunft im Unternehmen, bei jeder Vertreterversammlung und in jeder Arbeitnehmermitteilung die erneute Mobilmachung. Die Japaner, erklärte er den Intel-Mitarbeitern, würden der amerikanischen Industrie Markt für Markt abnehmen. Jetzt griffen sie die Marktposition von Intel an. Intel sei Amerikas letzte Hoffnung, Amerikas letzte Bastion. Kein Unternehmen sei wichtiger für die Zukunft des Landes als Intel. Und das bedeute, daß momentan niemand in Amerika wichtiger sei als die Mitarbeiter von Intel. Sie sollten härter und schneller arbeiten, mehr und neuere Produkte entwickeln und sie schneller und mit einer besseren Qualität als je zuvor auf den Markt bringen.[27]

Gewiß eine Übertreibung, aber keine allzu große, denn die Bedrohung war noch größer als selbst Grove öffentlich zugab. Intel verdoppelte ihre Bemühungen und begann, ihren Produktionsapparat zu überholen.

Intel hatte den Vorteil, daß es schon immer zurückhaltend bei der Lizenzvergabe ihrer Produkte war, insbesondere an die Japaner. Intel war auch bereit, Patentverletzungen zu verfolgen. Diese Lektion hatten die Gründer von Intel in ihren Tagen bei Fairchild gelernt. Nun ging das Unternehmen geradezu aggressiv beim Schutz seines geistigen Eigentums vor. Nachahmer mußten prompt damit rechnen, von einer juristischen Lawine erfaßt zu werden. Das gleiche Schicksal traf Arbeitnehmer von Intel, die zur Konkurrenz wechselten oder die Firma verließen und ihre eigenen Firmen gründeten. Die Japaner mögen vom Geschäft als Krieg gesprochen haben, aber Intel machte daraus die verbrannte Erde eines Totalen Kriegs.

Wenn Intels Reaktion auf die japanische Herausforderung in hohem Maße westlich anmutete und die Taktiken aus einem militärischen Lehrbuch stammten, dann war Motorolas Reaktion auf diese Herausforderung fast Zen-ähnlich. Im Grunde genommen wurde Motorola durch die Betonung von Stabilität, Qualität und langfristiger Strategie japanischer als die Japaner – oder wie Bill Weisz (damals Geschäftsführer, jetzt Präsident) später sagen würde: »Wir sehen es

> *Wenn Intels Reaktion auf die japanische Herausforderung in hohem Maße westlich anmutete und ihre Taktiken aus einem militärischen Lehrbuch stammten, dann war Motorolas Reaktion auf diese Herausforderung fast Zen-ähnlich.*

anders. Wir meinen, unsere japanischen Freunde sind mehr wie Motorola geworden.«[28]

Motorola hatte in Japan seit 1967 hauptsächlich mit ALPS Electric Halbleiter hergestellt. Es überraschte deshalb nicht, daß das Unternehmen nach Ausbruch des Handelskriegs zwischen den Fronten zu vermitteln versuchte. 1982 riefen Bob Galvin und Sonys Akio Morita in einem gemeinsamen Appell die Industrien beider Nationen dazu auf, das Kriegsbeil zu begraben. Später, als 1986 die antijapanische Hysterie ihren Höhepunkt erreichte, gab Motorola ein vierjähriges Joint-venture mit der Toshiba Corp. bei der Produktion von dynamischen und statischen RAMs sowie den Verkauf von Mikroprozessoren an Toshiba bekannt. Man kann das zwar nicht ganz als den Ausverkauf der »Firmenjuwelen« bezeichnen, jedoch war es damals schockierend.

Noch japanischer war die Entscheidung Motorolas, den japanischen Qualitätsvorteil nicht zu bekämpfen, sondern ihn zu übernehmen. Während der Rest der amerikanischen Chipindustrie dabei war, die Fehlerquote auf einen zumindest nicht mehr peinlichen Wert zu reduzieren, nahm sich Motorola vor, seine japanischen Rivalen mit ihren eigenen Mitteln zu schlagen. Das Programm »Six Sigma« wurde erarbeitet, um Motorola zum Hersteller mit der weltweit höchsten Qualität zu machen.[29] Bei Qualitätsanalytikern entspricht »Six Sigma« einer Fehlerrate von höchstens 3,4 Fehlern pro Million Einheiten oder einer Perfektion von 99,99966 %.

Um überhaupt an Six Sigma heranzukommen, mußte Motorola die Arbeitsabläufe in fast jedem Teilbereich der Organisation neu gestalten. Die Qualitätsanforderungen mußten in jeden Schritt des Herstellungsprozesses, vom rechnerunterstützten Zeichnen über Fabrikation, Montage, Prüfung bis zum Kundenservice, integriert werden. Dies galt für jeden Chip, angefangen von den Speicherchips bis zu den Mikroprozessorchips, sowie für jedes andere Firmenprodukt, darunter Handys und Piepser.

Bald stellte sich heraus, daß auch noch so viele Roboter, Computer und andere Hardware die Six Sigma-Qualität nicht garantieren konnten. Darüber hinaus war eine ausgebildete, flexible und die Verantwortung mittragende Belegschaft notwendig. Motorolas Lösung dieses Problems sollte sich als möglicherweise einflußreichster Beitrag zum modernen Business erweisen: die Motorola Universität, ein vernetztes Weiterbildungs- und Trainingssystem. In ihr wurden die Kenntnisse jedes Arbeitnehmers des Unternehmens,

vom durchschnittlichen Fließbandarbei-
ter bis zum Geschäftsführer Robert W.
Galvin, aufgefrischt und verbessert. Die
Motorola Universität wurde in den folgenden Jahren des öfteren von anderen
Firmen in anderen Märkten übernommen, die sich einem starken Wettbewerb
und sich schnell verändernden Marktbe-
dingungen stellen mußten.

Am Ende der 80er Jahre hatte Motorola ihr Ziel fast erreicht. Das Unternehmen war zwar noch nicht auf dem
Six Sigma-Niveau, dennoch wurde es
allgemein als der weltbeste Hersteller in
der Elektronikbranche anerkannt. 1988
verlieh der US-Senat dem Unternehmen
den ersten Malcolm Baldridge National
Quality Award. Motorola hatte seine
japanischen Konkurrenten dort angegriffen, wo ihre größte Stärke war, und
sie nicht nur besiegt, sondern während
der ständigen Auseinandersetzung im-

Motorola-Angestellte beim Training im PAL-Labor
der Motorola-Universität im Galvin Center in Illinois.
*Mit freundlicher Genehmigung des Motorola-
Elektronikmuseums, © 1995*

mer bessere, neue Produkte eingeführt. Im Handy-Markt hatte Motorola die
an die japanische Konkurrenz verlorenen Marktanteile wieder zurückgewon-
nen. Bei Piepsern konnte das Unternehmen seine weltweite Führung trotz
harten Wettbewerbs behaupten. Im Mikroprozessorgeschäft hatten die neuen
Konkurrenten nie eine Chance.

Schließlich schafften es Intel und Motorola, obwohl sie radikal verschiedene Reaktionen auf dieselbe Bedrohung durch jene Rivalen wählten, die
japanischen Elektronikriesen davon abzuhalten, einen Fuß in die Tür des
Mikroprozessorgeschäfts zu kriegen. Im Dezember 1984 verklagte NEC in
einem letzten verzweifelten Versuch Intel, unter Berufung auf die Einschrän-
kung des freien Wettbewerbs, auf die Rechte an der x86-Serie.

Die Klage endete schlimmer für NEC, als man es sich hätte vorstellen
können. Das Gericht schuf einen Präzedenzfall mit seinem Urteil, daß

Mikrocode durch Copyright geschützt werden kann. Japan hatte den entscheidenden Kampf verloren. Außerstande, die Technologie von den zwei Schlüsselfirmen zu bekommen, und praktisch ohne Chance, die so schnell davoneilenden Ziele zu überholen, hatten die Japaner ihre Hoffnungen auf die Möglichkeit gesetzt, mit einem ausreichend konkurrenzfähigen Mikroprozessor auf den Markt zu kommen, um ihn anschließend in noch größeren Mengen als ihre amerikanische Konkurrenz herzustellen. Aber Intel und insbesondere Motorola hatten diese Strategie durchkreuzt.

Wie die amerikanischen Firmen, die die Verlierer früherer Mikroprozessorkriege waren, zogen sich die großen japanischen Unternehmen, mit Hitachi und Fujitsu an der Spitze, in Nischen der Prozessormärkte zurück, beispielsweise den Mikrokontrollermarkt und Märkte für teilweise vorkonfigurierte Prozessorchips. Sie sollten Milliarden an diesen Märkten verdienen – aber letzten Endes stellte ihr Versagen bei der Eroberung des Mikroprozessorgeschäfts einen Wendepunkt dar. Japans Versuch, die Hegemonie über das weltweite Elektronikgeschäft zu erlangen, war damit gescheitert.

NEC, Mitsubishi, Fujitsu, Hitachi und Matsushita scheiterten zum Teil, weil Intel und Motorola sich entschieden, sich zu wehren, anstatt in einer scheinbar hoffnungslosen Situation aufzugeben. Zum Teil waren die japanischen Unternehmen aber auch selbst schuld. Wie Motorola 1980 vor der eindringlichen Lektion der Operation CRUSH waren die fünf japanischen Elektronikriesen Opfer ihrer Selbstüberheblichkeit. Sie wurden mit ihren leicht errungenen Siegen und ihrer offensichtlichen industriellen Überlegenheit zunehmend selbstzufriedener. Mit einem aggressiveren und systematischeren Angriff wären sie möglicherweise ihren zwei amerikanischen Rivalen bei der nächsten Prozessorgeneration zuvorgekommen und hätten ihnen dann die größten Kunden wegschnappen können. Statt dessen verpaßten die japanischen Unternehmen bei den Mikroprozessoren ihre große Chance und damit die noch größere Chance auf die nachfolgenden Personalcomputer.

Nun sollten sie in die Wüste geschickt werden, um von ihren Fehlern zu lernen. Und dieser Lernprozeß mußte schnell einsetzen, denn mittlerweile waren Elektronikunternehmen aus Südkorea, Singapore und Taiwan startbereit, um mit den japanischen Unternehmen das gleiche anzustellen, was diese mit den amerikanischen Unternehmen versucht hatten.

Entwirrung des Gordischen Knotens

Mit dem Nachlassen der Bedrohung aus Japan hatten Intel und Motorola freie Bahn auf ihren separaten Märkten. Jedes Unternehmen hatte jetzt hungrige Kunden, die gespannt auf die nächsten Mikroprozessorgenerationen warteten. Mittlerweile eröffneten sich zudem neue Märkte. Hier konnten sie ihre getrennten Wege verlassen und ihre Workstations, Client-Server-Systeme, Supercomputer und Videospielgeräte anbieten, um miteinander bei neuen Aufträgen zu konkurrieren.

Die Bedingungen änderten sich immer schneller. Intel mußte zusehen, wie ihre Einnahmen während der Rezession von 1,6 Milliarden Dollar im Jahr 1984 auf 1,36 Milliarden Dollar im Jahr 1985 bis auf 1,26 Milliarden Dollar im Jahr 1987 fielen.[30] Trotzdem hatte Groves Strategie Erfolg, so hart sie auch war. Intel hatte ein glänzendes Comeback mit neuen marktreifen Produkten und das bei Vollbeschäftigung. Der 80286er Mikroprozessor war nicht nur das Herz von IBMs PC AT, sondern auch das erste einer neuen Generation von Notebooks. Jedoch gab es trotz der vielen Erfolge auch Schwächen im Design des 80286, besonders im virtuellen Speicher. Außerdem verlangte der Markt einen leistungsstärkeren Prozessor wegen der neuen speicherschluckenden Softwareanwendung Microsoft Windows.

Im Oktober 1985 stellte daraufhin Intel, in einer gleichzeitig in San Francisco, London, Paris, München und Tokio veranstalteten Präsentation, den 80386 vor.

Der 80386 war der erste 32 bit Prozessor der Serie. Und er war ein Erfolg. Mit 275 000 Transistoren und einer Spitzenbetriebsgeschwindigkeit von 5 MIPS war er, zumindest zum damaligen Zeitpunkt, der leistungsstärkste kommerzielle Prozessor der Welt.

Der 386 ist bis heute die meistverkaufte CPU aller Zeiten. Er hat darüber hinaus einen Prozeß verstärkt, der mit seinem unmittelbaren Vorgänger, dem 80286, einsetzte. Mit der Entscheidung von IBM, ihre PCs »offen« für außenstehende Entwickler zu machen, wurde der Computerindustrie, und nicht zuletzt den Kunden, ein großer Dienst erwiesen. Dadurch wurde Big Blue zum Lokführer eines immer schneller fahrenden Zugs. Während der ursprüngliche PC den Markt im wesentlichen für sich hatte, fand IBM innerhalb von zwei Jahren nach Einführung des auf dem 286 basierten PC AT ein Heer von Klonherstellern, Hardware-Entwicklern und Nachahmern.

Auf der einen Seite präsentierten neue Firmen, wie die beide aus Texas stammenden Compaq und Dell, entweder IBM-kompatible Schreibtisch-PCs mit einer dem PC AT überlegenen Leistung oder Laptops, mit denen IBM nicht konkurrieren konnte. Alte Elektronikfirmen, wie Tandy beispielsweise, stiegen mit ihren mächtigen Distributionssystemen ein, um diesen Vorteil zu ihren Gunsten zu nutzen.

Auf der anderen Seite wurde IBM von Klonherstellern aus Übersee herausgefordert, wie z. B. Leading Edge aus Südkorea und Acer aus Taiwan, die die Leistung des PC AT zum halben Preis anbieten konnten. Als immer mehr Monitor-, Tastatur- und Laufwerkhersteller auf der Bildfläche erschienen, war fast jeder in der Lage, vom heimischen Computerbastler über Kaufhäuser bis zum Versandhandel, seinen eigenen leistungsstarken aber preiswerten 286er Computer zu bauen.

1985, gerade ein Jahr nach der Einführung des PC AT, drohte IBM den Markt an die Konkurrenten zu verlieren. Big Blue hatte nur zwei Vorteile. Einerseits wurde die 286er Software für den IBM PC entwickelt, also könnte der Käufer eines Klons nie sicher sein, daß sein Computer 100 % kompatibel ist. Andrerseits bot IBM intensiven Kundenservice und Stabilität an, während der »fliegende Teppichhändler« für Klone nichts Derartiges anbieten konnte. Diese Vorteile verschwanden jedoch zunehmend angesichts der schneller reagierenden, immer größer und raffinierter werdenden Konkurrenten.

Intel machte mit dem Verkauf von Mikroprozessoren an Big Blue und hunderte andere von klonherstellenden Wettbewerbern ihre großen Gewinne und erkannte IBMs mißliche Lage. Intel lernte daraus und zog gleichzeitig Vorteile aus dieser Situation. Intels Lehre lautete nämlich, nie wieder Intel-Prozessoren klonen zu lassen (d. h. die Prozessoren fremdproduzieren zu lassen).

Intel sollte später behaupten, daß ihre damaligen Partner nicht mehr in der Lage gewesen seien, Produkte von vergleichbarer Qualität herzustellen. Grove drückte das so aus: »Wir wollten den Chip anderen Unternehmen nicht einfach auf einem silbernen Tablett servieren«.[31] Der eigentliche Grund war jedoch die Kontrolle. IBM hatte die Kontrolle über ihr Geschäft verloren. Intel, die den Vorteil eines Produkts besaß, dessen Produktion viel leichter hochgefahren werden konnte, sollte nicht den gleichen Fehler begehen.

Das stellte Intel natürlich unter erhöhten Druck. Grove sagte:
»Wir mußten uns verpflichten, den gesamten Bedarf der Industrie zu liefern. Das motivierte uns, unsere Herstellungskapazitäten zu optimieren. Wir entwickelten zahlreiche interne Alternativen. Auf diese Weise produzierten gleichzeitig mehrere Anlagen und Herstellungsverfahren die Chips. Wir übernahmen große Verpflichtungen in bezug auf die Produktionsmengen, aber wir zögerten nicht.«[32]

Eigene Produktion hieß die Devise. Die Gelegenheit ergab sich mit der Erkenntnis, daß der eigentliche Markt nun die IBM-kompatiblen PCs waren und nicht die PCs selber. Intel verdankte ihren Erfolg dem Beliefern von IBM, gleichwohl hatte sie seitdem nach einem Ausweg aus dieser Abhängigkeit gesucht. Nun war die Chance gekommen. IBM war auf den 80386er aus, die Klonhersteller erst recht. Und so wurde im August 1986 ein Wendepunkt in der Geschichte des Personalcomputers erreicht. Compaq sollte der erste große Computerhersteller sein, der einen 386er Computer einführte. IBMs erste 386er Maschine, das PS/2 Model 80, wurde erst knapp ein Jahr später vorgestellt, etwa zur gleichen Zeit, als IBM seine letzten Aktien an Intel zurückverkaufte. Der PC-Markt wurde unwiderruflich verändert. Auf Jahre hinaus sollten IBM-Computer die weltweit meistverkauften Computer bleiben (um von Compaq erst 1994 überholt zu werden), aber IBM würde nie wieder den Markt der IBM-kompatiblen PCs kontrollieren.

Auch auf andere Weisen veränderte sich Intel. Zum einen wuchs das Unternehmen rasend schnell. Seine Umsätze erreichten 1987 fast zwei Milliarden Dollar. Nach der Beseitigung der zahlreichen Hindernisse der vorhergehenden fünf Jahre und mit dem überwältigenden Erfolg des 386er schien das Unternehmen nur noch auf der Überholspur zu fahren. 1988 stiegen die Umsätze mit einem gewaltigen Sprung auf 2,9 Milliarden Dollar. Im Folgejahr wurde ein kleinerer Zuwachs auf 3,1 Milliarden Dollar verzeichnet. 1990 katapultierten sich die Umsätze auf 3,9 Milliarden Dollar, 1991 auf 4,7 Milliarden Dollar und 1992 auf 5,8 Milliarden Dollar. Mit diesem Tempo, das eher von kleinen Senkrechtstartern aus der Elektronikindustrie bekannt ist, wuchs bisher kein anderer großer Konzern. Das Unternehmen rechnete aus, daß ein Investor, der 1968 zu Intels Gründungszeit 2350 Dollar für 100 Firmenaktien bezahlt hatte, 1992 7594 Aktien mit einem Wert von 438 554 Dollar besitzen würde.[33] (Zum Vergleich: der Besitzer von IBM-Aktien hätte für die gleiche Periode eine Aufwertung von nur etwa dem Doppelten erlebt.)

Zum anderen veränderte sich das Unternehmen auch intern. Im Juli 1988 übernahm Robert Noyce die Stelle des Geschäftsführers des staatlich unterstützten Forschungskonsortiums Sematech mit Hauptsitz in Austin, Texas. Sematech wurde zum größten Teil auf Noyces Einfluß hin organisiert, um den amerikanischen Herstellern von Halbleitermaschinen die Führungsrolle auf dem weltweiten Maschinenmarkt zu sichern. Sematech hatte eine Doppelaufgabe. Einerseits sollten halbleiterproduzierende Firmen wie Intel mit Produktionsmaschinen versorgt werden, die eine kontinuierliche Verbesserung des Chipherstellungsprozesses ermöglichten. Andrerseits sollten die amerikanischen Maschinenbaufirmen vor ihren japanischen Konkurrenten für den Fall geschützt werden, daß japanische Firmen von amerikanischen Chipherstellern zuerst beliefert würden.

Weil Sematech keinen starken Geschäftsführer hatte, war der Start recht wackelig. Als kein qualifizierter Bewerber gefunden wurde, meldete sich Noyce für den anstrengenden Job, obwohl er schon dabei war, seine Pensionierung vorzubereiten. Nach allem, was man hörte, machte er seinen Job wie

Hauptansicht des SEMATECH-Forschungszentrums in Austin, Texas.
Mit freundlicher Genehmigung von SEMATECH

immer brillant. Allerdings starb Robert Noyce, die wichtigste Figur der Halbleiterära, schon mit 62 Jahren an einem Sonntagmorgen im Juni 1990 beim Schwimmen vor einem Geschäftstreffen an einem Herzanfall.

Der plötzliche Tod von Noyce versetzte Intel sowie dem Rest der Elektronikindustrie einen Schock, von dem sie sich immer noch nicht vollständig erholt haben. Führende Industrievertreter, die mit Noyce einst bei Fairchild gearbeitet hatten, wurden sich nun ihrer eigenen Sterblichkeit bewußt und erarbeiteten erstmals Strategien für ihre Nachfolger. Bei Intel wurde dies schon aufgrund des Wechsels von Noyce nach Austin in Gang gesetzt. Im Frühjahr desselben Jahres wurde Craig Barrett zum Executive Vice President und Kronprinz ernannt, mit Moore als Chairman und Grove als President und Geschäftsführer.

In diesen Jahren liefen auch Motorolas Geschäfte sehr gut. Trotz der Tatsache, daß ihr Computerhersteller Apple nur mit geschlossenen Systemen arbeitete und Motorola deswegen keine ähnlich explosionsartig gestiegenen Zahlen an Klonkunden erlebte, verkaufte sich der Macintosh so gut, daß es keinen Unterschied machte.[34] Motorolas Halbleiterumsätze in dieser Zeit stiegen von 1,6 Milliarden Dollar im Jahr 1983 auf 5,7 Milliarden Dollar zehn Jahre später, ein mit Intels Wachstum fast vergleichbares Tempo. Trotz der Existenz des Intel 80386 betrug der Anteil des Motorola 68020 an der weltweiten Zahl der 32 bit Mikroprozessoren 1987 immer noch 75 %, darunter die beliebten neuen Workstations von Sun und Apollo. Bis zum Ende des Jahres waren eine Million 68020 verkauft worden. Damit stieg die Summe aller 68000er Prozessoren auf sieben Millionen Einheiten. Zwei Jahre später betrug die Zahl 30 Millionen Einheiten, in 50 000 Produkten.[35]

Motorola setzte ihr rasantes Tempo bei der Produkteinführung fort. 1987 wurden die ersten verbesserten 32 bit Prozessoren der zweiten Generation mit 25 MHz, MC68030er Prozessoren, ausgeliefert und die dritte Generation, MC68040, angekündigt. Der MC68030, der einen ähnlichen Erfolg wie der 386 erlebte, wurde nicht nur in den Macintosh IIx und SE/30, eingebaut sondern auch in die Computer von fünfzig anderen Computerherstellern. Die meisten dieser Hersteller produzierten Workstations der gehobenen Klasse mit dem UNIX-Standard, der sich einer beachtlichen Beliebtheit bei staatlichen und akademischen Computermärkten erfreute. Der 68040, der 1989 endlich vorgestellt wurde, war mit 1,2 Millionen Transistoren bepackt und lief mit 20 MIPS bei 25 MHz. Innerhalb eines Jahres wurde er von über 100 Firmenkunden übernommen.

Während dieser Zeit des zügigen Wachstums beschränkte sich Motorola, verglichen mit Intel, weniger auf sein zentrales Bauelement, den Mikroprozessor, sondern präsentierte ein breites Spektrum von mathematischen Koprozessoren (wie 1987 den 68882), Mikrocomputersystemen (die Delta Serie 8000), digitalen Signalprozessoren (etwa den 32 bit DSP96001) und Mikrokontrollern. (Die weltweit erste 32 bit Version, der 68332, wurde der Zentralkontroller in allen Autos von General Motors, während der »Dragonkat«, von Motorola Hong Kong entwickelt, seinen Weg in zahlreiche Elektronikprodukte fand.) Die von Motorola 1990 vorgestellten Datenübertragungs- bzw. Multimediabauelemente 68340 und 96002 waren erste Ausblicke auf eine langfristige Unternehmensstratgie, Produkte für den sich formierenden Multimediamarkt vorzubereiten.

Alle diese Produkte ließen Motorola immer mehr im Wert steigen. Bis 1987 hatte Motorola schon Texas Instruments überholt, um hinter NEC, Toshiba und Hitachi der weltweit viertgrößte Produzent von Halbleiterbauelementen zu werden.

Geschichte III

»We're not just making components any more. Hell, we're putting together the guts of a computer.«

Jack Carsten, Intel

Zweifelsohne standen Motorola und Intel in den 80er Jahren im Mittelpunkt des Geschehens. Doch selbst zur Zeit ihrer größten Erfolge entwickelte sich die Mikroprozessor-Branche um sie herum weiter. Beide Firmen hatten hinsichtlich des Designs und der Marktstrategie eine Reihe schwieriger Entscheidungen getroffen, die sich später als brillant herausstellten. Aber jede dieser Entscheidungen hatte andere Optionen ausgeschlossen, was nicht nur für die Unternehmen selbst, sondern auch für die Kunden Konsequenzen hatte.

Bei all den Einschränkungen war ein gewisser Unmut natürlich vorauszusehen. Als Intel nicht nur führend in der Herstellung von Mikroprozessoren war, sondern zunehmend den Markt beherrschte, begann die Konkurrenz – und einige Kunden – zu murren, daß Intel allmählich überheblich würde, ihre Vormachtstellung eine Bedrohung für den ganzen Industriezweig darstelle und irgend jemand etwas dagegen tun müsse.

Dabei vergaßen die Kritiker vollkommen, daß Intel gerade erst dem finanziellen Zusammenbruch entgangen und der gegenwärtige Erfolg der Firma letztlich nur der Lohn dafür war, daß sie auf langfristige Erfolge gesetzt hatte. Ebenso ließ man außer acht, daß Intel im Gegensatz zu Negativbeispielen für Unternehmen mit einer Monopolstellung einen großen Teil ihres Gewinns in die Entwicklung neuer Produkte steckte; neue Prozessoren und andere Erzeugnisse kamen in so schneller Folge auf den Markt, daß sie den Rest der Elektronikindustrie wie in einem Strudel mit sich rissen.

Aber der wachsende »Anti-Intelanismus« hatte in einem Punkt recht. Da Intel beabsichtigte, sich für den größten Teil der Welt als einziger Lieferant von Mikroprozessoren zu etablieren, mußte es irgendwann zu Engpässen kommen. Als die Firma eine neue Prozessorfamilie auf den Markt brachte und die ganze Welt sozusagen Schlange stand, um Bestellungen zu plazieren und damit wettbewerbsfähig zu bleiben, konnte Intel die vielen Aufträge kaum bewältigen und belieferte daher zunächst ihre größten und besten Kunden – sehr zum Verdruß kleinerer Firmen und Neueinsteiger, für die Intels Entscheidung oftmals eine Katastrophe bedeutete.

Der Höhepunkt war im Februar 1990 erreicht. Der durch die starke Nachfrage verursachte Mangel an 80386er Prozessoren zwang Intel dazu, Lieferbeschränkungen für die nächsten sechs Monate anzukündigen. Kurz darauf löste ein anonymes Fax im Silicon Valley Unruhe aus. Die kleineren Firmenkunden von Intel wurden darin aufgefordert zusammenzuhalten, Unterstützung von ihren Kongreßabgeordneten zu erbitten und einen besseren Service von Intel zu verlangen. In diesem Brief mit dem Titel »Aufruf zu den Waffen« hieß es:

»Sechs Monate? Wir werden bereits in sechs Wochen unsere Toten zählen müssen, was wird in sechs Monaten sein? Nur die Branchenriesen haben Verträge mit Intel.«[1]

Ähnlich verhielt es sich, wenn ein Gerätehersteller einen weniger leistungsfähigen Discount-Mikrokontroller, ein Hersteller von Workstations einen äußerst leistungsfähigen Großrechner oder ein Videospielproduzent einen graphikorientierten Prozessor benötigte. Häufig kam es vor, daß ein Hersteller einen besonderen Prozessor wollte, der sich von denen der Konkurrenz unterschied; auch hier konnte Intel die Kunden nicht zufriedenstellen. So kauften sie eben einen 80286er oder 80386er Prozessor und arrangierten sich irgendwie. Oder sie wandten sich an ein Spezialgeschäft und leerten ihre Firmenkasse für ein kundenspezifisches Design.

Man muß jedoch fair sein. Intel machte ihre Arbeit so gut es ging. Und die Produkte der x86er Familie waren genau auf den Markt zugeschnitten – dies bewies schon allein der Verkauf von mehreren zehn Millionen Geräten. Aber das Unternehmen hatte eine Entscheidung getroffen, und nun mußte es die Konsequenzen tragen.

Mitte der 80er Jahre machten Konkurrenten Intel von allen Seiten das Leben schwer. Die Konkurrenz bestach durch eine interessante Kombination bewährter Teile und neuer Ideen. Während es 1980 weltweit nur eine Handvoll Firmen gab, die einen Mikroprozessor bauen konnten, hatten sich seitdem dank der Computer sowohl das Design als auch die Herstellungstechnologie außerordentlich rasch weiterentwickelt.

Besondere Bedeutung erlangten anwendungsspezifische integrierte Schaltkreise (ASICs) – das sind kundenspezifische Vorrichtungen, wie zum Beispiel Gate-Anordnungen und Standardzellen. Ihren Namen verdankten die ASICs dem Umstand, daß man sie für eine *spezielle* Anwendung entwerfen konnte, wie zum Beispiel für die Steuerung einer bestimmten Vorrichtung. Sie bestanden im wesentlichen aus verschiedenen Schaltkreisnetzen, auf die man kundenspezifische Schaltpläne logischer Schaltungen, Speicher, I/Os und ihre Zwischenverbindungen leicht übertragen konnte. Dabei wurden manche Regionen eingeschaltet, andere blieben ausgeschaltet. Die erforderlichen Zwischenverbindungen ließen sich in den obersten Schichten einer Schaltung über vielen niedrigeren Schichten standardisierter Schaltungen, die man zuvor entworfen hatte, herstellen. Das Ergebnis war eine kundenspezifische Schaltung, jedoch zu einem Preis, der beinahe auf dem Niveau von Massenfertigungen bei gleichzeitig sehr kurzen Entwicklungszeiten beruhte. Auf der Oberfläche des Chips selbst war der verschwendete Raum größer als in den serienmäßig gefertigten Industriestandardprozessoren – aber wen störte das? Silizium war dabei der günstigste Bestandteil des Mikroprozessors.

> *Das Ergebnis war eine kundenspezifische Schaltung, jedoch zu einem Preis, der beinahe auf dem Niveau von Massenfertigungen bei gleichzeitig sehr kurzen Entwicklungszeiten beruhte.*

Neue computergestützte Engineering- und Design-Tools arbeiteten Hand in Hand mit dieser neuen Hardware. Es handelte sich dabei vor allem um »libraries« mit sogenannten Design-Zellen, individuellen Schaltfunktionsplänen, die die Kunden ihren Bedürfnissen entsprechend zusammenstellen, dann untereinander verbinden und mit Hilfe der Software des Computers in Masken umwandeln konnten.

ASICs waren eine großartige Bereicherung für die Halbleiterwelt:

»Die Zeit, in der eine kundenspezifische Komponente realisiert wird, verkürzte sich von vier bis fünf Monaten auf nur zwei Wochen. In der Zwischenzeit sanken die Kosten für das Einrichten kundenspezifischer Schaltungen von mehreren hunderttausend Dollar auf unter 20 000 Dollar – sie waren damit so niedrig, daß ASICs-Hersteller häufig die Bearbeitungskosten sozusagen verschenkten, um kein Geschäft auszulassen.«

Neue Firmen wie LSI Logic und VLSI Technology entstanden, um von dieser jungen Technologie zu profitieren. Etablierte Firmen wie Hitachi,

Motorola und National Semiconductor gründeten Zentren für ASIC-Design. Zu ihrer Zielgruppe gehörten traditionelle Mikroprozessoranwender, die den wettbewerbsfähigen Vorteil eines einzigartigen, dedizierten Prozessordesigns wollten, oder Firmen, die eigentlich qualitativ hochwertige Prozessoren überhaupt nie benötigt hatten, sondern eher eine besondere Kombination von Logik und Speicher brauchten.

Diese Umstände führten in den späten 80ern wiederum zur Entwicklung einer zweiten Generation von ASICs, die man »feldprogrammierbare« Gate-Anordnungen (FPGAs) nannte. Gebaut wurden diese FPGAs von neuen, jungen Unternehmen wie Xilinx und Actel. Ausgerüstet mit computergestützter Designsoftware von Firmen wie View Logic, konnten die Kunden nun tatsächlich selbst spezifische integrierte Schaltungen auf ihren eigenen Desktop-Computern entwerfen.

»In nur zwei Jahrzehnten hat sich die Entwicklung integrierter Schaltkreise grundlegend verändert. Während früher ausgebildete Spezialisten monatelang daran arbeiteten, neue Entwürfe auf die Beine zu stellen, die dann in teuren Labors, deren Einrichtung an die 100 Millionen Dollar kostete, umgesetzt werden mußten, konnte ein Ingenieur nun in wenigen Stunden ein virtuelles Produkt entwerfen und es dann in wenigen Minuten bauen, ohne dabei das Büro zu verlassen. Er verwendete sozusagen eine Desktop-Fabrik, die weniger als 10 000 Dollar kostete.«[3]

Unerwartetes Comeback

Marktwirtschaftlich gesehen waren nicht nur ASICs eine Gefahr für den Mikroprozessor. Eine weitere Bedrohung ging von einem alten, fast vergessenen Konkurrenten aus: Zilog.

Während der langen, mageren Jahre nach der IBM-Entscheidung hatte Zilog sich durchkämpfen müssen. Den bestehenden Kundenstamm erhielt man sich mit regelmäßigen Verbesserungen und Preisnachlässen bei den Z8- und Z80-Mikroprozessoren. Anfang der 80er Jahre hatten die Gründer die Firma bereits verlassen. Faggin wollte neuronale Netzwerke entwickeln, und Fernandez übernahm die Leitung des Marktforschungsunternehmens Data-Quest. Nach drei weiteren Präsidenten innerhalb von vier Jahren entschied sich die Firma für Edgar A. Sack.

Sack fand eine Firma vor, die kurz vor dem Bankrott stand. IBM als Kunden zu verlieren, war schon schlimm genug gewesen, aber Zilog hatte diesen Verlust ja mit einem enormen strategischen Mißgriff initiiert. Bei der Entwicklung der dritten Generation, des 32 bit Prozessors, des Z8000, entschied man sich schließlich dafür, daß die Software nicht länger mit dem Z80 kompatibel sein sollte.

> *IBM als Kunden zu verlieren, war schon schlimm genug gewesen, aber Zilog hatte diesen Verlust ja mit einem enormen strategischen Mißgriff initiiert.*

Das war nahezu der Todesstoß. Die 8086er und 68000er Prozessoren waren zwar auch nicht mit ihren Vorgängern kompatibel, aber sie kamen aus viel größeren Entwicklungshäusern, und ihr Bruch mit der Vergangenheit erfolgte viel früher. Den Z8000 brachte man jedoch mitten im Intel-Motorola-Krieg auf den Markt. Zilogs Kunden waren bereits wankelmütig geworden und hatten ohnehin kein Interesse mehr, ihre Produkte an das neue Zilog-Design anzupassen. Die Firma mußte sich abstrampeln, um diese Kundschaft zu halten. Als Sack kam, schien die Firma bereits ihre Stellung verloren zu haben. Zwar hatte sie noch immer eines der besten Entwicklungsteams, aber man schien nicht recht zu wissen, was man mit den neuen Produkten, die aus den Labors kamen, machen sollte.

Sack wußte sofort, was zu tun war. Er verkleinerte die Firma und entließ fast ein Drittel der Belegschaft. Er beschnitt auch die Produktentwicklung und ging auf die Jagd nach Lizenzen für den Nachbau.[4] Wenn Zilog schon nicht einer der Marktführer werden sollte, dann doch zumindest eine führende zweite Kraft; und so kam es auch. Nach zehn Jahren endlich warf das Unternehmen Profit ab.

Einige Beobachter meinten, daß Sack das Unternehmen mit dem Ziel kurzfristiger Gewinne »melken« und so dem Eigentümer Exxon beim Verkauf der Firma behilflich sein würde. Langfristige Gewinne seien auf diese Weise natürlich nicht zu erzielen. Aber Sack kannte die Gegebenheiten des Post-IBM-Mikroprozessormarktes viel besser als sie:

»Der Vorwurf des ›Melkens‹ ist nicht fair. Früher hätte Zilog sicher die 158. Version eines Mikroprozessors entwickelt, noch bevor man überhaupt gewußt hätte, ob die Kunden sie auch haben wollten. Heute fragt das Unternehmen zuerst, was der Kunde möchte.«[5]

Schließlich stellte sich heraus, daß die Kunden eine Alternative zu den von Intel und Motorola angebotenen Produkten suchten, die weniger leistungsfähig, dafür aber preisgünstiger war. Das heißt, sie wollten den Z80. Zilog wartete mit unzähligen Variationen des klassischen Designs auf. Im Jahr 1987, als die Großen bereits mit 32 bit Prozessoren auf dem Markt waren, kündigte Zilog den Z280 an, eine 16 bit Version des 8 bit Z80. Man hatte eine erfolgreiche Strategie gefunden. Zilog vermarktete ihre Produkte ganz geschickt als »anwendungsspezifische Standardprodukte« und konzentrierte sich auf die Märkte, die preisempfindlich waren und nicht nach den allerneuesten Mikroprozessoren verlangten. Hierzu gehörten die Konsumgüterelektronik, die Computerperipherie, Modems, Fernseher und CD-Spieler. »Für einen Z80 zahlt man weniger als für einen Big Mac«, stellte ein Analytiker fest.[6] Mit der Designsachkenntnis war es für das Unternehmen leicht, eine Variante des Z80 für das neue Geschäft zu entwickeln. Dabei kam der Firma außerdem zugute, um Sack zu zitieren, daß »jeder Ingenieur in der Welt weiß, wie man einen Z80-Code schreibt.« Denn die meisten hatten bereits während ihrer Ausbildung mit einem Z80 gearbeitet.

1989 verkaufte Exxon die Firma ... und zwar an die Geschäftsführung von Zilog. Zwei Jahre später wurden Zilog-Aktien zum ersten Mal öffentlich gehandelt – 17 Jahre nach Firmengründung und 20 Jahre nach dem ersten Angebot von Intel. Es war klar, daß Zilog mit einem Absatz ihrer Produkte im Wert von 100 Millionen Dollar niemals wieder zu den Großen in der Industrie gehören würde, aber sie hatte ihre eigene Nische gefunden. Auch wenn es niemand bemerkte (selbst in der eigenen Firma nicht), das Unternehmen hatte etwas erreicht, auf das es stolz sein konnte: Der Zilog Z80 – und nicht der 8088er oder 68000er Prozessor – wird wahrscheinlich einmal der meistverkaufte Mikroprozessor in der Geschichte sein.[7] Er verkauft sich noch immer gut und wird bereits u. a. von Hitachi in Lizenz gebaut.

Revolution der Peripherie

Auch der Mikroprozessor, von dem man annimmt, daß er sich wohl am *zweitbesten* verkaufen lassen wird, ist eine weniger leistungsfähige Vorrichtung, von der nur wenige Menschen jemals gehört haben. Es entbehrt nicht der Ironie, daß dieser Chip ausgerechnet von Intel kommt. Der Intel 8051 war eigentlich ein Mikrokontroller und kam 1980 als erster einer neuen Familie auf den Markt. Er enthielt nicht nur einen zentralen Prozessor (wie das beim Mikroprozessor der Fall ist), sondern auch den erforderlichen EPROM-Speicher, I/O und Peripherie. Man hatte damit einen 8 bit Computer auf einem Chip.

Als Reaktion auf die Bedürfnisse des Marktes hatte man Mikrokontroller zur Handhabung von in Echtzeit stattfindenden physikalischen Vorgängen entworfen – und nicht etwa für das bloße Zahlenschlucken der Datenverarbeitung, was eher Sache des Mikroprozessors war. So kommt der Mikroprozessor zum Beispiel im computergesteuerten Automotor zum Einsatz. Mikrokontroller setzt man hingegen an ganz anderen Stellen ein, nämlich dort, wo auch die digitale Intelligenz gefragt ist, beispielsweise bei elektrischen Fensterhebern, Armaturenbrettern, der Benzineinspritzung und der

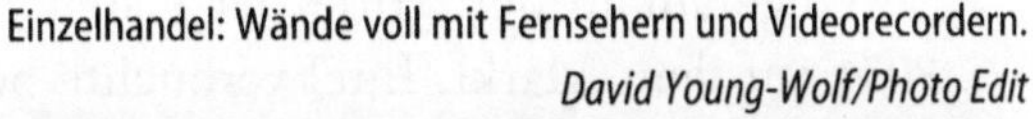

Einzelhandel: Wände voll mit Fernsehern und Videorecordern.
David Young-Wolf/Photo Edit

Federung. Mikrokontroller sind und bleiben wohl auch die erste Wahl für die meisten Produkte der Konsumgüterelektronik (VCRs, Fernseher) und für Haushaltsgeräte (Waschmaschinen, Thermostate, Mikrowellenherde). In der Regel sind Mikrokontroller billiger als Mikroprozessoren, da sie einfacher gebaut sind, auf einem herkömmlichen Design beruhen und in großen Mengen verkauft werden. Im Hinblick auf die Rechenleistung liegen sie im allgemeinen eine Generation hinter ihren bekannteren Konkurrenten zurück. Aber sie sind anpassungsfähiger, da das EPROM auf dem Chip eine Neukonfiguration ohne große Veränderungen im Design ermöglicht.

Es handelt sich hierbei keineswegs um ein Nebengeschäft. Die Zeitschrift *Electronic Business Buyer* schrieb dazu:

»Auf dem Spiel steht ein riesiger Markt für Chips, die für die Steuerung mechanischer, elektrischer und elektronischer Subsysteme in Endverbrauchersystemen konfiguriert und programmiert werden. Man findet sie immer häufiger in Autos, Computern, Druckern, Telefonen, Bausätzen, Konsumartikeln und Haushaltsgeräten.«[8]

Ungefähr in der Mitte der ersten Ära der Mikrokontroller erschien der 8051 auf dem Markt. Intel verbuchte bereits seine ersten Erfolge mit einer 8 bit Kontroller-Familie, der MCS-48, die 1976 mit dem Modell 8748 eingeführt worden war. Den 8051 betrachtete man als zweite Generation, die die erste zur Vollendung brachte. Auch sah man in ihm den Vorläufer einer dritten Generation, des 8096, eines 16 bit Mikrokontrollers, der zwei Jahre später eingeführt werden sollte.

Aber der 8051, später auch in CMOS und in einer leistungsfähigeren 8061-Version erhältlich, war weit mehr als ein Zwischenprodukt. Denn wie bereits der Z80 gezeigt hatte, brauchte man in der Industrie für die meisten Aufgaben nicht mehr als eine 8 bit Verarbeitung. Ebenfalls nicht ohne Bedeutung war, daß die potentiellen Kunden in der Industrie nach fünf Jahren so viel über den Mikrokontroller gelernt hatten, daß sie bereit waren, ihn in ihre Produkte einzubauen. Die 8051er Familie profitierte davon am meisten.

Welche Bedeutung diese Geräte für den Markt hatten, läßt sich an den Verkaufszahlen für die 8 bit Mikrokontroller ablesen. 1976 lag die Gesamtzahl bei 251 000. Vier Jahre später, als der 8051 angekündigt wurde, schnellten die Lieferungen in die Höhe und erreichten 22 Millionen. Drei Jahre später stieg die Zahl auf 91 Millionen an. Nur wenige Produkte ließen sich jemals in solchen Mengen so schnell verkaufen.[9]

Intel ließ auf den 8096 den i860 und den i960 folgen. Aber Intel war nicht der einzige Anbieter auf diesem Markt. Texas Instruments hatte schon 1974 einen Mikrokontroller, den TMS1000, eingeführt. Auch wenn das Unternehmen im Wettbewerb der Mikroprozessoren auf die hinteren Plätze zurückgefallen war, so mischte es doch in diesem Geschäft tüchtig mit. 1982 führte Texas Instruments ihren ersten digitalen Ein-Chip-Signalprozessor ein und ließ damit die Absicht erkennen, auf lange Sicht im Geschäft bleiben zu wollen. Auch Motorola – die Firma war 1978 mit dem MC6801 auf den Markt gekommen – und viele der japanischen Großunternehmen waren mit von der Partie.

Ab Mitte der 80er Jahre etablierte sich der Mikrokontroller als eigener Industriezweig. Es gab mindestens ein Dutzend größerer Halbleiterfirmen, einschließlich einer Reihe japanischer Konkurrenzunternehmen, die um

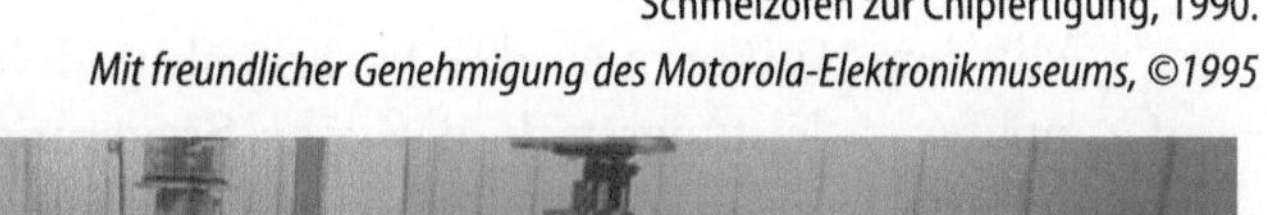

Schmelzöfen zur Chipfertigung, 1990.
Mit freundlicher Genehmigung des Motorola-Elektronikmuseums, ©1995

diesen Markt kämpften. 1992 erreichte der Gesamtumsatz die Höhe von 3,8 Milliarden Dollar. Motorola war der größte Lieferant (19 % Marktanteil), gefolgt von NEC (17 % Marktanteil), Hitachi, Mitsubishi und Intel (jeweils 8 % Marktanteil).[10] Man ging davon aus, daß der Markt einen Boom erleben würde und bis zum Jahr 1997 auf fast zehn Milliarden Dollar anwachsen würde.[11] Gefragt waren nicht etwa die einfachen 4 bit Modelle oder die hochwertigen 16 bit oder 32 bit Versionen, sondern die vielseitig einsetzbaren 8 bit Mikrokontroller. Hieran konnte man erkennen, daß bei den Mikrokontrollern nicht nur die Leistung zählte. John Hull von Hitachi meinte dazu: »In der Welt der Mikrokontroller ist es unsinnig, für mehr Leistung zu zahlen als man tatsächlich braucht.«

Das bedeutet nicht, daß kein Bedarf an hochwertigen Kontrollern bestand. Wie zuvor beim Mikroprozessor erlebte die Technologie eine regelrechte Hochkonjunktur, als die Mikrokontroller in zunehmendem Maße in PCs eingesetzt wurden.

Mit dem Aufkommen des Macintosh und von IBMs PC AT wurden die Computer so leistungsstark, daß eine Steuerung durch den Mikroprozessor in der CPU nicht ausgereicht hätte. Um ein Maximum an Effizienz zu gewährleisten, mußte man einen Teil der Intelligenz und Steuerung auf verschiedene Komponenten auslagern, vom CRT-Bildschirm (cathode-ray tube, Kathodenstrahlröhre) bis zu den Diskettenlaufwerken und Laserdruckern. Die Datenübertragung und die Steuerung der mechanischen Systeme bei Druckern und Diskettenlaufwerken war eigentlich keine Aufgabe für Mikroprozessoren. Auf der anderen Seite waren aber auch die herkömmlichen Mikrokontroller für diese Anwendungen nicht geeignet. Was für die Datenübertragung und Steuerung elektromechanischer Vorrichtungen gebraucht wurde, war ein spezieller Mikrokontroller (mit ausgefeilter digitaler Signalverarbeitung, schnellen Busgeschwindigkeiten, einer Wortlänge, die dem Stand der Technik entsprach, etc.).

Die Halbleiterindustrie reagierte sofort, und so entstand ein ganz neuartiger Gerätetyp, die *eingebetteten (oder peripheren) Prozessoren,* auch einfach »Maschinen« genannt.

Mit dem Aufkommen der peripheren Prozessoren erschien ein altbekanntes Gesicht auf der Bühne: National Semiconductor. Gute Entwickler gehen niemals verloren, und National Semiconductor hatte Mitte der 70er Jahre einen der besten.[12] Wie TI war auch National Semiconductor mit einem Bein im Kontroller-Geschäft geblieben. Nun, mit einem neuen Chefentwickler namens Gil Amelio, einem alten Fairchilder, der zuvor für Rockwell gearbeitet hatte, strebte man an, den Markt der peripheren Prozessoren zu beherrschen.

In den späten 80er und frühen 90er Jahren führte National eine Reihe von Prozessormaschinen ein, die nicht nur für Kontrollermärkte wie Computernetzwerke, digitale Anrufbeantworter und Laserdrucker bestimmt waren, sondern ihre Leistungsfähigkeit in einem solchen Tempo steigerten, daß sie es mit den Mikroprozessoren von Motorola und Intel aufnehmen konnten. Diese hervorragende Designarbeit wurde größtenteils in den israelischen Niederlassungen geleistet und zeigte, auf welchem Stand sich die Halbleiterfertigung und auch das Design befanden. (Die Rolle Israels in der Geschichte des Mikroprozessors sollte man nicht verkennen. Intel verdankt seinem Designcenter in Haifa viele seiner besten Produkte, einschließlich der mathematischen Koprozessoren 8087 und 387.)

National landete einen Volltreffer mit drei verschiedenen Prozessormaschinen für verschiedenartige Bild- und Tonanwendungen: dem 16 und 32 bit CG, dem 32 bit GX und dem erstaunlichen »Swordfish«. Der »Swordfish« sollte als eine Botschaft an die Prozessorwelt fungieren, denn National Semiconductor wollte mit dieser Realisierung den Markt innovativ beeinflussen. Mit 64 bit, einer Million Transistoren, digitaler Signalverarbeitung auf dem Chip und einer Rechengeschwindigkeit von 100 MIPS war der Swordfish für Anwendungen in den neuen Multimedia-Technologien, im Farbdruck und im hochauflösenden Fernsehen gedacht. Bei seiner Einführung im Februar 1991 setzte er einen neuen Standard für *jegliche* Art von Prozessorleistung.

Unter den japanischen Halbleiterherstellern erzielte Hitachi die größten Pluspunkte bei den Mikrokontrollern und eingebetteten Prozessoren. Die Produktlinien der Firma, einschließlich der HMCS-, H8- und SH-Familien, reichten Mitte der 90er Jahre von 4 bit bis 32 bit Mikrokontrollern und eingebetteten Prozessoren, und das sowohl in CISC- als auch in RISC-Architektur. Auch der weltweit erste Multiprozessor mit eingebettetem Kontroller, der H8/570, gehörte dazu. Außerdem arbeitete Hitachi gemeinsam mit Togai Infra Logic daran, die »fuzzy logic« (siehe Kap. 9) auf ihren Kontrollern zu implementieren. Somit wurde Hitachi auch in dieser Technologie zur innovativsten Kraft.[13]

Blue Chips

Intel sah sich einer Vielzahl von Herausforderungen gegenüber. Da gab es zum einen die etwas einfacheren ASICs und Mikroprozessoren aus der Massenproduktion und zum anderen die mit den eigenen Produkten vergleichbaren, sehr leistungsfähigen peripheren Prozessoren. Aber die Gefahr kam auch von der Spitze und, wie wir im nächsten Abschnitt sehen werden, sogar *aus den eigenen Reihen.*

Während man an dem einen Ende des Marktes angesichts der rasanten Geschwindigkeit, die Intel bei der Entwicklung vorlegte, frustriert war, beklagten die Hersteller von Spitzenprodukten, daß Intel nicht schnell genug vorwärtskäme. Mitte der 80er Jahre verdrängte eine Kombination aus neuen Display-Technologien, Hochgeschwindigkeitsnetzwerken und einer leistungsstarken Designautomatisierungssoftware die Minicomputer von ihrem angestammten Platz aus der Mitte der Computerindustrie. Für Workstations, Datenbanknetzwerke und Client-Server-Systeme hatte man sich neue Konzepte ausgedacht, die große Veränderungen erwarten ließen. Sie sollten die Art und Weise, wie Unternehmen neue Produkte entwerfen und bauen und den internen Informationsfluß regeln, maßgeblich verändern; ja, man sprach sogar von einer Revolutionierung. Es fehlten nur noch die Prozessoren, die diese Maschinen wahr werden ließen.

Aber niemand baute sie. Auch der 80386 und 68030 waren der Aufgabe nicht gewachsen.

So entschlossen sich überall in den USA relativ junge Computerfirmen, darunter Sun Microsystems und MIPS, ihre eigenen Chips zu entwerfen. Da die RISC-Architektur die für die neuen »SuperPCs« erforderlichen größeren Geschwindigkeiten ermöglichte, sollten die neuen Prozessoren auf dieser Technologie basieren.

Fünf Jahre zuvor hätte man dies als aussichtslos und unsinnig abgetan. Doch nun kamen mehrere neue Faktoren zugunsten dieser draufgängerischen Neulinge hinzu. 1983 begann Hewlett Packard mit der Arbeit an einem RISC-Prozessor, der schließlich zum Kernstück der 1987 eingeführten Spectrum-Rechner werden sollte. Auch konnte man ein ganz neues Phänomen beobachten: die *Siliziumfabriken,* unabhängige Wafer-Produktionsstätten, in denen kundenspezifische Chips hergestellt wurden. Die Kunden mußten somit keine eigenen Fabriken mehr bauen und ersparten sich dadurch große Investitionen. Die vielen Siliziumfabriken, die allerorts von den USA bis Südkorea entstanden, führten zu einem explosionsartigen Aufkommen neuer Halbleiterfirmen.

Mit neuen Konstruktionsplänen in der Hand wollten die jungen Firmengründer keine Zeit verlieren. In den *San Jose Mercury-News* konnte man Anfang 1988 dazu folgendes lesen:

»Der Computerhersteller Sun Microsystems Inc., Mountain View, macht keinen Hehl daraus, daß man einen RISC-Mikroprozessorchip entwickeln will ... und zwar nur aus dem Grund, weil sich die etablierten Mikroprozessorhersteller – vor allem Intel (Santa Clara) und Motorola (Schaumburg, Illinois) – schwertun, die neue Technologie anzunehmen. Manche Computerhersteller meinen sogar, daß die Marktführer sich so verhalten, weil sie den Verkauf ihrer aktuellen Mikroprozessoren nicht gefährden wollen.«[14]

Verarbeitung von 8 inch (200 mm) Wafern in der Fertigung von MOS 11 Wafern in Austin, Texas. *Mit freundlicher Genehmigung des Motorola-Elektronikmuseums, ©1995*

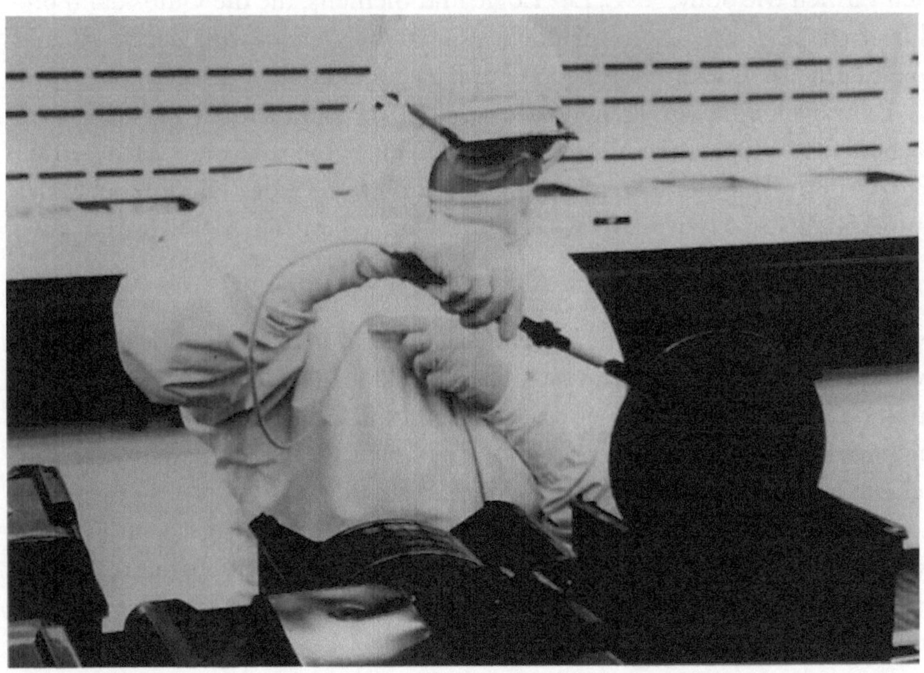

Der neue RISC-Prozessor von Sun bekam den Namen SPARCchip und die Workstation, die diesen Chip beherbergte, nannte sich SPARCstation. Auf dem Markt der Engineering-Workstations hatte dieser Rechner einen riesigen Erfolg. Bemerkenswert ist, daß sich unter den Siliziumfabriken, die Sun belieferten, auch Texas Instruments befand. Aus den Labors dieser Firma kam 1991 der SuperSPARCchip mit 3,1 Millionen Transistoren.

MIPS wurde 1984 von zwei weltweit anerkannten Experten der RISC-Verarbeitung gegründet, John Moussouris von IBM und Professor John Hennessy von der Stanford University. Unterstützt wurden sie von Skip Stritter, der in der Industrie für seine Arbeit im 68000er Design-Team bei Motorola einen ausgezeichneten Ruf genoß.

MIPS sollte sich von Anfang an von anderen Firmen unterscheiden. Im Zentrum eines Netzwerks von Kontakten und Geschäftspartnern situiert, sollte MIPS im wesentlichen ein Designhaus sein, das neue RISC-Prozessoren entwickelte und dann die Konstruktionen an die Geschäftspartner in der Halbleiterbranche weitergab (denn viele Hinterhof-Siliziumfabriken hatten sich als Eintagsfliegen erwiesen). Unter diesen Geschäftspartnern befanden sich Firmen wie Sony, NEC, LSI Logic und Siemens, die die Chips dann produzierten und an unterschiedliche Gerätehersteller wie DEC, Boeing, Westinghouse, Lockheed, Silicon Graphics und Kodak verkauften.

Es war eine hervorragende Idee, und MIPS kam schnell aus den Startlöchern. 1986 führte die Firma den R2000 ein, einen 32 bit/8 MIPS-RISC-Prozessor. In den drei folgenden Jahren kündigte sie jedes Jahr ein neues, leistungsfähigeres Model an, bis sie mit dem 64 bit/60 MIPS-R6000 einen Höhepunkt erreichte.

Nach diesem fulminanten Start ging MIPS Ende 1989 an die Börse und wurde so zu einem 100 Millionen Dollar Unternehmen. Dieser Gewinn sollte weitere zukunftsträchtige Entwicklungsprojekte finanzieren. Aber die Organisation des Unternehmens war zu schlecht, und einige Mitglieder erreichten nicht die gesteckten Ziele. So kam es, daß sich MIPS bereits ein Jahr nach seinem größten Erfolg in Schwierigkeiten befand.

Aber ein Interessent stand schon bereit. Einer von Suns größten Konkurrenten, Silicon Graphics, war auf der Suche nach einem bahnbrechenden Prozessor. Und da das Problem bei MIPS selbst lag und nicht in der Technologie, schluckte Silicon Graphics die Firma.

So lebt MIPS in den Prozessoren der Workstations von Silicon Graphics weiter und ist die »treibende Kraft« bei den meisten digitalen Spezialeffekten in Film und Fernsehen.

Zilog, National Semiconductor, Sun und Silicon Graphics – sie alle stellten Intel immer wieder vor neue Herausforderungen. Doch hat eine dieser Herausforderungen jemals den Erfolg des Unternehmens geschmälert? Wenn überhaupt, dann waren es die RISC-Prozessoren, denn sie nahmen ein wenig von dem innovativen Glanz, auf den Intel so stolz war. Tatsächlich brachten Intel und Motorola relativ schnell ihre eigenen RISC-Prozessor-Familien heraus, allerdings mit begrenztem Erfolg. In beiden Fällen handelte es sich nur um Nebenmärkte. Man wollte damit verhindern, daß einem die Kunden davonliefen. Intel expandierte immer noch so schnell, daß sie ohnehin die durch die neuen Märkte aufgekommene Nachfrage nicht hätte befriedigen können. Letztlich waren diese neuen Märkte nur ein Zeichen dafür, daß die Mikroprozessoren nicht länger ein unerschütterliches Geschäft darstellten. Künftig sollte es viele Mikroprozessorindustrien geben – und hieraus sollte eine wirkliche Gefahr für die zwei Branchenriesen erwachsen.

Der Mikroprozessor vor Gericht

Wie wir im letzten Kapitel gesehen haben, war die Mikroprozessorbranche von Anfang an von Rechtsstreitigkeiten gekennzeichnet. Als es in den späten 80er Jahren so aussah, als ob die Vernunft gesiegt hätte und man zur Tagesordnung übergehen würde, gab es schlagartig eine Kehrtwende, und die Branche tauchte ein in ein Dickicht patentrechtlicher Verfahren. Der Grund dafür lag in drei verschiedenen, jedoch eng miteinander verflochtenen Ereignissen: in der Verleihung des Mikroprozessorpatentes an Gilbert Hyatt, in der Entscheidung von Texas Instruments, patentrechtliche Streitigkeiten als Geschäftsstrategie einzusetzen und im harten Kampf zwischen Intel und Advanced Micro Devices um die Rechte am 80386.[15]

Obwohl seitdem mehr als fünf Jahre vergangen sind, sind die langfristigen Folgen dieser Ereignisse noch nicht abzusehen.

Als der Erfinder Gilbert Hyatt, der die meiste Zeit seines Lebens mit seiner Arbeit an der Peripherie der High-Tech-Industrie verbrachte, eines Morgens im März 1990 sein Postschließfach in der Nähe von Disneyland öffnete, fand er in seiner Post ein Schreiben vom amerikanischen Patentamt. Man teilte ihm mit, daß zu seinen unzähligen Patenten ein weiteres dazukommen sollte.[16]

Doch mit diesem Patent hatte es etwas Besonderes auf sich. Es war das aufsehenerregendste Patent des Jahrhunderts. Zwanzig Jahre hatte es gedauert, bis er es bekam. Hyatt wußte jetzt, daß er von nun an der offizielle Erfinder des Mikroprozessors sein würde. Er rief seinen Rechtsanwalt und einige Freunde an, um ihnen die große Neuigkeit mitzuteilen. Dann machte er sich wieder an sein neuestes Projekt.

Das Patent Nr. 4 942 516 »Ein-Chip-Computer-Architektur auf der Basis integrierter Schaltkreise« wurde ihm am 17. Juli 1990 offiziell erteilt. Die Nachricht ging schlagartig um die Welt. »*Wer?*« fragte man sich ungläubig in der ganzen Halbleiterindustrie. Es war einfach unfaßbar, nur wenige hatten jemals von diesem Mann gehört, der nun in dem Ruf stand, mit seiner Erfindung den Grundstein für ihre Industrie gelegt zu haben.

Dann kehrte die nüchterne Wirklichkeit ein, und man sah den Tatsachen ins Auge. Wenn dieser Mann ein Patent auf den Mikroprozessor hatte, könnte er womöglich eine Patentgebühr für jeden verkauften Mikroprozessor einklagen. Sogar bei einer Gebühr von nur einem Prozent hieße das, daß ihm bereits mehrere hundert Millionen Dollar zuständen, ganz abgesehen von den Milliarden, die noch folgen würden. Kein Wunder, daß die Bestellungen einer Kopie des Patents Nr. 4 942 516 drastisch in die Höhe gingen und das Patentamt eines der größten Nachfrageaufkommen seiner Geschichte erlebte.

Aber wer war Gil Hyatt, und warum erhielt ausgerechnet er das zentrale Patent der High Technology? Und warum erhielt er es erst 20 Jahre nach der Erfindung des Mikroprozessors?

Es sollte Monate dauern, bis die ganze Geschichte ans Tageslicht kam. Doch fürs erste versetzte sie die gesamte Mikroprozessorindustrie in helle Aufruhr.

Hyatt war ein sonderbarer Mensch – selbst nach den Maßstäben seines Metiers: ein absoluter Einzelgänger, der sich 14 Stunden am Tag, und das sieben Tage die Woche, in seine Arbeit vergrub. Sogar sein Sprecher meinte: »Stellen Sie sich ihn ganz einfach als Marsmenschen vor, und Sie haben das richtige Bild von ihm.«[17] Aber Hyatt war auch ein verbitterter und verärgerter Mann, der sich selbst als David gegen die vereinigten Goliaths sah, die sich sein ganzes Leben lang gegen ihn verschworen hätten. »Immer nur die Großen haben das Geld kassiert«, beklagte er sich bei den Reportern.[18]

1968 war Hyatt Mitbegründer und maßgeblicher Produktentwickler einer neuen, jungen Firma in Los Angeles. Sie firmierte unter Micro Computer und hatte sich zum Ziel gesetzt, einen neuen Computer zu bauen, der nur so groß wie eine Spülmaschine sein sollte und als Kontroller für Maschinenwerkzeuge einsetzbar wäre. Contourama IV sollte dieser Rechner heißen. Wie viele Unternehmen in jener Zeit hatte Micro Computer nie mehr als 25 Beschäftigte, hielt sich drei Jahre über Wasser und ging dann in Konkurs. Sicher war das Ende in diesem Fall ein wenig bitterer als in den meisten anderen.

Der Contourama IV enthielt einen Satz gedruckter Platinen, von dem Hyatt später behauptete, daß man ihn auch in der Ausführung eines Ein-Chip-Mikroprozessors hätte herausbringen können.

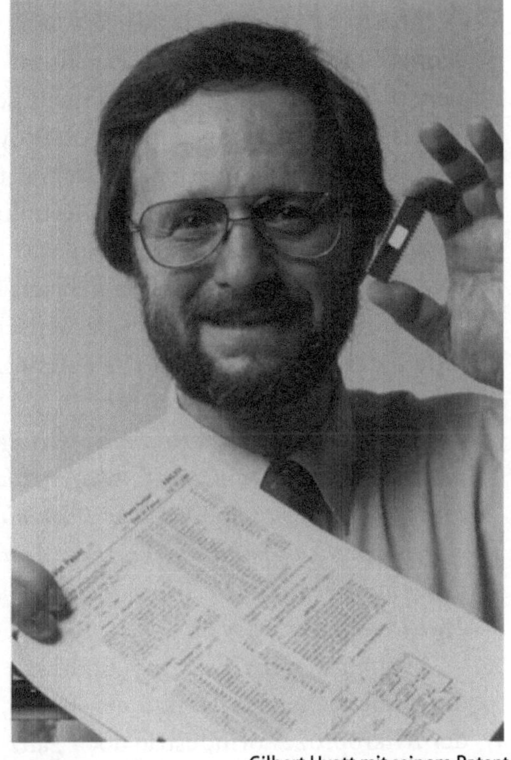

Gilbert Hyatt mit seinem Patent.
Bob Riba / Gamma Liaison

Als Hyatt Ende 1970 den Contourama IV für ein Patent anmeldete, führte er 80 Neuerungen auf, die man in diesem Computer finden konnte. Nummer 40 war ein Computer »auf einem einzelnen Chip mit integrierten Schaltkreisen«. Auf diese Anmeldung wurde kein Patentschutz vergeben. Hyatt tätigte weitere Patentanmeldungen – insgesamt drei, einschließlich sechs Patentergänzungen, und er ging in drei Berufungen.[19]

Man schrieb das Jahr 1988. Hyatt hatte die letzten eineinhalb Jahrzehnte als Selbständiger gearbeitet und wurde immer verbitterter, als er sah, wie die Mikroprozessorindustrie um ihn herum blühte. Er war überzeugt, daß man ihn betrogen hatte. Micro Computer war seinerzeit vor allem deshalb gescheitert, weil die Direktoren und Investoren feststellen mußten, daß die diversen Technologien nicht geistiges Eigentum der Firma, sondern der Person Hyatts waren. Und Hyatt hatte sich geweigert, eine Abtretungserklärung zu unterschreiben.

Diese Forderung der Investoren war nichts Ungewöhnliches – denn schließlich *ist* das geistige Eigentum in der Regel der einzige Wert einer neuen Firma. Aber Hyatt empfand schon diese Forderung als Zumutung. Zwei der Investoren waren Robert Noyce und Gordon Moore, die selbst eine eigene junge Firma hatten. Hyatt war überzeugt, daß es kein Zufall war, daß Intel ausgerechnet zu dem Zeitpunkt mit der Arbeit am 4004er Projekt begann, als Micro Computer bankrott ging.

1990 war es endlich soweit. Nach all den Jahren des Anmeldens seiner Rechte beim Patentamt kam der entscheidende Augenblick. Das amerikanische Patentamt war bereit, das Patent zu verleihen, wenn Hyatt ein entscheidendes Dokument nachreichte:

»Er gab eine eidesstattliche Erklärung ab, daß nach seiner ›persönlichen Einschätzung‹ eine Person mit durchschnittlichem Geschick in der Halbleiterfertigung imstande gewesen wäre, im Jahr 1970 seinen Chip unter Verwendung einer einfacheren ›seriellen‹ Architektur statt der heute den meisten Mikroprozessoren zugrundeliegenden ›parallelen‹ Architektur zu bauen. Zwei Monate später wurden ihm die Patentrechte verliehen.«[20]

Während in der Elektronikindustrie Erstaunen und eine gewisse Besorgnis die vorherrschenden Reaktionen waren, zeigten sich die anerkannten Pioniere der Mikroprozessorindustrie doch ganz offensichtlich verärgert; sie konnten es einfach nicht glauben. George Gilder, Industriebeobachter, meinte dazu:

»Sehen Sie, TI wußte Bescheid (über den Mikroprozessor). Carver Mead wußte es. Intel wußte es. Es lag in der Luft. Jeder sah das Ziel; das Problem war, es wirklich zu tun. Vor Hyatts Patent gab es eben nur das grundlegende Konzept für einen Computer – und dann muß man bis in die 40er Jahre und zu von Neumann zurückgehen.«[21]

Bei Cal Tech ignorierte Carver Mead Hyatts Patentansprüche. Schließlich hätte ja jeder gewußt, daß der Mikroprozessor kommen würde:

»Es war eine unruhige Zeit. Beim Zurückdenken fällt einem zuerst ein, daß alle Welt davon redete, einen Computer auf einem einzigen Chip zu bauen. Wir

hätten ihn sicher gebaut, wenn wir die Technologie gehabt hätten. Man mußte sich ja nicht etwas völlig Neues ausdenken. Die Frage war nur, wann war man soweit.«[22]

Andere wiesen darauf hin, daß Intel, obwohl bekannt dafür, in patentrechtlichen Angelegenheiten mit Argusaugen über seine Interessen zu wachen, niemals ein Patent auf den Mikroprozessor beantragt hatte, weil man die Vorrichtung offensichtlich als technische Verwirklichung einer gängigen Idee betrachtete, und nicht als eine völlig neue Erfindung. Wie auch immer, jedenfalls bestand ein gewisser Unmut darüber, daß ein eigenbrötlerischer Südkalifornier die größten Juwelen des Silicon Valleys für sich beanspruchte.

Es überrascht nicht, daß zu den vehementesten Kritikern Federico Faggin und Ted Hoff zählten, die die Geschichtsschreiber als die eigentlichen Erfinder des Mikroprozessors anerkannten. »Es wäre absurd, wenn jemand behauptete, daß wir von Hyatt irgend etwas gestohlen hätten«, meinte Hoff, nachdem er das Patent gesehen hatte. »Wenn wir irgend etwas von seinem Entwurf verwendet hätten, wäre das wahrscheinlich ein Desaster gewesen.«[23]

Faggin, für den es ein Alptraum gewesen war, den Prototyp zum Laufen zu bringen, fragte Hyatt öffentlich: »Wenn doch alles so einfach war, warum haben Sie das Ding dann nicht gebaut?«[24] Hyatt antwortete darauf: »Ich baue die Dinge nicht, sondern ich entwerfe sie.«[25]

Es ist kein Wunder, daß Hyatts spröder Charakter für sein Image nicht gerade förderlich war. Während sich einige seiner ehemaligen Arbeitskollegen an Diskussionen erinnerten, in denen man davon redete, einen Computer auf einem einzigen Chip zu bauen, konnten die Gründer von Micro Computer nichts dergleichen berichten. Sie hätten Hyatt immer nur als einen notorischen Geheimniskrämer erlebt. Während die High-Tech-Industrie Eigenbrötler und Revoluzzer wie Jobs und Wozniak respektierte und wohlwollend behandelte, hatte Hyatt jegliche Gunst verspielt mit seinen dunklen Andeutungen darüber,[26] daß Moore und Noyce, zwei der meistbewunderten und respektiertesten Männer der Branche, ihn seiner Erfindung beraubt hätten. Es nützte nichts, daß er Moore und Noyce niemals öffentlich bezichtigt hatte. Da half es ihm auch nichts, daß Noyce nicht mehr zu den Anschuldigungen Stellung nehmen konnte oder daß Hyatt, wie er selbst zugab, jahrelang sehr freundliche Briefe an diesen großen Mann geschrieben hatte, ohne jedoch jemals die Patentangelegenheit zur Sprache gebracht zu haben.

Die Patenterteilung auf Hyatts Mikroprozessor ließ Kritik am amerikanischen Patentrechtswesen laut werden.[27] Nur in den Vereinigten Staaten, hieß es, könne eine Einzelperson einen Antrag auf Erteilung eines Patents stellen und dann, sobald sie aus dem Blickfeld der Öffentlichkeit gerückt wäre, 20 Jahre lang immer wieder einen neuen Antrag stellen, diesen dabei immer weiter ausfeilen und überarbeiten, um schließlich wieder ins Rampenlicht der Öffentlichkeit zu treten und die Sahne einer etliche Milliarden Dollar schweren Industrie abzuschöpfen, zu deren Emporkommen die betreffende Person gar nichts beigetragen hätte. Andere Länder befristeten die Patentlaufzeit, wobei man vom ersten Tag der Antragstellung ausgehe, oder gäben die Patentanmeldung nach 18 Monaten bekannt (was bedeuten würde, daß Hyatts Patent bereits 1988 abgelaufen wäre, also lange bevor es ihm tatsächlich erteilt wurde, und nicht erst im Juli 2007).

Zwecklos zu sagen, daß Hyatt damit überhaupt nicht einverstanden war. Das geltende Patentrecht tue, was es tun solle: Es schütze den kleinen Mann vor Ausbeutung durch riesige Großunternehmen. »Das Patentrechtssystem funktioniert«, meinte er.[28] Er wies auf seine mehr als 50 Patente hin, die ja schließlich ein Beweis dafür wären, daß er ein revolutionärer Denker sei, und nicht etwa ein Luftikus oder Geldschneider.

Jetzt, fünf Jahre nach der Patenterteilung, liegt noch immer etwas in der Luft. Anfang 1991 focht Texas Instruments (aus Gründen, die später näher erläutert werden) auf dem Wege eines sozusagen konkurrierenden Patentrechtsverfahrens die Gültigkeit von Hyatts Patent an. Die Sache ging zugunsten Hyatts aus, zum Teil dank der Schützenhilfe, die North American Philips Corp., die amerikanische Tochtergesellschaft des holländischen Elektronikriesen N. V. Philips, Hyatt leistete. Da Philips keine eigenen vergleichbaren Patente hatte, versuchte man, die Vormachtstellung der Konkurrenz zu untergraben, indem man ankündigte, Hyatt in seinen Bemühungen, Lizenzen an andere Firmen auszugeben, »unterstützen« zu wollen.[29] War dies nun ein ehrlich gemeintes Handeln im Sinne der Gerechtigkeit oder nur ein zynisches Sägen am Thron der Konkurrenten? Die Zukunft wird es zeigen.

Weiterhin hieß es, daß andere Firmen auch Verhandlungen über Lizenzabkommen mit Hyatt früh abgebrochen hätten, um so einen späteren teuren Rechtsstreit zu vermeiden. 1993 versuchte Hyatts geschiedene Frau, allerdings ohne Erfolg, auf gerichtlichem Wege sich ein Stück des zu erwartenden Reichtums zu sichern.

Ob Katalysator oder Zeichen der Zeit, der Fall Hyatt schien eine Büchse der Pandora, randvoll mit Patentrechtsstreitigkeiten, zu öffnen. Schon bald wurden die frühen 90er Jahre als die Ära des »Großen Patentkriegs« bezeichnet. Die Japaner beherrschten schon lange die Kunst des Antragstellens. Sie meldeten selbst die kleinsten Nuancen ihrer Arbeit für ein Patent an, schlugen Konkurrenten aus dem Feld, indem sie Anträge auf Patenterteilung für leichte Abwandlungen der Erfindungen ihrer Gegner stellten, setzten Verfahren wegen angeblicher Patentverletzung in Gang, um eine gegenseitige Lizenzvergabe zu erzwingen. Auch Fairchild machte in ihren letzten Zügen von diesen Praktiken Gebrauch und nutzte die Originalpatente auf das Planarverfahren von Noyce als Einnahmequelle. Überhaupt schienen inzwischen alle großen amerikanischen Halbleiterfirmen das Recht am geistigen Eigentum in irgendeiner Form als strategische Waffe einzusetzen.

Wegweisend war Texas Instruments. Als ehemaliger Pionier auf dem Gebiet der integrierten Schaltkreise und Mikroprozessoren hatte TI die besten Patente vorzuweisen. Nun, da schlechtere Zeiten angebrochen waren, wollte man diese Trumpfkarte ausspielen und alles verklagen, was in Sicht kam, angefangen von den Japanern über die Texaner Tandy und Dell bis zu den jungen Halbleiterfirmen wie LSI Logic und Cypress Semiconductor. Letztgenannte wurde beschuldigt, ein Patent verletzt zu haben, das TI auf die Art, wie Chips in ihre Baueinheiten gedrückt werden, erworben hatte.

Es war eine kaltblütige Strategie, die auch die bis dahin geltenden Regeln veränderte. Bislang hatte der Patentrechtsstreit eher defensiven Charakter und war nicht Teil einer aggressiven Firmenstrategie. Der Sprecher von LSI, Bruce Entin, beklagte nun:

»TI scheint dazu übergegangen zu sein, seine Patente zu verwenden, um Profit daraus zu schlagen und nicht um geistiges Eigentum zu schützen.«[30]

Und es funktionierte. 1991 gab TI bekannt, daß man in den letzten vier Jahren mehr als 600 Millionen Dollar an Lizenzgebühren für Patente eingenommen hätte. Die Rechtsabteilung der Firma war somit bisweilen der größte Gewinnbringer. Die Technologieindustrie erlebte etwas völlig Neues, als TI begann, seine Patentrechtsverfahren im Jahresbericht lobend zu erwähnen.

TI, bereits seit langem ein großer Anbieter auf dem japanischen Markt, klagte sogar Lizenzgebühren von den japanischen Konkurrenten ein, wobei man sich noch nicht einmal scheute, auf Kilbys Patente zurückzugreifen. Man drehte also den Spieß einfach um. TI war in der Sache ganz zuversichtlich und sagte voraus, daß man 750 Millionen Dollar pro Jahr aus den Japanern herausholen könnte – und eine baldige gegenseitige Lizenzvergabe mit Mitsubishi schien diese Voraussage zu bestätigen. Aber bald darauf begannen die anderen japanischen Firmen, insbesondere Fujitsu, mit den gleichen Waffen zurückzuschlagen, und nutzten ihre eigenen Patente, für die man Lizenzen an TI vergeben hatte.

Texas Instruments war nicht die einzige Firma, die bei dem neuen Spiel mitmachte. Auch Motorola beteiligte sich und verklagte Hitachi wegen einer Patentrechtsverletzung in Sachen Mikroprozessordesign. Aber der Firma wurde eine schmerzliche Lektion erteilt. In der gerichtlichen Entscheidung wurde zugunsten Hitachis verfügt, daß Motorola seinen neuen 68030er Mikroprozessor nicht nach Übersee ausliefern dürfe. Motorola befürchtete ein Desaster und gab schnell klein bei; daraufhin stellten die beiden Firmen ihre Streitigkeiten ein.

Aber das waren alles nur kleine Fische im Vergleich zu dem größten Patentstreit: Intel gegen Advanced Micro Devices.

Die Gefahr kam aus den eigenen Reihen, wie Intel schon immer befürchtet hatte. In den 80er Jahren hatte die Firma sowohl ihre Konkurrenten als auch neue Firmen, die von ehemaligen Mitarbeitern gegründet worden waren, hartnäckig – ja, manche behaupten sogar skrupellos – verklagt, wenn sie auch nur den kleinsten Annäherungsversuch in Richtung der Kronjuwelen des Patentschatzes unternahmen. Während dieser Zeit konnte nur eine Firma Fuß fassen. Cyrix, einem kleinen Unternehmen in Richardson, Texas, war es gelungen, einen das Original an Leistungsfähigkeit übertreffenden 386er Klon zu bauen, ohne dabei den Mikrocode des großen Bruders zu verwenden. Natürlich verklagte Intel die Firma, aber Cyrix hatte ein Loch, wenn auch nur ein kleines, in Intels Rüstung gefunden. Cyrix goß dann noch Öl ins Feuer: Sie vergab Lizenzen für diese Entwürfe an die Firma Texas Instruments, die bald darauf behauptete, mit mehr als

> *Aber das waren alles nur kleine Fische im Vergleich zu dem größten Patentstreit: Intel gegen Advanced Micro Devices.*

einer Millionen Baueinheiten pro Jahr weltweit der drittgrößte x86er Lieferant zu sein.[31]

Eine viel ernstere Angelegenheit war jedoch die Herausforderung durch Advanced Micro Devices, denn auf dem Spiel stand hier das eigentliche Kernstück von Intels x86er Familie, das bislang Intels Technologie-Vorsprung gesichert hatte. Im wesentlichen forderte AMD eine Nachbaulizenz ein, ob Intel das nun gefiel oder nicht. Und AMD schien dabei gute Chancen zu haben.

Um zu verstehen, wie dieser Konflikt entstehen konnte, muß man in die Mikroprozessor-lose Zeit zurückgehen, d.h. noch bevor Intel gegründet wurde, nämlich zu Fairchilds glanzvollen Tagen. Fast alle, die einmal zu den führenden Köpfen der Branche gehören sollten, waren dort, einschließlich Noyce, Moore, Grove und einem forschen jungen Verkäufer namens A.J. »Jerry« Sanders. Noyce, Geschäftsführer zu jener Zeit, hatte schon immer ein Faible für Sanders gehabt, während Sanders die legendäre Persönlichkeit Noyce verehrte. Diese Verbindung hielt Jahre, selbst nachdem Noyce weggegangen war, um Intel zu gründen, und Sanders aus eigener Kraft die Firma Micro Devices gegründet hatte, die ihn zu Ruhm und Ehren brachte. Die Firma war bekannt dafür, die Produkte anderer Unternehmen in Lizenz nachzubauen und sie dann mit hervorragenden Verkaufs- und Marketingprogrammen an den Mann zu bringen.

Bei einer dieser Lizenznachbauten von AMD kam es zum Bruch der Verbindung zu Intel. Das war 1976, in der 8085er Ära, als Intel sich noch nicht darum scherte, daß ihr jemand die Rechte am geistigen Eigentum streitig machen könnte, nämlich als Zilog an die Tür klopfte und die erst seit sieben Jahren existierende Firma AMD noch keine Industriegröße war. Gemäß Lizenzabkommen hatte AMD das Recht, »die Mikrocodes in den Intel-Mikrocomputern und Peripheriegeräten, die von Intel verkauft wurden, zu kopieren.«[32] Die Sache schien damals so unwichtig, daß nur wenige Wirtschaftsblätter, aber keine Zeitungen darüber berichteten. Als man 1982 erneut über dieses Abkommen verhandelte, gab es keine Probleme; für die beiden Firmen waren die Einzelheiten dieser Vereinbarung kein Thema. Man fügte den Verträgen nur einen Standardsatz hinzu, wonach im Falle irgendwelcher Streitigkeiten zwischen den beiden Parteien ein Schlichter eingeschaltet werden sollte.

Während der nächsten zwölf Jahre interessierte sich niemand für das Abkommen. Intel trug ihre Kämpfe aus und baute ihre Vormachtstellung immer weiter aus. AMD konzentrierte sich auf logische und andere Vorrichtungen und ging ihren eigenen Weg. Sie erzielte mit den Verkäufen einen Jahresumsatz von fast einer Milliarde Dollar. Und Sanders, mit seinem schlohweißen Haar und seinem Bentley Cabrio, glänzte in der Öffentlichkeit mit geistreichen und witzigen Stellungnahmen und wurde zu einem der bekanntesten Männer der Branche.

Dann, Mitte der 80er Jahre, verlor das Faß seinen Boden. Mit dem jähen Aufsteiger ging es im freien Fall abwärts, und es drohte der Bankrott. Es hatte bereits eine schwierige Fusion mit Monolithic Memories gegeben, einem anderen Chip-Pionier des Silicon Valleys, und man hatte Probleme damit, die CMOS herzustellen und zum Laufen zu bringen.[33] Und ausgerechnet dann entschied sich Intel dafür, die Lizenz, die AMD für Intels Mikroprozessorentwürfe hatte, nicht mehr zu verlängern.

Sanders suchte verzweifelt nach dem rettenden Strohhalm, an dem er sich wieder hochziehen konnte, und fand ihn in jener ein wenig angestaubten Vereinbarung mit Intel. Intel feierte inzwischen große Erfolge mit ihren 286er und den neuen 386er Mikroprozessoren.

Sanders erkannte schnell, daß die Terminologie in der Vereinbarung so vage war, daß sie mehrere Auslegungen zuließ. Um seine Theorie auf die Probe zu stellen, kündigte AMD bald darauf einen Klonchip von Intels 287er Koprozessorchip an. Sanders wußte: wenn AMD die unvermeidliche patentrechtliche Auseinandersetzung überstehen würde, könnte man Intels kostbare 80 x 86er Familie ins Visier nehmen. Voller Zuversicht betraute er sein Designteam mit der Arbeit an einem 286er Klon.

Sanders Schachzug war überaus verwegen. Als einer der letzten legendären risikobereiten Unternehmer, die zum Entstehen des Silicon Valleys beigetragen hatten, schob Sanders im Stil eines entschlossenen Glücksspielers alle AMD-Chips in die Mitte des Spieltisches. Der Zufall sollte nun über das Schicksal seiner Firma entscheiden. Wenn er verlöre, würden die Strafbestimmungen dafür sorgen, daß seine Firma nicht überleben würde.

Aber dieser historische Zug war nichts Neues für Sanders. Vielmehr könnte man darin den Höhepunkt im Leben eines Spielers sehen. Sanders wuchs bei seinen Großeltern im Süden von Chicago auf und war zwar an der High School der Auserwählte seiner Klasse, der die Abschiedsrede hielt, aber auch ein ungestümer und draufgängerischer Unruhestifter. Noch während er an der Universität von Illinois studierte, ging er einmal mit ein paar Freunden aus der Nachbarschaft zu einer Party und wurde dann in eine Schlägerei verwickelt, als einer seiner Freunde von Mitgliedern einer ortsansässigen Bande angegriffen wurde. Sanders landete schwer verwundet im Krankenhaus. Seinen Universitätsabschluß machte er wegen dieser Verletzung zwei Jahre später als geplant. Danach ging er nach Südkalifornien, um in der Luft- und Raumfahrtindustrie zu arbeiten, und in der Hoffnung, ein Filmstar zu werden.

Aber es kam anders als er dachte. Als Verkäufer von Fairchild machte er sich in der Region von Los Angeles einen Namen und arbeitete sich schnell hoch.

In einer Firma von Eigenbrötlern war Sanders der jüngste und wildeste von allen und bekannt wie ein bunter Hund: er raste in einem Cadillac Cabrio durch die Gegend, lebte ständig über seine Verhältnisse und kaufte ein Haus in den Hollywood Hills. Noch vor 1969 verließ Sanders Fairchild. Auch er war wie alle anderen verbittert, die nun zur Entstehung des Silicon Valley beitrugen. Gemeinsam mit sieben anderen Aussteigern betfelte Sanders genügend Geld zusammen, um Advanced Micro Devices gründen zu können.

Ausgestattet mit nur wenig Kapital, relativ spät auf dem Markt und mit einem Produktkatalog voller Imitate, die von anderen Firmen entworfen worden waren, konnte AMD sich gerade eben über Wasser halten. Doch dank sensationeller Verkaufsförderung und brillanter Marketingstrategien blühte bald das Geschäft, und die Firma stieg auf. Am meisten profitierte die Firma von der starken Ausstrahlung und Persönlichkeit Sanders. Nun, als seine Firma in Schwierigkeiten war, hatte Sanders eine Entscheidung getroffen, die nur wenige Geschäftsführer anderer Unternehmen zu treffen gewagt hätten. Er attackierte schnurstracks das Kernstück der spektakulärsten Produktfamilie in der Elektronik.

Zu Noyces Zeiten hätte man die Sache möglicherweise anders geregelt. Doch Andy Grove war das genaue Gegenteil von Jerry Sanders. Es mußte unweigerlich zum Zusammenstoß kommen.

Und so war es auch. Keineswegs überraschend annullierte Intel im Januar 1987 das Abkommen mit AMD. Am 20. Februar bestand AMD auf die im Vertrag vereinbarte Schlichtung. Zwei Monate später reichte die Firma in dieser Sache doch Klage beim höchsten Gerichtshof Kaliforniens ein. Ein Schlichter wurde benannt, und im Oktober des Jahres gab er als Schiedsspruch bekannt, daß Intel die vertraglichen Vereinbarungen nicht eingehalten hatte.

Bei Intel war man wütend. Sanders jedoch spielte weiter mit hohem Einsatz. Als der 286er Klon fertig war, brachte er ihn auf den Markt. Dann nahm man den 386 ins Visier. Der Verkauf boomte, nicht nur wegen der Leistung und Preisvorteile der Klone, sondern auch, weil viele Hersteller erleichtert waren, sich aus der Abhängigkeit von Intel befreit zu haben, und damit auch von Intels 40%iger Gewinnspanne bei den allerneuesten Prozessoren. Die kleineren Firmen waren besonders froh darüber, einen Weg gefunden zu haben, Intels Rationierungsprogramm für stark nachgefragte Chips umgehen zu können. Dieser Optimismus war nicht nur im Hardwarebereich anzutreffen, sondern auch im Softwaregeschäft. Im vorangegangenen Jahrzehnt war PC-kompatible Software im Wert von 80 Milliarden Dollar verkauft worden – das war mehr als das Doppelte des Betrags, der für sämtliche Mikroprozessoren ausgegeben worden war, auf denen die Software lief –, und Softwareentwickler hatten schon immer ein ungutes Gefühl dabei gehabt, auf nur einen Lieferanten angewiesen zu sein.

Die Angelegenheit war deshalb besonders dringlich für die Hardware- und Softwareentwickler, weil Intel im April 1989 ihre nächste Mikroprozessorgeneration einführte, den 80486er Prozessor für 950 Dollar. Als 32 bit Gerät mit 1,2 Millionen Transistoren und Rechengeschwindigkeiten von sage und schreibe 50 MHz sowie einem mathematischen Koprozessor und Speicherverwaltungseinheiten auf dem Chip erfüllte der 486 ohne Zweifel den Wunschtraum einer ganzen Generation, nämlich die Leistung eines gesamten Großrechners auf einem Chip unterzubringen. Doch diese Tatsache verlor auf einmal an Bedeutung, wesentlich war nun, daß der 486 den ersten Mikroprozessor darstellte, auf dem das Microsoft Windows Betriebssystem laufen konnte.[34]

(Nicht, daß alles glatt lief: im Oktober des Jahres gab Intel bekannt, daß man einen Fehler im 486 gefunden hätte und die Chips umtauschen würde, die bereits von Computerfirmen gekauft worden waren. Der Markt zeigte Verständnis. *Dieses Mal.* Fünf Jahre später verhielt er sich ganz anders, wie wir sehen werden.)

Jahrelang hatte die Computerindustrie darauf gewartet, daß Windows perfektioniert würde. Obwohl die IBM-kompatiblen Personalcomputer nun 80 % des PC-Marktes abdeckten, war der Apple Macintosh dank seiner bemerkenswerten Benutzeroberfläche immer noch der Computer der Wahl anspruchsvoller Kunden. Das bedeutete auch, daß Apple einen höheren Preis für seine Maschinen verlangen konnte. Da die Oberfläche sowohl für Graphik- als auch für Desktop-Publishing-Anwendungen geeignet war, war der Mac äußerst attraktiv für viele der wichtigen neuen Programme, die für die 90er Jahre entwickelt wurden.

Die Benutzeroberfläche von Microsoft Windows war der des Macs so ähnlich, daß Apple die Firma Microsoft verklagte. Apple verlor aber den Prozeß. Dies ermöglichte x86er Softwareentwicklern und Computerherstellern, das verlorengegangene Marktsegment wiederzugewinnen. Außerdem hatte man jahrelang so viel von den Qualitäten dieser Benutzeroberfläche gehört, daß der Markt nun ganz versessen auf Windows war und auf die Computer, auf denen es laufen würde. Das hieß ein weiteres Mal, sich in die Schlange der Bedürftigen einreihen zu müssen, da Intel die Chips zunächst nur in kleinen Mengen an seine besten Kunden abgab. Aber wenn auch AMD in der Lage war, 486er Prozessoren zu bauen…

Es dauerte bis Juni 1992, insgesamt zwei Jahre, bis das Verfahren schließlich abgeschlossen war. Intel argumentierte, daß die Vereinbarung immer nur für jene frühen Blue-Box-Computer, wie beispielsweise den Intellec 4 und den ICE-80, gegolten habe, die man entworfen hatte, um den Kunden

Obwohl die IBM-kompatiblen Personalcomputer nun 80 % des PC-Marktes abdeckten, war der Apple Macintosh dank seiner bemerkenswerten Benutzeroberfläche immer noch der Computer der Wahl anspruchsvoller Kunden.

zu helfen, mit Intels Mikroprozessoren Produktprototypen zu entwickeln. AMD behauptete genau das Gegenteil, nämlich, daß Intel durch die Freigabe des Mikrocodes, ihre gesamte Prozessorfamilie zur Disposition gestellt hätte.

In diesem Fall entschieden die Geschworenen zugunsten Intels. Eine Schockwelle ging durch die Branche, der zwei Monate später eine zweite folgen sollte, als der Landesrichter den Urteilsspruch aufhob und AMD zum Sieger erklärte. Seine Entscheidung begründete er damit, daß Intel keine für den Fall relevanten Beweisdokumente beigebracht hätte. AMD wurden die Rechte an der Intel 386er Architektur erteilt – dies war ein entscheidender Schritt, der die Sache für sämtliche Prozessoren der x86er Familie erleichtern sollte. Außerdem gewährte man AMD Schadensersatz in Höhe von mehr als 15 Millionen Dollar.

Doch der Fortschritt konnte keine Rücksicht auf das Recht nehmen. Bis zur Bekanntgabe der Entscheidung hatte AMD immerhin schon 100 000 486er Klone gebaut. Als dann der Urteilsspruch der Geschworenen verkündet wurde, mußte AMD sich zurückhalten, mit diesen Produkten auf den Markt zu gehen. Die Aktien der Firma verloren an einem einzigen Börsentag fast 40 % ihres Wertes, das waren mehrere hundert Millionen Dollar. Mit der Entscheidung des Landesrichters stiegen nun die Aktien – um dann wieder beim nächsten Urteilsspruch zu fallen. Es war eine Berg- und Talfahrt, die die Börsennotierungen dieser Firma für die nächsten zwei Jahre kennzeichnen sollte.

Trotz der unmittelbaren Verluste erwies sich die Tatsache, daß der 486er Klon mit erheblicher Verzögerung auf den Markt kam, langfristig gesehen als günstig, da AMD so gezwungen war, einen 486 zu entwickeln, der nicht auf Intels Mikrocode angewiesen war. Das war in vielerlei Hinsicht eine Erleichterung für die Firma: »Irgendwie ist es frustrierend zu sehen, daß AMD eigentlich nur etwas kopiert und daß die Leute bei Intel fähiger zu sein scheinen«, meinte ein Konstrukteur von AMD, »aber irgendwie haben wir das Gefühl, uns selbst etwas beweisen zu müssen.«[35] Mit der Entwicklung dieses patentrechtlich geschützten 486er Prozessors lag man im Zeitplan und war wenige Monate später, nachdem der Richter den Urteilsspruch der Geschworenen aufgehoben hatte, lieferbereit. Mit seinem eigenen 486er Prozessor verfügte AMD nun über eine wirkliche Alternative zu Intels Original.

Dieser Unterschied sollte sich im Januar 1993 als entscheidend herausstellen, als Compaq Computer, derzeit der weltweit größte Computerlieferant, ankündigte, daß er nun auch 486er Mikroprozessoren von AMD kaufen würde, und nicht nur von seinem traditionellen Lieferanten Intel. Man mag sich daran erinnern, wie Compaq ein paar Jahre zuvor von Intel benutzt worden war, um IBM zu verstehen zu geben, daß Big-Blue nun für Mikroprozessoren nicht mehr den Ton angab. Nun war es Compaq, die Intel eine Retourkutsche teilte.

Auch IBM hatte die Sache nicht vergessen und gab im Februar 1994 bekannt, daß sie die Produktion der eigenen 486er Chips erhöhen werde. Ferner ließ sie verlauten, daß man davon absehe, künftige Intel Mikroprozessoren zu produzieren, obwohl man nach dem ursprünglichen PC-Vertrag das Recht dazu hätte. So erlebte eine der fruchtbarsten Zusammenarbeiten der amerikanischen Geschäftswelt nach 14 Jahren ein jähes Ende.

Dies überraschte niemanden, weil IBM fast drei Jahre zuvor, am 30. Juli 1991, bekanntgegeben hatte, daß sie sich einem Bündnis zwischen Apple Computer und Motorola angeschlossen hätte, um eine neue Familie von RISC-Mikroprozessoren zu bauen, die auf IBMs RISC/System 6000er Architektur basieren sollte und unter der sowohl Macintosh- und IBM-kompatible Programme laufen sollten: den PowerPC. Das war allerdings wirklich eine Überraschung: Ehemalige Feinde verbanden sich, um Intels Vorherrschaft auf dem Markt zu brechen.

Dieses neue Bündnis hatte fünf grundlegende Ziele:[36]
– die Gründung von Taligent durch IBM und Apple, einer unabhängigen Firma, die ein neues objektorientiertes Betriebssystem entwickeln sollte,
– ein IBM/Apple Joint-venture-Unternehmen, Kaleida, um Multimediatechnologien zu entwickeln,
– Datennetzverbindungen und Netzwerkstandards zwischen IBM und Apple,
– PowerOpen, eine neue, offene Systemumgebung, die gemeinsam von Motorola, Apple und IBM definiert werden sollte,
– die Entwicklung einer PowerPC-Architektur, dem Kernstück des Bündnisses, einer großen Familie von Einzelchipmikroprozessoren, die auf der Basis von IBMs POWER-Architektur gemeinsam von Motorola und IBM entwickelt werden sollte.

Apples Fertigungsstätte in Fremont, Kalifornien.
Mit freundlicher Genehmigung von Apple

POWER war ein RISC-Design, das vom herkömmlichen RISC ausging, aber folgende zusätzliche Eigenschaften besaß: eine äußerst leistungsfähige superskalare Befehlsweitergabeeinheit, einige Befehlsverbindungseinheiten, um die Schwäche des RISC, manchmal mehr Instruktionen für eine Aufgabe zu benötigen als CISC, auszugleichen, und eine neue Verzweigungstechnik mit der Bezeichnung »leistungsstarkes Bedingungsregister«, die die herkömmliche und langsamere Verzweigungs- und Ausführungseinheit ersetzte.

Mit der Entscheidung für die POWER-Architektur war man bereit für den Sprung zu den 64 bit und letzten Endes zu den 128 bit Mikroprozessoren des 21. Jahrhunderts.[37]

Dieses PowerPC-Bündnis war eine atemberaubende, noch nie dagewesene Sache. Niemals zuvor hatte es solch ein Joint-venture in dieser Branche gegeben. Software-Entwickler von IBM und Apple, einstmals Feinde, saßen zusammen an einem Tisch; mit vereinten Kräften arbeitete man bei Taligent in Cupertino an der neuen Aufgabe. Und in Austin kamen 300 der besten Chip-Konstrukteure von Motorola und IBM im neuen Somerset-Design-Center zusammen, um die ersten neuen Mikroprozessoren zu entwerfen.[38]

Für Intel war dies eine enorme Herausforderung. Aber wie immer plante Intel bereits eine Gegenoffensive. Mit jährlichen Einkünften von acht Milliarden Dollar und einem Anteil von 85 % am weltweiten Mikroprozessormarkt wußte Intel, daß die einzige Antwort auf diese vielen Herausforderungen hieß, vorwärts zu preschen und die Konkurrenz im aufgewirbelten Staub zurückzulassen. In den Worten des Börsenfachmanns John Lazlo würden die Konkurrenten »auch weiterhin Intels Abgase einatmen müssen.«[39]

Da der 486er Prozessor dem massiven Druck der Konkurrenz ausgesetzt war, wollte man ihn bald ersetzen. In Anlehnung an Bob Charettes »Spiralmodell« (siehe Kap. 6) beabsichtigte Intel, das erste Produkt dieser neuen Generation anzubieten. Wütend darüber, daß die Nachahmer sogar ihre Terminologie gestohlen hatten, brach Intel mit der Tradition, und anstatt den neuen Prozessor »80586« zu nennen, gab man ihm den urheberrechtlich schützbaren Namen *Pentium*. Als 32/64 bit Prozessor mit drei Millionen Transistoren und einer Rechengeschwindigkeit bis zu 300 MIPS bei 100 MHz verfügte der Pentium über die fünffache Leistungsfähigkeit des 486 – zum gleichen Preis (anfänglich ungefähr 1000 Dollar pro Chip). Nachdem der Pentium im März 1993 eingeführt worden war, wurde er wie jeder seiner Vorläufer schnell zum Traumchip von Computerkonstrukteuren und deren Kunden.

Doch die Sache mit AMD war auch noch nicht vom Tisch. Ein Sieg konnte hier die Nachahmer für die nächsten Jahre abschrecken. Und es sah ganz so aus, als ob sich die Dinge im Sinne Intels entwickelten. Im Juni 1993, drei Monate nach der Aufhebung des Geschworenenurteils, wies das kalifornische Berufungsgericht den Fall AMD zurück. Intel hatte allen Grund zum Feiern, und die Aktien von AMD fielen wieder.

Aber der Fall war noch lange nicht endgültig abgeschlossen. Im Januar 1994 begann ein neues Verfahren vor dem Bundesgericht; dieses Mal lagen alle relevanten Dokumente vor. Man hatte das Gefühl, daß der Streit jetzt ein für allemal geklärt würde. Beide Unternehmen fuhren heftige Geschütze auf – AMD quartierte sogar seinen Krisenstab in einem Hotel im nahegelegenen San Jose ein. Sanders, das charismatische Marketinggenie, hatte schon die ganze Zeit versucht, aus diesem Fall einen Kampf zwischen David und Goliath zu machen, wobei die kleine Firma AMD für den kleinen Mann kämpfte, dem es darum ginge, die Vorherrschaft Intels auf dem Mikroprozessormarkt zu brechen. Er erschien bei jeder Gerichtsverhandlung, und als der Prozeß endlich soweit war, daß er aussagen sollte, beeindruckte er die Geschworenen mit seinem Hollywood-Glamour und einer Vielzahl populärer Metaphern, um komplizierte technische Dinge darzustellen. So beschrieb er die ursprüngliche Vereinbarung von 1976 als »Angelschein« und erklärte: »Er war keine Garantie dafür, daß wir einen Fisch angeln würden, aber er entfernte die rechtlichen Hindernisse, die Angel auswerfen zu dürfen.« Und er fügte hinzu, daß er schließlich »nur ein Chip-Typ« sei, der niemals zwei Jahre damit verbracht hätte, über das Abkommen zu verhandeln, wenn es nur um Computer gegangen wäre.[40]

Die Geschworenen waren angetan von diesem Mann, aber nicht beeindruckt. AMDs Behauptungen, von Intel schlecht behandelt worden zu sein, berührten sie nicht. Allein der Wortlaut der Vereinbarung war für ihren Urteilsspruch maßgebend. Und da sollte ironischerweise die Aussage von Andy Grove Überzeugungskraft besitzen ... allerdings im Sinne des Kontrahenten. Der Rechtsstreit reduzierte sich schließlich auf den Begriff »Mikrocomputer«. Intel behauptete, daß damit die alten Entwicklungssystemcomputer gemeint wären. AMD wiederum sagte, daß es in der Vereinbarung um Mikroprozessoren ginge. Es gab keine klärende Antwort: 1976 war die Terminologie in der Industrie noch so unscharf, daß man mit »Mikrocomputer« alles mögliche bezeichnete. Es war sogar der Name von Gil Hyatts Firma gewesen (was er auch für seinen Patentfall ausschlachtete).

Der Wendepunkt kam während eines Kreuzverhörs, als AMDs Rechtsanwalt Tom McMahon Beweisdokumente einbrachte, die belegten, daß Grove selbst bei einer Anhörung vor einem Unterausschuß des Kongresses im Jahr 1979 den 8080 zweimal als »Mikrocomputer« bezeichnet hatte.

»Ich habe mich zweimal versprochen«, erwiderte Grove.[41]

Dies war beinahe wie ein Augenblick in einer klassischen Tragödie. Andy Grove, der fast keine Fehler gemacht hatte, als er in den 80er Jahren die Geschicke Intels geleitet hatte, mußte nun kurz vor dem Ende seiner außerordentlich steilen Karriere feststellen, daß er ganz am Anfang seinen größten Fehler begangen hatte, nämlich vor fünfzehn Jahren. Die Vergangenheit sollte ihn nun einholen. Der stets unfehlbare und präzise Ingenieur hatte während einer hitzigen Anhörung zweimal das falsche Wort gewählt, und nun sollte das seine Firma mehrere hundert Millionen Dollar kosten – nur wegen eines kecken Schönredners, der seine Karriere seiner Eloquenz verdankte. Die Geschworenen entschieden zugunsten AMDs. Intel versicherte, den Fall vor den Obersten Gerichtshof der Vereinigten Staaten zu bringen. Und dann zeichnete sich bereits der nächste Konflikt ab, denn Intel behauptete, daß die Vereinbarung 1995 ablaufen würde, was AMD jedoch bestritt.

Was AMD und Jerry Sanders betraf, so waren Erleichterung und Jubel die Reaktion. Sanders schätzte, daß die verschiedenen Gerichtsverfahren der Firma vom »konservativen« Standpunkt aus betrachtet 100 Millionen Dollar an Gerichts- und Anwaltskosten verursacht hätten, und meinte dazu: »4 $\frac{1}{2}$ Jahre lang haben wir in dieser Sache gegen Intel gekämpft. Das ist länger als der zweite Weltkrieg.«[42] (Anmerkung: Hier ist die Beteiligung der Amerikaner am zweiten Weltkrieg gemeint.) Die Kosten störten Sanders nicht. Denn der Sieg bedeutete auch Reichtümer. Die 386er und 486er Klone brachten der Firma eine Menge Geld ein und gaben ihr mächtig Auftrieb. Ende 1994 sollte AMD bereits einen Börsenwert von zwei Milliarden Dollar besitzen.

Aber AMD feierte nicht nur. Man strengte sich an, eigene Entwürfe auf die Beine zu stellen. Entscheidend dabei war, daß ein Mann namens Mike Johnson, der 1985 als junger Informatiker von der Stanford University zu AMD kam, ein absoluter Spezialist auf dem Gebiet der RISC-Technologie war. Johnson leitete ein Team, das den AM29000 baute, der 1987 auf den Markt gebracht wurde. Der AM29000, ein RISC-Mikrokontroller, verkaufte sich ungeheuer gut; mehr als eine Million Stück wurden abgesetzt. Das Entscheidende war jedoch, daß man ihn als architektonisches Kernstück für das Nachfolgemodell des 486er Klons verwenden konnte, den sogenannten K5.

Johnson und ein zweiter Entwickler, Dave Christie, begannen 1992 mit der Arbeit am K5. Man war Jahre zurück hinter Intel und beeilte sich aufzuholen.[43]

Alles drin, alles dran?

Sanders war der eigentliche Sieger. Doch Intel gelang es rasch, ihre Niederlage in einen Sieg umzumünzen. Wie bei der Operation CRUSH, wendete sich die Firma auch hier an ihren wenig gefeierten Marketingexperten.

Für Intel war es kennzeichnend, daß die Marketing- und Werbekampagnen wenig aufsehenerregend waren, wenn die Geschäfte gut gingen. Doch wenn man in Schwierigkeiten geriet, standen immer unverbrauchte Reserven zur Verfügung. Seit der Operation CRUSH hatte sich diese ungewöhnliche Strategie nur einmal offenbart, nämlich 1989, als Intel feststellen mußte, daß der 386er Mikroprozessor es nicht schaffte, den 286 auf dem Markt der Billigprodukte abzulösen. Intels Lösung für das Problem war eine Kampagne unter dem Namen »Red X«. Die zweiseitige Reklame zeigte auf der ersten Seite ein 286er Logo, das mit einem gesprühten X durchgestrichen war. Auf der zweiten Seite sah man ein ähnlich gesprühtes SX unter dem 386er Logo. Es war eine gewagte Maßnahme. Nur wenige Firmen würden den guten Namen ihres gängigsten Produkts ruinieren, um so eine noch nicht erprobte Version anzupreisen. Bei Intel bezeichnete man diese umstrittene Werbekampagne wehmütig als »Eating Our Own Baby«. Doch das Konzept war erfolgreich.

Nun, zwei Jahre später, als die ersten Klonhersteller auftauchten, bemerkte Intel, daß man riskierte, seine Identität zu verlieren und seine Spitzenprodukte zu reinen Konsumartikeln zu degradieren. Wieder einmal wandte sich die Firma an das Marketingbüro Dennis Carter und sein Team. Sie fanden die Idee in einer regionalen Übersee-Marketing-Kampagne, die der Firmenhändler Bill Howe auf die Beine gestellt hatte. »Intel In It« war die Botschaft, die er in seiner Kampagne verwendete. Genau das war es: Man mußte die Gerätehersteller umgehen und sich direkt an den Endverbraucher wenden.[44]

Das Ergebnis der Überlegungen war *Intel Inside,* und im Mai 1991 startete man mit diesem Slogan eine Produktverpackungs- und Werbekampagne, die den Kunden animieren sollte, nur einen Computer zu kaufen, der einen Intel Mikroprozessor enthielt. Es ging hier mehr um das Image als um die Substanz, denn die meisten Klonchips waren auch nicht schlechter als die Chips von Intel. Die Computerhersteller beklagten nun, daß ihr Beitrag zum fertigen Produkt mit diesem Slogan deutlich geschmälert würde.

Intel Inside war eine Offenbarung für die Elektronikindustrie und, was den Einfluß auf die Zielgruppe betraf, vielleicht sogar die erfolgreichste Marketingkampagne in der Geschichte der High-Tech-Industrie. Niemals hatte man daran gedacht, elektronische Komponenten über konventionelle Medien zu vermarkten. Man nahm an, daß solche Themen für den durchschnittlichen Verbraucher zu schwierig wären. Aber Carter stellte fest, daß das Gegenteil der Fall war. »Aus der ›Red-X-Kampagne‹ haben wir gelernt, daß wir komplizierte technische Dinge vermitteln können – ja, daß die Leute das sogar hören wollen.«[45]

Der Rest der Elektronikindustrie konnte nur neidisch zusehen. Intel hatte einen Weg gefunden, das unvermeidlich Erscheinende abzuwenden, nämlich den langsamen Abstieg äußerst einträglicher innovativer Produkte, die durch die immense Nachfrage auf dem Markt zu billigeren Konsumartikeln abgewertet wurden. Ein gegenseitiges Unterbieten in den Preisen war ja bereits zur Normalität geworden. Bald gab es überall Nachahmer. Wieder einmal hatte Intel gezeigt, daß im Marketing, und nicht in der Technologie, der Schlüssel zum Erfolg lag.

Richtungsweisende Werbekampagne, die zum Ziel hatte, daß die Intel 386SX-CPU den 286er-Prozessor als Einstiegsstandard ersetzen soll.
Mit freundlicher Genehmigung von Intel

Marktanteile

Als sich der 25. Geburtstag des Mikroprozessors näherte, schien die Branche das Ende einer Ära zu erleben, die erst jetzt als solche zu erkennen war. In den letzten 15 Jahren waren die zwei führenden Firmen Intel und Motorola jede für sich ihren Weg gegangen und dabei groß und reich geworden. Intel war nun eine Firma mit einem Börsenwert von neun Milliarden Dollar. Mikroprozessoren hatten dazu den größten Teil beigetragen. Im Jahr 1993 waren die Gewinne des Unternehmens so hoch wie die Gewinne der anderen 2000 Firmen des Silicon Valleys zusammengenommen.[46] Die Einnahmen aus dem Halbleitergeschäft der 17 Milliarden Dollar schweren Firma Motorola betrugen nun fast sechs Milliarden Dollar. Auch hier erzielte man den größten Gewinn mit Mikroprozessoren.

Intel war eindeutige Siegerin des Rennens mit mehreren hundert Millionen verkauften Mikroprozessoren und mit einem Marktanteil von 85 %. Motorola war es trotz eines anfänglichen Handikaps gelungen, mitzuhalten und ihren Ruf für überragendes technisches Können zu wahren. Ihr Fundament war zwar kleiner als das von Intel, aber in anderer Hinsicht durchaus beträchtlich. So gab Apple zum Beispiel 1993 die Lieferung ihres zehnmillionsten Macintosh Computers bekannt. Sie alle enthielten einen Prozessor der Motorola 68000er Familie. Auch drei Viertel aller weltweit produzierten Automobile enthielten einen Motorola Mikrokontroller. Und in der UNIX-Welt, die IBM den Garaus machen sollte, ging die Zahl der Motorola Prozessoren in die Millionen.

Doch dann sah es so aus, als ob die beiden Firmen sich wieder treffen würden. Denn neun Monate später, im Oktober 1990, begann Motorola, den 68040 in Serie zu produzieren. Die Verzögerung verärgerte Partner wie HP und ging eindeutig auf Kosten des Geschäfts mit Kunden wie Unisys. Aber ein Jahr später machte Motorola diese Verzögerung wieder gut, indem sie den 68060, die Antwort auf den Pentium, äußerst schnell herausbrachte. Das Rennen war fast zu Ende.

Im Januar 1994 kündigte Jack W. Browne Jr., Vizepräsident von Motorola und Direktor des Marketings für Mikroprozessoren, bei der Einführung einer äußerst leistungsfähigen (»grünen«) 3,3 V Version des 68060 an, daß der 68060 wahrscheinlich das letzte Modell der 68000 Familie wäre, das in großem Umfang als Mikroprozessor in Computern eingesetzt würde. Er betonte den Fortschritt in der Elektronikindustrie und meinte dann, daß sich der 68060 den Voraussagen zufolge auf dem Markt der eingebetteten Kontroller zehnmal besser verkaufen lassen würde als auf dem PC-Markt. Als Beweis führte er an, daß Motorola jedes Jahr immer noch 25 Millionen 68000-Vorrichtungen als Mikrokontroller liefern würde.

Unausgesprochen blieb der Hauptgrund, nämlich, daß die 68000-Familie das Ende einer PC-Reihe erreicht hatte. Denn Motorola hatte die Richtung geändert und befand sich nun auf Kollisionskurs mit Intel.

Ende 1992 kündigte Motorola das erste Produkt ihres Joint-venture mit IBM und Apple an. Der *PowerPC* 601 war ein 32 bit RISC Mikroprozessor, bei dem man sage und schreibe 2,8 Millionen Transistoren auf den Chip gepackt hatte. Seine langsamste Version war mit 50 MHz (weitere geplante Versionen sollten bei einer Geschwindigkeit von 66, 80 und 100 MHz arbeiten) so schnell wie der Pentium von Intel. Und der PowerPC war mit 280 Dollar nur ein Drittel so teuer wie der Pentium, der erst für 900 Dollar zu haben war. Im April 1993 wurde die 66 MHz Version zum Preis von nur 374 Dollar eingeführt, und Motorola kündigte an, daß man für 1994 drei weitere PowerPC-Modelle plante: zwei Hochleistungsmikroprozessoren (den 604 mit Superskalar-Architektur und den 64 bit 620 als krönende Spitze) sowie ein Modell (den 603) für tragbare Anwendungen. Im

MPC603 PowerPC RISC (Reduced Instruction Set Computer) 32 bit Mikroprozessor.
Mit freundlicher Genehmigung von Motorola

Oktober wurde der 603er Mikroprozessor bereits produziert. IBM hatte ihren ersten PowerPC-Computer bis zum Jahresende angekündigt – aber dann den ins Auge gefaßten Termin revidiert und die Einführung bis 1995 verschoben.

Apple machte diesen Fehler nicht. Die Firma kündigte ihren PowerMac Anfang 1994 an – und nach den ersten 100 Tagen verkauften sich die neuen Computer bereits weitaus besser als die mit einem Pentium ausgestatteten: 66 300 Computer gegenüber 40 900.[47]

In der Zwischenzeit arbeitete Sun angeblich bereits an einer PowerPC-Workstation. Auch Microsoft hatte von ihrem Betriebssystem Windows NT eine Version für den PowerPC entwickelt. In Wirtschaftsblättern konnte man lesen, daß der PowerPC 615 sowohl PowerPC als auch Intel-Befehle würde

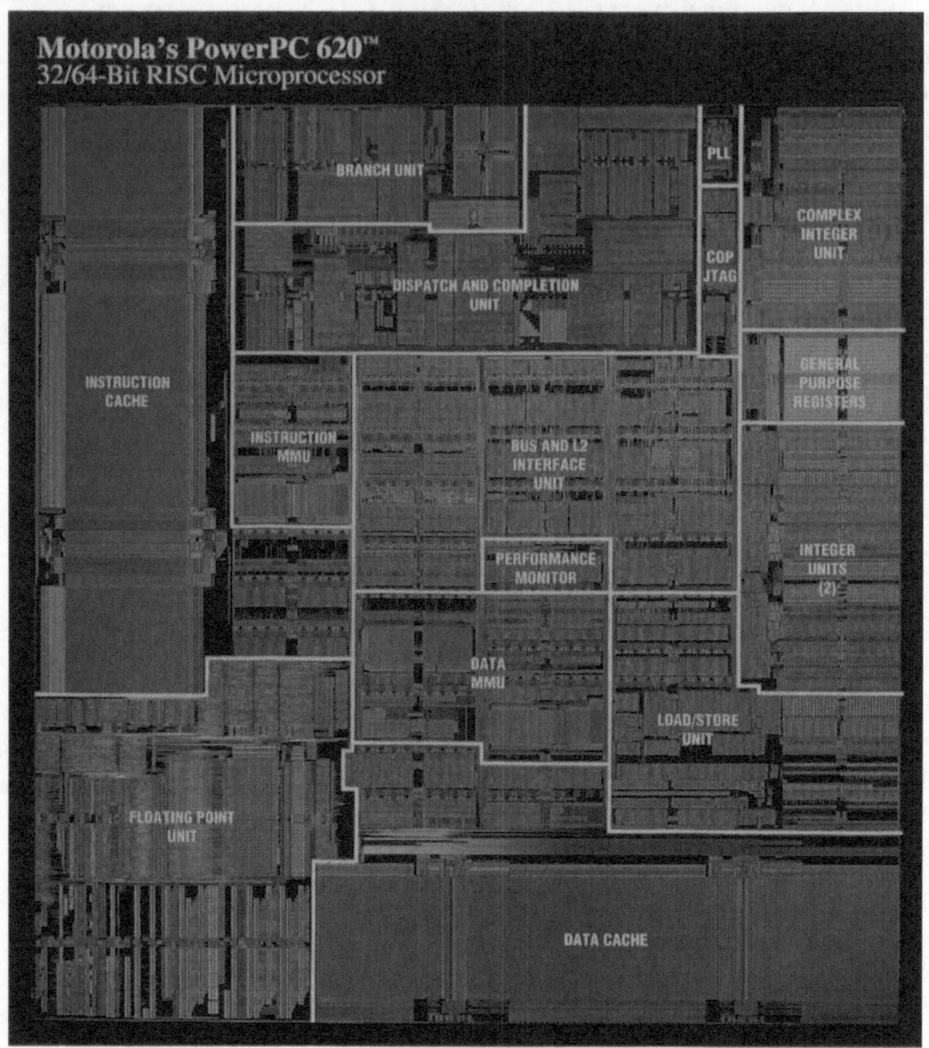

MPC620 PowerPC RISC 64 bit Mikroprozessor.
Foto des Siliziumplättchens mit darübergelegter Beschreibung der einzelnen Funktionen und Bereiche.
Mit freundlicher Genehmigung des Motorola Museums

ausführen können – ein entscheidender Wettbewerbsvorteil, der die Universalität des PowerMac bis auf die Ebene des Prozessors garantierte.

Das neue Konsortium hatte sich hohe Ziele gesteckt. »Unser Ziel ist es, den PowerPC zu einem Standard in der Computerindustrie zu machen«, sagte Phillip Pompa, der Marketingmanager von Motorola.[48]

Bei Intel entwickelten sich die Dinge ebenso schnell. In frühen Leistungsvergleichen schnitt der Pentium-Chip besser ab als die frühen PowerPCs. Nur in Anwendungen des Engineerings stach der PowerPC seinen Konkurrenten aus. Das war eine gute Nachricht für Intel. Aber man hatte Bedenken, daß die nun 20 Jahre alte x86er Architektur zum Hemmschuh werden könnte. Der Pentium war leider nicht aus einem Guß. Er zeigte RISC-Merkmale, obwohl die Vorrichtung im wesentlichen eine CISC-Architektur war. (Beim PowerPC hatte man auch Kompromisse eingehen müssen: Seine Architektur beinhaltete zu viele Befehle, somit konnte er seinem Image als RISC-Chip nicht gerecht werden.)

In einem vergleichenden Bericht im *PC Magazine* hieß es, daß der Vorteil zunächst beim Pentium liegen würde. Aber man nahm an, daß die Vorzüge zwischen den beiden Konkurrenten hin und her pendeln würden. Auf lange Sicht hin meinte man, liege der Vorteil wohl auf seiten des PowerPCs, da Intel Probleme haben würde, ihre alte Architektur auszubauen.

»Der Spaß beginnt ja eigentlich erst mit dem PowerPC 620. Im Gegensatz zu den früheren PowerPCs – und jedem anderen (Mikroprozessor), den Intel angekündigt hatte – ist der PowerPC 620 ein wirklicher 64 bit Prozessor. Der Pentium hingegen verarbeitet lediglich 32 bit gleichzeitig, obwohl er mit einem externen 64 bit Bus verbunden ist. Wir gehen davon aus, daß der PowerPC 620 noch vor Intels Pentium-Nachfolger mit der Arbeitsbezeichnung P6 verfügbar sein wird…

Wenn der PowerPC die x86er Familie an Leistung übertrifft, wird seine Führung dann andauern? Nicht unbedingt. Das Kräfteverhältnis kann sich schnell ändern.«[49]

Mitte 1994 hieß es in der Branche, daß Intel nicht nur zügig daran arbeitete, einen Nachfolger des Pentiums auf den Markt zu bringen, den P6, dessen Einführung für 1996 geplant war, sondern auch einen Nachfolger für diesen Chip, den P86, den man 1999 herausbringen möchte. Der P6 gab sein Debüt in einer Marktvorschau Mitte Februar 1995. Er enthielt 5,5 Millionen Transistoren (im Vergleich dazu enthält der Pentium nur 3,1 Millionen) und war mit 133 MHz zweimal so schnell wie der leistungsfähigste Vorgänger. Diese Kombination von Leistungsmerkmalen sollte den P6 – sein endgültiger Name ist bis heute nicht bekannt – zum Standardprozessor der neuesten Generation für Multimedia-Anwendungen machen. Lieferungen waren bereits für die zweite Hälfte des Jahres 1995 geplant.[50]

Noch interessanter als der P6, der durchaus einen Entwicklungsschritt bedeutete, war die Aussicht auf das, was noch kommen sollte. Der P86 sollte ein Wendepunkt sein: Intels langerwarteter Bruch mit der alternden x86er Architektur. HP würde sich angeblich an diesem Projekt beteiligen – ein Gerücht, das sich im Sommer 1994 bestätigte, als die beiden Firmen ein Joint-venture bekanntgaben.

Inzwischen rumorte es, daß das Motorola/IBM/Apple-Team an einer Nachfolgearchitektur des PowerPCs arbeitete.

Nicht nur Intel und Motorola steuerten auf eine Kollision zu. Auch AMD schlug diese Richtung ein. Man arbeitete an einem Pentium-Killer, dem 100 MHz K5, dessen erste Lieferungen man für Ende 1995 plante, an dem K6, dessen Einführung für 1996 vorgesehen war, und nicht zuletzt an dem K7, der im Jahr 1997 Intels P86 Paroli bieten soll. IBM war inzwischen nicht nur am PowerPC-Konsortium beteiligt, sondern entwarf auch eigene Chips und hatte, um den Einsatz wieder hereinzuholen, im April 1994 ein Abkommen unterzeichnet, wonach man sich bereit erklärte, Mikroprozessoren für zwei andere Intel Klon-Hersteller, Cyrix und NexGen, zu produzieren. Und nicht zuletzt gab es auch noch DEC und MIPS/Silicon Graphics mit noch leistungsfähigeren Prozessoren.

Auf den ersten Blick meinte man, wieder die Situation von 1980 vorzufinden: einen Zusammenprall, den nur ein oder zwei der Beteiligten überleben würden.

Aber 1995 war nicht 1980. Die Welt der Halbleiter hatte sich seither unwiederbringlich verändert. Damals waren die Einsätze so hoch und der Aderlaß so groß, weil nur eine Handvoll Spieler um einen einzigen Kunden auf einem einzigen Markt gekämpft hatten. Nun gab es eine große Anzahl von Spielern, ein Dutzend oder mehr Märkte und keinen allein dominierenden Kunden.

Der PowerPC gegen den Pentium: es gab nur ein Kampfgelände, nämlich den zentralen Prozessor in Personalcomputern und Workstations. Das Ergebnis dieses Kampfes sollte allerdings wenig Einfluß auf Zilog oder

National Semiconductor oder sogar auf Intels und Motorolas eigene eingebettete Prozessoren haben. Es gab auch andere Märkte, die weit entfernt waren von diesem Schauplatz. In einem anderen Joint-venture-Projekt mit Kaleida Labs, der von IBM und Apple gegründeten Firma, entwickelte Motorola Graphik- und Speicherkontroller für fernsehbasierte Kommunikationsterminals in Privathaushalten. Bei der kleinen, verschwiegenen Firma MicroUnity System Engineering im Silicon Valley hatte John Moussouris, Mitgründer von MIPS, ein hochkarätiges Team (einschließlich Al Matthews, dem Erfinder des 386) zusammengestellt, um Mikroprozessoren für Kommunikationsanwendungen zu entwickeln. Innerhalb von nur drei Wochen kündigte MIPS im Juni 1994 den R8000 an, den weltweit schnellsten Mikroprozessor und das Gegenstück zu einem Supercomputer auf einem Chip; Sony schloß ein Abkommen mit LSI Logic ab. LSI sollte Prozessoren für Sonys neues Unterhaltungssystem liefern; und Intel und HP kündigten ein Joint-venture an, um einen neuen Mikroprozessor zu entwickeln, mit dem sie auf den Markt der in Firmen eingesetzten Computer mittlerer Größe abzielten.

Ein bitterer Fehler

Als das Jahr 1994 sich dem Ende zuneigte, sahen die Mikroprozessorbranche, ihre Kunden und die konsumierende Öffentlichkeit voller Erwartung den neuen Produkten entgegen. Auch bei Intel richtete sich der Blick fast mehr in die Zukunft als auf die Gegenwart. Trotz der Bedrohung durch den PowerPC und trotz des Guerillakrieges mit AMD und Cyrix befand sich die Firma auf der sicheren Seite. Mit dem höchsten Marktanteil, dem Industriestandard in der Tasche und den größten Kunden an der Hand schien man Intel nicht mehr aufhalten zu können.

Das Gefühl, unschlagbar zu sein, machte sich im ganzen Unternehmen breit. Intel war stolz, reich und, wie Kritiker sagten, überheblich. Die Zahl der Feinde nahm zu. Und obwohl Andy Grove immer gewarnt hatte, daß die anderen ihnen dicht auf den Fersen seien, wog er sich nun in Sicherheit.

Wie wir im Verlauf der Geschichte gesehen haben, ist Überheblichkeit nicht gerade förderlich fürs Geschäft. Und Intel sollte das deutlich zu spüren bekommen. Als Racheengel aus heiterem Himmel entpuppte sich ein unscheinbarer, brillentragender Professor von einem College in Lynchburg, Virginia. Sein Name war Thomas Nicely.

Als Nicely am 13. Juni 1994 seinen Pentium-Computer mehrere Milliarden Rechenoperationen durchführen ließ, entdeckte er zu seinem Erstaunen einen Fehler. Obwohl 4 195 835 dividiert durch 3 145 727 hätte 1,333820449 ergeben müssen, präsentierte der Computer als Ergebnis 1,333739068.[51]

Da Nicely nicht verstand, wie diese Differenz zustande kommen konnte, verbrachte er die nächsten vier Monate damit, die Berechnungen nochmals durchzuführen. Am Ende gab es nur eine mögliche Antwort: ein Fehler im Pentium-Chip. Er rief bei Intel an. Doch bei Intel teilte man ihm mit, daß er der einzige Mensch sei, der einen solchen Fehler festgestellt hätte. Das überraschte Nicely noch mehr; er fragte daraufhin einige Freunde, ob sie auf irgendwelche Probleme gestoßen wären. Das machte sie neugierig, und so legten sie eine Nachricht im Online-Service CompuServe ab, um zu sehen, ob es weitere Pentium-Anwender gab, die im gleichen Boot saßen. Die Nachricht wurde bald von Computerfreaks des weltweit 20 Millionen Benutzer zählenden Internets gelesen. »Dann«, meinte Nicely, »verbreitete sich die Sache wie ein Lauffeuer.«[52]

Bald bekamen auch die Medien Wind davon. Alle großen Zeitungen und Zeitschriften des Landes wie auch das Fernsehen berichteten darüber. In der Zeitschrift Newsweek konnte man folgendes lesen:

»Es sah so aus, als ob die Computerwelt über Nacht verrückt geworden sei. Wenn Intel diesen Fehler nicht offenbaren wollte, spekulierten Computerfreaks, wieviele weitere Fehler mögen dann wohl noch im Pentium enthalten sein? Die Käufer der Intel-Chips, darunter befanden sich die größten Computerhersteller des Landes, waren verärgert. ›Das gefällt mir gar nicht,‹ meinte ein Topmanager eines der weltweit größten Unternehmen, der Intels Schweigen als ›Vertuschen‹ bezeichnete. Intel ›hätte von Anfang an die Karten auf den Tisch legen sollen.‹«[53]

Im Internet kursierten bald Pentium-Witze:

»Frage: Warum hat Intel den Pentium nicht 586er Prozessor genannt?

Antwort: Weil man auf dem ersten Pentium 100 zu 486 addiert hat und dann 585,999983605 erhielt.«

»Frage: Wie nennt man den ›Intel Inside‹-Sticker auf den Pentiums?

Antwort: Warnung.«[54]

»Neuer Slogan: Intel Inside – Don't Divide.«

Associated Press schickte Farbfotos von Professor Nicely an Zeitungen im ganzen Land. In den darauffolgenden Tagen widmete *The Wall Street Journal* Seite um Seite dieser Geschichte – einschließlich einer Frage-Antwort-Seite für Leute, die beabsichtigten, einen Pentium zu kaufen. Und als die Geschichte an Brisanz zu verlieren schien, gab es plötzlich wieder neue Schlagzeilen. Am 2. November reichte A. Uzzo & Co., ein New Yorker Beratungsbüro, in der Sache Pentium Klage gegen Intel ein. Die Anklagepunkte lauteten: falsche Werbung, Fahrlässigkeit und unlauterer Wettbewerb. Sieben ähnliche Klagen sollten folgen. Am 22. November berichtete CNN darüber. Am 28. November stoppte Sequent, ein Hersteller von Client-Server-Computern, die Auslieferung von Pentium-Maschinen.

Dann platzte die größte Bombe: Am 12. Dezember kündigte IBM an, daß die Firma die Lieferung all ihrer Pentium-Computer einstellen würde. Einige Kritiker schrien laut auf und bezeichneten diesen Schritt von Big Blue als üble Publicity-Maßnahme. Man wolle damit lediglich Intel schädigen und gleichzeitig Werbung für PowerPC-Computer machen, lautete ihr Vorwurf. Aber IBM entgegnete diesen Anschuldigungen, daß unabhängige Forschungsarbeiten ergeben hätten, daß der Fehler viel schwerer wiegen würde als Intel behauptete – und daß man daher nur die Kunden schützen wolle.

Intel hatte bis dahin den Parcours bravourös durchlaufen. Mit dem größten Marktanteil, immer neuen Produkten und noch größeren Gewinnen fühlte sich Intel immer unschlagbarer. Nun erlebte die Firma ihren größten Alptraum. In der einen Woche gehörte sie zu den erfolgreichsten Unternehmen der Welt; eine Woche später war sie bereits zum Gespött der Branche geworden; der Ruf war geschädigt, und man mußte sich sogar damit abfinden, daß die Aktien der Firma vorübergehend nicht mehr gehandelt wurden.

Noch schlimmer war, daß Intel während dieser Turbulenzen alles falsch zu machen schien. Man erkannte nicht, daß die Panik eher emotionaler als rationaler Natur war und machte keinerlei Anstrengungen, das Desaster abzuwenden. Leicht hätte man wirksame Maßnahmen ergreifen können, um die Kunden zu beruhigen. Statt dessen beharrte man darauf, daß der Fehler im Pentium (den man schließlich im Fließkommabereich fand) im Prinzip ohne Bedeutung wäre, da der normale Anwender nur alle 27 000 Jahre darauf stoßen würde. Die Firma richtete eine gebührenfreie Hotline ein. Doch wenn die Kunden anriefen, mußten sie zunächst einmal eine lange Liste von Fragen beantworten, ehe sie eine Antwort erhielten; denn anhand der Fragen wollte man entscheiden, ob der Kunde es wert wäre, einen neuen Chip zu erhalten. Und auch wenn man einen Ersatz herausrückte, die bei den Kunden entstandenen Verluste wollte man auf keinen Fall übernehmen.

Intels Presseerklärungen reflektierten deutlich das fehlende Verständnis für die emotionale Natur dieser Situation:

»Intel wiederholte, daß man sich monatelang mit dem Fehler im Pentium-Prozessor befaßt hätte und zu dem Schluß gekommen sei, daß die Wahrscheinlichkeit einer Ungenauigkeit bei der Division von Fließkommazahlen eins zu neun Milliarden betrage.«[55]

Mit solchen Worten würde man wohl kaum einen aufgewühlten Markt beruhigen. Und Grove trug auch nicht zu einer Verbesserung der Situation bei, als er meinte, daß die Kunden regelrecht nach dem Problem suchten, um sich dann darüber aufregen zu können: »Wenn man weiß, wo ein Meteor einschlagen wird, kann man sich dorthin stellen und sich treffen lassen.«[56]

Klienten zu schickanieren, ihnen Hilfe zu verweigern und sie dann auch noch als selbstzerstörerische Narren zu bezeichnen, war nicht gerade die passende Art, sich bei beunruhigten und verärgerten Kunden wieder in ein günstigeres Licht zu rücken. Und dann, als Intel zugab, daß man bereits seit Monaten das Problem gekannt und es verschwiegen hatte, und IBM zudem bekannt gab, daß die durchgeführten Untersuchungen ergeben hätten, daß der durchschnittliche Anwender in nur 24 *Tagen* auf den Fehler stoßen könnte, gelang Intel das Kunststück, sich zugleich ahnungs- und skrupellos zu präsentieren.

Wie konnte eine so gut organisierte und intelligente Firma einen solchen Fauxpas begehen? Die Geschichte der Mikroprozessorindustrie zeigt, daß die Unternehmen in der Regel keine gravierenden Fehler machen. Sie sind vielmehr Opfer des Erfolgs – denn der Erfolg läßt ihnen nur wenig Handlungsspielraum. Ein falscher Zug – und man hat das Spiel verloren.

So hat zum Beispiel Motorolas früher Erfolg eine wesentliche technische Weiterentwicklung verhindert und somit dazu beigetragen, daß die Firma auf die veränderten Bedürfnisse des Marktes nach immer anspruchsvolleren, komplizierteren Anwendungen schlecht vorbereitet war. Intels Operation CRUSH war deshalb so erfolgreich, weil man diesen Veränderungen Rechnung trug, systemtheoretische Denkweisen durch den Mikroprozessor einführte und den Markt damit überschwemmte.

Nun, fast fünfzehn Jahre später, stand Intel den neuen Anforderungen völlig unvorbereitet gegenüber. Die Wurzeln des Pentium-Debakels lagen ironischerweise im außergewöhnlich großen Erfolg der Kampagne *Intel Inside*. Es war der erste Versuch in der Geschichte der Halbleiter gewesen, die Produkte eines Chipherstellers als Markenartikel zu etablieren. Man hatte nicht im entferntesten daran gedacht, daß diese Träume von Erfolg gekrönt werden könnten. Der Name Intel war in aller Munde; so bekannt wie die Marken von Haushaltsgeräten oder Tupperware.

Im Laufe der Zeit hatte Intel nicht nur einen neuen Markt betreten, sondern, was man bei Intel selbst offensichtlich nicht bemerkte, auch eine neue kulturelle Dimension eröffnet. Die Welt der Konsumgüter war schnellebiger, weniger anspruchsvoll und unbeständiger geworden. Alle Ereignisse waren jetzt ständig von starken Emotionen begleitet, und das Land wurde regelmäßig von einer Massenhysterie heimgesucht, sei es wegen giftiger Chemikalien in Äpfeln, giftigen Tylenols (Insektengift) oder Rückrufaktionen bekannter Automarkenhersteller. Alle Anzeichen waren vorhanden, doch Intel dachte immer noch, daß man zu *EE Times* oder *Electronic News* sprechen würde.

Mit *Intel Inside* ging das Unternehmen unbewußt einen »Gesellschaftsvertrag« mit den Konsumenten ein. Ein in technologischer Hinsicht unkundiges Publikum verließ sich vollkommen auf Intel. Auch dies war etwas Neues, das Intel nicht sofort begriff.

Verwirrung, Lähmung und Unmut waren die Reaktionen bei Intel, als es zum Skandal kam. Schließlich hatte es bereits ähnliche Fehler in frühen Versionen der 386er und 486er Prozessoren gegeben. Und lange hielt sich das Gerücht, daß die Fehler im 286 das Betriebssystem Concurrent DOS von Digital Research abgeschmettert hätten und MS-DOS von Microsoft zum Aufstieg verholfen hätten.[57] Aber jene Geräte hatte man vorwiegend an Fachleute verkauft, die wußten, daß Mikroprozessoren komplizierte Vorrichtungen waren und Fehler im Entwurf sich nicht vermeiden ließen. Sie hätten Intel den Fehler ohne viel Federlesens gemeldet; bei Intel hätte man daraufhin eine Lösung gesucht, dann das Herstellungsverfahren geändert, und ungefähr ein Jahr später wäre völlig unspektakulär eine neue, korrigierte Version erschienen.

Als Intels Ingenieure den Fehler im Pentium entdeckten, verließen sie sich darauf, daß es auch dieses Mal so laufen würde. Aber die Welt hatte sich geändert, und Intel hatte sich diesen Veränderungen nicht angepaßt. Nun deutete eine alarmierte Öffentlichkeit und eine mißtrauische Presse das Schweigen als eine Verschwörung; und Intels steife, förmliche Stellungnahme – auch schon in der Vergangenheit typisch für den Umgang mit Profis innerhalb der Branche – war in den Augen der Öffentlichkeit von überheblicher Gleichgültigkeit.

Als das Jahr 1994 sich dem Ende zuneigte, litt Intel noch unter den Auswirkungen des Schocks. In finanzieller Hinsicht war der Skandal zwar nicht so tragisch, aber es gab andere, schwerwiegendere Verluste. Mit ihrem unbegreiflichen Hochmut hatten sich die Firma und ihr Chef in der Öffentlichkeit lächerlich gemacht und das Vertrauen der Kunden vorläufig verspielt.

Werbung »Intel Inside«.
Mit freundlicher Genehmigung von Intel

Die Kampagne *Intel Inside*, eines der Glanzstücke des Marketings in der High-Tech-Branche, hatte 150 Millionen Dollar verschlungen und auf lange Sicht ihr Ziel verfehlt. Aber noch viel schlimmer war, daß Intel das Vertrauen der Kunden, das man im letzten Vierteljahrhundert mühsam aufgebaut hatte und das die eigentliche Grundlage des Erfolgs war, nun verloren hatte. Intel stand vor einem Trümmerhaufen; es würde wohl Jahre dauern, bis Intel sich wieder erholt hätte und der Ruf wiederhergestellt wäre. Zwischenzeitlich waren auch Rivalen wie das PowerPC-Konsortium und AMD auf den Plan getreten, um aus Intels Fehlverhalten Nutzen zu ziehen. Sie hatten aus den Fehlern der großen Konkurrenz gelernt.

Was Intel selbst angeht, so reagierte man in altbekannter Manier schnell auf das Problem. Tausend Angestellte wurden mobilisiert, um sich den Fragen der Kunden zu stellen, und auch die Einführung des »reparierten« Pentiums wurde verschoben.

Intel hielt an ihren alten Praktiken fest. Wie schon in der Vergangenheit, weigerte man sich auch jetzt, die Verluste der wenigen Kunden zu übernehmen, die einen Umtausch ihres Pentium-Chips durchgesetzt hatten. Und Intel weigerte sich auch, die restlichen vier Millionen Pentium-Chips, die sich bereits bei den Kunden befanden, zurückzurufen. Im Gegenteil, man produzierte sogar weiterhin Pentium-Geräte mit diesem Fehler. Obwohl das Chaos draußen nicht zu übersehen war, gingen die Geschäfte weiter, als ob nichts geschehen wäre.

Aber die Geschichte wollte kein Ende nehmen. Während sich die Pentium-Geräte zunächst weiterhin gut verkauften[58], wurden Produkt und Hersteller täglich in der Presse unter Beschuß genommen und das Image somit stark angekratzt. In Karikaturen, Kommentaren und im täglichen Gespräch wurde der Pentium bald zu einem Synonym für ein fehlerbehaftetes Gerät. Eine Umfrage des *Wall Street Journals* ergab, daß die meisten der angesprochenen Unternehmen nicht etwa ihre Aufträge stornierten, sondern einen Umtausch verlangten. Auch unter den Fachleuten hatte sich inzwischen eine Massenhysterie breitgemacht. *Associated Press* schrieb dazu:

»Ein Physikprofessor in Louisiana kann die Arbeit eines ganzen Semesters über Bord werfen. Ein Doktorand in Massachusetts muß seine Forschungsarbeit neu beginnen. Ein Gesundheitsberater in Georgia beklagt, daß die Computersoftware, die er für Kunden entworfen hat, nicht genau rechnen kann.

Und im Los Alamo National Laboratory, Geburtsstätte der Atombombe und Zentrum der amerikanischen Rüstungsforschung, sind die Manager so besorgt, daß sie eine ›Pentium-Hotline‹ eingerichtet haben.«

»Sie alle sind in irgendeiner Weise von dem Pentium-Fehler betroffen.«[59]

MacWorld sah in dieser Episode den Beweis dafür, daß Intel angesichts neuer Rivalen wie AMD den Kopf verloren hätte und den Pentium allzu schnell auf den Markt gebracht hätte:

»Dieses Verhalten zeigt, daß Intel ganz ähnlich wie Microsoft Rivalen prinzipiell nicht ertragen kann. Es ist traurig zu sehen, daß jene, die meinen, ihre Gegner vernichten zu müssen, sich damit letztlich nur wirkliche Feinde schaffen. Die Arroganz der Firma ist nun für jeden sichtbar geworden, und diese Offenbarung erfüllt Intels Gegner mit neuer Hoffnung und stärkt ihre Zielstrebigkeit.«[60]

Am Ende beugte sich Intel dem Unvermeidbaren. Am 20. Dezember änderte die Firma ihren Standpunkt und kündigte einen kostenlosen Umtausch aller Pentium-Chips an – ohne Beantwortung eines Fragenkatalogs. Grove entschuldigte sich öffentlich für Intels bisheriges Verhalten, und diese Stellungnahme wurde in einer landesweiten Aktion der Öffentlichkeit übermittelt.

Hätte sich Intel einen Monat früher dazu durchgerungen, wäre das Unternehmen zu einem Helden der amerikanischen Geschäftswelt geworden. Statt dessen war es nun der Sündenbock. Doch immerhin konnte das Unternehmen zumindest einen schweren langfristigen Schaden abwenden, indem es sich bereits nach einer Woche des Skandals der Sache stellte.

Trotz allem – die Angelegenheit war nicht gerade billig: Am 17. Januar 1995 kündigte Intel an, daß man Schätzungen zufolge 475 Millionen Dollar für den Umtausch von ca. 30 Prozent der fehlerhaften Pentium-Chips ausgeben würde. Diese Ausgaben waren höher als der Jahresumsatz der meisten Firmen in der Elektronikindustrie – aber »peanuts« angesichts der Gefahr, das Vertrauen des Marktes zu verlieren … und damit den Verkauf von ungefähr 30 Millionen Pentium-Chips im Jahr 1995 aufs Spiel zu setzen.[61] Eine Woche später gab Intel eine weitere Stellungnahme ab und erklärte, daß man etwaige Fehler in zukünftigen Mikroprozessoren unverzüglich der Öffentlichkeit mitteilen werde.[62]

Der Börsenwert der Aktien hielt sich glücklicherweise, was nur als Zeichen für den unerschütterlichen Glauben an die langfristige Wettbewerbsstärke der Firma gedeutet werden kann. Damit entfiel die Grundlage für die Klagen der Aktionäre.[63] Ende März reichte Intel einen Antrag ein, um die letzte Klage auf sechs Millionen Dollar abzuwehren.[64]

Was Intels Konkurrenten anging, so gab es gute und schlechte Nachrichten. Sicher gewannen die Angebote der Firma AMD in jener Zeit an Attraktivität, und wenn der K5 bereits fertig gewesen wäre, hätte Intel möglicherweise einen gewissen Marktanteil an AMD verloren. Doch auch so erwartete AMD für 1995 immerhin noch einen Umsatz von zehn Millionen 486er Klone, und für das Jahr 1996 schätzte man den Verkauf der K5-Prozessoren auf fünf bis zehn Millionen Stück. Viele davon würde man sicherlich an verstimmte Intel-Kunden verkaufen.[65] Cyrix verpaßte ebenfalls eine große Chance, denn sie schaffte es nicht, den hochgetakteten 486er Prozessor serienmäßig zu produzieren. Statt dessen erlitt die Firma Einbußen und versuchte, sich auf das M1-Projekt zu konzentrieren, mit dem sie dem Pentium Paroli bieten wollte. Angespornt durch Lobeshymnen auf den Macintosh in der Presse, warfen potentielle Kunden in der Zwischenzeit einen zweiten Blick auf die andere PC-Architektur – eine gute Neuigkeit für Motorola. Die Firma machte das Beste aus der augenblicklichen Situation, indem sie zum einen Rekordverkäufe ankündigte und zum anderen bekannt gab, daß sie aufgrund der hervorragenden Herstellungsverfahren, die zur Verfügung standen, sowohl den AXP-Prozessor der Firma Digital Equipment als auch den 486er Prozessor von Advanced Micro Devices herstellen würde.

Im Vergleich gesehen war der größte Gewinner des Pentium-Fiaskos vielleicht sogar Nexgen, eine Firma mit 100 Angestellten, mit Sitz in Milpitas, nur einige Meilen von den Firmensitzen von Intel und AMD entfernt. Die Firma Nexgen, die ihre Chips an IBM verkaufte, hatte als einzige einen Ersatz für den Pentium: den Zwei-Chip-Nx586.

Nexgen hatte in den neun Jahren seit ihrer Gründung schon mehrmals Schiffbruch erlitten; die Firma war bekannt für ihre großartigen Entwürfe, brachte jedoch keine Produkte heraus. Aber das änderte sich 1991, als Atiq Raza die vor dem Bankrott stehende Firma als Chefentwickler übernahm. Raza sah aus wie einer der vielen zerknitterten Ingenieure, aber er hatte einen eisernen Willen. Während der nächsten neun Jahre investierte Nexgen mit Unterstützung von geduldigen Kapitalanlegern 90 Millionen Dollar in ihre Entwürfe. Die mathematischen Rechenfunktionen nahm man vom Hauptprozessorchip, um die Leistungsfähigkeit zu steigern. Als Intel den Pentium auf den Markt brachte, war Nexgen das erste Unternehmen, das Intel folgte – und somit bestens positioniert, um aus Intels Krise Profit zu schlagen. Beobachter des Marktes gingen davon aus, daß Nexgen im Jahr 1995 Produkte im Wert von 150 Millionen Dollar verkaufen würde. Das war zwar nicht viel im Vergleich zu Branchenriesen wie Intel, aber immerhin soviel wie Cyrix umsetzte und eine gute Basis, um die 686er Version, die erst für einen späteren Zeitpunkt vorgesehen war, auf den Markt zu bringen.[66]

Im Frühjahr 1995 gehörte der Pentium-Zwischenfall bereits der Geschichte an. Aber eine Frage blieb: Hatte Intel aus ihrem Fehler gelernt – so wie Motorola seinerzeit? Es war noch zu früh, um das beurteilen zu können. Aber Andy Grove war nicht zu unterschätzen. Als er *Newsweek* mitteilte, daß die Pentium-Affäre »in die Geschichte der Firma Intel eingehen würde«[67], ließ er wenig Zweifel daran, daß man, sobald der Skandal vergessen wäre, hart ins Gericht gehen müßte mit der eigenen Firma und daß er selbst nicht eher ruhen würde, bis er die Quelle des Übels (einschließlich seiner eigenen Rolle dabei) gefunden hätte, sie verstanden und den Fehler für immer korrigiert hätte.

Ruhe im Gerichtssaal

Als der Mikroprozessor in sein 25. Lebensjahr eintrat, gab es nur noch in einem Punkt Klärungsbedarf. Der Fall AMD gegen Intel war zur »Unendlichen Geschichte« der High-Tech-Industrie geworden, zu einem Prozeß, der niemals zum Ende kam.

Bereits 1987, als der Fall seinen Anfang nahm, meinte der Anwalt von AMD, Richard Lovgren, daß das Verfahren zwölf Wochen dauern würde. Acht Jahre später, nachdem man Magazine mit Rechtsdokumenten gefüllt hatte und die beiden Firmen ungefähr 200 Millionen Dollar an Anwalts- und Gerichtskosten (1994 entrichtete AMD allein 30 Millionen Dollar für Anwälte) ausgegeben hatten, gingen die beiden Parteien 1994 wie immer im Streit auseinander. Das Jahr verging und blieb so ergebnislos wie alle vorherigen Jahre auch: im März gewann AMD ein Wiederaufnahmeverfahren, das man beantragt hatte, um den 486er Klon bauen zu dürfen; dann im Oktober gewann Intel einen Teil der Rechte am 486 zurück; und am 30. Dezember billigte der höchste Gerichtshof Kaliforniens AMD das Recht zu, zumindest 386er Klone herstellen zu dürfen.[68]

Die Technologie war der zentrale Streitpunkt gewesen – aber letztlich war es die Technologie, die den Streit noch verworrener machte. Angefangen hatte es mit dem Intel 80286, einem Prozessor, der 1995 bereits so obsolet war wie der B-17. Den ersten Rechtsstreit hatte es wegen des 80386 gegeben, einem Chip, den man inzwischen in einer so schnellebigen Welt wie der der Halbleiter ebenfalls schon vergessen hatte. Nun arbeiteten beide Firmen an Geräten, die über die 1000fache Leistungsfähigkeit verfügten und in ihrer Überlegenheit drei Generationen weiter waren. Doch wegen des frühen Rechtsstreits war AMD gezwungen gewesen, einen eigenen Mikrocode zu entwickeln; die neuen Produkte der Firma waren daher keine »Klone« mehr.

Am Ende uferte der Fall Intel gegen AMD, wie viele endlose Streitereien vor Gericht, zu einem Gefecht aus, in dem böses Blut floß und persönliche Rachefeldzüge ausgetragen wurden. Ganz gleich wie die Dinge standen, es war von Anfang an eine persönliche Fehde gewesen, die Andy Grove und Jerry Sanders miteinander austrugen. Und das war das größte Hindernis für eine Lösung des Konflikts.

Es gab nur einen Ausweg.[69] Bereits im Sommer 1994 hatten Lovgren und Thomas Dunlap versucht, eine Lösung zu finden. Die entscheidende Wende kam während einer Gerichtsverhandlung, als die beiden Rechtsanwälte ein paar Schritte auf dem Nebenkorridor gingen. Sie stellten fest, daß sie den gleichen Standpunkt vertraten. Schon bald darauf hatten sie auch ein gemeinsames Ziel, als die zuständige Richterin, Patricia Trumbull, ihnen unmißverständlich auftrug, ein für allemal für eine Klärung des Falles zu sorgen.

Auf eines einigten sich die beiden Anwälte sofort, nämlich daß es ein Fehler wäre, Sanders und Grove im selben Raum zusammenzubringen. Sanders meinte später dazu: «Ich habe so wenig Kontakt zu Andy Grove, daß ich noch nicht einmal weiß, was für ein Mensch er ist. Ich muß zugeben, daß es niemals zu einer Einigung gekommen wäre, solange Andy Grove bei Intel gewesen wäre, denn ich hätte niemals nachgegeben.»[70] Daher brachten die Anwälte die zweitwichtigsten Männer der beiden Firmen vor Gericht zusammen: Craig Barrett und Rich Previte, die leitenden Angestellten von Intel und AMD. Sie trafen sich auf neutralem Boden, nämlich in den Büros einer Kanzlei, die nicht am Fall beteiligt war und rein symbolisch auf der Mitte zwischen den Hauptsitzen der beiden Firmen lag.

Bis Dezember hatten sie bereits die Einzelheiten ausgearbeitet. Am 30. Dezember wurde eine Entscheidung zugunsten AMDs verkündet und ein Ende der Verhandlungen schien abzusehen zu sein. Dann gab es einen weiteren Stillstand, den ein externer Schlichter beendete. Schließlich schüttelten sich die beiden Rechtsanwälte die Hände. Barrett und Previte taten es ihnen gleich. Grove und Sanders, die ja beide nicht anwesend waren, taten dies niemals.

Am Mittwoch, dem 11. Januar um 14.00 Uhr, unterzeichneten AMD und Intel die offizielle Vereinbarung. Die Regelung sah vor, daß Intel 18 Millionen Dollar an AMD und AMD umgekehrt 58 Millionen Dollar an Intel zahlen sollte. Nachdem man mehrere hundert Millionen Dollar an Anwalts- und Gerichtskosten ausgegeben und diese an die Kunden weitergegeben hatte, schloß der größte Streit in der Geschichte des Mikroprozessors mit einem lauen Tusch.

»(Das ist) das Ende einer der interessantesten Seifenopern des Silicon Valleys«, meinte der Unternehmensberater Tim Bajarin.[71]

»Ich war 32 Jahre alt, als es begann. Nun bin ich 40. Es ist total ermüdend«, sagte Richard Lovgren.

»Der Markt hat sich verändert«, äußerte sich Thomas Dunlap. »Meines Erachtens haben sich weder die Meinungen noch die Menschen geändert. Ich glaube vielmehr, daß die Firmen in die Zukunft gesehen haben.«

»Ich kann es einfach nicht fassen«, meinte Jerry Sanders. »Es herrscht Friede.«

Andy Grove hatte in der Öffentlichkeit dazu nichts zu sagen.

Auf ins nächste Jahrtausend

Auch wenn der Fall Intel gegen AMD am Ende bei allen Beteiligten zu Ermüdungserscheinungen geführt und ein unspektakuläres Ende genommen hatte, war er keinesfalls von geringer Bedeutung. Allein schon die Gerichts- und Anwaltskosten in Höhe von fast einer Viertelmilliarde Dollar hatten die Preisstruktur des Marktes für fast ein Jahrzehnt verzerrt.

Entscheidend war auf jeden Fall, daß gerade den Rechten am geistigen Eigentum in der Branche Grenzen gesetzt wurden. Am Ende war es Intel zwar gelungen, ihren Rechtsanspruch auf ihren Mikrocode durchzusetzen – und die Firma hatte immerhin noch einen Anteil von 77 Prozent an den 41 Millionen 32 bit x86er Mikroprozessoren, die im Jahr 1994 verkauft worden waren.[72]

Doch die Tür hatte auch lange genug offen gestanden, um konkurrierenden Klon-Firmen Einlaß zu gewähren, die, sobald die Tür wieder geschlossen war, sich ausreichend etabliert hatten und mit genügend Kapital ausgestattet waren, um von den Klonen abzulassen und eigene Entwürfe auf die Beine zu stellen. Tatsächlich gab es auch einen wachsenden Markt für diese Alternativen, denn vielen Kunden war Intels Vorherrschaft ein Dorn im Auge. Am deutlichsten äußerte sich der Chefentwickler von Compaq, Eckhard Pfeiffer, der den Entschluß seiner Firma rechtfertigte, sich ebenso wie AMD gegen Intels Preispolitik und den expansiven Charakter der Kampagne *Intel Inside* zu wehren.[73] Einige andere Computerfirmen, insbesondere AST Research, folgten ihnen.

Pfeiffers Kommentare riefen Erstaunen bei den anderen x86er Herstellern hervor, angefangen bei AMD mit einem Marktanteil von 17 Prozent, bis zu Cyrix, Nexgen und IBM, die sich die restlichen 6 Prozent teilten.[74] Jennifer Perry, Marketingmanagerin für Europa bei Cyrix, meinte, daß Pfeiffers Kommentare »ein Signal an die Welt waren, sich nicht den Kopf über die Kompatibilität zu den Produkten von Intel zu zerbrechen. Wir sollten uns eher Gedanken über die Kompatibilität von Software und Hardware machen.«[75] Das bedeutete, daß die anderen Firmen nicht mehr gezwungen waren, jedes Merkmal der Intel Entwürfe zu kopieren, wenn ihre eigenen Entwürfe die gängigsten Computerarchitekturen unterstützten und die verbreiteten Betriebsysteme (wie zum Beispiel Windows NT) darauf laufen konnten. Zum ersten Mal erkannten diese Firmen, daß sie wirklich frei waren, ihr Schicksal selbst in die Hand zu nehmen.

Das hieß aber nicht, daß Intel sich einholen ließ. 1994 gab das Unternehmen für Forschung und Entwicklung 1,1 Milliarden Dollar aus (ein Betrag, der so hoch war wie die Gewinne der x86er Konkurrenten zusammengenommen) und 2,5 Milliarden Dollar für den Bau von neuen Chip-Produktionsstätten, die dem neuesten Stand der Technik entsprachen. Intel führte als

Pilotversuch den 133 MHz P6 ein, der den Pentium ersetzen und Ende 1996 serienmäßig produziert werden sollte.[76] Und am 20. Januar, nur wenige Wochen nach dem Pentium-Fiasko, kündigte die Firma einen neuen 63 MHz Overdrive Chip zum Preis von 449 Dollar an, mit dem man einen 486er Computer so leistungsstark wie einen Pentium-Computer machen konnte. Wieder einmal kam die alte Intel-Philosophie zum Zuge: Wenn es um die Dinge am schlechtesten bestellt ist, muß man die Kräfte verdoppeln.

Die Schlichtung der Streitigkeiten zwischen Intel und AMD markierte das Ende der Jugend der Mikroprozessorbranche. Sowohl Andy Grove als auch Jerry Sanders, zwei der letzten großen Persönlichkeiten des Silicon Valleys, konnten sich als Sieger bezeichnen; da sie aber bereits kurz vor der Rente standen, würde dies wahrscheinlich für beide die letzte große Schlacht gewesen sein. Die Tage des wilden Spekulierens waren vorüber. Die Territorien waren nun abgesteckt; es gab keinen Platz mehr für Jäger.

Anfang 1995 gab es sechs große konkurrierende Mikroprozessorarchitekturen: den PowerPC von Motorola (Apple/IBM), den x86 von Intel (AMD/Cyrix), den Sparc von Sun (Fujitsu), den MIPS von Silicon Graphics (NEC/Toshiba/IDT), den DEC Alpha und die Präzisionsarchitektur PA-RISC von Hewlett Packard (Hitachi/Oki/Wibond).

Aber die Lage war wie immer unbeständig. So kündigten zum Beispiel Intel und Hewlett Packard, die beiden größten Unternehmen des Silicon Valleys (zusammen mit einem Umsatz von fast 36 Milliarden Dollar), am 9. Juni 1994 ein Joint-venture an, um eine neue Mikroprozessorarchitektur für die in den Firmen eingesetzten Computer mittlerer Größe zu entwickeln. Für diese neue Architektur kam der P6 in Frage; die neue Familie sollte eine Verbindung zwischen den bestehenden Intel- und HP-Familien herstellen und die Anzahl der Mikroprozessorarchitekturen auf fünf reduzieren. Den Prognosen der Wirtschaftsexperten zufolge müßte sich schließlich auch Sun von der SPARC-Architektur trennen und eine andere Architektur verwenden, möglicherweise den PowerPC.[77]

Des weiteren führte die wiederauflebende Firma MIPS mit finanzieller Unterstützung von Silicon Graphics einen atemberaubenden neuen Prozessor ein, den R10000. Es handelte sich hierbei um ein Ein-Chip supraskalares 64 bit Design, das nicht nur über eine unglaubliche Leistungsfähigkeit verfügte, sondern auch über eine neue Architektur mit der Bezeichnung ANDES (Architektur mit nicht-sequentieller dynamischer Ausführungsfunktion). Daten konnten nun im Schaltkreis noch schneller fließen, denn die Befehle wurden neu angeordnet, um die Ressourcen der Ausführungseinheit maximal zu nutzen. Besonders interessant wurde der R10000 dadurch, daß er mit mehreren hundert Chips (symmetrisches Multiprocessing – SMP) verbunden werden konnte, um so einen neuen Computer entstehen zu lassen, der es mit herkömmlichen Großrechnern und Supracomputern aufnehmen konnte.[78]

All dies im Auge, ging der Industrie-Newsletter *Microprocessor Report* davon aus, daß es zu einer neue Runde von Zusammenschlüssen kommen würde. Der Herausgeber Linley Gwennap meinte, daß bis zum Anfang des 21. Jahrhunderts nur noch drei Mikroprozessorarchitekturen übrig bleiben würden: PowerPC, P6 und eine dritte Architektur, »die über die Vorteile des P6 verfügt (post-RISC-Design, x86er kompatibel), aber nicht über den Nachteil einer einzigen Quelle von Prozessoren (Intel).«[79] Diese dritte Front, so meinte Gwennap, würde vom MIPS-Team bei Silicon Graphics, von Compaq, NEC, IDT und Toshiba gebildet werden. Außerdem rechnete er noch mit einigen RISC-Designern, die versuchen würden, ihre Architekturen wettbewerbsfähig zu halten.

Wird dieser Zusammenschluß der letzte sein? Niemand weiß wie die technologische Zukunft aussieht. Aber wenn die Vergangenheit irgendwelche Anhaltspunkte liefert, so wird solch ein Zusammenschluß wieder einmal nur der Auftakt zu einer weiteren Entwicklung in der Branche sein – ein Zyklus, der uns überdauern wird.

Welche Technologie wird eine neue Entwicklung einleiten? Faszinierend wäre eine neue Art von Prozessor, den man nicht für die digitale Logik entwerfen würde, sondern für die digitale Signalverarbeitung. In einem vorangegangen Kapitel haben wir bereits diskutiert, wie DSP-Funktionen auf den Mikroprozessor gelangten, um sein Zusammenspiel mit der Außenwelt zu verbessern. In den neuen *Medienprozessoren* könnte DSP zum Kernstück werden und für eine effiziente Arbeitsweise des Prozessors in einer wachsenden Anzahl von Anwendungen, an denen Netzwerke, Informationsübermittlungen und Multi-Media beteiligt wären, sorgen. Eher kompliziert aufgebauten Installationsanlagen als Rechnern gleichend, würden die Medienprozessoren den Datenfluß zwischen den Computern regulieren und auch die Daten verwalten, die auf den Bildschirm eines Fernsehers, auf Video-Telefongeräte oder Überwachungsanlagen gelangen.

Anfang 1995 beschäftigten sich drei Firmen, die nur wenige Kilometer voneinander entfernt im Silicon Valley liegen, mit Medienverarbeitung; es handelte sich um drei kleine, verschwiegene Unternehmen, die sich in der Branche noch keinen Namen gemacht hatten. Eine davon war die Halbleiterproduktionsstätte des holländischen Elektronikriesen Philips; die zweite Firma war Integrated Information Technology, gegründet von Chi-Shin Wang, der sich als Mitgründer von Weitek bei mathematischen Koprozessoren einen Namen gemacht hatte. Und Dritte im Bunde war Microunity Systems Engineering, Sunnyvale, bekannt vor allem wegen des Rufes von John Moussouris als Gründer von MIPS Computer. Moussouris faßte die Entwicklung des Mikroprozessors folgendermaßen zusammen: »In nur zehn Jahren hat es die Industrie geschafft, leistungsfähige Großrechner auf einen einzigen Chip zusammenschrumpfen zu lassen. In den nächsten zehn Jahren werden wir all diese leistungsfähigen Mikrochips in einem einzigen, weltweiten Kommunikationszentrum vereinen. Das ist das Wesen der Konvergenz.«[80]

Anfang 1995 konnte noch keine der Firmen ein Produkt vorweisen, aber das Kapital, das sie beschafften, gab Anlaß zu der Vermutung, daß zumindest die Investoren von der Sache überzeugt waren.

All diese Prognosen für das nächste Jahrhundert mögen uns daran erinnern, daß die Erfindung des Mikroprozessors eine der größten geistigen Errungenschaften *dieses* Jahrhunderts ist. Einen Blick auf den P6 von Intel zu werfen, bedeutet, den direkten Nachfolger des Mikroprozessors zu sehen, den Hoff, Faggin und Mazor entwickelt hatten. Und doch hat der P6 sechs Millionen Transistoren und könnte 300 Millionen Anweisungen pro Sekunde ausführen, wohingegen der 8088 von 1979 gerade einmal 29 000 Transistoren enthielt und 330 000 Anweisungen pro Sekunde ausführen konnte. Man erkennt hieran die enorme Entwicklung, die der Mikroprozessor in nur einer Menschengeneration durchlebt hat. In nur 25 Jahren sind zehn Milliarden kleine Wunder geschehen. Sie errichten denen ein Denkmal, die sie entworfen und gebaut haben – und scheinen wie ein Leuchtfeuer und sind Vorbild für kommende Wunder.

- Material
- Neue Materialien
- Produktion
- Software
- Die Last der Vergangenheit
- Grüne Gedanken
- Architektur
- Organisation
- Jenseits der Halbleiter

Die Zukunft

»The microprocessor is one of the most empowering technologies that mankind has ever produced, and it belongs to mankind; thus it is mankind's progress that should be celebrated. The microprocessor is a remarkable creation of the human spirit.«

Federico Faggin

Auch Wunder erscheinen irgendwann einmal alltäglich. Der Mikroprozessor ist nun ein Vierteljahrhundert alt. Einige Milliarden Exemplare wurden inzwischen gebaut, und Jahr für Jahr kommt eine Viertelmilliarde hinzu. Auch wenn die meisten Menschen nicht verstehen, wie sie funktionieren, so ist es doch zur Selbstverständlichkeit geworden, sie in den täglichen Dingen des Lebens zu verwenden, vom Toaster bis zum Auto.

Die ersten Mikroprozessoren waren atemberaubende Neuheiten. Sie waren nicht nur einfach die Summe verschiedener, bis dahin bekannter Halbleitertechnologien, sondern tatsächlich etwas völlig Neues. Viele meinten damals, mit Produkten wie dem 8008er Prozessor und dem 6800er Prozessor hätte man bereits den Gipfel der Festkörperelektronik erreicht. Doch dies war ein Irrtum.

Wie wir heute wissen, ist die Entwicklung des Mikroprozessors weiter fortgeschritten; er ist inzwischen von seinen ersten Entwürfen soweit entfernt wie jene Chips von den ersten integrierten Schaltkreisen ein Vierteljahrhundert zuvor. Alle drei bis vier Jahre gelang es den findigen Konstrukteuren, den großen Herstellern von Halbleitern etwas Neues aus der Trickkiste zu zaubern ... bis der heutige Mikroprozessor für die ersten Chips so etwas wurde wie das Space Shuttle für die Flugmaschine der Gebrüder Wright. Alle Funktionen des Motorola 6800 findet man nun in einem winzigen Ausschnitt von einigen hundert Gates unter den drei Millionen Transistoren und den 25 Millionen Oberflächeneigenschaften des modernen leistungsstarken PCs.

Und die Entwicklung geht weiter. Rückblickend gab es bei fast jedem Schritt Probleme bei der Konstruktion, mit der Halbleiterphysik und während der Herstellung, die die nächste Generation von Prozessoren zunächst unmöglich erscheinen ließ. Doch jedesmal gelang ein Durchbruch, und die Hindernisse, die sich dem Fortschritt entgegenstellten, wurden aus dem Weg geräumt. Das Manhattan-Projekt wurde häufig als Paradebeispiel unseres Jahrhunderts für das Zusammenspiel von individueller Inspiration und Teamarbeit zur Lösung von zunächst unmöglich erscheinenden Aufgaben herausgestellt. Allerdings, eine vergleichbare Leistung wurde sowohl von Hunderten von Wissenschaftlern und Ingenieuren der Mikroprozessorindustrie als auch von Tausenden ihrer Kollegen bei den Zulieferbetrieben der Halbleiterindustrie erbracht – und seitdem ein halbes dutzendmal wiederholt.

Angesichts dieser langen Geschichte von Erfolgen ist es leicht, optimistisch, ja sogar allzu siegesgewiß zu sein, wenn es um die Zukunft der Mikroprozessoren geht. Wenn die Computerindustrie doch vorher Wunder geschehen ließ, warum sollte es nicht so weitergehen? Doch Wunder sind ihrem Wesen nach nicht leicht zu vollbringen, und im Geschäft mit den Mikroprozessoren werden sie von Mal zu Mal schwerer. Die Herausforderungen wachsen mit der Komplexität der Geräte – und zwar exponentiell. Auf jeder Stufe der Entwicklung wurden Weichen gestellt, wie zum Beispiel die Entschei-

Touchpad von Synaptics. Das erste System, das Berührungen verarbeiten kann, indem es auf Neurobasis und mit Mischsignaltechnik arbeitet.
Mit freundlicher Genehmigung von Synaptics

dung, Silizium zu verwenden, die 1-Bus-Architektur oder den On-Chip-Speicher einzusetzen. Kompromisse, wie zum Beispiel die Notwendigkeit von Upgrades bei der nächsten Generation, mußten eingegangen werden. Und jedesmal verringerten sich die Optionen, die noch für die Zukunft blieben.

> *... das zermürbende Gefühl ,daß die Natur irgendwo eine unüberwindbare Hürde errichtet hat, die eine weitere Verkleinerung des Chips unmöglich macht.*

Doch diese Handikaps wird man wahrscheinlich in den Griff bekommen. Es gibt jedoch ein Hindernis, das man nicht umgehen kann: die Gesetze der Physik. Die Konstrukteure und die Forscher in der Halbleiterphysik wurden schon immer von dem zermürbenden Gefühl bedrängt – und dieses Gefühl wird mit den Jahren immer stärker –, daß die Natur irgendwo eine unüberwindbare Hürde errichtet hat, die eine weitere Verkleinerung des Chips unmöglich macht. Da die mikroskopisch winzigen Bauteile der heutigen Mikroprozessoren in einen Grenzbereich rücken, der die Konstrukteure zwingt, sich mit Fragen der Quantenmechanik ebenso auseinanderzusetzen wie mit der Gate-Architektur, ist es nicht schwer, sich vorzustellen, daß diese Hürde bereits nahe ist.

Aber wie nah ist sie schon? Niemand weiß es. Und vielleicht geschieht dann ja wieder ein Wunder, das eine weitere Generation von Prozessoren hervorbringt.

Bis dahin gibt es noch viele Möglichkeiten, den Mikroprozessor zu verbessern. Die Forschungsarbeiten konzentrieren sich dabei auf folgende Punkte:

1. **Material** – Aus welchem Material baut man den Chip?
2. **Produktion** – Wie kann man das Produktionsverfahren ändern, um kleinere Schaltkreiseigenschaften und eine größere Dichte zu erreichen?
3. **Software** – Wie kann man den Mikroprozessor programmieren, um bessere oder vorteilhaftere Ergebnisse zu erzielen?
4. **Architektur** – Wie läßt sich der Entwurf des Schaltkreises in puncto Leistungsfähigkeit verbessern?
5. **Organisation** – Wie läßt sich das Zusammenspiel von Mikroprozessor und anderen Prozessoren oder unterstützenden Schaltkreisen ändern, um die gesamte Effektivität des Systems zu steigern?

Auf all diese Punkte werden wir nacheinander eingehen.

Material

Die Verwendung von Silizium als Grundstoff von Halbleitergeräten hatte auch immer etwas Poetisches. Nach einer Metapher von Gordon Moore hat man es im Grunde lediglich mit Erde und Luft zu tun, und zwar mit Silizium, dem häufigsten Mineralstoff der Erde, und mit Sauerstoff, dem Teil unserer Atmosphäre, der das Leben erhält. Mit Lichtstrahlen werden diese Einkristalle dann geätzt.

Die Einfachheit des auf Silizium basierenden Verfahrens war schon immer einer seiner Vorteile. Silizium findet man in sehr reinem Siliziumdioxid auf der ganzen Erde und ist in großen Mengen vergleichsweise billig. Darüber hinaus läßt sich Silizium gut reinigen, was sehr wichtig ist, wenn es um Bausteingrößen geht, die kleiner als ein Mikrometer sind. In diesen Größenordnungen können sich Verunreinigungen sogar durch nur wenige Fremdmoleküle verheerend auswirken. Daher ist es nicht verwunderlich, daß Silizium in den Bell Laboratorien und bei Fairchild von Anfang an das Material der Wahl war. Das ganze letzte halbe Jahrhundert hat man sich dann den Kopf darüber zerbrochen, wie man dieses Silizium am besten handhaben könnte.

Wie schon gesagt (siehe Herstellung), waren die ersten integrierten Schaltkreise bipolar, das heißt, sie beruhten auf einer npn-Struktur, in der eine p-dotierte Schicht des Siliziums sandwichartig zwischen zwei n-dotierten Bereichen lag, wobei der eine als Emitter und der andere als Kollektor diente.

Dieses bipolare System war die optimale Silizium-Technologie dieser Zeit. Es war vergleichsweise leicht herzustellen und zudem sehr schnell – zwei entscheidende Gesichtspunkte für die Schaffung eines neuen Marktes. Darüber hinaus war dieses System äußerst unempfindlich gegen Strahlung. Und als der kalte Krieg mit der Kuba-Krise seinen Höhepunkt erreichte und das Militär ein großer Kunde war, bewirkten diese neuen Eigenschaften, daß die aus einzelnen Teilen bestehenden Transistoren und Geißlerschen Röhren allmählich vom Markt verdrängt wurden.

Es gab jedoch noch eine weitere Möglichkeit, Silizium-Transistoren zu bauen. Dieses Verfahren nannte man MOS, und es bestand darin, p-dotierte Bausteine als Inseln in die Mitte von größeren n-dotierten Regionen zu setzen. Während das bipolare System auf dem bipolaren Verbindungstransistor aufbaute, verwendete MOS einen Feld-Effekt-Transistor (FET), der einfacher war und eine größere Dichte zuließ.

MOS hat einige enorme Vorteile, angefangen damit, daß die Isolierschicht das Oxid des Grundstoffes ist, nämlich Siliziumdioxid. Diese Besonderheit vereinfacht die Verarbeitung erheblich, auch wenn es in der Praxis einige Firmen zunächst für unmöglich hielten, diese MOS-Bausteine zuverlässig herzustellen. Für eine gewisse Zeit spaltete diese Ansicht die Halbleiterhersteller in zwei Lager, wobei die einen, wie zum Beispiel Intel und Motorola, MOS schnell perfektionierten und die anderen, wie beispielsweise Signetics, dies nicht konnten oder wollten. In der Regel war es so, daß sich die MOS-Hersteller auf die Verbrauchermärkte für Elektronik und PCs stürzten, während die Firmen mit dem bipolaren System vorzugsweise Verträge mit dem Militär abschlossen.

Ein weiterer Vorteil von MOS besteht darin, daß es eine größere Dichte bei der Konstruktion zuläßt als das bipolare System, da der Basistransistor wesentlich einfacher gebaut ist und im Gegensatz zum bipolaren Transistor keine Isolierwände zwischen den einzelnen Transistoren auf einem Chip benötigt. Auch dies macht einen MOS-Chip billiger als sein bipolares Gegenstück. Des weiteren setzt der MOS-Chip weniger Wärme frei, was bedeutet, daß man die Leitungen dichter nebeneinander legen kann und auch die Anschlüsse näher zusammenrücken kann, ohne daß sich dabei die Oberfläche übermäßig erwärmt.

Der größte Vorteil von MOS besteht jedoch darin, daß man die Größe der Bausteine verändern kann, ein Gedanke, der zuerst von Hoeneisen und Mead im Jahre 1973 entwickelt wurde.[1] Man kann die Größe von MOS-Schaltkreisen verändern, da sich die Maße konstant verkleinern lassen, während gleichzeitig alle Spannungen entsprechend verringert werden. Das Ergebnis ist eine identische, aber verkleinerte Ausführung des ursprünglichen Chips oder aber ein Chip der gleichen Größe mit viel Raum für neue Funktionen.

Erst die MOS-Technologie mit ihrer größeren Dichte, der kostengünstigeren Fertigung, der geringeren Wärmeabgabe und der Möglichkeit der Verkleinerung gab den Weg frei für die Entwicklung von Speicherchips und Mikroprozessoren. Dies erklärt auch, warum die führenden Hersteller von MOS-Speichern auch zugleich führend waren in der Herstellung von Mikroprozessoren.

Ursprünglich gab es MOS in zwei Ausführungen: PMOS und NMOS, je nachdem, ob die Kanäle p- oder n-dotiert waren. Während in den ersten Jahren (1965-1972) PMOS vorherrschte, setzte sich später allmählich NMOS durch, weil diese Technologie schneller und mit dem bipolaren System auch besser kompatibel war. NMOS beherrschte bis in die frühen 90er insgesamt 15 Jahre lang die Mikroprozessoren. Als dann die Breite der Leitungen ein Mikrometer erreichte, bemerkte man, daß NMOS einen unerwünschten elektrischen Ladungsverlust aufwies, und Probleme mit der Wärmeableitung tauchten auf. Aber als sogar NMOS an seine Grenzen stieß, gab es bereits eine andere MOS-Technologie, die ihren Platz einnehmen sollte.[2]

CMOS (das komplementäre MOS), das fast zur gleichen Zeit entwickelt worden war wie die anderen beiden, verband NMOS- und PMOS-FETs im selben Schaltkreis. Damit erreichte man ein besseres Ergebnis als mit der Summe der beiden einzelnen Teile. Dies liegt daran, daß CMOS auch bei einer Größe von unter einem Mikrometer – tatsächlich sogar unter 0,1 mm – effizient arbeitet, wohingegen die FETs dann in ihrer Leistung nachlassen und nicht mehr richtig funktionieren. Noch sind keine Schwierigkeiten abzusehen, die eine weitere Verkleinerung von CMOS unmöglich machen würden. Ausschlaggebend ist also, daß CMOS weniger Wärme entwickelt und schneller ist als NMOS, obgleich CMOS in der Herstellung komlizierter ist und eine geringere Schaltkreisdichte hat als NMOS. Aber auch hier verzeichnet CMOS ein Plus: Bei der Messung des Geschwindigkeit-Leistungs-Produkts, die in der Industrie verwendet wird, um die gesamte Effektivität einer Technoloie zu bestimmen, schneidet CMOS besser ab als NMOS, und zwar deshalb, weil bei einer bestimmten Kombination von verfügbarer Leistung und Geschwindigkeit bei CMOS viel mehr Gates integriert werden können als bei NMOS.

Warum das so ist? Weil diese Transistoren nur dann einen großen Stromfluß benötigen, wenn Schaltoperationen ausgeführt werden. Die übrige Zeit sind nur ca. 10 % der Schaltkreise aktiv. Das bedeutet, daß das Gerät in einem »stillen« Modus mit einem Minimum an Wärmeentwicklung unbegrenzt Speicherinhalt behalten kann – ein Durchbruch, dem wir eine Welt von tragbaren elektronischen Produkten verdanken.

Es überrascht somit nicht, daß CMOS die Welt der Halbleiterindustrie erobert hat – vom Speicherchip bis zu den Mikroprozessoren. Doch, auch CMOS ist nicht ohne Kompromisse zu haben. Es wurde bereits erwähnt, daß diese Prozessoren schwerer zu bauen sind. Zudem haben sie von Natur aus Schwierigkeiten, genügend Ladung zu produzieren, um die von ihnen ausgehenden Leitungen zu versorgen. Für das bipolare System ist dies kein Problem.

Die Antwort auf das Ladungsproblem ist BicMOS, das nach Voraussage der Computerzeitschrift *Byte* »sich als die bedeutendste Silizium-Technologie der 90er Jahre erweisen wird.«[3] BicMOS ist ein Hybrid der beiden Transistor-Technologien, wobei von jeder das Beste genutzt wird: CMOS für interne Gates, das bipolare System, um Signale vom Chip aus zu entsenden. Es erübrigt sich fast zu erwähnen, daß der Stromverbrauch mit BicMOS im Vergleich zu CMOS ein wenig steigt. BicMOS fand seine ersten großen Anwendungen in peripheren Transistoren für Geräte wie zum Beispiel Faxmaschinen, Modems und Drucker. Nachdem BicMOS die Fachleute überzeugt hat, ist es heute zur Technologie der Wahl geworden – der Pentium z. B. basiert auf BicMOS.

Neue Materialien

In der Geschichte der Halbleiter gab es neben Silizium immer noch andere Materialien, die als Grundstoff in Frage kamen. Alle hatten den einen oder anderen Nachteil, der die jeweiligen Vorzüge gegenüber Silizium schmälerte. Aber mit zunehmender Schaltkreisdichte und Rechengeschwindigkeit wird Silizium möglicherweise einen Teil seines Glanzes einbüßen und die Schwächen der konkurrierenden Materialien werden an Bedeutung verlieren.

Von Anfang an experimentierte man auch mit den alternativen Stoffen. Die Oberflächenschicht sollte weiterhin aus Silizium bestehen, aber darunter wollte man ein stabileres Material einsetzen, das außerdem besser isoliert, die Wärme stärker absorbiert und strahlungsresistenter ist. Das Ergebnis war eine Technologie mit Silizium auf einem Isolator, beispielsweise Silizium-auf-Saphir. Besonders Hewlett-Packard und RCA investierten in den 70er Jahren in diese Technologie, aber wegen der hohen Kosten, der begrenzten Mengen und der Schwierigkeiten in der Herstellung ließ man schließlich davon ab.[4]

Weitaus vielversprechender waren Ansätze, die von anderen chemischen Elementen als Silizium ausgingen. Seit langer Zeit ist bekannt, daß die metallorganischen Verbindungen aus einem Element der dritten und einem der fünften Hauptgruppe des Periodensystems zumindest in einer Halbleitereigenschaft, der sogenannten Trägermobilität, dem Silizium deutlich überlegen sind. Unter diesen Verbindungen nimmt Galliumarsenid, GaAs, eine herausragende Stellung ein.[5]

Galliumarsenid ist ganz offensichtlich ein natürlicher Konkurrent des altvertrauten Siliziums, da es gegenüber diesem eine fünffach erhöhte Elektronenmobilität aufweist.

Galliumarsenid ist ganz offensichtlich ein natürlicher Konkurrent des altvertrauten Siliziums, da es gegenüber diesem eine fünffach erhöhte Elektronenmobilität aufweist.[6] Dies überträgt sich in atemberaubend schnelle Rechengeschwindigkeiten. Während Silizium-Schaltkreise bei der heutigen Qualität der Lithografie bereits bei 200 MHz, das heißt bei einer Taktfrequenz von 200 Millionen Schwingungen pro Sekunde, ins Stottern geraten, erreichen die entsprechenden Galliumarsenid-Schaltkreise ohne große Mühe 1 GHz (1 Milliarde Schwingungen pro Sekunde). Galliumarsenidschaltkreise können darüber hinaus bei der doppelten Temperatur arbeiten (300° C gegenüber 150° C) und vertragen die zehntausendfache Menge an Strahlung.[7] Tatsächlich ist es so, daß Galliumarsenid mit steigender Temperatur schneller arbeitet; im Gegensatz dazu fällt die Leistung von Silizium dann allmählich ab.

All diese Eigenschaften haben in den letzten 20 Jahren den Chipkonstrukteuren den Mund wäßrig gemacht. Aber immer wenn sie mit dem Gedanken liebäugelten, GaAs zu verwenden, sahen sie sich bald einer Fülle von Schwierigkeiten gegenüber, die diese Träume rasch wieder zerplatzen ließen. Phillip Robinson umriß diese Schwierigkeiten in der Zeitschrift *»Byte Magazine«* folgendermaßen:

»...GaAs-Kristalle sind wesentlich schwerer zu züchten als Siliziumkristalle, da man es nicht nur mit einem Element zu tun hat, sondern zwei flüchtige Stoffe in einem exaktem Mengenverhältnis zusammenbringen muß. Während die GaAs-Wafer bislang einen Durchmesser von ca. 10 cm erreichen, ist Silizium längst bei ca. 20 cm angelangt. Das bedeutet, daß sich aus einem einzigen Silizium-Wafer viermal soviel Chips herstellen lassen wie aus einem GaAs-Wafer.

Das Rohmaterial für die GaAs-Kristalle ist teurer (immerhin hundertmal teurer als Silizium), und die fertigen Wafer sind brüchiger. Auch die Dotierung von GaAs und die Auflage von Metallmustern werden bislang weit weniger verstanden als die von Silizium. Vor allem aber hat sich die Halbleitergeräteindustrie darauf konzentriert, Maschinen zu bauen, mit denen man Silizium-Wafer, und nicht GaAs-Wafer, behandelt, erhitzt, kühlt, reinigt und testet, so daß auch die Maschinen für die Verarbeitung von GaAs teurer sind. Obwohl grundsätzlich die natürlichen Vorteile von GaAs überwiegen, hat es vom praktischen Standpunkt aus gesehen viele Nachteile.«[8]

Und die Mängelliste läßt sich fortsetzen. Problematisch ist es auch, mit einem so giftigen Stoff wie Arsen umzugehen und Kristalle von ausreichender Reinheit zu züchten, um sie in LSI-Schaltungen verwenden zu können. Des weiteren neigen GaAs-Schaltkreise bei hoher elektrischer Ladung zu Fehlleistungen.

Daß GaAs-Chips trotz dieser Mängel nicht nur in großen Mengen produziert werden, sondern sich sogar einer wachsenden Anzahl von Anwendungen erfreuen, zeigt, daß in der Halbleiterindustrie ein unerbittlicher Wettbewerb herrscht und ständig noch mehr Leistung gefordert wird. Bislang finden sich die meisten Anwendungen im Bereich der Mirkowellenübertragung, bei der in erster Linie Geschwindigkeit und Strahlungsresistenz zählen und das Design kein LSI verlangt. Da Galliumarsenid viel lichtempfindlicher ist als Silizium, nutzt man es ebenfalls in optisch-elektronischen Geräten. Vielversprechend ist auch eine Verwendung in hochauflösendem Fernsehen; in Lasergeräten sind GaAs und seine verwandten Verbindungen in der Regel die einzige Alternative.

Aber auch in die digitale Welt findet Galliumarsenid langsam Eingang. Zur Zeit hat es dort einen Anteil von 2 bis 3 %. Es gibt heutzutage bereits Logikchips, Gate-Anordnungen, die zum Teil kundenspezifisch sind, und einige Speicherchips aus Galliumarsenid. Wegen der Schwierigkeiten, die das Arbeiten mit Galliumarsenid mit sich bringt, und wegen der niedrigen Produktionszahlen sind diese Geräte jedoch teuer. Aber in Spitzenprodukten, wie beispielsweise in den Supercomputern, bei denen der Preis eher nebensächlich ist, spielt GaAs in der digitalen Welt eine Rolle.

Dementsprechend werden GaAs-Vorrichtungen auch in weniger leistungsstarken Computern wie den Workstations gezielt an Schlüsselstellen verwendet, wo die entsprechenden Siliziumvorrichtungen die Rechenoperationen verlangsamen würden. Hieran kann man erkennen, daß GaAs auch allmählich in die Welt der PCs und der Konsumgüterelektronik Einzug hält.

Wird es jemals Mikroprozessoren aus Galliumarsenid geben? Tatsächlich gibt es sie schon. Sowohl Texas Instruments als auch McDonnell Douglas haben 32 bit RISC-Prozessoren aus GaAs herausgebracht. Die Verbindung mit RISC ist kein Zufall: RISC-Prozessoren benötigen normalerweise weniger Transistoren – was einer von Mängeln beherrschten Technologie wie der Galliumarsenid-Technologie sehr entgegenkommt. Um mit der Konkurrenz mithalten zu können, müssen RISC-Prozessoren sehr hoch getaktet sein – gerade das Richtige für GaAs[9]. Bislang sind diese Prozessoren jedoch eher Kuriositäten als praktische Bauteile. Allerdings könnte der derzeitige Boom in der Telekommunikation diese Entwicklung beschleunigen.

Die Schwierigkeiten bei der Arbeit mit Galliumarsenid und die ständige Optimierung von Siliziumvorrichtungen werden jedoch dazu beitragen, daß Galliumarsenid noch viele Jahre lang ein Spezialgeschäft bleiben wird. Besonders bei sehr exotischen Anwendungen wird es immer einen Markt für GaAs geben. Schließlich weiß man, daß die Schwierigkeiten, die eine vielseitige Verwendung von GaAs-Chips bislang verhindern, überwindbar sind. Wenn man GaAs-Kristalle außerhalb der Schwerkraft, zum Beispiel im Weltraum, züchten würde, wären Reinheit und Durchmesser der Wafer kein Problem mehr. Aus diesem Grund sahen die Pläne für die NASA-Weltraumstation auch ein GaAs-Kristall-Labor vor. Wenn es soweit ist, wird das Silizium-Zeitalter möglicherweise dem Ende zugehen.

Produktion

Während die Mikroprozessoren früher in einem fotografischen Druckverfahren in ganz gewöhnlichen Fabrikräumen nach Vorlage handgezeichneter Entwürfe hergestellt wurden, gibt es heute ein hochmodernes Verfahren, in dem computergestütztes Design (CAD) und UV-Lithografie in futuristisch anmutenden Labors zum Einsatz kommen.

Ohne Zweifel geht diese Entwicklung weiter, und man wird sich immer mehr der anonymen, robotergesteuerten Fabrik annähern, in der auf der einen Seite Sand hineingeschaufelt wird und auf der anderen Seite die bereits geprüften und fertig abgepackten Mikroprozessoren herauskommen. Mitte der 80er Jahre wurde das Chipindustriekonsortium Sematech mit dem Ziel gegründet, die einzelnen Schritte des Herstellungsverfahrens zu optimieren und dann der Halbleitergeräteindustrie zu helfen, die Resultate in die Praxis umzusetzen.

Die größte Herausforderung im Herstellungsprozeß besteht jedoch auf absehbare Zeit darin, das Design des Mikroprozessors auf die Oberfläche des Wafers zu übertragen – und dies dann millionenfach zu reproduzieren. Als die Schaltkreisgeometrien in der Anfangszeit noch vergleichsweise groß waren, mußte man nur das Design mit weißem Licht auf den Wafer projizieren.

Als die Breite der Leitungen auf wenige Mikrometer zusammenschrumpfte, konnte man mit den Wellenlängen des sichtbaren Lichts die gewünschten feinen Eigenschaften nicht mehr abbilden. Das führte dazu, daß sich die Chipindustrie in den letzten zwei Jahrzehnten immer mehr dem oberen Frequenzende des Lichtspektrums zuwandte. Viele Jahre lang benutzte man UV-Licht. Aber als die Leitungsgeometrie unter die Größe eines Mikrons fiel, wurde eine Lichtquelle noch weiter oben im Spektrum gesucht. Wie schon an anderer Stelle diskutiert (siehe Kap. 3), forschte man nach einer Lösung im noch höheren Frequenzbereich der elektromagnetischen Strahlung: bei den Röntgenstrahlen. Doch dann bot sich als unerwartete Alternative phasenkohärentes Licht, das bald darauf auch zum Industriestandard wurde.

Irgendwann wird aber auch das phasenkohärente Licht an seine physikalischen Grenzen stoßen, und die Industrie muß erneut nach anderen Lösungen suchen. Derzeit viel diskutiert ist eine Variante der Phasenkohärenz – man nennt sie phasenverschobenes Licht; sein Einsatz in der Fotolithografie ist heute Gegenstand umfangreicher Studien.

Außerdem ließe sich die Röntgenstrahl-Lithografie verwenden. Dazu müßten Röntgenstrahlen mit einer Wellenlänge von einem Zehntausendstel eines Mikrons, d. h. von ca. einem Angstöm (1 Å), von Leichtmetallen ausgesandt werden. Da man dann bei der Größenordnung der Atomdurchmesser angekommen wäre, ist es unwahrscheinlich, daß die Wellenlängen jemals wieder ein Hindernis für die Chipindustrie darstellen könnten.

Aber die Röntgenstrahl-Lithografie ist eine Geschichte für sich. Es ist äußerst schwierig, die Masken für die Röntgenstrahl-Lithografie herzustellen; sie verlangen eine extrem genaue Ausarbeitung und Beschichtung. Da die Schaltkreisdetails unter 5 Mikrometer sinken, könnte es unmöglich werden, ausreichend genaue Masken zu konstruieren. Sollten Röntgenstrahlen und phasenverschobenes Licht versagen, wäre die Alternative, die in der Vergangenheit schon oft diskutiert wurde, von der Lithografie ganz wegzukommen und einfach die Eigenschaften auf die Oberfläche des Chips zu »schreiben«, ganz so wie ein Künstler an der Oberfläche eines Metallstücks ritzt, um etwas einzugravieren. Innerhalb eines Siliziumwafers könnte man dies mit einem gebündelten Elektronenstrahl erreichen, der wie ein Laser arbeiten würde und alle erforderlichen Kanäle und Formen einritzen würde. Schließlich werden Elektronenstrahlen bereits verwendet, um die Masken in den heutigen Halbleiter-Fotolithografiesystemen zu erstellen.

So faszinierend und einfach diese Idee auch erscheint, als praktikabel hat sie sich niemals erwiesen. Aus einem Grund: es gibt heute noch keine Technologie, die einen Elektronenstrahl mit dieser Präzision und in diesem Umfang bündelt und zielrichtet. Außerdem ergeben sich Probleme, weil die herausgeschlagenen Fragmente vom Zielpunkt wegfliegen und die Oberfläche des Wafers sowie die Atmosphäre der Kammer verunreinigen. Und nicht zuletzt sind die heutigen integrierten Schaltungen zu kompliziert, um in einem Arbeitsgang alle Leitungen aufbringen zu können. Selbst wenn ein computergesteuerter Elektronenstrahl über die Oberfläche rasen würde, dauerte es immer noch Minuten oder sogar Stunden, bis alle drei Millionen Transistoren auf nur einem Pentium- oder PowerPC-Chip aufgebracht wären. Und von diesen Chips befinden sich Hunderte auf einem einzigen Wafer.

Was kann dann die Masken ersetzen? Eine fesselnde Idee ist, die Teile der Fotomaske, insbesondere die Metallschicht, durch eine Maske zu ersetzen, die selbst aus Licht besteht. So unglaublich sich das auch anhören mag, die Forscher bei AT&T Bell Labs und an der Havard Universität haben einen Weg gefunden, Laserstrahlen so auf eine Oberfläche zu schießen, daß sie auf sich selbst zurückreflektiert werden. Auf diese Weise ergibt sich ein Interferenzmuster, das die Lichtwellen wirkungsvoll an einer Stelle festhält. Diese Interferenzmuster dienen dann als Linsen, die Teilchenstrahlen, die durch sie hindurchgehen, bündeln und in parallele Strahlen umwandeln. Versuche mit Natrium ergaben Linien, die so nah beieinander lagen, wie es die heutige Lithografie überhaupt zuläßt. Man hofft, daß das Verfahren auch geeignet ist, Linien herzustellen, die nur wenige Atomdurchmesser voneinander entfernt sind. Ein weiterer Vorzug besteht darin, daß der Vorgang direkt auf der Oberfläche des Wafers stattfindet, und zwar ohne eine chemische Ablagerung, die immer mit der Gefahr verbunden ist, den Wafer zu beschädigen.[10]

Ein noch außergewöhnlicheres Szenario bestünde darin, nicht mehr mit Masken zu arbeiten, sondern Halbleiterschaltungen zu »züchten«, d. h. wachsen zu lassen. Im Mai 1994 kündigten Physiker bei Nippon Telegraph & Telephone Corp. (NTT) an, daß eines ihrer Forschungsteams unter Leitung eines deutschen Gastwissenschaftlers, des Physikers Richard Noetzel, mit Erfolg geordnete Reihen winziger Strukturen auf der Oberfläche eines GaAs-Wafers gezüchtet hatten. Das *Wall Street Journal* schrieb dazu:

»Als die NTT-Gruppe den Dampf eines Schwermetalls auf ein eigens dafür behandeltes Galliumarsenidkristall kondensierte, wuchsen darauf in regelmäßigen Abständen winzige, kubische Mikrokristalle, die jeweils ungefähr ein Siebenmillionstel eines Meters breit waren. Indem die Physiker die Zusammensetzung des Galliumarsenidkristalles variierten, stellten sie fest, daß sie sowohl die Größe als auch die Abstände der Mikrokristalle verläßlich steuern konnten.«[11]

Die »Quantenpunkte«, die man erhielt, waren eigentlich nichts Neues – obschon die regelmäßige Anordnung neu war. Es mutet wie Ironie an, daß die Chiphersteller jahrelang auf solche Mikrokristalle gestoßen waren und sie als Störungen angesehen hatten, die es zu beseitigen galt. Was in den Anfängen winzige Verunreinigungen waren, sind jetzt, im immer kleiner werdenden Maßstab der Schaltungen, merkliche und nutzbare Eigenschaften.

Ob die Lichtmaske oder die »Quantenpunkte« jemals von praktischer Bedeutung sein werden, bleibt abzuwarten. Aber all diese Neuerungen zeigen, daß dort, wo die bisherigen Halbleiterverfahren an ihre Grenzen stoßen, schon neue Technologien auf ihren Einsatz warten.

Software

Wenn man von der Zukunft der Software und des Mikroprozessors spricht, bewegt man sich fast unmerklich von der Operation hin zur Anwendung. Es gibt zwei Arten von Software für den Mikroprozessor: eine, die die internen Operationen des Chips steuert (Mikrocode und Firmware), und eine andere, die die Verbindung des Chips mit der »Außenwelt« regelt (System- und Anwendersoftware).

Der Mikrocode wird bereits bei der Herstellung des Chips zusammen mit den Gates und den anderen Hardware-Eigenschaften in das ROM (»Read Only Memory«) des Chips eingebaut. Diese Software sagt dem Mikroprozessor, wie er zu arbeiten hat: wie er addieren, multiplizieren, Register adressieren und Daten auf der Oberfläche bewegen soll. Wie man sich denken

Microsoft PowerPoint, ein Beispiel für ein Anwendungsprogramm.
Mit freundlicher Genehmigung von Microsoft

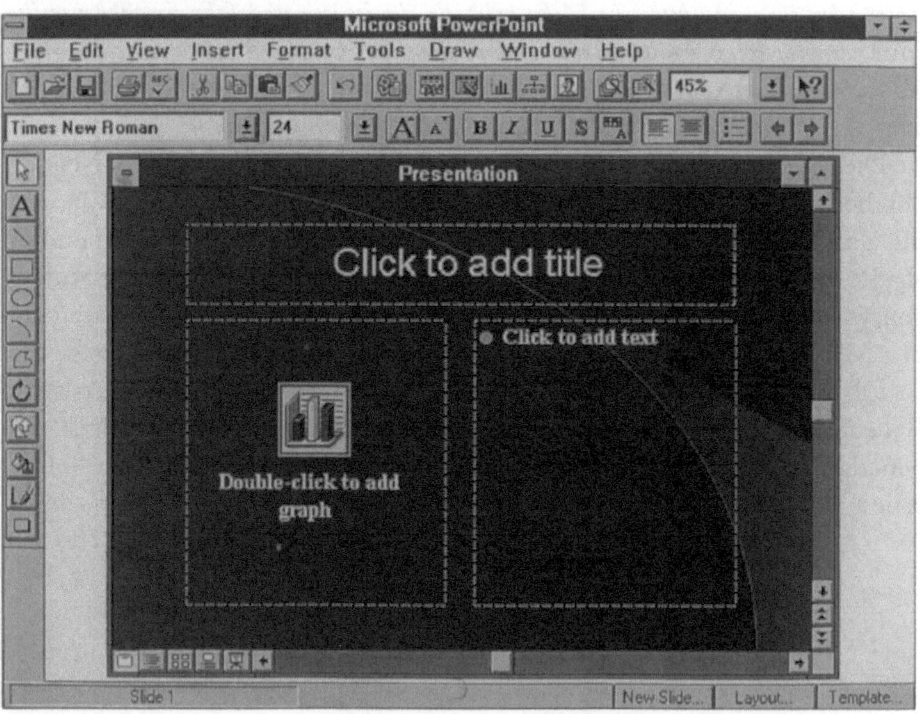

kann, wurden die meisten Neuerungen dieser Art von Software in komplizierteren Chipanwendungen eingeführt, beispielsweise bei der Entwicklung des RISC-Compilers oder des 68040, der sechs Befehle gleichzeitig ausführen konnte.

Die Firmware befindet sich in der Regel ebenfalls im ROM. Sie steuert die Peripheriegeräte, die mit dem Mikroprozessor interagieren, wie zum Beispiel Diskettenlaufwerke, Tastaturen, Monitore, Modems etc.

Mit der Anwendersoftware ist heute jeder vertraut, der an einem PC arbeitet.

Mit Hilfe der Systemsoftware entwickeln Programmierer weitere Software. Für den Anwender hat sie insofern Bedeutung, als der Mikroprozessor für die Anwendersoftware aufnahmebereit gemacht werden muß. Zur Systemsoftware gehören bekannte Betriebssysteme wie DOS, Windows und UNIX. Weiterhin beinhaltet sie Fehlerbeseitigungsprogramme (Debuggers), Assembler, Compiler und andere Programmierwerkzeuge.

Erst die Anwendersoftware macht den Mikroprozessor für den Benutzer wertvoll. Diese Software beinhaltet Textverarbeitungsprogramme, Tabellenkalkulationen, computergestütztes Design (CAD) etc.

Wie ein Wunder mag erscheinen, daß all dies in einer binären Welt stattfindet, angefangen vom filmartigen Video auf einem Computerbildschirm bis zum Roboterarm, der die einzelnen Stücke der Karosserie eines Autos zusammenschweißt. Alles wird nach nur wenigen Regeln durch eine Reihe von Einsen und Nullen gesteuert.

Das alles hört sich sehr elegant und auch endgültig an. Tatsächlich gibt es jedoch manchmal sogar auf der Ebene der grundlegendsten Funktionen des Chips etwas Neues, obwohl man doch meinen könnte, daß die starren Gesetze der Logik hier keine Veränderung zuließen. Solch ein Durchbruch – obschon umstritten – war die »fuzzy logic«, die zuerst von Lofti A. Zadeh an der Universität von Kalifornien, Berkeley, im Jahre 1964 propagiert wurde.[12]

Zadeh suchte nach einem Weg, über die binäre Welt der Schwarz-Weiß-Logik, des Booleschen Ein-Aus-Schemas, das die Welt der Logik und damit auch der digitalen Elektronik beherrschte, hinauszugehen, ohne sie doch ganz aufzugeben. Die natürliche Welt sei niemals binär, argumentierte er, sondern vielschichtig und farbenreich. Einen Wendepunkt markierte er im Jahre 1965 mit seinem Artikel in der Zeitschrift *Information and Control,* in dem er eine neue Logik forderte, die auf der Vorstellung dessen beruhte, was er als Fuzzy-Menge (»fuzzy sets«: unscharfe Menge) bezeichnete. Die Elemente einer solchen Menge seien nur zu einem gewissen Grad Teil dieser Menge. In einer herkömmlichen Menge (»crisp set«) ist ein Element entweder Teil der Menge oder nicht. In einer Fuzzy-Menge kann dem Element im Bereich zwischen 0 (nicht Teil der Menge) und 1 (Teil der Menge) ein Grad der Zugehörigkeit zugeordnet werden. Die Elemente dazwischen könnte man also als »fast« oder »schon« zugehörig bezeichnen. Diese neuen Mengen ließen die Abbildung einer Welt zu, die fast unmerkliche Abstufungen und vor allem auch ungenaues menschliches Wissen und Vermutungen enthält. Die »fuzzy logic« (die voreilige Bezeichnung wird von ihren Anhängern seither bedauert) war geboren.

Der Start war nicht gerade fulminant. Die Konstrukteure in der Elektronikbranche hatten Wichtigeres zu tun als sich um eine neue Logik zu kümmern. Die »fuzzy logic« litt sowohl unter ihrem Namen – tatsächlich ist der Name aber sehr treffend – als auch unter der etwas schwammigen Philosophie ihrer Anhänger. So schenkte man ihr zwei Jahrzehnte lang kaum Beachtung.

Auf »fuzzy logic« basierendes Produkt – ein Reiskocher.
Amy C. Etra/PhotoEdit

Die japanische Elektronikindustrie hingegen nahm diese Logik ernst. Als Marktführer in der Konsumgüterelektronik mußten sich die Firmen ständig mit Steuerungsproblemen auseinandersetzen, die sich aus der menschlichen Natur der Benutzer ergaben. Verbraucherhände zitterten ein wenig, wenn sie Videokameras benutzten; Automotoren wurden unterschiedlich schnell beschleunigt; man steckte unterschiedlichst verschmutzte Kleidungsstücke in die Waschmaschine und machte dann die Produkte dafür verantwortlich, wenn das Ergebnis zu wünschen übrig ließ.

Als die japanischen Elektronikfirmen, insbesondere Matsushita/Panasonic, erkannten, daß die »fuzzy logic« ein gewisses Potential besaß, diese Alltagsprobleme zu bewältigen, begannen ihre Forschungsabteilungen, sich mit der neuen Theorie auseinanderzusetzen. Die Früchte dieser Arbeit erschienen im Februar 1990: eine Matsushita-Waschmaschine mit nur einem Knopf, die automatisch den Waschgang festlegte, indem sie die Menge der Wäsche und das Ausmaß ihrer Verschmutzung erfaßte. Seither hat es eine Flut von Konsumartikeln – nicht »zappelige« Videokameras, »intelligente« Automatikgetriebe für Fahrzeuge, Reiskocher, Staubsauger, Mikrowellenherde – gegeben, die nach dem Prinzip der »fuzzy logic« funktionieren. In Japan sind die Produkte mit dem Label »fuzzy« inzwischen zu einem Verkaufsschlager geworden.

Doch der Wert – sogar die Gültigkeit – der »fuzzy logic« bleibt teilweise umstritten. Einige Lästerzungen behaupten sogar (nicht ganz zu Unrecht angesichts der unerfüllt gebliebenen Erwartungen im Hinblick auf die Leistung der vielgepriesenen neuen Produkte), daß der Medienrummel größer wäre als ihre praktische Bedeutung. Auf der anderen Seite meinen insbesondere die amerikanischen Halbleiterhersteller, daß die »fuzzy logic« lediglich

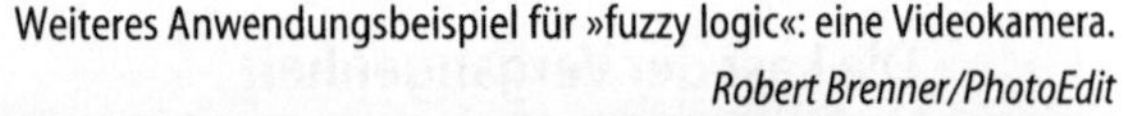

Weiteres Anwendungsbeispiel für »fuzzy logic«: eine Videokamera.
Robert Brenner/PhotoEdit

ein gutes analytisches Werkzeug wäre, und daß alle Anwendungen, die darauf beruhen, letztendlich von herkömmlichen Prozessoren viel besser ausgeführt werden könnten.

Die Zukunft der »fuzzy logic« bleibt somit noch im unklaren. Bisher deutet nichts darauf hin, daß ein unter einer »fuzzy«-Software laufender Mikroprozessor auch außerhalb von Steuerungsverfahren Geltung erlangen könnte. Dennoch kündigte im Februar 1992 die Mikroprozessor- und Speichertechnologiengruppe der Motorola Corp. ein gemeinsames Projekt mit der Firma Aptronix Co. aus dem Silicon Valley an, mit dem Ziel, »fuzzy logic« Software-Anwendungstools für Motorola-Prozessoren zu entwickeln. Was dabei herauskommt, könnte die Weichen für ein zukünftiges Zusammengehen von Mikroprozessor und »fuzzy logic« stellen.

Sollte die »fuzzy logic« ein Potential für die Zukunft besitzen, werden zwei andere Softwarerichtungen – objektorientierte und Powermanagement-Software – künftig ausgedient haben.[13]

Die Last der Vergangenheit

Als IBM in den 70er Jahren einen Ersatz für die legendäre 360er Familie vorbereitete, machte man eine interessante Entdeckung: viele Kunden wollten aus praktischen Gründen bei ihren alten Computern bleiben, da sie während der letzten Jahre ungeheuer viel in die Software investiert oder selbst Programme geschrieben hatten, um den Computer ihren Bedürfnissen anzupassen. IBM stellte fest, daß diese Kunden für die Software im Durchschnitt zehnmal soviel ausgegeben hatten als für die ursprüngliche Hardware. Selbst wenn die Hardware mit etlichen Neuerungen aufwarten würde, sie könnten diese Ausgaben nicht wiedergutmachen. So war IBM die erste Firma, die akzeptieren mußte, daß man nach einer erfolgreich eingeführten Produktfamilie keine großen Sprünge in der technologischen Entwicklung mehr machen konnte, da die Forderung nach Kompatibilität ein entscheidender Gesichtspunkt geworden war.

IBM stellte fest, daß diese Kunden für die Software im Durchschnitt zehnmal soviel ausgegeben hatten als für die ursprüngliche Hardware.

Für den Anwender ist Software das, was den Computer zum »Laufen« bringt, seinen Fähigkeiten zur Entfaltung verhilft und neue Märkte erschließen läßt. Für den Computerhersteller hingegen ist die Software der größte Hemmschuh. Es dauert mitunter Jahre länger, sich die Software auszudenken als die Hardware zu bauen – mit dem Ergebnis, daß die Hardware solange in die Rumpelkammer verbannt bleibt, bis die Software fertig ist. Langsame oder fehlende Software hat bereits vielen PC-Modellen und Mikroprozessor-Familien das Leben gekostet.

Daß es solange dauert, die Software zu entwickeln, liegt zum Teil daran, daß es sich dabei im wesentlichen um eine mühevolle Kleinarbeit handelt. Da die Software aus historischen Gründen nicht leicht wiederzuverwenden ist, beginnt man mit jedem neuen Projekt von vorn; jede Codezeile wird so geschrieben als wäre sie neu. In den 80er Jahren erwies sich das Rad-immer-wieder-neu-erfinden-müssen als schlimmstes Nadelöhr in der Geschichte der Datenverarbeitung, und zahlreiche Firmen begannen, nach Auswegen zu suchen. Im Brennpunkt der Forschung stand der Begriff »Modularität«, d. h. die Fähigkeit, komplette Anwendungen oder Codeblöcke zu speichern, sie bei Bedarf wieder abzurufen und wahlweise miteinander zu verbinden.

Die ersten Ergebnisse waren computergestützte Software-Engineering-Tools (sog. CASE-Tools), die, wie der Name schon sagt, Metaprogramme waren und denen, die man für computergestütztes Design (CAD) und computergestütztes Engineering (CAE) verwendete, insofern glichen, als sie mehrere Millionen Zeilen eines Computercodes speichern konnten. Dem Programmierer war es damit möglich, unter Tausenden von Anwendungen die gewünschten Teile auszuwählen und so ein verläßliches, neues Programm zu erstellen.

Im Rahmen einer Kooperation von IBM, Apple, Microsoft und anderen wurde der objektorientierte Code entwickelt, eine neue Art von Softwaresprache, die es Programmierern erleichtert, bereits bestehende Programme so wiederzuverwenden, als wären sie Wörter in einem Satz, Steine in einer Mauer oder Komponenten auf einer gedruckten Schaltschematafel. In objektorientierten Sprachen enthält das »Objekt« sowohl die Daten als auch das Programm. Das Programm beinhaltet die Software für den Zugriff auf das Objekt, zum Umschreiben des Objekts und zur Veränderung und Anzeige seines Inhalts. Der Programmierer kann das Objekt erweitern, indem er sich zusätzliche Eigenschaften und Wege zur Manipulierung des Objekts ausdenkt – aber niemand muß etwas zum zweiten Mal erfinden, was es bereits gibt. In der Praxis funktioniert der Code dann wie eine Grammatik, die automatisch Anwendungen miteinander verbindet, ohne daß der Programmierer mühsam Verbindungscodes schreiben und anschließend das Ergebnis auf Fehlerfreiheit überprüfen muß.

Den Wert von CASE-Tools und vor allem von objektorientiertem Code kann man wohl kaum zu hoch einzuschätzen. Ein Großteil der Programme für Personalcomputer sowie auch für die meisten Mikroprozessoranwendungen wird heute auf diese Art geschrieben. Ohne diese Errungenschaften wäre die Geschwindigkeit der Neuentwicklungen, die unsere Zeit bestimmt, bedeutend geringer. Aber trotz allem bleibt die Entwicklung von Software ein komplexer und zeitraubender Vorgang, und die Industrie sucht weiterhin nach neuen Wegen, die Effizienz zu steigern.

Grüne Gedanken

Im Vergleich zu objektorientierten Sprachen erscheint die Steuerung des Energieverbrauchs sehr profan. Sie ist aber mindestens genauso wichtig. Wie bereits in Kap. 4 erwähnt, sind mikroprozessorgetriebene PCs, die man in der Anfangszeit als Segen im Hinblick auf die Einsparung von Energie ansah, allein durch ihre immense Anzahl eine Belastung für das weltweite Stromnetz geworden. Sie machen 5 % des gesamten kommerziellen und industriellen Stromverbrauchs aus, und diese Zahl steigt mit jedem Jahrzehnt um einen Prozentpunkt.

Die Computerindustrie hat auf diese Herausforderung mit dem grünen PC reagiert, der den Stromverbrauch in allen Teilen des Computers, vom Bildschirm bis zur Mikroprozessor-CPU, auf 30 W oder die Hälfte des bisherigen Verbrauchs reduzieren soll. Es erweist sich nun als vorteilhaft, daß sich die Halbleiterindustrie bereits aus ganz anderen Gründen mit der Frage der Energieeinsparung befaßt hatte.

Seit 30 Jahren baute man die Geräte standardmäßig für eine Spannung von 5 V. Dies war auch angemessen, solange es Strom in Hülle und Fülle gab und sowohl die Produkte als auch die Schaltkreisgeometrien groß waren.

Aber in den 80er Jahren waren diese Bedingungen nicht mehr gegeben. Auf der Schaltkreisebene fiel die Eigenschaftsgröße unter ein Mikron. Da Skalierbarkeit bedeutet, daß auch die Spannungen im gleichen Maß verringert werden müssen – wegen der Kosten, die durch das Redesign der Schaltkreise entstehen, üblicherweise in großen Sprüngen –, war eine Betriebsspannung von 5 V mit einem Mal zu hoch. Es traten Betriebsstörungen auf, verursacht zum Beispiel durch kleine Kurzschlüsse, Zusammenbrüche der Verbindungen, Schäden in der Oxidbeschichtung und Durchschalten von der Source zum Drain.

Da die Schaltkreise also immer dichter wurden und 5 V eine beträchtliche Wärme freisetzten – 16 W für einen mikroprozessorbasierten Standard-PC-Chipsatz – waren kühlende Ventilatoren und Öffnungen erforderlich. Aber diese Kühlsysteme entwickelten ebenfalls Wärme und verhinderten auch die gewünschte Verkleinerung der Größe der Computer selbst. Und sogar mit den Kühlsystemen wäre der Computer immer noch nicht gegen die Gefahr des Versagens gefeit, da auch das Kühlsystem einmal ausfallen könnte.

Bei den tragbaren Computern verhielt es sich so, daß eine Betriebsspannung von 5 V die Batterie zu sehr beanspruchte, mit dem Ergebnis, daß die Geräte nach zwei Stunden plötzlich den Dienst versagten – wie die Besitzer von Laptopcomputern frustriert feststellen mußten.

Die einzige, wirklich praktische Lösung bestand also darin, neue Schaltkreise mit geringerem Stromverbrauch zu entwerfen. Der heutige Standard ist nun 3,3 V. Um diese Schaltkreise zu bauen, konnte man aber nicht einfach die Betriebsspannung der bereits eingeführten 5 V-Chips reduzieren, da dies mit einer unerwünschten Leistungsminderung einherging. Die neuen, grünen 3 V-Chips mußten vielmehr von Grund auf neu konzipiert werden. Dies galt auch für das Herstellungsverfahren. Aber die größten Schwierigkeiten bereiteten die Mikroprozessorchips. Wegen ihrer Komplexität und kleinen Eigenschaftsgröße war die Realisierung eines 3 V-Chips hier eine besonders große Herausforderung.[14]

Während man sich an der Hardware die Zähne ausbiß, versuchten andere, das Problem mit Hilfe der Software zu lösen. In den letzten Jahren sind so eine Reihe von unabhängigen Firmen entstanden, die Programme zur Steuerung der Stromversorgung des Mikroprozessors anbieten.

Die Systemstromversorgung findet auf zweierlei Arten statt. Die passive Versorgung zielt darauf ab, den Stromverbrauch herabzusetzen, wenn das Gerät eingeschaltet ist, aber nicht benutzt wird; die aktive versucht, den Stromverbrauch herabzusetzen, während der Prozessor arbeitet. Die besten passiven Programme, die bis auf ein absolutes Minimum an Funktionen systematisch alles stillegen, wenn der Prozessor »schläft«, können den Stromverbrauch beim Systemabschluß eines PCs von 30 W auf nur 2 W reduzieren.

Aktive Stromversorgungssoftware ist besonders raffiniert, da sie bei ständiger Bewegung arbeiten muß. Selektive Teile des Computers, ja sogar des Mikroprozessors, werden solange stillgelegt, bis sie wieder gebraucht werden. Dann werden sie in nur wenigen Milliardstelsekunden wieder bis zur vollen Leistungsfähigkeit hochgefahren.

Die Effektivität von Systemstromversorgungssoftware ist beeindruckend. Einige Programme werben damit, daß sie die jährlichen Stromkosten eines PCs auf nur fünf Dollar reduzieren können – soviel verbraucht ein Wecker in diesem Zeitraum. Aber ebenso wichtig ist, daß die Steuerung des Stromverbrauchs in Verbindung mit 3,3 V-Prozessoren und einer neuen Generation von »intelligenten« Batterien (die selbst wiederum durch einfache Mikrokontroller gesteuert werden) ein Potential entstehen läßt, den Mikroprozessor zu mobilen und drahtlosen Anwendungen zu bringen. Laptopcomputer mit einer Betriebsdauer von acht Stunden, Handys, Spielzeuge, etc. sind in diesem Bereich bislang schwer umzusetzen. Hier verspricht ein Durchbruch eine weitere Explosion des Einsatzes von Mikroprozessoren.

Architektur

»Fuzzy logic« ist nicht die einzige Möglichkeit, mit der Vielschichtigkeit der natürlichen Welt umzugehen. Die Welt ist bereits voller Prozessoren, die diese Aufgabe hervorragend bewältigen – die Gehirne der Menschen. Seit es Computer gibt, hat man versucht herauszufinden, wie das Gehirn arbeitet, um dann die gewonnenen Erkenntnisse auf Silizium zu übertragen.

Schon lange weiß man, daß die Neuronen des Gehirns anders arbeiten als die Transistoren eines Computers. Man mag sich zum Beispiel folgende Frage stellen: Welches Lieblingsstofftier hatte ich als Kind? Ein Computer, der alle

Informationen, an die man sich erinnert, gespeichert hätte, würde Stunden brauchen, bis er es herausgefunden hätte, da er der Reihe nach alle Ereignisse in der Kindheit durchgehen würde und jedesmal, wenn er auf ein Spielzeug stieße, die Zeit zählen würde, die man damit gespielt hat. Man selbst hingegen hätte die Antwort sofort parat. Was macht diesen Unterschied aus?

Der Grund ist, daß die Neuronen im Gehirn dabei anders vorgehen als Logik-Gates. In einem integrierten Schaltkreis arbeiten die Gates sequentiell und linear. Wenn man fünf mit zehn multiplizieren möchte, addiert der Computer 5+5+5+5+5+5+5+5+5+5. Das Gehirn arbeitet anders. Neuronen sind nicht nur mit zahlreichen anderen Neuronen verbunden, sondern unterschiedliche Teile des Gehirns speichern die gleichen Informationen, um diese so besser zugänglich zu halten. Entscheidend ist aber, daß das Wissen, das man immer wieder abruft, verstärkt wird und damit die Bedeutung und Zugänglichkeit gesteigert werden. Man weiß, daß fünf multipliziert mit zehn fünfzig ergibt, da man dies bereits im Alter von etwa acht Jahren gelernt und es seither etliche tausend Mal gebraucht hat. Somit ist es sofort da, wenn man es braucht. Andererseits wird man sich kaum an die Schuhe erinnern, die man an seinem dritten Geburtstag getragen hat; dieses Wissen hat man ja nie benötigt. Ein Computer hingegen, der mit dem Wissen der betreffenden Person ausgerüstet wäre, würde dies wohl recht schnell herausfinden. Die *New York Times* schrieb dazu:

»Computer wurden schon immer mit ›elektronischen Gehirnen‹ verglichen, aber ein herkömmlicher Computer ist noch lange kein Gehirn. Ein Computer hat nur einen Prozessor, der genau programmierte Anweisungen ausführt. Er zerlegt eine Aufgabe in kleinere Komponenten und arbeitet sie dann der Reihe nach sehr schnell ab.

Das Gehirn hat mehrere Milliarden Neuronen, von denen jedes mit einigen tausend anderen Neuronen verknüpft ist, und alle wirken zusammen. Das Gehirn verdankt seine Leistung der immensen Anzahl der Neuronen und ihrer vielfachen Verknüpfungen untereinander.«[15]

Seit Beginn des Computerzeitalters haben sich die Wissenschaftler der Fachrichtung Kybernetik damit beschäftigt, Computersysteme zu bauen, die das Gehirn imitieren und gleichzeitig die Vorteile des digitalen Rechnens beibehalten. Neue Entdeckungen zum Thema Gehirn liefern den Konstrukteuren regelmäßig neue Anregungen. Die Zeitspanne zwischen einer Entdeckung in der Gehirnforschung und ihrer Übertragung auf Computer und Software – und letztlich auf Silizium – kann allerdings mitunter sehr groß sein.

Das Erkennen von Sprache zum Beispiel, das unserem Gehirn keine Mühe macht, muß auf elektronischem Gebiet noch perfektioniert werden. Die ersten Computerprogramme zur Spracherkennung, die man für Großrechenanlagen geschrieben hatte, liegen 30 Jahre zurück; die ersten mikroprozessorbasierten Chipsätze, die gesprochene Wörter erkannten, wurden vor einem Jahrzehnt angekündigt. Und trotzdem könnte es weitere 20 Jahre dauern, bis man einen Prozessor gebaut haben wird, der die menschliche Sprache so gut erkennen kann wie es das Gehirn eines zweijährigen Kindes vermag.

Bleibt nur noch zu erwähnen, daß eine gehirnähnliche Architektur bald verfügbar sein wird: die neuronalen Netzwerke.

»Neuronale Netze«, wie man sie allgemein nennt, übernehmen ein wichtiges Merkmal des menschlichen Gehirns: sie lernen durch Benutzung bzw. aus Erfahrung. Was die Architektur betrifft, imitieren die neuronalen Netze die Lernfähigkeit der organischen Neuronen durch Netze programmierbarer Gates, sog. »Floating Gates«.

Im Gehirn des Menschen werden häufig benutzte Nervenbahnen durch ständige und erfolgreiche Benutzung stärker; tatsächlich bilden die Neuronen dann mehr aktive Verbindungen, die sog. Synapsen. Wir lernen also Dinge, indem wir den Zugriff auf häufig benötigte Informationseinheiten erleichtern.

Neuronale Netze ahmen diesen Vorgang nach, indem sie die elektrische Ladung, die entlang eines bestimmten Weges gespeichert wird, nach einem erfolgreichen Lernprozeß erhöhen.[16] Das erste einfache neuronale Netzwerk, das Perzeptron, wurde Ende der 50er Jahre von Frank Rosenblatt, einem Wissenschaftler der Cornell Universität, gebaut. Wie viele nach ihm war Rosenblatt daran interessiert, die Fähigkeit eines Computers auszubauen, Objekte zu »sehen« oder zu »erkennen«. Der Computer sollte lernen, Gegenstände einer gemeinsamen Klasse richtig zuzuordnen, auch wenn sie Varianten derselben waren; auch bei einem komplexeren Sachverhalt sollte er diese Aufgabe noch bewältigen können.

Ein Manko der ersten neuronalen Computer war jedoch die geringe Verarbeitungsleistung. Erst seit den letzten Jahren verfügen große Rechner über genügend Leistung und Speicher, um sich dem Leistungsvermögen eines nur kleinen Teils eines menschlichen Gehirns annähern zu können.[17] In der Zwischenzeit hat sich die Forschung zunehmend der Software gewidmet, um Gehirnfunktionen zu kopieren. Die künstliche Intelligenz hat sich in sog. »Expertensystemen« und auch in Bereichen, in denen relativ feste und zuverlässige Regeln gelten, bewährt. Dort, wo die Regeln weniger spezifisch sind, wie bei der gesprochenen Sprache, beim Sehen und bei der Geruchswahrnehmung, ist sie der Aufgabe nicht gewachsen.[18]

Ende der 80er Jahre war die Computerhardware gerade leistungsfähig genug, um einen Bruchteil der Erwartungen zu erfüllen, die so vielversprechende Maschinen wie das Perzeptron geweckt hatten. Die Technologie der neuronalen Netzwerke nahm in ihrer Entwicklung an Geschwindigkeit zu, und schließlich gab es die ersten, ganz unterschiedlichen Anwendungen: zur Bewertung von Darlehensvergaben, zur Voraussage von genetischen Codes auf der DNA und zur Selbststeuerung von Panzern.[19] Besonders faszinierend

Eine menschliche Nervenzelle auf einer integrierten Schaltung vermittelt eine Ahnung von den zukünftigen Möglichkeiten von »Biohybrid«-Schaltungen.
Science Source, Photoresearchers, Inc.

war die Anwendung eines Forschers der Hopkins Universität namens Terrence Sejnowski, der ein auf einem neuronalen Netz basierendes Programm geschrieben hatte, das dem Computer ermöglichte, sich selbst lautes Lesen beizubringen, und zwar ohne explizite Regeln, nur durch Korrektur von Fehlern. Angefangen mit Kauderwelsch, dann Babysprache, ging die Entwicklung weiter, bis der Computer in nur einem Tag ein geübter Leser war.[20]

Die neuronale Netzwerkarchitektur wird die traditionelle Mikroprozessorarchitektur wohl nie ersetzen. Dies liegt daran, daß das herkömmliche Design eine »universelle« Rechenmaschine entstehen läßt, wohingegen die neuronalen Netzwerke etwas viel Komplexeres machen, etwas, das dem intuitiven Denken des Menschen nahekommt. Auch wenn es möglich wäre, solch einen neuronalen Computer zu bauen, wäre das Unterfangen ohne jegliche Bedeutung, da das Endergebnis von der Architektur her jedem anderen Computer ähnlich wäre. Wahrscheinlicher ist, daß man den Prozessor so ver-

Detailaufnahme eines auf neuronaler Netzstruktur basierenden Mikrochips
unter Verwendung der analogen VLSI-Technologie.
Mit freundlicher Genehmigung von Synaptics

ändert, daß Computer etwas lernen können, ohne programmiert zu sein, und daß sie selbst wissen, was zu tun ist, ohne genaue Anweisungen vom Menschen zu erhalten.[21]

Neuronale Prozessoren wurden bereits von Firmen entwickelt, beispielsweise von Synaptics (gegründet von Federico Faggin, dem Miterfinder des Mikroprozessors), die sich den Vorteil einer einzigartigen Struktur, genannt »Floating Gate«, zu Nutze machen. »Floating Gates« sind kleine Stücke polykristallinen Siliziums, die mit Siliziumdioxid isoliert werden und eine variable und steuerbare Menge elektrischer Ladung speichern können. »Floating Gates« werden verwendet, um das Gegenstück zu den Synapsen (den Verbindungspunkten) der Nervenzellen zu bilden. Wenn eine dieser Synapsen »erfolgreich« ist, nimmt die Ladung des entsprechenden »Floating Gates« zu. Die Folge ist eine größere Leistung dieser Synapse im Vergleich zu benachbarten Synapsen. Somit werden häufig genutzte »Floating Gates« stärker – sie »lernen«.

Japanische Elektronikfirmen haben im Rahmen industrieweiter Bemühungen, den Sprung hin zur nächsten Computergeneration (der »sechsten Generation«) zu schaffen, mit einer anderen Art neuronaler Netzwerkarchitektur experimentiert. Im Juni 1992 kündigte die Firma Ricoh einen Computer an, von dem behauptet wurde, daß er der erste wirkliche neuronale Computer wäre. Dieser Computer war voll mit kundenspezifischen neuronalen Prozessorchips, von denen jeder 16 Multiplex-Schaltkreise enthielt, um das Verhalten der Neuronen des Gehirns zu imitieren. Ricoh wollte die Computer in der Büroautomatisierung einsetzen, zum Beispiel bei der Druckersteuerung ihrer Kopierer.[22]

Die neuronalen Netzwerkschaltkreise haben heute bei vielen Firmen zumindest eine gewisse Stufe der Entwicklung erreicht. Im Jahr 1990 kündigte Bellcore, der Forschungszweig der Bell Unternehmensgruppe (von der Bedeutung her mit den ursprünglichen Bell Labs vergleichbar), einen neuronalen Chip an, der 100 Millionen Synapsenverbindungen pro Sekunde herstellen und ca. 100 000 Muster im gleichen Zeitintervall auswerten konnte. Der Chip enthielt gerade einmal 160 000 Transistoren, aber auch 496 neuronenähnliche Synapsen und konnte so schwierige Aufgaben wie Muster- und Spracherkennung bewältigen.[23]

Auch Intel mischt bei diesem Spiel mit. Ebenfalls im Jahr 1990 führte die Firma einen neuronalen Nicht-Prozessor-Chip ein, den man als ein elektronisch zu trainierendes analoges neuronales Netzwerk (ETANN) bezeichnete.

Dieser Chip war sehr schnell – zwei Milliarden Synapsenverbindungen pro Sekunde – und wies auch die Merkmale der »Floating Gates« auf, hatte aber nur begrenzten Speicherplatz. ETANN wurde als Experimentierchip bezeichnet, doch deutete man gleichzeitig an, bereits einen Workstation-Chipsatz in den Labors zu haben, der ein neuronales Netz enthielt.[24]

In der Zwischenzeit hatte Intel gemeinsam mit Nestor Corp. an einem Auftrag der Regierung zur Entwicklung eines neuronalen Mikroprozessors gearbeitet. Der N1000, so wurde dieser Mikroprozessor genannt, sollte tatsächlich 150 Milliarden Verbindungen pro Sekunde herstellen können und wirkliche On-Chip-Lernfähigkeit (als Gegensatz zu der Lernfähigkeit, die in der Software enthalten ist) besitzen.[25]

Trotz dieser neuen Produkte und Anwendungen können neuronale Netzwerke bestenfalls als eine im Entstehen begriffene Technologie angesehen werden, deren langfristiger Erfolg ungewiß bleibt. Während sie sich in einfachen Anwendungen, in denen nur relativ wenige und eindeutige Merkmale erkannt werden müssen (z. B. ein gesprochenes »ja« als Gegensatz zu »nein«), bewährt haben, müssen sie sich dort, wo diese Merkmale weniger gut zu unterscheiden sind (ein »ja« mit unterschiedlichen Akzenten), noch beweisen.

Auch hat man bislang keinen Weg gefunden, neuronale Netze und Mikroprozessoren in einer gehirnähnlichen Synergie zu vereinen. Wie Faggin selbst zugibt:

»Wir wissen nicht, wie man eine Maschine baut, die erstens sich »sagen« läßt, welche Regeln sie anwenden soll, wenn die Regeln bereits bekannt sind, und zweitens Regeln aus Beispielen herleiten kann, wenn solche Regeln nicht verfügbar oder bekannt sind. Das ist eine Sache der Architektur und nicht der Hardware; bisher haben wir noch nicht herausgefunden, wie man Logik-Gates und Neuronen organisiert, um einen neuen Typ einer skalierbaren und intelligenten Maschine zu bauen, die intuitive und logische Funktionen vereint und dennoch universelle Berechnungen durchführen kann.«[26]

Wie »fuzzy logic« werden neuronale Netzwerke und Prozessoren möglicherweise nur dort zum Einsatz kommen, wo ihre spezifischen Leistungsmerkmale ihnen gegenüber relativ umständlichen Lösungen in herkömmlichen Prozessoren einen offensichtlichen Vorteil verschaffen. Als Beispiele lassen sich bestimmte Arten der Sprach-, Handschriften-, Ton- und Fingerabdruckerkennung anführen.

Eine interessante Neuentwicklung, die sich als besonders bedeutend herausstellen könnte, ist das Zusammenspannen von neuronalen Netzen mit »fuzzy logic«. Diese Paarung wäre ein Geschenk des Himmels: Software, die Ungenauigkeiten zuläßt und ihre Ergebnisse in eine Hardware füttert, die aus angesammelter Erfahrung lernt und dann Regeln zur Verbesserung der Software entwickelt.

Ein Nachbau der Gehirnstruktur ist nicht der einzige Grund für die Neugestaltung der Architektur des Mikroprozessors. Es ist auch eine Reaktion auf die veränderten Bedürfnisse des Marktes. Da Telekommunikation, Kabelfernsehen und vernetzte Computergraphik in einer »Disziplin« namens Multimedia vereint werden, braucht man einen neuen Mikroprozessor, der der veränderten Natur der zu verarbeitenden Daten Rechnung trägt.

Große Mengen an Graphikdaten, wie beispielsweise bewegte Bilder in Filmqualität, müssen in kurzer Zeit verarbeitet werden. Meistens besteht die Aufgabe des Prozessors weniger darin, die Daten des Anwenders aufzubereiten, als vielmehr darin, den Fluß dieser Daten in einem spezialisierten Teil der Ausrüstung zu handhaben. Hierbei handelt es sich mehr um elektronische Klempnerarbeit als um das Ausführen von Rechenoperationen. Prozessoren, die diese Arbeit verrrichten, benötigen nicht nur andere interne Eigenschaften, wie z.B. digitale Signalverarbeitung auf dem Chip, sondern arbeiten auch in einer ganz anderen Umgebung und kommunizieren mit ganz anderen Satellitenchips und -systemen. Während sich der herkömmliche Mikroprozessor, wie z. B. der 68000, im Zentrum der sorgfältig geschützten CPU-Hauptplatine eines PCs befindet, würde man einen dieser anderen Prozessoren eher in einem Laserdrucker, in einer Faxmaschine oder in einem Handy finden – oder in einem der neuen Produkte, die alle drei Geräte in einem vereinen – das heißt, nicht weit weg von beweglichen Bauteilen und mit der Telefonleitung oder dem Koaxialkabel verbunden.

Man bezeichnet diese Geräte – wie bereits erörtert – ganz unterschiedlich als periphere Prozessoren, eingebettete Prozessoren und Spezialprozessoren für hochauflösende Graphiken und digitale Kommunikation. Viele von ihnen sind ironischerweise Abkömmlinge der Mikroprozessor-Architekturen von vor einem Jahrzehnt. In der Halbleiterbranche sind sie zu einem der am schnellsten wachsenden und vielversprechendsten Märkte geworden. Während viele der beteiligten Firmen Mainstream-Häuser sind, z. B. Intel und

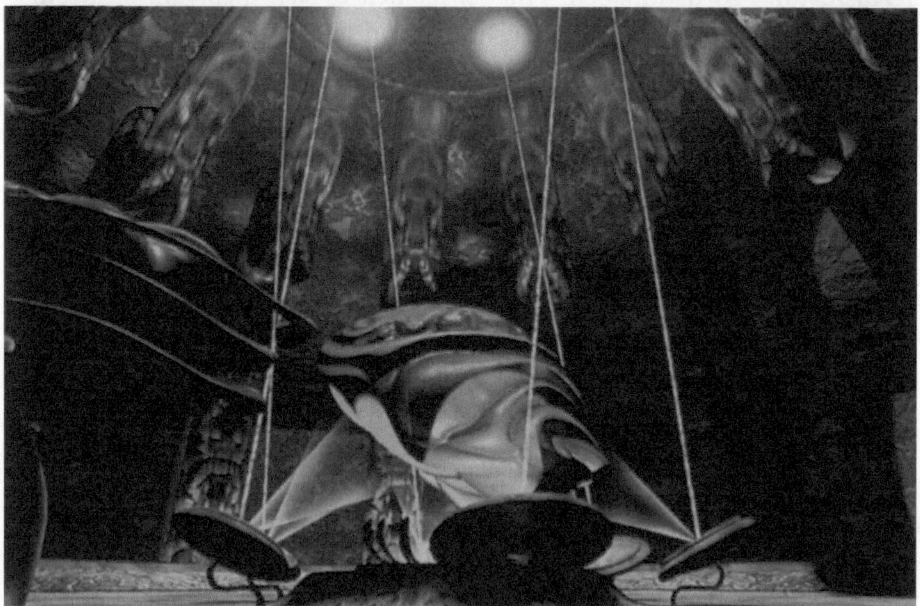

Beispiele für Multimedia. Beide Bilder wurden mit dem Autodesk 3D Studio und Animator Pro erzeugt.
Mit freundlicher Genehmigung von Autodesk

Motorola, fällt auf, daß sich unter den marktführenden Firmen auch Zilog und National Semiconductor befinden. Zilog produziert in erster Linie kostengünstige Prozessoren für Konsumartikel, und National Semiconductor ist mit einer Prozessorfamilie, die von GX- und FX-Maschinen beherrscht wird, der Innovationsführer auf diesem Markt. Diese Maschinen bestimmen derzeit das Tempo bei der Steuerung von Graphiken und in der Datenkommunikation, einschließlich superschnellen Faxgeräten und intelligenten Graphikterminals. Harris Semiconductor, ein anderer Industrieveteran, produziert auf Stapelspeicher basierende periphere Prozessoren für den gleichen Billigproduktmarkt.

Bei den Spitzenprodukten gibt es, wie schon erwähnt, eine Handvoll neuer Firmen, die mit DSP-basierten Medienprozessoren experimentieren. Ob diese Architektur funktionieren oder gar Bedeutung erlangen wird, bleibt abzuwarten.

Organisation

Ein charakteristisches Merkmal integrierter Schaltkreise und Mikroprozessoren ist, daß sie flach sind, quasi zweidimensional. Gerade das ist der springende Punkt; diese Eigenschaft ermöglichte die Reduzierbarkeit und Miniaturisierung des integrierten Schaltkreises; deshalb ist das Planarverfahren von Noyce so bedeutend.

Aber diese Flachheit erfordert Kompromisse. Zum Vergleich stelle man sich vor, daß man in einer Stadt wohne, in der kein Gebäude höher als ein Stockwerk wäre. Dies würde Neubauten und die damit verbundenen Installations- und Elektrikerarbeiten sehr einfach machen. Man hätte nicht mehr die typischen Probleme einer Großstadt, brauchte sich keine Gedanken mehr über die Höhe der Feuerwehrleitern zu machen und darüber, ob die Gebäude einander das Licht nehmen könnten, oder über Mindestflughöhen von Flugzeugen.

Aber man hätte eine Menge anderer Probleme, zum Beispiel die Stadtgröße. Eine Stadt mit der Einwohnerzahl von New York würde sich fast über die ganze Fläche von New Jersey ausdehnen. Und selbst wenn man alles mit den tollsten und schnellsten Autobahnen miteinander verbinden würde, dauerte die Fahrt an einen bestimmten Ort immer noch länger als die Straße zu überqueren und in einen der vielen Fahrstühle dieser Hochhausstadt zu steigen.

Dies ist die Herausforderung, der sich heute Ingenieure bei der Konstruktion des Mikroprozessors stellen müssen. Der Platz auf der Oberfläche eines Siliziumchips wird zunehmend teurer. Zwar könnte man die Chips weiter verkleinern, aber man würde dabei der stetig wachsenden Marktforderung nach mehr Funktionalität nicht nachkommen können. Allerdings nehmen die sekundären physikalischen Probleme mit der Verkleinerung des Chips automatisch zu.

Natürlich könnte man immer größere Chip-Matrizen verwenden, bis man integrierte Schaltkreise mit einer Fläche von ungefähr 2,54 cm^2 hat – aber das untergräbt die Idee der Miniaturisierung, die mit das wichtigste Ziel der Halbleitertechnologie ist. Doch noch schlimmer ist, daß die Strecke, die die Elektronen von einem Ende des Chips bis zum anderen zurücklegen müssen, bei Rechengeschwindigkeiten im Bereich von Nanosekunden die Leistungsfähigkeit stark beeinträchtigt. Heikel wird es, wenn man bei der heutigen Matrizengröße bleibt und versucht, das Problem mit multiplen Chipsätzen zu lösen, die auf einer gedruckten Schalttafel oder auf einem anderen Träger montiert werden. Dazu benötigt man noch mehr Platz, und die Elektronen wären gezwungen, noch weitere Wege zurückzulegen.

Um aus diesem Dilemma herauszukommen, versucht man, die einzelnen Komponenten des Prozessors und die Arbeitsweise von Grund auf neu zu organisieren.

Eine Antwort auf das Problem ist die Parallelverarbeitung, die man von den Großrechenanlagen übernommen hat. Wie gerade erörtert, ist die sequentielle Vorgehensweise des Rechners ein Handikap, wenn es um die Bewältigung komplexerer Aufgaben geht. Beispiele hierfür sind die Verarbeitung zahlreicher Anfragen, die von Hunderten von vernetzten Terminals gleichzeitig eingehen, oder ferner die Berechnung komplizierter Gleichungen und Programme, die aus mehreren Hunderttausend kleinerer Aufgaben bestehen. Herkömmliche Computer arbeiten diese Aufgaben der Reihe nach ab, was zu langen und unerwünschten Verzögerungen führt.

Die am weitesten verbreitete Lösung solcher Probleme ist »konsequentes Parallelarbeiten«. Als Beispiel läßt sich hier der von Oracle Corp. eingesetzte

N-Kubus-Computer anführen, bei dem multiple Computerprozessoren miteinander verbunden werden, um Aufgaben zu zerlegen und aufzuteilen, wobei alle Prozessoren jeweils einen kleinen Teil der gesamten Aufgabe gleichzeitig erledigen. Parallelverarbeitung in großem Rahmen findet vor allem bei Transaktionsgeschäften Anwendung, beispielsweise bei Flugreservierungen und Bankgeschäften, bei der Wettervorhersage und in sogenannten Servern, die als Quelle für Netzwerke dienen, die aus Hunderten von »Client«-PCs und Workstations bestehen. Die Parallelverarbeitung wird sich voraussichtlich auch bei Videoservern durchsetzen, mit deren Hilfe Anbieter von Kabelfernsehen und Videofilmverleihe in der Lage sein werden, Online-Bestellungen von Tausenden von Kunden zu bearbeiten und die gewünschten Videos direkt aus den betreffenden Bibliotheken an den Kunden per Leitung zu senden.

Die Parallelverarbeitung ist ein Konzept, das auf der Chipebene realisiert werden mußte, um das Problem der Oberflächengeometrie in den Griff zu bekommen. Eingesetzt wird sie bereits in Mikroprozessoren, vor allem RISC-Chips, in der Superskalar-Technologie, die es gestattet, mehr als eine Anweisung gleichzeitig zu verarbeiten. Zur Zeit versuchen Firmen, das gleiche Konzept auf multiple Chips anzuwenden und so den Makroparallelismus zu realisieren.

In der Praxis besteht ein Multiprozessorsystem aus mehreren Prozessoren, die über einen Bus mit einem gemeinsamen großen Speicher verbunden werden. Die Prozessoren kommunizieren miteinander, indem sie Informationen in diesem gemeinsamen Speicher ablegen und sich Interrupt-Signale zusenden. Benutzt man diese Struktur, kann ein großes Problem in den gemeinsamen Speicher geladen werden, und jeder Prozessor kann so progammiert werden, daß er an einem Stück des Ganzen arbeitet. Dabei kommunizieren die Prozessoren miteinander, um ihre jeweiligen Aufgabengebiete voneinander abzugrenzen.

Sogar die kompliziertesten Multiprozessoranordnungen können erweitert werden, um buchstäblich Hunderte von Chips aufzunehmen. Für viele Anwendungen, vor allem solche, bei denen die Platzfrage keine Rolle spielt oder bei denen die Verarbeitungsleistung Priorität vor der Geschwindigkeit hat – neuronale Netzwerke gehören dazu –, ist dies eine ideale Lösung.

Unglücklicherweise entwickeln sich Geschwindigkeit und Größe in entgegengesetzte Richtungen, was eventuell zu kritischen Verlusten führen kann. Deshalb liebäugeln die Wissenschaftler auch schon mit der dritten Dimension, mit Modellen, die die zweidimensionale Silizium-Welt ein für allemal hinter sich lassen.

All dies ist nicht so revolutionär wie es klingt. Wie wir im Kapitel über die Herstellung gesehen haben, ist die Oberfläche eines integrierten Schaltkreises nicht wirklich zweidimensional. Man kann sie eher mit einem dünnen Metall-Silizium-Kuchen vergleichen, der aus einem Dutzend oder mehr übereinandergelagerten mikroskopischen Schichten besteht. Angesichts der neuen Multischichtenhalbleiter führt der nächste logische Schritt (der aber nicht unbedingt der nächsteinfachste Schritt im Herstellungsprozeß ist) zu immer dickeren Silizium-Sandwiches. Diese Schichtung erfolgte zunächst im Huckepackverfahren; so erhielt man eine Art Chip mit versetzten Stockwerken, das heißt ein kleiner Chip wurde in das Dach eines größeren Chips gesteckt.

Und das ist erst der Anfang. Wissenschaftler arbeiten daran, verschiedene Chips, wie beispielsweise den Mikroprozessor mit all seinen zugehörigen linearen Vorrichtungen, auf demselben Siliziumsubstrat wachsen zu lassen. Diese Hybride, genannt Chiplets, minimieren so die Entfernung zwischen den verschiedenen Komponenten.[27]

Noch interessanter sind die ersten dreidimensionalen integrierten Schaltkreise, Stapel von nicht weniger als 92 DRAM Speicherchips – gegenwärtig sind das ungefähr 128-Megabyte-Speicherchips und bis zum Jahr 1997 256-Megabyte-Chips – von der Größe eines Zuckerwürfels. Diese »Speicherwürfel« werden nun von Firmen wie Texas Instruments, Irvine Sensors, Cubic Memory Inc., Staktek, Dense-Pac Microsystems und der französischen Firma CSF Thomson gebaut. Einige Modelle, die derzeit von diesen Firmen entwickelt werden, nähern sich bereits der Dichte menschlicher Gerhirnzellen.[28]

Myles Suer von Irvine Sensors begründete die Entscheidung seiner Firma für das neue Design damit, daß bei 50–75 MHz das Ende der Leistungsfähigkeit der herkömmlichen Anordnung einzelner Chips zu erwarten sei, denn die physikalische Entfernung zwischen Mikroprozessor und zugehörigem Speicher führt zu einer Leistungsminderung. Zum Vergleich führt Suer an, daß ein 3-D-Speicherwürfel, bei dem alle Zwischenverbindungen auf einer Seite angeordnet werden, 400 MHz erreichen kann und daß dabei auch noch weniger Strom verbraucht wird.[29]

Möglicherweise wird es in Zukunft einen einzelnen, sehr leistungsfähigen Mikroprozessor in Form eines Speicherwürfels geben. Wahrscheinlicher sind aber Speicherwürfel, die aus zahlreichen parallel angeordneten Mikroprozessoren für die Parallelverarbeitung bestehen, oder Speicherwürfel, die bereits den kompletten Chipsatz – CPU-Prozessor, Speicher, periphere Prozessoren usw. – für eine äußerst leistungsfähige Workstation enthalten.

Aber bis dahin wird noch einige Zeit verstreichen. Viele Faktoren bedürfen vorher noch der Klärung, denn zur Herstellung, zum Testverfahren, zur Kühlung und zur Reparatur (einige dieser Speicherwürfel werden Tausende von Dollar wert sein – zuviel, um sie einfach wegzuwerfen) gibt es noch viele offene Fragen. Wenn diese tragbaren Multimedia-Supercomputer schließlich im frühen 21. Jahrhundert auf den Markt kommen werden, wird wahrscheinlich kein Siliziumchip, sondern ein Speicherwürfel in ihrem Innersten sitzen.

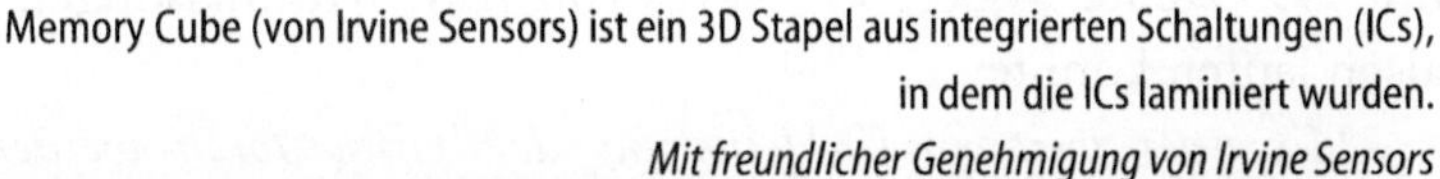

Memory Cube (von Irvine Sensors) ist ein 3D Stapel aus integrierten Schaltungen (ICs), in dem die ICs laminiert wurden.
Mit freundlicher Genehmigung von Irvine Sensors

Jenseits der Halbleiter

Alle diskutierten Neuerungen werden die Halbleitertechnologie, und damit auch die Mikroprozessoren, mit in die nächsten Generationen neuer Produkte nehmen. Aber die Grenzen der Physik lauern im Verborgenen und kommen oft sehr plötzlich zum Vorschein, was die Theoretiker der Halbleiterrevolution bisweilen zur Verzweiflung bringt. Um eventuellen Schwierigkeiten eines Tages nicht vollkommen unvorbereitet gegenüber zu stehen, experimentiert man in den Labors der Universitäten und Industrie bereits mit Alternativen zu Silizium und Halbleitern. Wie schon erwähnt, ist also das Material der Zukunft Galliumarsenid, aber aller Wahrscheinlichkeit nach wird es an den gleichen physikalischen Hürden scheitern wie Silizium – wenn auch erst ein oder zwei Generationen später.

Wie läßt sich das erklären? In einem Artikel der *Scientific American* im Juni 1993 stellte Robert W. Keyes von IBM Mutmaßungen darüber an, was falsch laufen könnte:

»Mit einer weiteren Verkleinerung der Transistoren werden sich die unterschiedlichsten physikalischen Probleme ergeben. Zum Beispiel könnte es unmöglich werden, die winzigen Elemente miteinander zu verbinden. Die Schaltkreise weiter zu verkleinern bedeutet auch, daß sich die Forschung mit immer größeren elektrischen Feldern auseinandersetzen muß, die die Bewegung von Elektronen auf die verschiedenste Weise beeinträchtigen können. In nicht allzu ferner Zukunft könnte der Transistor nur einige hundert Angström umfassen. An diesem Punkt wird die An- oder Abwesenheit von einzelnen Atomen sowie auch ihr Zusammenspiel von entscheidender Bedeutung sein. Eine weitere Verkleinerung führt automatisch zu einer größeren Dichte der Transistoren auf einem Chip, was wiederum die Abwärme erhöht. Heutige Chips geben bereits zehnmal soviel Wärme ab wie eine Kochplatte vergleichbarer Größe. Da die Größe der Schaltkreiselemente unter die Wellenlänge nutzbarer Formen der Strahlung sinkt, könnten bestehende Herstellungsmethoden damit an ihre Grenzen stoßen.«[30]

Sehen wir uns einige der Gefahren, die Keyes beschreibt, einmal näher an.

Auf molekularer Ebene passieren seltsame Dinge mit den Chips, die man nur mit der Quantenmechanik erklären kann. Keyes sagt zum Beispiel voraus, daß die Transistoren in MOS-Schaltkreisen in einem Jahrzehnt so eng nebeneinander sitzen (300 Å), daß Elektronen, die sich durch das Isoliermaterial bohren, zu einem Problem werden. Mit kleineren Elektronenbahnen müssen aber die elektrischen Felder, die man benötigt, um das Durchbohren der Elektronen zu verhindern (wenn sich der Transistor im Aus- bzw. Null-Modus befindet), noch stärker sein. Diese immer größere Spannung wird soviel Abwärme produzieren, daß sie den Chip schmelzen lassen könnte, wenn er nicht mit Kühlmitteln geschützt würde – eine teure und unpopuläre Lösung. Und selbst wenn man ihn kühlen würde, könnten die Elektronen immer noch genügend Energie aus dem Feld aufnehmen, um eine Kettenre-aktion auszulösen, die den Chip buchstäblich zusammenschrumpfen ließe – ein Szenario, das bei 500 000 V/cm vorkäme und damit nicht weit entfernt wäre von der derzeitigen Arbeitsspannung eines elektrischen Feldes von 400 000 V/cm.[31]

Aber vielleicht werde man solche Vorrichtungen ja gar nicht bauen können, meint Keyes. Wie bereits im Kapitel über die Herstellung beschrieben, muß-ten sich die Chiphersteller immer weiter vom sichtbaren Licht entfernen, um Wellenlängen zu finden, die kurz genug waren, um die für die heutigen inte-grierten Schaltkreise erforderlichen Eigenschaften abbilden zu können. Jeder Schritt in der Entwicklung, von sichtbarem Licht über UV-Licht zu kurzwelli-gem UV-Licht bis hin zu Röntgenstrahlen, bedeutete größere Schwierigkeiten und höhere Kosten in der Herstellung und Steuerung. Die Herstellung dieser winzigen Vorrichtungen würde darüber hinaus extrem saubere – praktisch luft-leere – Produktionsräume erfordern, die untragbar teuer wären. Und selbst wenn es schließlich gelänge, solche superintegrierten Mikroprozessoren zu bauen, würden sie über so viele Details verfügen – etwa eine Milliarde Transi-storen –, daß ein einwandfreier Chip kaum herzustellen wäre.

Wieviel Zeit wird bis dahin noch vergehen? Eine bedeutende Rede, die James Meindl, der Leiter des Renssalaer Polytechnic Institute, 1989 gehalten hat, liefert einen Anhaltspunkt.[32] Meindl schlug eine Maßeinheit vor, den Chip Performance Index (CPI), der Schlüsselmerkmale für die Leistungs-fähigkeit von Halbleiterkomponenten enthält. Er sagte voraus, daß die theo-retische Grenze der Integration von MOS-Transistoren bei der 10^{19}-fachen Menge gegenüber den Werten von 1960 liegen würde. Seine Schätzung des damaligen CPI belief sich auf 10^{13} – was bedeutete, daß für den CPI nur noch eine Steigerung um den Faktor eine Million möglich wäre. Da sich der Ver-kleinerungsprozeß mit zunehmenden Schwierigkeiten verlangsamen würde, sagte der Meindlsche Index voraus, daß die Grenze für Silizium im zweiten oder dritten Jahrzehnt des 21. Jahrhunderts erreicht werden würde.

Die Computerzeitschrift *Byte* schrieb:

»Zumindest für die nächsten zehn Jahre kann man damit rechnen, daß die MOS-(Transistor-)Technologie ein immer besseres Preis-Leistungsverhältnis bieten wird. Die Steigerungsrate wird nicht so groß sein wie in der Vergangenheit, aber sie wird ausreichen, um jegliches Problem, das man sich vorstellen kann, in den Griff zu bekommen. Bis zum Jahr 2000 wird es eine oder mehrere der neueren Technologien als eine praktische Alternative zu MOS (Mikroprozessor-Technologie) geben.«[33]

Das hört sich einfach an. Aber man muß immer damit rechnen, daß es keine praktikable Alternative zu Silizium geben wird und die Halbleiterrevolution dann dem Ende zugeht.

Don Linday von der Carnegie Mellon Universität äußerte diese Sorge 1992 und fragte sich angesichts der Meindlschen Berechnungen, ob es nicht eine Alternative zu Silizium gäbe, die die technischen Barrieren umgehen könnte.

Als er prüfte, was die Industrie hier zu bieten hatte, fand er einige vielversprechende technische Optionen, die ihn optimistisch stimmten.

Die Fähigkeit eines Elektrons, sich durch ein Material zu bohren, wird als die mittlere Durchdringungsgeschwindigkeit definiert. Sie ist substanzspezifisch und basiert auf der »mittleren freien Weglänge«. Das ist die Strecke, die ein Elektron zurücklegt, bis es mit einem Atom zusammenstößt. Lindsay verglich dies mit der Situation einer Person, die sich ihren Weg durch eine Menschenansammlung bahnt.[34]

Macht man einen Schaltkreis klein genug, d. h. kleiner als die »mittlere freie Weglänge«, bewirkt das einen großen Sprung in der Leistungsfähigkeit dieser Vorrichtung – die Gate-Geschwindigkeit bewegt sich dann im Bereich einer Picosekunde (das ist der billionste Teil einer Sekunde!). In Lindsays Worten wird die Leistungsfähigkeit »ballistisch«.[35] Das Problem mit dem Silizium ist, daß man bei Raumtemperatur Oberflächeneigenschaften braucht, die kleiner als 0,1 µm sind, damit dieser Trick gelingt. Das dürfte sehr schwer werden. Aber Galliumarsenid wird »ballistisch« bei geringeren Graden der Miniaturisierung. Andere interessante Materialien wie Siliziumkarbid und sogar Diamant können das Gleiche und haben den zusätzlichen Vorteil der besseren Wärmeableitung. Die Konstrukteure könnten auch eine Heterostruktur wählen, in der verschiedene Materialien sandwichartig angeordnet wären, so daß die Elektronen zu Transportzwecken in ein Material eindringen könnten, das größere Geschwindigkeiten zuläßt, und anschließend wieder in den Schaltkreis zurückspringen könnten.

Lindsay fand heraus, daß die Kühlung der Schaltkreise bzw. ihrer Zwischenverbindungen die Leitfähigkeit verdoppelt. Mit den neuen Hochtemperatur-Supraleitern braucht man kein flüssiges Helium mehr, um den Schaltkreis bis fast zum absoluten Nullpunkt abzukühlen, sondern nur flüssigen Stickstoff, um die Vorrichtung bei einer Temperatur von -50° C zu halten. Auch wenn man niemals einen solchen »Kühlschrank« in einem Taschenrechner mit sich herumtragen würde, könnte es für einen vernetzten Computer sinnvoll sein. Mit Erfindungen wie dem kolbenfreien Stirling-Motor (auf den Intel ein Patent hat) ließen sich Kühlsysteme mit flüssigem Stickstoff für einen Chip auf die Größe einer 2l Milchpackung reduzieren, meint Lindsay. Das würde diese Systeme für viele Anwendungen äußerst interessant machen.[36]

Mit keinem dieser alternativen Materialien wird man jedoch so gut arbeiten können wie mit dem altbewährten Silizium. Da aber der Warenwert der verarbeiteten Wafer in die Millionenbeträge geht und Silizium zunehmend schwerer zu handhaben sein wird, verspricht man sich einiges von den alternativen Stoffen.

Ein vollkommen anderer Ansatz wäre, die elektrischen Signale auf dem Chip durch Lichtstrahlen zu ersetzen. Damit könnte man viele der Probleme, die mit dem Strom und den unkontrollierbaren Ladungswanderungen zu tun haben, umgehen. Doch dieser Ansatz stellt enorme Anforderungen an das Design. Die gegenwärtigen elektrischen Verbindungen, im wesentlichen winzige flache Drahtnetze auf der Chipoberfläche, müßten zum Beispiel durch einen optischen Hohlraum-Hochfrequenzwellenleiter ersetzt werden. Ein solcher optischer Schaltkreis, der die aus der Optik bekannten Phänomene nutzt, erfordert auch eine Reihe neuer architektonischer Eigenschaften, wie Emitter, Detektoren und Modulatoren, die auf die Oberfläche des Prozessors umgesiedelt werden müßten.

Eine Lösung hierfür wurde von Forschern der Georgia Tech entwickelt.[37]

Unter Verwendung der Chiplet-Technologie läßt man Galliumarsenid auf der Oberfläche eines Siliziumchips wachsen, um so eine Hybridstruktur zu schaffen, die die bekannten Technologien aus der Optik und Elektronik vereint. Diese Hybridstruktur nennt man einen opto-elektronisch integrierten Schaltkreis (OEIC). Die OEIC-Technologie besticht dadurch, daß sie eine Zwischenlösung anbietet. Einerseits kann man weiterhin das bewährte Verfahren zur Herstellung der Siliziumwafer anwenden, um Kosten zu sparen, und andrerseits kann man eine hohe Ausbeute erzielen.

Diese optischen Chips stehen allerdings trotz ihrer vielen Vorteile teilweise vor den gleichen Schwierigkeiten wie Silizium. So bereiten die erforderlichen kleinen Eigenschaftsgrößen auch hier große Probleme. Hinzu kommt, daß die optischen Signale im Chip in elektrische Signale umgewandelt werden müssen, die ihrerseits wiederum in eine optische Antwort umgesetzt werden müssen. Es ist offensichtlich, daß viele der bekannten Probleme mit der Elektrizität bei diesem Umwandlungsprozeß wieder auftauchen werden.

Eine andere Lösung könnte darin bestehen, bei den Grundlagen anzusetzen und das Konzept der Gates zu überdenken. Gibt es andere Modelle, die die gleiche Funktion erfüllen könnten? Wie würden diese Technologien aussehen?

Eine Möglichkeit, die bereits seit einigen Jahrzehnten im Gespräch ist, ist der Josephson-Kontakt (Jj).[38]

IBM experimentierte mit Josephson-Kontakten in den 70er Jahren und beendete 1983 die Forschung auf diesem Gebiet, da man meinte, daß die Kommerzialisierung der Technologie zu lange dauern und zu teuer werden würde. Vom heutigen Standpunkt aus betrachtet, mag das in zehn Jahren vielleicht ganz anders aussehen.

Die Josephson-Kontakt-Technologie ersetzt das Gate durch einen Schalter, den man erhält, indem ein Isolator zwischen die Schichten eines Supraleiters gesetzt wird, den man mit flüssigem Helium kühlt. Jj-Schalter sind sehr schnell (1 Nanosekunde pro Anweisung) und verbrauchen sehr wenig Energie (nur einige Milliwatt). Das einzige Problem dabei ist, daß man flüssiges Helium für die Kühlung benötigt, was nicht nur teuer, sondern auch unpraktisch ist. Doch für spezielle Computer mit exotischen und kniffligen Anwendungen besitzt die neue Technologie schon jetzt einen gewissen Reiz. Was ihr so plötzlich Geltung verschaffte, ist die in den letzten Jahren gemachte Entdeckung der Hochtemperatur-Supraleiter. Bislang arbeitet keines dieser Materialen bei Raumtemperatur, doch man nähert sich diesem Ziel immer mehr an. Auch der kleinste Fortschritt leistet einen Beitrag zum wirtschaftlichen Überleben der Josephson-Kontakte.

Noch erstaunlicher sind Quantenschalter. Hier begibt man sich in die Welt der Nanoelektronik, in der elektronische Vorrichtungen auf atomarer Ebene entworfen werden. In dieser Welt gelten andere Gesetze als wir sie kennen. Genau diesen Unterschied, insbesondere die Quanteneffekte, machen sich die Wissenschaftler zunutze, wenn sie neue Arten von Schaltkreisen entwerfen.[39]

Während die sehr kleinen Siliziumtransistoren unter der elektrischen Welleninterferenz leiden, nutzt ein Quantenschalter diese Interferenz, um das Hindurchwandern der Elektronen durch ringähnliche Galliumarsenidstrukturen, die einen Durchmesser von wenigen Atomen haben und durch Epitaxie entstehen, zu steuern. Diese Schalter sind wiederum durch »Drähte« verbunden, sehr reine fiberähnliche Leitungen, wie man sie aus der Optik kennt, oder Wellenleiter, die sich ebenfalls infolge einer Epitaxie als eine Schicht mit einem Durchmesser von wenigen Atomen auf der Chipoberfläche gebildet haben. Für den Entwickler sind diese Eigenschaften, der Ring und die Drähte, zwei- bzw. dreidimensionale Quantenstrukturen. Noch exotischer ist die Forschung auf dem Gebiet der nulldimensionalen Quantenstrukturen. »Quantenpunkte«, wie sie genannt werden, können viel dichter gepackt werden als Transistoren, und was das Beste ist, sie könnten sich gegenseitig beeinflussen, ohne daß es Verkopplungen gibt.[40]

Außer der Größe bieten die Quantenschalter auch noch andere Vorteile. Während in Siliziumtransistoren jedesmal Billionen von Elektronen hindurchschießen, wenn das Gate geöffnet oder geschlossen wird, können Quantenschalter den Durchgang drosseln und jeweils ein Elektron durchlassen – und das mehrere Milliarden Mal pro Sekunde. Dies eröffnet die Möglichkeit, daß Computer in Zukunft mehrere Millionen Mal so schnell sein könnten wie die derzeit leistungsfähigsten Maschinen. Außerdem müßten Computer mit den neuen Quantenschaltern noch nicht einmal mehr binär sein, sondern könnten mannigfaltige Zustände erlauben – womit die neuen Computer noch leistungs- und anpassungsfähiger wären. Aus diesem Grund sind Wissenschaftler ganz begeistert von den langfristigen Möglichkeiten der Quantenschalter.

Aber es gibt Dinge, die die Forscher nicht gerade optimistisch stimmen: Quantenschalter funktionieren erst bei einer Temperatur von -450° Fahrenheit., d.h. genau wie bei den Josephson-Kontakten erst nahe am absoluten

Nullpunkt. Bei Raumtemperatur ist der Quantenschalter immer geöffnet. Aber das kann bald anders aussehen. Unterhalb einer gewissen Größe – bis man dort angelangt ist, mag zwar noch ein Jahrzehnt vergehen – werden die Quantenschalter unter normalen Bedingungen arbeiten können. Solche winzigen Mini-Schalter dann in größeren Mengen zu bauen, wird eine andere Geschichte sein.

Und schließlich gibt es die aufsehenerregendste aller Möglichkeiten, nämlich Siliziumhalbleiter durch organische neuronale Schaltkreise zu ersetzen. Damit wird man eine atemberaubende und sehr sonderbare neue Welt betreten.

Bionische Nervenchips aus Silizium wurden bereits verwendet, um abgetrennte Nervenenden von Tieren miteinander zu verbinden. Die bestehenden Nervenfasern ließ man durch winzige Löcher in den Chip wachsen, um so seine elektrischen Ankopplungspunkte zu berühren. Diese bionischen Nervenchips stellen die Nervenaktivität zum Teil wieder her und bergen das Potential in sich, eines Tages abgetrennte oder beschädigte größere Nervenbündel, wie zum Beispiel das Rückenmark, wiederzuverbinden oder künstliche Gliedmaßen so zu steuern, als ob sie echt wären.

Anfang 1994 gaben Forscher von der Universität von Maryland bekannt, daß sie mit Erfolg Nervenzellen von Ratten auf einem Siliziumsubstrat gezüchtet hatten. So eigenartig dies klingt, die Vorteile organischer Neuronen sind beträchtlich. Obwohl sie vergleichsweise groß sind, gleichen ihre vielfachen Koppelungen untereinander diesen Nachteil durch die außergewöhnliche Leistungsfähigkeit aus, die aus ihrer parallelen Arbeitsweise resultiert. Sie können sich sogar regenerieren und Abnutzungserscheinungen korrigieren. Und sie sind mit den Nerven von Tieren identisch – was bedeutet, daß sie so »denken« wie wir.

Ende 1994 sorgte Dr. Leonard Adleman von der University of Southern California mit einem Experiment für Aufsehen in wissenschaftlichen Kreisen. Er hatte biologische Reaktionen verwendet, an denen DNA-Stränge als eine Art molekularer Computer beteiligt waren.[41]

Adleman brauchte sechs Monate, bis dieses Verfahren funktionierte. Das Verfahren beinhaltete das Übersetzen von Daten in Buchstabensequenzen, die durch die Bausteine einer DNA dargestellt wurden. Das zu lösende Problem – der kürzeste Weg, auf dem sich mehrere Städte verbinden lassen – ist auch für einen Computer schwierig, da die Anzahl der potentiellen Wege exponentiell wächst... bis bei 100 Städten das Problem selbst für jeden modernen Computer zu groß wird.

Adleman wählte sieben Städte aus, wies den Städten ihre DNA-«Flugnummer» zu und gab die verschiedenen DNA-Stränge in einer Lösung zusammen, die gerade einmal den Boden eines Reagenzglases bedeckte und von der Menge her nicht größer als ein Fünfzigstel eines Teelöffels war. Die DNA tat das Übrige; sie spielte blitzschnell alle möglichen Kombinationen durch, einschließlich der richtigen Antwort. Die Berechungen waren innerhalb einer Billionstelsekunde abgeschlossen – das ist tausendmal schneller als der schnellste Supercomputer – und wurden auf einem Raum von einem Billionstel der Größe eines Siliziumchips gespeichert.

Der Bioprozessor: ein wachsender, denkender und lernender Chip, aus dem Stoff des Lebens gemacht. Das übersteigt fast das Vorstellungsvermögen. Und das, was man sich vorstellen kann, ist aufregend und beunruhigend zugleich. Hierin wird sicherlich der größte Triumph und die abschließende Ironie in der Geschichte des Mikroprozessors liegen: erdacht, um das Gehirn zu imitieren und zu ersetzen, könnte der Mikroprozessor, die größte Erfindung des 20. Jahrhunderts, letztlich das Vorstellungsvermögen seines Erfinders überflügeln und selbst ein lebendes Gehirn werden.

Im Oktober 1994, fast vier Jahrzehnte nachdem Dr. Gordon Moore seinen Beitrag zur Gründung der Firma Fairchild geleistet hatte und ein Vierteljahrhundert nachdem seine eigene Firma Intel den Mikroprozessor erfunden hatte, hielt er anläßlich einer jährlich stattfindenden Feier zur Bekanntgabe von Prognosen eine Ansprache an den Verband der Halbleiterindustrie. Zwanzig Jahre zuvor, auch anläßlich einer solchen Veranstaltung, hatte er zum erstenmal das Gesetz der Halbleiterentwicklung formuliert, das von da an seinen Namen tragen sollte. Nun, am Ende seiner Karriere, hatte Moore ein passendes Bild gefunden, um die Auswirkungen der Revolution zu beschreiben, die er selbst mit ins Rollen gebracht hatte.

Wieder einmal, so meinte er, hätte er ein paar Berechnungen angestellt – und erstaunte die Zuhörer mit einer Schätzung der Gesamtzahl der Transistoren, die die Halbleiterindustrie im Jahr 1995 weltweit bauen würde. Es würden 10^{15} Transistoren sein, das wären zehn Billiarden. An sich eine beeindruckende Zahl, so meinte Dr. Moore, aber sie sei noch beeindruckender, wenn man sich vergegenwärtigte, daß dies der Anzahl der Regentropfen entspräche, die im selben Jahr auf ganz Kalifornien fallen würden.

Nicht zu erwähnen brauchte Dr. Moore, daß die Halbleiterrevolution gerade erst begonnen hatte. Und daß die Anzahl der Transistoren im Jahr 1996 der Zahl der Regentropfen entsprechen könnte, die auf die ganzen Vereinigten Staaten fallen würden... und schließlich auf die ganze Welt. Oder daß die Gesamtzahl der in Mikroprozessoren verwendeten Transistoren nur um ein paar Jahre dahinter zurücklag.

Was Dr. Moore sagte, beinhaltete implizit, was seine Zuhörer bereits wußten: In der Zeitspanne eines einzigen Menschenlebens erwuchsen der Transistor, der Halbleiter und vor allem der Mikroprozessor aus einem Laborexperiment regelrecht zu einem Teil des Lebens.

Fußnoten

Kapitel 1

1 In diesem Kapitel werden als Quellen unter anderem ein Interview verwendet, das der Autor mit Robert Noyce und Ted Hoff während der Entstehung des Buchs The Big Score, The Billion Dollar Story of Silicon Valley (Doubleday, New York 1985) führte, sowie das Buch The Birth of the Microprocessor von Federico Faggin (Byte, März 1992, S. 145–150).

2 Michael S. Malone, The Big Score, The Billion Dollar Story of Silicon Valley (Doubleday, New York 1985) S. 141.

3 siehe Fußnote 2, S. 141–142.

4 siehe Fußnote 2, S. 143.

5 Aus der Korrespondenz mit Masatoshi Shima vom 25. April 1995.

6 Federico Faggin, The Birth of the Microprocessor, (Byte, März 1992) S. 146.

7 siehe Fußnote 6

8 siehe Fußnote 6

9 siehe Fußnote 2, S. 143.

10 Interview mit Regis McKenna, 24. Juni 1994.

11 siehe Fußnote 2, S. 145.

12 siehe Fußnote 2, S. 143.

13 The Chip, von T. R. Reid (Simon and Schuster, New York 1984), S. 142.

14 siehe Fußnote 6, S. 148.

15 siehe Fußnote 6, S. 150.

16 siehe Fußnote 6

Kapitel 2

1 D. T. Max, The End of the Book? Atlantic Monthly, Sept. 1994, S. 71.

2 A Revolution in Progress, Intel-Publikation, c. 1984.

3 Doug Andrey, Semiconductor Industry Association, 22. Juli 1994.

4 siehe Fußnote 3

Kapitel 3

1 Korrespondenz mit Jerry Hart von UniSil, Kalifornien vom 24. Mai 1995.

2 Korrespondenz mit Stanley Wolf, Universität Kalifornien, 10. Aug. 1994.

3 S. Wolf; R. N. Tauber, Silicon Processing for the VLSI Era, Vol. I: Process Technology (Sunset Beach, CA: Lattice Press) von 1986, S. 5.

4 Der Czochralski-Prozeß wird gerne bei LSI-Bausteinen wie Mikroprozessoren verwendet, weil er thermisch sehr belastbar ist. Der andere Prozeß, »float zone« (FZ)-Wachstum, arbeitet ohne Schmelztiegel oder Behälter, bietet einen höheren Reinheitsgrad und wird typischerweise für Hochspannungs- und Hochleistungsbauteile verwendet. Silicon Processing for the VLSI Era, Vol. I: Process Technology, S. 5–6.

5 Miller-Indizes von 111, 110 oder 100. D. F. Horne, Microcircuit Production Technology (Bristol und Boston: Adam Hilger Ltd. 1986), S. 59.

6 Peter Jackson, The Chip (Warwick Press, New York, 1986), S. 15.

7 Microcircuit Production Technology, S. 59.

8 siehe Fußnote 7, S. 60.

9 Überflüssig zu erwähnen, daß sich die Preise und Werte in einem so wechselhaften Geschäft wie dem mit Halbleitern schnell verändern.

10 William H. Davidow, Michael S. Malone, The Virtual Corporation (Harper Collins, New York 1992).

11 siehe Fußnote 10, S. 91–93.

12 George Gilder: Microcosm (Simon and Schuster, New York 1989), S. 199–203.

13 Genauer ausgedrückt ein intelligenteres System, genannt Hardware-Emulator. Hergestellt von Quickturn Design Systems. Bob Johnstone, Wired Magazin, Japan.

14 Richard Brandt, Tiny Transistors and Cold Pizza, Business Week vom 29. März 1993, S. 95.

15 Michael S. Malone, The Big Score, The Billion Dollar Story of Silicon Valley (Doubleday, New York 1985) S. 14–15.

16 ENIAC war das erste Computerprojekt, das auf Vakuumröhren aufbaute. In England jedoch lernte ein Wissenschaftler namens Wilkes aus dem ENIAC-Projekt und brachte es mit einem Computer namens EDVAC zu Ende. Darum gilt EDVAC als erster elektronischer digitaler Computer, ENIAC jedoch hatte das erste »richtige« Design und beeinflußte die weitere Entwicklung am stärksten. Harold Stone, IBM.

17 Die Photonen des Lichtstrahls regten die Siliziumatome so stark an, daß sie Elektronen abstießen und sich ein winziger Stromkreis bildete.

18 Geschichte der Halbleiterindustrie, Artikelsammlung 1979, S. 1–7.

19 Dieser niedrigere Stromverbrauch schlug sich auch in weniger Hitzeentwicklung, kleinen Batterien und weniger Abnutzungserscheinungen der unterstützenden Schaltkreise nieder. Quelle: Eric Schuster, Motorola-Museum.

20 Bemerkung: Das ist die Beschreibung eines Bipolartransistors, dem ursprünglichen Transistortyp. Der Feldeffekttransistor ersetzt Kollektor, Emitter und Basis jeweils durch Source, Drain und Gate. Ein FET Transistor, der heute gebräuchlichste Transistortyp, sieht aus wie ein »Siliziumsandwich« aus n- und p-dotierten Lagen. Der Strom fließt vom Source- zum Drainanschluß und wird dabei durch die Gateelektrode gesteuert. Das Gate ist von Source und Drain durch eine dünne Siliziumoxidschicht elektrisch isoliert. Wird an das Gate eine positive Spannung angelegt, dann ist der Stromkreis zwischen Source und Drain geschlossen, und die Elektronen können frei fließen. Wenn die Gatespannung gegen Null geht, fließt kein Strom mehr zwischen Source und Drain.
Harold Stone: Es gibt zwei Arten von FETs, Transistoren im »Verarmungsbetrieb« und Anreicherungsfeldeffekttransistoren. Für beide Arten gilt, daß die Sources und Drains mit

Leitern gleicher Ladung dotiert wurden. Bei NMOS-Bausteinen sind Source und Drain negativ dotiert, bei PMOS-Bausteinen positiv. Ein Baustein im »Verarmungsbetrieb« ist gewöhnlich ausgeschaltet, und das Gate schaltet ihn ein. Darum hat ein Verarmungs-NMOS in Abwesenheit jeglicher Gate-Spannung positive Ladungsträger im Kanal. Um negative Ladungsträger in den Kanal zu »locken«, wird die Gate-Spannung über einen gewissen Grenzwert erhöht. Positive Ladungen am Gate ziehen negative Ladungsträger zum Kanal, und der Baustein wird aktiviert. Anreichernde NMOS-Bausteine sind aktiviert, wenn keine Spannung am Gate angelegt ist, da im Kanal negative Ladungsträger sind. Die Gate-Spannung wird nun zu einer negativen Spannung abgesenkt, die unter der Grenzwertspannung des Bausteins liegt. Die negative Spannung am Gate zieht positive Ladungsträger in den Kanal, die den Stromfluß unterbinden.

21 Shockley glaubte, daß aufgrund der Evolution verschiedene Rassen unterschiedliche Durchschnitts-IQ-Werte hervorbrächten. Obwohl Shockley behauptete, allein durch objektive Forschung zu dieser Aussage gekommen zu sein, gibt es anekdotische Anhaltspunkte (z. B. private Bemerkungen) für Shockleys rassistische Geisteshaltung. Keine von Shockleys Ansichten, die zu beträchtlichem Aufruhr führten, wurde je bewiesen.

22 Geschichte der Halbleiterindustrie, Artikelsammlung verschiedener Reporter, veröffentlicht 1980, S. 17.

23 siehe Fußnote 22

24 siehe Fußnote 22, S. 18.

25 siehe Fußnote 22

26 D. F. Horne, Microcircuit Production Technology, Bristol und Boston: Adam Hilger Ltd., 1986, S. 2.

27 Julie Pitta, Cleanliness is next to competitiveness, Forbes, 17. Februar 1992, S. 134.

28 siehe Fußnote 27

29 siehe Fußnote 27

30 Microcircuit Production Technology; The Chip, S. 16–17;
Dennis W. Hess und Klavs F. Jensen, ed., Microelectronics Processing (Washington, DC: Amerikanische Chemische Gesellschaft, Fortschritte der Chemie Serie 221), S. 5–6, 28–30;
Vom Sand zum Halbleiter: Wie Intel integrierte Schaltkreise baut, Intel Geschäftsprospekt 1986.

31 Der Gebrauch dieser Chemikalien wurde zu einem vordringlichen Problem der Halbleiterindustrie in den frühen 70er Jahren. Nicht nur Angestellte wurden in Mitleidenschaft gezogen, auch die Böden in der Umgebung und das darin enthaltene Grundwasser wurde kontaminiert.

32 Microcircuit Production Technology, The Chip S. 66–67.

33 siehe Fußnote 32, S. 67.

34 siehe Fußnote 32, S. 75.

35 Bob Johnstone, Wired.

36 Harold Stone. Um die Geschichte genau nachzulesen: Big Blues von Paul Carroll.

37 Microelectronics Processing, (Washington, DC: Amerikanische Chemische Gesellschaft, Fortschritte der Chemie Serie 221) S. 4.

38 Jeffrey Y. Tsao, (Materials Fundamentals of Molecular Beam Epitaxy, San Diego: Academic Press 1993) S. xi–xiii.
39 Stanley Wolfe.
40 Aus: Vom Sand zum Halbleiter…
41 Jack Shandle, Testing IC's to the Max, Elektronics, Mai 1990, S. 39–41.
42 Aus: Vom Sand zum Halbleiter…

Kapitel 4

1 Quelle: John Crawford (Intel). Er merkt an, daß dies die historische Form sei. In der RISC-Branche (s. u.) zählen 32 Bits zu einem Wort und 64 Bits ergeben ein Doppelwort.
2 Anmerkung: Die Befehlsgröße und die Busbreite gehen nicht immer auf Vielfache von 2 aus. Trotzdem ist die Verdopplung der Größe die am weitesten verbreitete Vorgangsweise beim Sprung in die nächste Generation. Ein Grund dafür ist, daß einige Software-Schlüsselsprachen, besonders C, in diesem Format (oder in durch acht teilbaren Formaten, wie z. B. 48 bit) besser arbeiten, da es ein Minimum an Rechenleistung erfordert, Adressen zu ermitteln.
3 John R. Mashey, 64 bit Computing, Byte, September 1991, S. 135. Zur Zeit, als dieser Artikel entstand, kam der R4000 Prozessor von Mips (nunmehr Silicon Graphics) als einziger 64 bit Prozessor zur Erwähnung. Der DEC Alpha und der PowerPC fanden später Aufnahme in diese Liste, zu der in Kürze auch der Intel P6 zählen wird.
4 siehe Fußnote 3
5 Weiterführende Literatur zu diesem Thema: Fighting Fatware, Byte Magazine, April 1993.
6 siehe Fußnote 5, S. 142.
7 Lon Poole, Inside the Microprocessor, aus der dreiteiligen Serie Your Computer Revealed, MacWorld, Oktober 1992, S. 143.
8 Rodney Zaks, The Microprocessor, (Berkeley: Sybex 1980) S. 40.
9 Michael S. Malone, Going Public, New York: Harper Collins 1991, S. 31.
10 Direkte Quelle.
11 Inside the Microprocessor, S. 141;
The Chip von Peter Jackson (Warwick Press New York 1986) S. 22–23 und 26–27.
12 Und das ist ja wohl nichts. Das Design des Addierers wurde nur als Beispiel verwendet. Moderne Mikroprozessoren haben wesentlich mächtigere und kompliziertere Baupläne, wie Paralleladdierer, deren Operationen außerhalb der Reichweite dieses Buchs und des Horizonts seines Autors liegen.
13 Hier die Subtraktion: Sie erinnern sich, daß das NICHT das Komplement einer Binärzahl erzeugt (nicht wie im Dezimalsystem die dazu negative Zahl). Die Dezimalzahl 5 wird im Dualsystem zu 0101. Wir nennen diese Zahl nun X. Y geben wir den Wert 6 (0110 binär). Um nun X von Y zu subtrahieren, also 6 − 5 zu errechnen, nimmt der Prozessor das Komplement von X, wir wollen es als X' bezeichnen, zählt 1 (0001) dazu und ermittelt die Summe aus (X'+1)+Y. 1010 + 0001 + 0110 = 0001, wenn man den Übertrag vernachlässigt. Diese Methode mag schrecklich umständlich erscheinen, aber erinnern wir uns: Die Idee hinter der digitalen Berechnung ist es, einfache Aktionen sehr schnell auszuführen. Es bleibt für den Rechner gleich, ob er zu einer Zahl 1 dazuzählt oder sie mit der NOT-Funk-

tion invertiert. Überdies kann man, indem man von vornherein die Übertragsleitung am Input mit einer 1 speist, einen Additionsschritt überspringen, was einen wertvollen Maschinenzyklus erspart.

[14] Inside the Microprocessor, S. 140. Dies ist, in Übereinstimmung mit John Crawford von Intel, soweit es geht korrekt. Genauer gesagt, funktioniert die AND-Funktion nur so, wenn man ein kleines Unterfeld von einer größeren Menge abtrennt (beispielsweise ein 3 bit Feld aus einem 32 bit Wort). Für größere Operationen wird eine andere Funktion (nämlich XOR) verwendet.

[15] Jedoch nicht immer. IBM verwendete diese achte Stelle für den erweiterten Zeichensatz.

[16] Microprocessors, S. 47.

[17] Harold Stone.

[18] L. Brett Glass, Math Co-Processors (Byte, Januar 1990) S. 337.

[19] Nick Stam, Inside Pentium, PC Magazin vom 27. April 1993, S. 123–144.

[20] siehe Fußnote 19, S. 136.

[21] John Crawford.

[22] The Green PC, von National Semiconductor 1992 zusammengestelltes Weißbuch.

[23] siehe Fußnote 22

[24] Die Intel-Prozessoren 4004 und 8008 arbeiteten mit +5 V und -12 V, der Intel 8080 mit +5 V und +12 V. Der Motorola 6800 und der Zilog Z80 waren die ersten Prozessoren, die nur mit 5 V arbeiteten (bis heute bestehender Standard).

[25] Die benötigte Energiemenge ist direkt proportional zur Chipgröße mal der Frequenz mal der Spannung zum Quadrat. Senkt man die Spannung von 5 V auf 3,3 V herab, dann senkt man die benötigte Energiemenge auf die Hälfte. John Crawford, Intel.

[26] Für detailliertere Informationen zum Thema Systemenergieverwaltung siehe auch Kap. 8.

[27] Informationen zu diesem Abschnitt kamen von Andrew Davies und Joe Burke, Digitale Signalverarbeitung (Byte, August 1992) S. 269–275.

[28] Tukey, Rabiner und Schaeffer bei Bell Labs; Cooley bei IBM.

Kapitel 5

[1] Interview mit Regis McKenna vom 24. Juni 1994.

[2] Brief von Regis McKenna an das Upside-Magazin vom November 1994.

[3] Texas Instruments, Erster Quartals- und Aktionärsbericht 1976, S. 11.

[4] Michael S. Malone, The Big Score (Doubleday New York 1985) S. 144.

[5] siehe Fußnote 4

[6] Bob Johnstone, Wired.

[7] Bemerkung: Der andere große Rechnerhersteller, Hewlett-Packard, erzeugte keine Modelle mit vier Funktionen. Diese Geschichte wird später im Kapitel behandelt.

[8] Konversation des Autors mit Dr. Moore.

[9] Perspectives on Experience (Boston 1968: The Boston Consulting Group Inc.). Dieses Buch gilt als die Kodifizierung des Learning Curve-Modells; Verschiedene andere (und einfachere) Versionen dieses Modells kursierten bereits seit mindestens zehn Jahren.

[10] Paul Freiberger, Michael Swaine, Fire in the Valley (Osborne/McGraw-Hill Berkeley 1984), S. 29.

11 Einer HP-Regel zufolge soll kein Geschäftsgewinn oder Profit durch individuelle Produkt-linien kaputtgemacht werden. Wie auch immer, der Autor war von 1977–1979 Publizist der HP Rechnergruppe.

12 Zu dieser Zeit war der Autor Publizist für Hewlett-Packard-Rechner. Obwohl HP in der Periode, auf die sich dieser Abschnitt bezieht, sicher viel geschäftlicher Scharfsinn attestiert werden muß, muß gesagt werden, daß dem Unternehmen mit dem HP-01, einer Kombi-nation aus Rechner und Uhr sowie den ersten Tischrechnern seine »eigenen« tiefen Schnit-zer unterlaufen sollten.

13 Trip or Fall, West Magazine, San Jose Mercury-News vom 1. Mai 1994, S. 14–15.

14 siehe Fußnote 4, S. 342.

15 siehe Fußnote 4, S. 343.

16 siehe Fußnote 13, S. 16–17.

17 T. R. Reid, The Chip (Simon & Schuster New York 1984), S. 140.

18 siehe Fußnote 17, S. 145.

19 siehe Fußnote 17, S. 144.

20 Nicht zu verwechseln mit Mostek Inc., einer anderen Halbleiter-Gesellschaft, die ein we-nig später Bedeutung erlangte.

21 siehe Fußnote 4, S. 133.

22 Quelle dieser »frühen« Motorola-Geschichte: Motorola Elektronikmuseum.

23 siehe Fußnote 4, S. 122. Hogans Version wurde von Motorola bestritten. Mit den Worten des Unternehmens: »Mr. Hogan muß sich hier geirrt haben, es war nie die Rede davon, den Bereich ›Halbleiter‹ zu schließen.«

24 Motorola macht bemerkenswerte Fortschritte im Halbleiterbereich von Joseph Winsky. Chicago Tribune vom 26. August 1979, S. B1–B2.

25 Motorola dementiert damals wie heute dieses Gerücht.

26 siehe Fußnote 24

27 siehe Fußnote 24

28 Der 30. Geburtstag des Halbleiters war im September 1988.

29 siehe Fußnote 28

30 siehe Fußnote 10, S. 111–112.

31 Motorola macht bemerkenswerte Fortschritte im Halbleiterbereich.

32 siehe Fußnote 4, S. 234–235.

33 Status '79, A Report on the Integrated Circuit Industry, Integrated Circuit Engineering Corp. (Scottsdale 1979), S. 3–12.

34 siehe Fußnote 33, S. 3–1.

35 Texas Instrument: Jahresbericht 1979, S. 2.

36 A Revolution in Progress, Publikation der Intel Corp. von 1985, S. 14.

37 Defining Intel: 25 years/25 events, Publikation der Intel Corp. von 1993, Seite 14.

38 siehe Fußnote 37. Der 432 erschien schlußendlich 1982 und verschwand schnell wieder.

39 siehe Fußnote 36, S. 14.

40 William Davidow, Marketing High Technology (The Free Press New York 1986), S. 4.

41 siehe Fußnote 40, S. 6.

42 siehe Fußnote 40

43 siehe Fußnote, S. 8.
44 Aus einem Brief von Regis McKenna an das Upside-Magazin vom November 1994.
45 Regis McKenna, Relationship Management (Adsison-Wesley, Reading, Mass 1991), S. 167.
46 Paul Carroll, Big Blues (Crown Publishers New York 1993), S. 2.
47 siehe Fußnote 37, S. 16.

Kapitel 6

1 1992 geführtes Interview des Autors mit Dr. Moore für die Fernsehsendung Silicon Valley Report.
2 William H. Davidow, Michael S. Malone, The Virtual Corporation (Harper & Collins New York 1992).
3 Aus der Korrespondenz mit Harold Stone vom 11. Juli 1994.
4 Harold Stone.
5 Rebecca Smith, Confrontation with Andy Grove, West magazine, San Jose Mercury-News vom 17. Oktober 1993, S. 8.
6 siehe Fußnote 5
7 siehe Fußnote 5
8 Michael S. Malone, The Big Score, The Billion Dollar Story of Silicon Valley (Doubleday, New York 1985) S. 150.
9 Confrontation with Andy Grove.
10 A Revolution in Progress, Intel-Publikation von 1985, S. 47.
11 siehe Fußnote 10, S. 48.
12 Motorola Firmenarchiv, Motorola Elektronikmuseum.
13 Paul Freiberger, Michael Swaine, Fire in the Valley (Osborne/McGraw-Hill, Berkeley 1984) S. 279.
14 Motorola Firmenarchiv, Motorola Elektronikmuseum.
15 Keith Holder, The chip family that's a major plus, Computer Weekly (GB) vom 14. Februar 1985.
16 David E. Sanger, The Great War Over Superchips, The New York Times von 1984.
17 siehe Fußnote 16
18 siehe Fußnote 13, S. 235
19 siehe Fußnote 13, S. 240.
20 Zehn Jahre später, am 16. September 1994, war es dann so weit. Apple beugte sich dem Unausweichlichen und gab bekannt, den Nachbau seiner Rechner gestatten zu wollen.
21 Motorola Firmenarchiv, Motorola Elektronikmuseum.
22 Der Autor, der zu dieser Zeit die HP-Rechner Werbeabteilung leitete, wurde in die Planung der Vorstellung des Capricorn eingebunden.
23 siehe Fußnote 13, S. 18.
24 Josh Hyatt, Digital Signs Second Alpha Chip Producer, von Josh Hyatt, The Boston Globe vom 16. März 1993, S. 42.
25 Mitsubishi wurde ebenfalls vor Gericht beschuldigt, Diebstahl von Geschäftsgeheimnissen zu betreiben. Die Ermittlungen des FBI brachten jedoch keine schlüssigen Beweise dafür.
26 siehe Fußnote 8, S. 249.

27 1984 nahm der Autor an so einem Intel-Verkaufstreffen in Phoenix teil.

28 Eric Schuster, Motorola Elektronikmuseum, 6. Juli 1994.

29 Die Fehlerquote einiger Operationen bei Motorola nähern sich der Milliardstelgrenze (ein Defekt in einer Milliarde Schritte).

30 Firmendokumente von Intel.

31 Zitat aus der Intel-Broschüre Designing Intel: 25 years/25 events, S. 24

32 siehe Fußnote 31

33 Intel Publikationen und Ankündigungen.

34 Apple hatte mit dem Macintosh eine »geschlossene« Architektur; Das heißt, sie wurde nicht für Softwareentwickler öffentlich gemacht, auch um Nachbau zu verhindern. IBM hingegen hatte eine »offene« Architektur, was zu einem Wuchern der Klone ganzer Scharen von Gesellschaften in aller Welt führte. Was war nun der bessere Weg? IBMs Design wurde zum vorherrschenden Industriestandard, gleichzeitig verlor IBM jedoch die Kontrolle über das eigene Geschäft. Im Gegensatz dazu konnte Apple seinen Markt halten und weiter hohe Profite erzielen. In den 90ern sah man sich jedoch schwindenden Geschäftsanteilen gegenüber und lief Gefahr, Schlüsseltechnologien im Softwaredesign zu verlieren – von da an nahm sich die Gesellschaft des PowerPCs an.

35 Motorola-Archive.

Kapitel 7

1 Valerie Rice, Shortage of Intel Chips Threatens Small Firms, San Jose Mercury-News vom 7. Februar 1990, S. 1A.

2 The Virtual Corporation, S. 63.

3 siehe Fußnote 2, S. 64.

4 Christopher H. Schmitt, Zilog is Back from Surgery, But Some Say Firm May Have Cut Too Much, San Jose Mercury-News vom 29. Juni 1987, S. 1E.

5 siehe Fußnote 4

6 Valerie Rice, Zilog Coming Into View: Campbell Chip Maker is Carving Out a Niche, San Jose Mercury-News vom 24. April 1991, S. 1D.

7 Dank an Matthew Quint, der auf diese erstaunliche Tatsache aufmerksam machte.

8 J. Robert Lineback, What's behind the boom in 8 bit embedded controllers? Electronic Business Buyer vom Mai 1994, S. 85–90. Dank an Joel Spira, den Vorsitzenden von Lutron, für den Artikel.

9 Gesellschaft der Halbleiterindustrie.

10 Dataquest.

11 WSTS/Motorola.

12 Nebenbei: Selbst der 6502, das Herz des Apple II, hat überlebt. Ursprünglich von MOS Technologies wurde er an Synertek und danach an Rockwell weitergegeben und wird nun vom Western Design Center, einer kleinen Firma mit zehn Angestellten in Mesa, Arizona hergestellt. Nur für den Fall, daß Sie nun glauben, der 6502 wäre damit zum technologischen Waisenkind geworden, sei gesagt, daß sich unter den derzeitigen Beziehern des WDC 6502 Firmen wie AT&T, ITT, Sanyo und Siemens befinden, die mit zu den größten Konzernen der Welt gehören.

13 Quelle dieser Produktinformation: Hitachi Produktbeschreibung, März 1994.

14 Michael Feibus, Making a Grab for the Computer Market, San Jose Mercury-News, S. 1D.

15 Unterdessen wurde auch der Softwarebereich des Geschäfts unter den eigenen Rechtsquerelen begraben, die Erwähnenswertesten davon: Apple gegen Microsoft und Hewlett-Packard im Kampf um die Rechte am Benutzer-Interface für Windows-artige Betriebssysteme.

16 Joyce Gemperlein, Pete Carey, Hello Mr. Chips?, San Jose Mercury-News vom 2. Dezember 1990, S. 18.

17 Therese Lee, Microprocessor Patent Holder Lives Life of a Researchaholic, (Associated Press), San Jose Mercury-News vom 31. August 1990, S. 16F.

18 siehe Fußnote 16, S. 18.

19 siehe Fußnote 16

20 siehe Fußnote 16

21 Michael S. Malone, The Great Patent War, Upside-Magazin, Januar 1991, S. 49.

22 Joyce Gemperlein, Peter Garey, If Hyatt Didn't Invent the Microprocessor, Who Did? The San Jose Mercury-News vom 2. Dezember 1990.

23 siehe Fußnote 16

24 siehe Fußnote 16

25 siehe Fußnote 16

26 Der Autor interviewte Gilbert Hyatt in der Fernsehsendung Malone, die landesweit im öffentlichen Fernsehen ausgestrahlt wurde.

27 siehe Fußnote 21, S. 32.

28 siehe Fußnote 27, S. 49.

29 Valerie Rice, Microprocessor Inventor Hyatt Enlists Philips' Aid in Patent Deal, San Jose Mercury-News, S. 1F.

30 siehe Fußnote 21, S. 34.

31 Michael Slater, PC Market Centers on Growing 486 Family Microprocessor Report vom 24. Januar 1994, S. 1–13. Die Partnerschaft zwischen Cyrix und TI zerbrach später wegen des 486.

32 Rebecca Smith, What Does Microcomputer Mean? Grove Tries to Clarify in Intel-AMD Retrial, San Jose Mercury-News, Seite 1E.

33 Dieses frühe Fehlen einer Bindung zu SMOS kostete AMD eines seiner großen Managertalente, T. J. Rogers, der die Firma verließ, um Cypress Semiconductor zu gründen.

34 Auch auf dem 80386 läuft Windows, ungeachtet des Schneckentempos.

35 Dean Takahashi, Intel Not Inside, San Jose Mercury-News vom 19. März 1995, S. D2.

36 The PowerPC Alliance, von Charles R. Moore und Russell C. Stanphill, ›Communications of the ACM‹ vom Juni 1994, S. 25.

37 siehe Fußnote 36

38 siehe Fußnote 36

39 Rebecca Smith, Intel's Fastest Chip Yet to Debut in '95, San Jose Mercury-News vom 28. Januar 1994, Seite 1E.

40 Rebecca Smith, Sanders Defends Practice of Copying Intel's Chips, San Jose Mercury-News vom 17. Februar 1994, S. 1G.

41 What Does Microcomputer Mean?

42 Rebecca Smith AMD Victory Over Intel to Swell PC Chip Supply, San Jose Mercury-News vom 11. März 1994, S. 1A.

43 Intel Not Inside, S. D2.

44 John Woodget, Intel Verkaufsmanager für Nordeuropa, Oktober 1994.

45 Defining Intel, S. 29.

46 In the Chips, Buchbesprechung von Michael Stern vom Regional Advantage, San Francisco Examiner/Chronicle vom 26. Juni 1994, Besprechung S. 6.

47 PowerMac Outsells Pentium, USA Today vom 29. August 1994. Quelle: America Online.

48 The Wall Street Journal vom 26. April 1993, S. B1.

49 John Clyman, Battle for the Desktop, PC Magazine vom 31. Mai 1994.

50 David Einstein, Intel Shows Off Secret Weapon, San Francisco Chronicle vom 17. Februar 1995, S. B1.

51 Quellen für die Nicely/Pentium Geschichte: Dean Takahashi The Pentium Principle, San Jose Mercury-News, S. D1.

52 siehe Fußnote 51

53 Michael Meyer, A ›Lesson‹ for Intel, Newsweek vom 12. Dezember 1994, S. 58.

54 Intel ;-) Inside <grin> von Barbara Kantrowitz und Carla Koehl, Newsweek, siehe dort S. 12.

55 Intel-BusinessWire Presseaussendung vom 12. Oktober 1994.

56 siehe Fußnote 55

57 Lorraine Geng, Barbara Wilcox, The Bug That Ate Silicon Valley, Metro (San Jose) vom 9. Februar 1995, S. 13.

58 Jim Carlton, Sales of PCs with Pentium Chip Hold Up Despite Flaw The Wall Street Journal vom 20. Dezember 1994, S. B7.

59 Heavy-duty Users Reassess Work, Associated Press, Bericht in den San Jose Mercury-News vom 24. Dezember 1994, S. 8D.

60 Adrian Mello, Divide and Flounder, MacWorld vom März 1995, S. 20.

61 Dean Takahashi, Intels Bill for Pentium Debacle: $475 Million, San Jose Mercury-News vom 18. Januar 1995, S. 1A.

62 Dean Takahashi, Intel's Candid Stance, San Jose Mercury-News vom 24. Januar 1995, S. E1.

63 Michelle Quinn, Inventors Dump Intel Lawsuits, San Fransisco Chronicle vom 11. Februar 1995, S. B1.

64 Intel Seeks to Settle Pentium Suit, Tech Ticker, San Jose Mercury-News vom 28. März 1995, S. D1.

65 Intel Not Inside, S. D2.

66 Dean Takahashi, The Pentium Bypass, San Jose Mercury-News vom 16. Januar 1995, S. D1.

67 siehe Fußnote 53

68 Dean Takahashi, Intel, AMD End War, San Jose Mercury-News vom 13. Januar 1995, S. 1A.

69 Die Quelle zur Geschichte über die AMD-Intel Resolution ist aus: Rory J. O'Connor, Dean Takahashi, How Intel, AMD Settled, San Jose Mercury-News vom 13. Januar 1995, S. 1A.

70 Dean Takahashi, Sanders: The Man, the Image, the Truth, San Jose Mercury-News vom 20. März 1995, S. D5.

71 Zitate aus Intel, AMD End War und How Intel, AMD Settled.

72 Martin Cheek, The Chip Wars: Bloody and Brutal for Intel, Computer vom Januar 1995, S. 9.

73 siehe Fußnote 72, S. 10.

74 Dataquest.

75 siehe Fußnote 72, S. 10.

76 siehe Fußnote 72, S. 10.

77 Linley Gwennap, Room for Three Architectures in the 2000s, Microprocessor Report vom 11. Juli 1994, S. 14–16.

78 Steven A. Geissen, The Reinvention of the Microprocessor, Iris Universe Nr. 30, S. 36–37.

79 siehe Fußnote 78

80 Dean Takahashi, Microunity is a wild card in processor technology, San Jose Mercury-News vom 8. Mai 1995, S. 1D.

Kapitel 8

1 Hoeneisen und Mead: Fundamental Limitations in Microelectronics -1, MOS Technology, Festkörperelektronik Band 15, 1972, S. 819–829. Bob Ryan erwähnt in Farewell to Chips? Byte Magazin vom Januar 1990, S. 240, Robert Dennard (IBM), der 1973 zusammen mit anderen über dieses Thema einige Artikel in einer Zeitschrift der Elektrochemischen Gesellschaft veröffentlichte und dann 1974 in Solid State Circuits. Dennard ist auch der Erfinder der Transistor-Speicherzelle, der Basis von DRAMs.

2 Farewell to Chips?, Byte Magazin vom Januar 1990, S. 244.

3 siehe Fußnote 2, S. 240.

4 Lagebericht 1979 der Industrie für integrierte Schaltungen. Herausgeber ist William Strauss (Scottsdale, Arizona: Integrated Circuit Engineering Corp., 1979, S. 8–10).

5 Ein anderes Material ist Indiumphosphit, das aber außerhalb der Labors wenig Aufmerksamkeit erregte.

6 Lagebericht 1981 der Industrie für integrierte Schaltungen. Herausgeber ist William Strauss (Scottsdale, Arizona: Integrated Circuits Engineering Corp., 1981, S. 93).

7 Phillip Robinson, The High-Octane Semiconductor, Byte Magazin vom Januar 1990, S. 251.

8 siehe Fußnote 7, S. 252.

9 siehe Fußnote 7, S. 258.

10 A Mask of Light, The Economist vom 24. Oktober 1992, S. 98.

11 David P. Hamilton, Manufacturing Chips by ›Growing‹ Them May Prove Possible, The Wall Street Journal vom 12. Mai 1994, S. B5.

12 T. R. Reid, Future of Electronics Looks Fuzzy, Washington Post. Nachdruck in den San Jose Mercury-News vom 5. Januar 1991, S. 8E. Die umfassendste und ergiebigste Quelle für Informationen zu Fuzzy Logic ist Fuzzy Logic von Daniel McNeill und Paul Freiberger (Simon & Schuster, New York 1993)

13 Quellen zu diesem Anschnitt: Unterlagen zu EPA ENERGY STAR und das Weißbuch 1993 The Green PC (National Semiconductor Corp.).

14 Die exotischste Forschungsarbeit zum Thema Stromsparen schließt »reversible Berechnung« mit ein, welche den Strom spart, den der Computer für die Berechnung normalerweise verbrauchen würde. So wird, wenn man 2+2 addiert, der Baustein nicht nur das Ergebnis 4

liefern, sondern auch eine der Zweien »behalten«, so daß der Chip den Prozeß zurückverfolgen kann, und die Ladungen größtenteils an ihren ursprünglichen Platz »zurückschickt«, sie also recycled. Dieses Konzept wurde anfangs stark angezweifelt, wurde jedoch nun in CMOS von Forschern wie Bill Athos, Josh Hall und Ralph Merkle bewiesen. Siehe auch Silicon in Reverse von Peter Wagner, Byte Magazin vom August 1994, S. 67.

[15] Andrew Pollack, Neural Networks are Being Taught How to Learn, New York Times, neu veröffentlicht in den San Jose Mercury-News am 8. Dezember 1987, S. 3E.

[16] S. J. Firm Gets Neural Network Patent, New York Times, neu veröffentlicht in den San Jose Mercury-News am 20. Februar 1989, S. 11D.

[17] Um Ihnen einen Begriff von der Leistungsfähigkeit des Geistes zu vermitteln: Das menschliche Gehirn arbeitet 10^{16} (10 Billiarden) Operationen pro Sekunde mit weniger als 10 W Leistungsverlust − das ist die zehnmillionenfache Leistung des PowerPC bei gleichzeitig halbem Energiebedarf.

[18] siehe Fußnote 15

[19] siehe Fußnote 15

[20] siehe Fußnote 15

[21] Federico Faggin, Juli 1994.

[22] Hardware-Only Computer Works like a Brain, New York Times, Neuveröffentlichung in den San Jose Mercury-News am 20. Juni 1992, S. 11E.

[23] Janet J. Barron, Chips for the Nineties and Beyond, Byte Magazin vom November 1990, S. 344.

[24] siehe Fußnote 23

[25] siehe Fußnote 23, S. 345.

[26] Aus der Korrespondenz mit Dr. Federico Faggin vom 22. Juli 1994.

[27] Janet J. Barron, Cubelets and Chiplets Byte Magazin vom Februar 1992, S. 144.

[28] Dean Takahashi, The Next Dimension: 3D-Semiconductors Help Chip Makers Save Time and Space, San Jose Mercury-News vom 11. September 1994, S. 1D.

[29] siehe Fußnote 28, S. 145.

[30] Robert W. Keyes, The Future of the Transistor, Scientific American vom Juni 1993, S. 70.

[31] siehe Fußnote 30, S. 72.

[32] Bob Ryan, Farewell to the Chips?, Byte Magazin vom Januar 1990, S. 237.

[33] siehe Fußnote 32, S. 249.

[34] Don Lindsay, The Limits of Chip Technology, Microprocessor Report vom 25. Januar 1993, S. 23.

[35] siehe Fußnote 34

[36] siehe Fußnote 34

[37] Cubelets and Chiplets, S. 144.

[38] Chips for the Nineties and Beyond, S. 350.

[39] Shalom Wind, Theoren Smith, Computers Take a Quantum Leap Magazin vom Februar 1992, S. 140.

[40] siehe Fußnote 39, S. 141.

[41] Informationen in der Geschichte über Adleman kommen aus: How Scientists Used DNA as a Computer, Gina Kolata, New York Times, Nachdruck in den San Jose Mercury-News am 22. November 1994, S. F1.

Glossar

4004: Intels 4 bit Mikroprozessor. Entwickelt von Federico Faggin und im Frühjahr 1971 vorgestellt. Vorläufer des Intel 8 bit Prozessors 8088.

6800: Motorolas 1974 präsentierter 8 bit Mikroprozessor. Vorläufer der 68000er Serie.

68000: Die Motorola 68000er Serie, erstmals 1979 vorgestellt, wurde mit einem 16 bit Prozessor eröffnet, der der erste Mikroprozessor in einem Apple Macintosh sein sollte. Spätere Versionen, wie die 32 bit Prozessoren 68020, 68030 und 68040, wurden sowohl in Macintosh-Modellen als auch in einer Vielzahl von Workstations im technischen Bereich verwendet. Motorola setzte die Serie 68000 mit einem Modell 68060 fort, das jedoch primär auf den Markt für eingebettete Prozessoren (siehe auch dort) abzielt. Die neue PowerPC Prozessorreihe (siehe auch PowerPC) wurde von Motorola als Fundament für die Ausstattung kommender Computergenerationen verwendet.

8080: Intels 1974 präsentierter 8 bit Mikroprozessor. Ermöglichte den Altair 8800, der vielfach als der erste Mikrocomputer angesehen wird und ebenfalls 1974 auf den Markt kam.

80 x 86: Mikroprozessorreihe von Intel. Seit 1981 in IBM-kompatiblen PCs in Verwendung. Startete 1977 mit dem 16 bit Prozessor 8086. Es folgten der 8088 (8 bit Version des 8086), der 80286, die 32 bit Modelle 80386 und 80486 und schließlich der Pentium. Diese Prozessoren bilden die 80 x 86er oder x86er Plattform.

8087: Mathematischer Koprozessor zum 8088 (siehe mathematische Koprozessoren). 80287 und 80387 sind Koprozessoren ähnlicher Bauart, um jeweils den 80286 oder 80386 zu unterstützen. Im 80486er Prozessor und Pentium sind die mathematischen Koprozessoren bereits integriert.

8088: Leitete 1981 mit dem IBM PC die Revolution am Computermarkt ein. Der 8088 war grundsätzlich eine Billigvariante des 8086, bei dem ein externer 8 bit Bus statt des vollen 16 bit-breiten Busses verwendet wurde (intern kein Unterschied zwischen 8088 und 8086).

Abwärtskompatibilität: (downward compatibility). Ein Prozessor oder ein Computersystem, das zu früheren Generationen oder weniger leistungsfähigen Versionen desselben Prozessors oder Systems kompatibel ist, heißt abwärtskompatibel (siehe auch Kompatibilität).

Addierer: Logischer, aus Gattern bestehender Schaltkreis, der bei der Addition zweier Zahlen eine Summe und einen Übertrag bereitstellt.

Alpha AXP: 1992 von DEC vorgestellter, auf RISC-Design basierender Mikroprozessor. Zählt mit Taktraten bis zu 300 MHz zu den schnellsten Prozessoren, die momentan auf dem Markt sind. DEC entwickelte gleichzeitig eine Reihe von »Alpha« Workstations, die mit dem AXP arbeiten und unter Microsoft Windows NT laufen.

ALU: Arithmetische und Logische Einheit. Die ALU ist die Basis eines Mikroprozessors. Sie besteht aus einer Reihe logischer Gatter, die arithmetische und logische Operationen durchführen.

Analog/Digital-Umwandlung: Vorgang der Konversion eines analogen Signals in sein digitales Äquivalent. Das analoge Signal wird in digitaler Form als eine Reihe binärer Werte dargestellt, die die Form des analogen Signals repräsentieren. Die Umwandlung selbst wird hardwaregesteuert, meist von ASICs oder speziellen digitalen Signalprozessoren, durchgeführt.

Arithmetische und Logische Einheit: siehe ALU.

ASCII: Der American Standard Code for Information Interchange ist das Standardformat zur Textübertragung zwischen Computersystemen.

ASICs: (application specific integrated circuits). Anwendungsspezifische Schaltkreise sind Schaltungen zur Durchführung bestimmter ausgewählter Anwendungen. Sie können mit kundenspezifischen Schaltplänen kostengünstig und in Massenfertigung hergestellt werden. Sie werden eingesetzt, wenn ein universell einsetzbarer Mikroprozessor nicht benötigt wird und/oder zu teuer wäre.Ihre Verwendung ist vielseitig, von Videokameras bis zu Mikrowellenherden.

Aufwärtskompatibilität: (upward compatibility). Prozessoren oder Computersysteme, die mit späteren und/oder leistungsfähigeren Versionen desselben Prozessors oder Computersystems kompatibel sind, nennt man aufwärtskompatibel. Siehe auch Kompatibilität.

Ausbeute: (yield rate). Der Prozentanteil voll funktionsfähiger Einheiten aus Massenfertigung. Hunderte von Mikroprozessoren und anderer Halbleiterbausteine werden von einem einzigen Wafer gefertigt, aber nur ein gewisser Prozentsatz davon ist voll funktionsfähig und für den kommerziellen Gebrauch nutzbar. Diesen Prozentsatz nennt man Ausbeute, die in der modernen Produktion von Mikroprozessoren mehr als 90 % beträgt.

Basis: siehe Bipolar.

Befehlsdekoder: (instruction decoder). Jener Bauteil des Mikroprozessors, der die vom Befehlsregister weitergegebenen Befehle übersetzt und die Anweisungen in interne Kommandos des Mikroprozessors zerlegt.

Befehlsregister: (instruction register). Bereich des Mikroprozessors, in dem Befehle vor der Übermittlung an den Befehlsdekoder gespeichert werden.

Befehlssatz: (instruction set). Sammlung von Befehlen, mit denen ein Mikroprozessor arbeitet. Der Befehlssatz ist die unterste binäre Sprachebene des Mikroprozessors, der die Register, Speicherbereiche und andere Prozessorbausteine direkt handhabt. Wird auch Maschinencode, Maschinensprache oder (auf innerster Ebene) Mikrocode genannt.

BiCMOS: Bipolar (Bi) complementary metallic oxide semiconductor (CMOS) ist ein Zwitter aus den beiden vorherrschenden Transistorbauweisen bipolar und CMOS. CMOS wird für die internen Gatter und die bipolare Technik zur Ausgabe der Signale verwendet. Der Intel Pentium ist ein auf BiCMOS basierender Mikroprozessor.

Binäre Zahlen: Das binäre Zahlensystem besteht aus nur zwei Zahlen: 0 und 1, während das gebräuchlichere Dezimalsystem die Ziffern von 0 bis 9 verwendet.

Bipolar: Bipolare Sperrschichttransistoren bestehen aus einer Basis, einem Kollektor und einem Emitter. In einem npn (negativ-positiv-negativ) Transistor ist die Basis positiv geladen und fungiert als Kanal für die sich vom negativ geladenen Emitter (n) zur positiven Basis (p) und von dort zum negativ geladenen Kollektor (n) bewegenden Elektronen.

Bit: Kurzform von »binary digit«, der binären Ziffer. Bezeichnet eine einzelne Null oder Eins. Eine 8 bit Anweisung besteht demnach aus einer Kombination von acht Nullen oder Einsen (auch nur Nullen oder nur Einsen sind erlaubt).

Bootstrapping: Der Ausdruck kommt aus dem Englischen »by one's own bootstraps«, und ist im Deutschen am besten mit »an den eigenen Haaren aus dem Sumpf ziehen« zu vergleichen. Webster's Dictionary definiert bootstrap im technischen Sinne als: »entwickelt, um unabhängig von äußerer Einwirkung zu funktionieren: fähig, eine interne Funktion zur Kontrolle einer anderen zu benutzen (eigenständiges Laden des Urladeprogramms)«.

Breadboard: Eine Prototypen-Platine zum Austesten früher Mikroprozessorversionen und anderer, sich in Entwicklung befindlicher Schaltungen.

Buffer: Temporärspeicher für Daten oder Anweisungen, die zwischen Mikroprozessor und Hauptspeicher ausgetauscht werden.

Bus: Leitungen, über die Daten und Anweisungen zwischen Mikroprozessoren und anderen Komponenten wie Diskettenlaufwerken oder Druckern transportiert werden.

Busbreite: Durch die Anzahl gleichzeitig übertragbarer Bits festgelegt. Ein 8 bit Bus kann 8 bits an Information zugleich übermitteln. Die Busse der modernsten Mikroprozessoren sind momentan 32 bit breit.

Byte: Ein Byte besteht aus 8 bits. Laut ASCII zugleich auch die Größe des Speicherplatzes, den ein einzelnes Zeichen einnimmt (Buchstabe oder Ziffer).

Cache-Speicher: Schnellspeicherbereich. Dient zur Bereithaltung immer wieder gebrauchter Daten und Anweisungen, die vom Cache-Speicher schneller zur Verfügung gestellt werden können als von wesentlich langsameren Magnetspeichern wie zum Beispiel Festplatten.

CISC: (complex instruction set computing). Traditionelle Prozessorbauweise bis zur Entwicklung des RISC-Designs (siehe auch dort). RISC-Bauweise wird in vielen Prozessoren der neuen Generation eingesetzt, um eine Vereinfachung des Befehlssatzes und damit des Bauplans zu erreichen. Heutzutage verschwimmt die Grenze zwischen RISC- und CISC-Design immer mehr, der Befehlssatz eines RISC-Prozessors hat oft schon den Umfang eines solchen von modernen CISC-Prozessoren.

CMOS: Komplement-Metalloxid-Halbleitertransistoren sind Bausteine, die sowohl p (positiv geladene) als auch n (negativ geladene) Kanäle in einem Stück bieten.

CPU: (central processing unit) Zentraleinheit. »Leitet« in gebräuchlichen »Ein-Prozessor«-Systemen wie PCs den Betrieb des Computers.

Dampfaufbringung: (vapor deposition). Verfahren, um Schichten bestimmten Materials auf die Siliziumscheiben aufzubringen.

Datenregister: Bereich des RAM (random access memory, Schreib-Lese-Speicher) zur vorübergehenden Ablage der vom Mikroprozessor zu verarbeitenden Ein- und Ausgabedaten.

Digital: Mikroprozessoren arbeiten mit digitalen Signalen, die aus Nullen und Einsen bestehen, die die Zustände »ein« und »aus« darstellen. Analoge Signale können in digitale umgewandelt werden, was es den digitalen Signalen erlaubt, eine große Bandbreite an verschiedenen Informationen, Musik und Video eingeschlossen, abzudecken.

Digital-Analog-Umwandlung: Umkehrprozeß zur Analog-Digital-Umwandlung. Siehe auch dort.

DIP: Dual In-line Package war eines der ersten Einsteckmodelle für Mikroprozessoren, wobei der rechteckige Chip seine Pins entlang der beiden parallelen langen Seiten des Rechtecks hatte (daher auch der Name). Im originalen 8088 noch verwendet, ist DIP nunmehr aufgrund der hohen Pinanzahl der heutigen Prozessoren nicht mehr in Verwendung (siehe auch PGA und PLCC).

Dotieren: Einbau von Isotopen oder verschiedenen Fremdatomen, um die Eigenschaften eines Materials (wie zum Beispiel die Leitfähigkeit) zu ändern. Fremdatome, denen Silizium oder Germanium zugesetzt werden, kommen meist aus der angrenzenden dritten oder fünften Reihe des Periodensystems. Positiv geladene Dotierung entsteht durch die Beigabe von Elementen aus der dritten Reihe, wie zum Beispiel Bor, während negative Dotierung sich aus der Beigabe von Elementen der fünften Reihe, wie zum Beispiel Phosphor, ergibt.

DRAM: (dynamic random access memory). Der dynamische Schreib-Lese-Speicher kommt in Mikrocomputern am häufigsten zum Einsatz. Dynamische Speicher heißen so, weil sich in ihrem Inneren auch dann etwas tut, wenn die CPU gerade nichts von ihnen will – der Inhalt dynamischer RAMs muß regelmäßig aufgefrischt werden (im Millisekunden-Rhythmus). Siehe auch RAM und SRAM.

DSP: Digitaler Signal-Prozessor. Ein zur analog/digitalen und digital/analogen Umwandlung entwickelter Spezialprozessor. DSPs haben neben der Fähigkeit zur Signalverarbeitung auch Rechenfunktionen integriert, was sie für die Verwendung als Zusatzbausteine prädestiniert.

Ein-bit-Addierer: (one-bit adder). Siehe auch Addierer.

Eingebetteter Prozessor: (embedded processor). Ein nur für eine bestimmte Aufgabe eingebauter Mikroprozessor heißt eingebetteter Prozessor. Ein Anwendungsgebiet liegt zum Beispiel in modernen Fahrzeugen, wo sie eine Vielzahl von Geräten und Systemen steuern, wie etwa die Benzineinspritzung oder das automatische Getriebe.

Emitter: siehe Bipolar.

ENIAC: Einer der ersten Computer. Konstruiert 1945 an der Universität von Pennsylvania. Enthält achtzehntausend Vakuumröhren.

Epitaxie: Bildung einer Epitaxialschicht durch Aufbringung von dotiertem Material auf ein Silizium-Substrat. Webster's Collegiate Dictionary definiert Epitaxie als »Wachstum einer kristallinen Substanz auf einem kristallinen Substrat, wobei die Substanz die Geometrie des Substrats nachahmt«.

EPROM: (erasable programmable read-only memory). Behält auch bei Stromausfall seinen Speicherinhalt. Kommt meist in Verbindung mit einem Mikroprozessor vor und ist oft direkt in den Chip integriert. Kann vom Benutzer programmiert werden. In Taschenrechnern und Telefonen, die Nummern speichern können, werden EPROMs verwendet.

FET: Feldeffekttransistor. Besteht aus Source, Drain und Gate. Stromfluß von Source zu Drain entsprechend der am Gate angelegten Spannung.

Firmware: Ausdruck für per ROM (read-only-memory) direkt in der Hardware untergebrachten Programmcode. PCs haben einige im ROM gespeicherte Betriebssystemanweisungen.

Fließkommaeinheit: (FPU = floating point unit). Ausdruck für numerische oder mathematische Koprozessoren, weil diese Prozessoren auch mit nicht ganzzahliger bzw. sogenannter Fließkommaarithmetik arbeiten, was sich sowohl auf die Dezimaldarstellung von Mantissen als auch Exponenten bezieht.

Fotolithografie: Übertragung einer Schablone auf eine Oberfläche mittels fotografischer Techniken, um anschließend eine Ätzung durchzuführen. Grundlegende Technik, um Schablonen von integrierten Schaltkreisen auf eine Siliziumscheibe zu übertragen.

FPGAs: Feldprogrammierbare Gate-Arrays. Bauelement vom Typ ASIC (siehe auch dort).

FPU: siehe Fließkommaeinheit.

Fuzzy logic: 1964 regte Lofti A. Zadeh von der Universität Berkeley an, in der Computerlogik den Zustand »vielleicht« sowie Näherungswerte zuzulassen. Ermöglicht den Computern auch auf weniger klar umrissene Eingaben einzugehen.

GaAs: Galliumarsenid. Ein als Siliziumersatz entwickeltes Halbleitermaterial. Schnellere Arbeitsgeschwindigkeit und höhere Arbeitstemperatur als Silizium. Noch im Experimentalstadium, da es schwierig ist, GaAs-Kristalle von genügender Reinheit zu schaffen, die für hochintegrierte Schaltkreise gebraucht werden.

Gate: Elementarer logischer Baustein eines Transistors. Logische Schaltkreise benutzen Kombinationen verschiedener Gatterarten (UND, NICHT, ODER), die auf angelegte Spannungen reagieren und Kombinationen von »ein«- und »aus«-Signalen zurückgeben, die wiederum die Verarbeitung komplexer Anweisungen und Daten ermöglichen.

Gehäuse: (package). Die Art, wie der Prozessor mit den übrigen Komponenten verbunden ist. Bezieht sich auf Layout und Konfiguration der Anschlußstifte des Mikroprozessors. Verschiedene Arten werden verwendet, von DIP (dual-in-line package) bis zu PGA (pin grid array = Stiftfeld).

Germanium: siehe Halbleiter.

Halbleiter: (semiconductor). Elemente aus dem Periodensystem, die bei hoher Temperatur hohe und nahe dem Nullpunkt nahezu keine Leitfähigkeit (Eigenschaften eines Isolators) besitzen. Die bekanntesten Halbleiter sind Silizium und Germanium, die in der vierten Spalte des Periodensystems stehen.

Integrierter Schaltkreis: (IC = integrated circuit). 1958 von Jack Kilby erfunden, von Robert Noyce vollendet. Einzelnes Halbleiterplättchen, das alle notwendigen Bausteine wie Transistoren, Widerstände, Dioden und Kondensatoren enthält, um eine elektronische Schaltung zu bilden. Entwickelt, um spezifische Aufgaben zu erfüllen.

I/O: (input/output) Eingabe/Ausgabe. Über I/O-Einheiten (Geräte zur Ein- und Ausgabe, wie z. B. Tastatur und Drucker) werden Informationen an den Rechner übergeben und die Resultate danach wieder ausgegeben.

Junction: Störstellenübergang. Bezeichnung für die Grenze zwischen zwei Halbleitermaterialien. pn-Übergänge bestehen aus positiv und negativ geladenem Material, das Strom über den Übergang hinweg überträgt.

Klon: (clone). In der Welt der Mikroprozessoren ist ein Klon der Nachbau eines Mikroprozessors, der zum Original vollständig kompatibel ist (siehe auch Kompatibilität) und im allgemeinen einige Vorteile in bezug auf Leistungsfähigkeit, Kosten oder beides gegenüber dem Original bietet. Als Beispiele seien hier die 80386er Version von AMD (advanced micro devices) und der Nachbau des 80486 von Cyrix genannt.

Kollektor: siehe Bipolar.

Kompatibilität: Verschiedene Mikroprozessoren oder Computer werden kompatibel genannt, wenn dieselbe Software ohne Anpassung verwendet werden kann.

LED: Lichtemittierende Diode. LEDs werden bei der Entwicklung von Mikroprozessoren oft verwendet, um durch Licht anzuzeigen, daß ein Schaltkreis aktiviert ist.

Leitfähigkeit: Die Fähigkeit eines Materials, Elektronen zu übertragen. Hängt von der Art des Materials und seinen geometrischen Eigenschaften ab. Kupfer zum Beispiel ist ein sehr gut leitendes Material, und je größer der Durchmesser des Kupferdrahts ist, desto besser ist seine Leitfähigkeit. Isolierende Materialien wie Gummi oder Keramik sind sehr schlechte Leiter.

Logischer Schaltkreis: Eine Serie zusammengeschalteter logischer Gatter zur Erfüllung einer bestimmten Funktion.

LSI: (large scale integration) Hochintegration. MOS-(siehe auch dort) Design ermöglicht es, auf einem einzigen Chip (Halbleiterplättchen) tausende von Bausteinen unterzubringen. LSI und VLSI (very large scale integration = Höchstintegration) sind die bei der Entwicklung und Erzeugung von Mikroprozessoren verwendeten Konzepte. Die ersten integrierten Schaltkreise enthielten weit weniger Komponenten auf einem Chip, darum wurde diese Integrationsstufe SSI (small scale integration = Kleinintegration) genannt.

Maschinensprache: (machine language) siehe Befehlssatz.

Mainframe: Großrechner. Großrechner und Minicomputer sind die Vorgänger der modernen Mikrocomputer und Workstations. Möglich gemacht wurde diese Technologie durch die gesteigerte Leistungsfähigkeit der Mikroprozessoren. Großrechner sind große zentrale Rechnersysteme, die verwendet werden, um große Datenmengen zu verarbeiten und zu verwalten. Die Kosten für Großrechneranlagen liegen bei mehreren Hunderttausend, oft sogar Millionen Dollar. Verwendet werden Großrechneranlagen heute noch oft im Bankwesen, in Industriebetrieben, von Regierungen und allen anderen Ein-

richtungen, die zentralisierte Datenverarbeitung in großem Ausmaß betreiben (ein gutes Beispiel ist das Amt für Motorfahrzeuge in Kalifornien, das
tausende Transaktionen pro Stunde zu bewältigen hat). Minicomputer sind
kleinere Versionen der Großrechneranlagen und wurden mit der Zeit in vielen Anwendungen durch Mikrocomputer oder Workstations ersetzt. IBM ist
nach wie vor der größte Hersteller von Großrechnern und die Modelle 360
und 3270 gelten als Industriestandard.

Maske: Eine durchsichtige Vorlage bzw. ein Plan der Schaltkreise, die auf dem
Siliziumwafer gefertigt werden sollen. Bis vor kurzem wurden Masken durch
Fotoreduktion generiert. Heute »zeichnen« computergesteuerte Elektronenstrahlen Masken mit Details von weniger als 1 Mikron (weniger als einem
Millionstel Meter) Größe.

Mathematischer Koprozessor: Mikroprozessor mit der Spezialaufgabe, numerische Berechnungen durchzuführen, und zwar Fließkomma- bzw. Non-Integer-Arithmetik sowie Exponentiation. Wird auch Fließkommaeinheit oder
numerischer Koprozessor genannt. Viele moderne Mikroprozessoren haben
die Fließkommaeinheit eingebaut, was mathematische Koprozessoren
unnötig macht.

MBE: (molecular beam epitaxy). Die Siliziumscheibe wird dabei in eine Hochvakuumkammer eingebracht, in der das als epitaktische Quelle verwendete
Silizium verdampft und dann mittels eines gezielten Teilchenstrahls auf die
Scheibe übertragen wird. Siehe auch Epitaxie.

Memory management unit: (MMU) Speicherverwaltungseinheit. Jener Teil des
Mikroprozessors, der für die Zuweisung von freiem Speicherplatz für
Anwendungen und Daten zuständig ist.

Mikrocode: siehe Befehlssatz.

Mikrocomputer: Üblicherweise ein Schreibtisch-(Desktop-)Computer, der von
einem einzigen Prozessor gesteuert wird.

Mikrokontroller: Ein Mikrokontroller ist im wesentlichen die »reduzierte Version« eines Mikroprozessors, mit der Aufgabe, spezielle Funktionen auszuführen, wie zum Beispiel die automatische Treibstoffeinspritzung bei Autos. Mikrokontroller haben einen kleineren Befehlssatz und können nur einen viel kleineren Speicherbereich verwalten als Mikroprozessoren, die für einen allgemeineren Aufgabenbereich entwickelt wurden.

Mikron: Ein Millionstel eines Meters.

Minicomputer: Einer der größeren und teureren Vorgänger des Mikrocomputers. Mini- oder Kleincomputer waren in den 70er und frühen 80er Jahren die bevorzugte Lösung für kleine und mittlere Firmen sowie für Wissenschaft und Technik. Das IBM-System 38 und das nachfolgende System AS/400, der Hewlett-Packard 9000 und die VAX-Minicomputer von DEC sind wahrscheinlich die berühmtesten Modelle und auch heute noch in Verwendung. Mikrocomputer haben jedoch Minicomputer bereits in vielen Bereichen ersetzt.

MIP: Millionen von Instruktionen pro Sekunde. Standardmaß zur Bewertung der Leistungsfähigkeit von Mikroprozessoren, obwohl es heute nur mehr als grobe Näherung gilt, weil es die Fließkommageschwindigkeit nicht berücksichtigt. In den frühen 80er Jahren lag die MIP-Quote noch unter 100, während einige der modernen Mikroprozessoren heute schon Rechenleistungen von über 100 MIPs zur Verfügung stellen.

Mooresches Gesetz: Aufgestellt von Dr. Gordon Moore. Sagt aus, daß sich die Prozessorgeschwindigkeit und die Leistungsfähigkeit von Speicherchips alle zwei Jahre verdoppelt. Trifft bis heute zu.

MOS: (metal oxide semiconductor) Metalloxid-Halbleiter. Am weitesten verbreitete Metall-auf-Silizium-Technologie, Grundlage des modernen Transistorbaus.

Motherboard: Grundplatine, auf der die CPU (central processing unit), der Hauptspeicher und andere wichtige Systembausteine liegen.

MSI: (medium scale integration) mittlere Integrationsdichte. Siehe auch LSI.

n-Kanal: Der Strom in einem Transistor fließt zwischen Übergangsschichten oder Source und Drain durch einen leitenden Kanal. n-Kanäle sind negativ, p-Kanäle positiv geladen. Siehe auch Bipolar.

Neuronales Netz: Die Verwendung von Mikroprozessoren und anderer integrierter Schaltkreise zum Nachbau der Gehirnstruktur. Neuronale Netze werden zur Muster- und Stimmerkennung und für Anwendungen, die kognitive Fähigkeiten benötigen, eingesetzt.

NMOS: Negativ geladener MOS. Siehe auch dort.

npn: Zeigt den Weg des Stroms in einem npn- (negativ-positiv-negativ-) Transistor an. Siehe auch Bipolar.

Objektorientierter Code: Computerprogrammierung nach dem Baukastenprinzip. Einmal geschriebene Programmroutinen oder Funktionen (sog. Objekte) können wiederverwendet und mit anderen Objekten zu vielen verschiedenen Anwendungen »zusammengebaut« werden, anstatt wie üblicherweise jedesmal bei Null anzufangen.

Operand: Objekt, mit dem der Mikroprozessor eine Operation durchführt.

Oxidation: Ähnlich dem Prozeß, durch den Eisen rostet, überzieht sich die Siliziumscheibe bei Kontakt mit Sauerstoff mit einer Schutzschicht aus Siliziumdioxid.

P6: Intels interne Codebezeichnung für die dem Pentium folgende Prozessorgeneration.

Parity check: Paritätskontrolle. Kontrolle, ob die Anzahl der Einsen in einem Bit-Feld gerade oder ungerade ist. Verwendung in digitaler Telekommunikation gleichermaßen wie in Speichersystemen zur Überprüfung, ob das System Daten fehlerfrei verarbeitet.

p-channel: p-Kanal. Siehe n-Kanal.

Pentium: Intels Nachfolger des 80486er Prozessors. 1993 vorgestellt. Besteht aus ungefähr drei Millionen Transistoren. Der Pentium-Prozessor ist für eine Verarbeitungsgeschwindigkeit bis zu 300 MIPs bei 100 MHz ausgelegt (siehe auch 80 x 86).

Peripherie: Externe Geräte für Hilfsfunktionen wie Drucken, Datenspeicherung (Plattenlaufwerke oder CD-ROMs) oder Datenübertragung (Modems).

Peripherer Prozessor: Spezieller, zur Kontrolle von Peripheriegeräten entwickelter Mikroprozessor.

PGA: (pin grid array) Stiftfeld. Gehäuse mit mehr als 200 Anschlußstiften eines Mikroprozessors, drei bis vier Reihen tief. PGAs sind vor allem in modernen Prozessoren wegen der hohen Zahl von Anschlußstiften in Verwendung.

Phasenkohärenz: Maskenlithografie-Technik, wobei ausgerichtete Laserstrahlen dazu verwendet werden, scharfe Licht- und Schattengrenzen zu erzeugen, um verschwommene Masken- oder Schaltkreisschablonen zu verhindern.

Photoresist: Lichtbeständiges Material, das bei der Fotolithografie resistent gegen das eingesetzte Licht ist, so daß das gewünschte Muster nur auf die nicht geschützten Flächen übertragen wird.

Pipelineverarbeitung: Methode, mehrere Anweisungen zugleich auszuführen, anstatt, wie in älteren Prozessoren üblich, immer nur eine Operation zur selben Zeit abzuarbeiten.

Planarverfahren: 1960 von Jean Hoerni entwickelte Methode zur Erzeugung von Transistoren, bei der eine plane (flache) Oberfläche als Unterlage des integrierten Schaltkreises benutzt wird.

PLCC: (plastic lead chip carrier). Gehäuseart, bei der entlang der Kante des quadratischen Mikroprozessors kleine Anschlußkontakte gesetzt werden. Diese Gehäuseart ist aufgrund ihrer geringen Größe, der geringen Höhe und geringer Kosten sowie guter Stoßunempfindlichkeit weitverbreitet.

PMOS: Positiv geladener metallischer Halbleiter. Siehe auch MOS.

PowerPC: Der in Zusammenarbeit von Apple, IBM und Motorola entwickelte Mikroprozessor. 1991 angekündigt und auf IBMs POWER (performance optimization with enhanced RISC architecture) basierend. Direkter Konkurrent des Pentiums auf dem Hochleistungs-Desktop-Computermarkt.

Processor engines: Spezialprozessoren, die für eine bestimmte Aufgabe, wie hochauflösende Grafiken, digitale Kommunikation, Multimedia etc. entwickelt werden. Einer der bekanntesten Prozessoren dieses Typs ist der 64 bit Swordfish Prozessor von National Semiconductor.

Programmzähler: Das Register mit der Adresse des Befehls, der als nächster ausgeführt werden soll. Der Programmzähler kontrolliert die Reihenfolge der Befehle, die das Programm vorgibt, welches der Prozessor ausführt.

Projektionsdruck: Verwendung von Projektionssystemen zur Übertragung der Schaltplanmaske auf die Siliziumscheibe.

PROM: (programmable read-only memory) Programmierbarer Lesespeicher. Oft in Mikroprozessoren verwendet, um grundlegende Betriebssystembefehle und Kommandos zu speichern.

Proximity printing: Näherungsdruck. Fotolithografisches Druckverfahren, bei dem die Maske die Siliziumscheibe nicht berührt. Dieses Verfahren erhöhte die Ausbeute bedeutend.

Queue: Warteschlange. Berechnungen, die an den Prozessor weitergegeben werden, kommen zuvor in eine Warteschlange und werden dann der Reihe nach abgearbeitet. Einige fortgeschrittenere Prozessoren verwenden eine

»Pipelining« genannte Technik, bei der mehrere Warteschlangen angelegt werden, die dann zugleich abgearbeitet werden.

R2000, R4000, R6000: Von MIPS Inc. entwickelte Serie auf RISC-Design basierenden Mikroprozessoren. Werden hauptsächlich in leistungsstarken Workstations, vor allem jenen von Silicon Graphics, eingesetzt. Mips Inc. wurde von Silicon Graphics übernommen.

RAM: (random access memory) Schreib-Lese-Speicher. Speicherbereich zur temporären Ablage von Daten und Anwendungen während der Ausführung. Auch »flüchtiger« Speicher genannt, da alle Daten verloren gehen, sobald der Computer ausgeschaltet wird. Siehe auch DRAM und SRAM.

Register: Speicherzellen innerhalb des Prozessors, die dazu benutzt werden, um Zwischenergebnisse, Basisadressen oder oft verwendete Daten und Anweisungen abzulegen.

Reverse engineering: Rückbau. Entwurf eines Klons, bei dem man das fertige zu kopierende Produkt als Ausgangspunkt nimmt. Bevorzugte Vorgangsweise, um bei patentierten Produkten oder Anwendungen nicht mit dem Urheberrecht in Konflikt zu kommen und trotzdem einen identischen, funktionierenden Nachbau zu erhalten.

RISC: (reduced instruction set computing) Verarbeitung mit reduziertem Befehlssatz. In den späten 70er und frühen 80er Jahren von IBM und einigen Universitäten entwickeltes Design zur Vereinfachung des Aufbaus und des Befehlssatzes herkömmlicher Mikroprozessoren. Beschleunigt auch die Arbeitsgeschwindigkeit. Viele Workstations und Hochleistungs-Desktop-Rechner basieren heutzutage auf RISC-Design, obwohl die Grenze zwischen RISC- und CISC-Design (siehe auch dort) sich immer weiter auflöst.

Röntgenlithografie: (x-ray lithography). Die Verwendung von Röntgenstrahlen für die lithografische Übertragung der Schaltkreispläne oder Masken auf die Wafer.

Rohchip: (die Halbleiterplättchen). Die Silizium-Halbleiterscheibe, auf der der Mikroprozessor und andere Schaltkreise gefertigt werden, kann hunderte identische Schablonen enthalten, die dann zertrennt werden, um unterschiedliche Chips zu erhalten. Technisch gesehen ist jeder Chip ein kleines Stückchen der großen Halbleiterscheibe.

ROM: Lesespeicher. Kann nicht vom Benutzer geändert werden und beinhaltet gewöhnlich dauerhafte Daten oder Anweisungen, die fix im Mikroprozessor oder Computersystem verankert sind. Jüngere ROM-Designs verwenden EPROMs (erasable programmable ROM), so daß eine Anpassung der ROM-Codes möglich ist, ohne den ROM-Chip vollkommen auszutauschen.

RTL: (resistor-transistor-logic) Widerstand-Transistor-Logik. Eine Art logischen Schaltkreises, der im Transistorbau verwendet wird.

Silizium: siehe Halbleiter.

Silizium-Compiler: Softwareprodukt zum Design von integrierten Schaltkreisen, das viele der grundlegenden Entwicklungsaufgaben erleichtert, wie den Entwurf von Verbindungen oder das Auffinden inkonsistenter oder inkompatibler Teile. Carver Mead von Cal Tech wird der erste Entwurf eines Silizium-Compilers 1979 zugeschrieben.

Silizium-Gießereien: Fabriken, die dafür ausgelegt sind, gebräuchliche Siliziumchips unabhängig von den großen Firmen wie Intel und Motorola herzustellen. Das Aufkommen von Siliziumgießereien ermöglichte es kleineren und noch unbedeutenden Mikroprozessor-Entwicklern, ihre Chips herstellen zu lassen. Erwähnt seien hier die SPARC-Prozessoren von Sun Microsystems und die R2000 Prozessorreihe von MIPS.

SSI: (small scale integration) Kleinintegration. Siehe auch LSI.

SPARC: Ein in den frühen 80er Jahren von Sun Microsystems entwickelter, auf RISC-Design basierender Mikroprozessor. Eingesetzt in den meisten Hochleistungs-Workstations der Firma Sun Microsystems.

Spektrofotometer: Gerät zur Messung des Sauerstoff- und Kohlenstoffgehalts der Siliziumscheibe.

Sputtering: Vorgang, bei dem mittels Teilchenstrahlen Polysilizium und Metallschichtungen auf die Siliziumscheibe aufgebracht werden.

SRAM: (static random access memory). Schnelleres und teureres Gegenstück zum DRAM (dynamic random access memory). Vorwiegend zur Speicherung kritischer, sich in Ausführung befindlicher Betriebssystemdaten und -anweisungen. Statische Speicher heißen so, weil ihre Logik einen statischen Zustand einnimmt, solange kein Speicherzugriff stattfindet. Siehe auch DRAM und RAM.

Störstellenübergang: siehe Junction.

Substrat: Trägermaterial eines Chips. Vorwiegend wird Silizium verwendet.

Superskalar: Gleichzeitige Ausführung von mehr als einer Anweisung. Eine Möglichkeit, die fortgeschrittene Mikroprozessoren wie beispielsweise der PowerPC anbieten.

Taktrate: (clock speed). Die Operationen eines Mikroprozessors werden von einem Schwingquarz gesteuert, der auch Taktgeber genannt wird. Die Anzahl der Operationen oder Maschinenzyklen pro Sekunde ergibt die in Hertz (Takte/s) gemessene Taktfrequenz. Die Leistungsfähigkeit eines Mikroprozessors ist grundsätzlich direkt proportional zu seiner Taktfrequenz. Der in den ersten IBM PCs verwendete Intel 8088 arbeitete mit einer Taktfrequenz von 4 MHz (4 Mio. Takte/s). Heutige Prozessoren wie der 80486 von Intel haben eine Taktfrequenz von 33 MHz und mehr.

Thermische Diffusion: Methode, um auf der Siliziumscheibe geladene Bereiche zu schaffen. Meist unter Verwendung sehr heißen Gases.

Transistor: Elektronisches Bauteil, mit dem es ähnlich wie mit einer Vakuumröhre möglich ist, Signale zu verstärken. Transistoren werden aus Halbleitern wie Silizium oder Germanium hergestellt.

TTL: Transistor-Transistor-Logik. Schaltkreisfamilie, bei der die Gatter durch Widerstände und Transistoren realisiert sind (Weiterentwicklung der Dioden-Transistor-Logik).

Vakuumröhre: Vorläufer des Transistors. Wurde verwendet, um elektrische Signale durch Elektronen, die durch eine Vakuumröhre geschickt wurden, zu verstärken.

Virtuelle Adressierung: Technik, bei der der Hauptspeicher des Systems auf andere Speichereinheiten erweitert wird, indem man diesen Geräten (z. B. Plattenlaufwerken) Speicheradressen zuordnet. Diese zusätzlichen Speichereinheiten werden virtueller Speicher genannt. Der Trick dabei ist, die zuletzt gebrauchten Anweisungen und Daten in den virtuellen Speicher zu legen, bis sie gebraucht werden, und sie dann in den Hauptspeicher zu transferieren. Virtuelles Adressieren erlaubt es Computersystemen, mit Programmen und Datenmengen zu arbeiten, die mehr Speicherkapazität erfordern, als der Hauptspeicher physisch zur Verfügung stellen kann.

Virtueller Speicher: siehe Virtuelle Adressierung.

VLSI: (very large scale integration = Höchstintegration) siehe LSI.

Wafer: Siliziumscheibe, auf der Chips gefertigt werden.

Wort: Bitgruppe, die als Einheit behandelt wird. Ein »8 bit Wort« ist zum Beispiel eine aus 8 bits bestehende Gruppe. Die »Wortlänge«, die auf einem Bus eines Computersystems untergebracht werden kann, bezeichnet die Anzahl von bits, die zugleich bearbeitet werden kann.

Z80: 1976 vorgestellter, von Federico Faggin entwickelter 8 bit Mikroprozessor. Der Z80 (von Zilog) war vor allem in frühen Mikrocomputerserien weit verbreitet, bevor der IBM PC mit dem Intel 8088 die Vorherrschaft übernahm. Nichtsdestotrotz wurden weit mehr Z80-Modelle als andere Mikroprozessormodelle verkauft. Sie sind heute noch in Fremdprozessoranwendungen weitverbreitet.

Index